《中小城市会展业发展探索与实践》编委会

主　　编　朱飞跃

执行主编　杨巍峰

特约专家　袁再青　储祥银　陈泽炎　陈国强
　　　　　朱忠祥　任国岩　张健康

编　　委　王小花　孙　潇　陶　炯　杨　继　余维成
　　　　　杨建杰　黄超丞　宋哲伦　徐　盼

《中小城市会展业发展探索与实践》组织单位

| 中国会展经济研究会中小城市会展业发展研究中心（以下简称“研究中心”） |

研究中心由浙江尚海投资发展有限公司发起，经中国会展经济研究会批准成立，在中国会展经济研究会的领导下开展中小城市会展业发展的研究工作。

研究中心自成立以来，与多个省、市、区的会展行业协会、会展场馆、会展企业及会展专业院校形成长期友好合作，致力于中小城市会展业的理论研究和推广工作。研究中心通过组织专题会议、专业讲座，以及公众号等渠道，构建起中小城市会展产业、项目和人才的交流平台。

| 义乌市会展业联合会 |

义乌市会展业联合会成立于2006年，由义乌市从事会议、展览业及上下游相关服务的单位、团体和个人发起组成，是义乌市会展业的自律组织。联合会是义乌市政府与会展企业之间坚实的桥梁，为会员提供各种业务信息，现有会员单位一百余家。义乌市会展业联合会以丰富的项目经验为本书提供了会展案例。

| 浙江尚海投资发展有限公司 |

浙江尚海投资发展有限公司是集展馆营运、工程搭建、展览组织、物业管理、酒店管理、房产开发等业务于一体的综合性投资咨询公司。公司自成立以来，其专家团队应邀参与西安市、安庆市、温岭市、杭州湾新区等数十个城市和新区关于会展场馆建设、会展专项营运、城市会展发展等方面的咨询工作，多次为城市会展从业人员及相关机构进行专题授课，形成数十份、总计近百万字的中小城市会展咨询报告。

中小城市会展业发展探索与实践

ZHONGXIAOCHENGSHI HUIZHANYE FAZHAN TANSUO YU SHIJIAN

朱飞跃　杨巍峰　主编

華中科技大學出版社
http://www.hustp.com
中国·武汉

内 容 提 要

本书立足于实践、实用和创新，是服务于中小城市会展业发展的产研工具书和实务指南。本书从策划、规划到建设、运营，从场馆硬件到服务软件，从会展主业、金融支持再到会展周边配套建设，涵盖了多方面内容，以反映中小城市会展业发展全貌。

图书在版编目(CIP)数据

中小城市会展业发展探索与实践/朱飞跃，杨巍峰主编. —武汉：华中科技大学出版社，2022.2
ISBN 978-7-5680-7797-2

Ⅰ. ①中…　Ⅱ. ①朱…　②杨…　Ⅲ. ①中小城市-展览会-产业发展-研究-中国
Ⅳ. ①G245

中国版本图书馆 CIP 数据核字(2022)第 034476 号

中小城市会展业发展探索与实践　　　　朱飞跃　杨巍峰　主编
Zhong-xiaochengshi Huizhanye Fazhan Tansuo yu Shijian

策划编辑：王　乾
责任编辑：陈　然　王　乾
封面设计：原色设计
责任校对：刘　竣
责任监印：周治超
出版发行：华中科技大学出版社(中国·武汉)　　电话：(027)81321913
　　　　　武汉市东湖新技术开发区华工科技园　　邮编：430223
录　　排：华中科技大学惠友文印中心
印　　刷：武汉科源印刷设计有限公司
开　　本：710mm×1000mm　1/16
印　　张：20　插页：2
字　　数：378 千字
版　　次：2022 年 2 月第 1 版第 1 次印刷
定　　价：79.80 元

华中出版

序言 PREFACE

中国会展经济研究会中小城市会展业发展研究中心(县域会展经济专业委员会)组织力量,就中小城市会展业发展进行深入研究,这是一件很有意义的事情。会展经济是城市经济的重要组成部分,会展业的发展不仅能对服务业发展起到极大的推动作用,而且会展业自身也在服务业发展的过程中日益壮大,成为当今世界发展较为迅速的服务业之一。但是,长期以来,人们关注的焦点往往集中在中心城市的大型会展活动上,对中小城市会展业的发展还没有引起足够的重视,相关的研究也比较薄弱。一方面,由于中小城市的区位条件、经济规模和服务水平难以与中心城市匹敌,这给会展业的发展带来了诸多限制,因而较难产生具有区域性和行业影响力的品牌会展项目,无法吸引人们的注意力;另一方面,由于人们对会展业的发展还囿于传统的思维和眼光,没有看到随着信息化、网络化和城市化的快速发展,世界已经变得扁平化,昔日制约中小城市会展业发展的许多瓶颈已经不复存在。其实,只要给予足够的重视,积极创造条件,中小城市会展业发展完全可以走出一片新的天地。

鉴于此,中国会展经济研究会中小城市会展业发展研究中心(县域会展经济专业委员会)主任朱飞跃先生带领的研究团队,凭借长期从事会展工作的扎实基础,并借助专家学者的力量,对如何促进中小城市会展业发展进行了深入研究,其研究成果汇集成《中小城市会展业发展探索与实践》一书,为中小城市会展业的发展提供了一套具有理论价值和可操作性的行动方案。可以说,该书的出版为中小城市会展业的发展翻开了新的一页,也为中国会展经济研究增添了浓重的一笔。

通览全书,一个明显的感觉是,研究者并不以高、大、全为目标,而是立足于实践、实用和创新。其特色之一是实践性强。书中用大量的案例来描述、说明中小城市会展业发展的特点和经验，有较高的参考价值。特色之二是实用性强。可以把该书当作一本中小城市发展会展业的实务指南，从谋划、策划、规划到建设、运营、管理，从场馆、硬件到服务、软件，从会展主业到周边配套，等等，凡是会展业发展中会碰到的问题，书中都给出了指导意见和具体操作方案。当然，读者可以仁者见仁、智者见智，不必完全认同，更不可照抄照搬，但这至少为人们打开了一扇思考的窗户，提供了一套行动的模板。特色之三是创新性强。面对会展业发展面临的新情况、新挑战，笔者积极回应、大胆创新，提出了许多新见解、新方法。无论是对会展业发展阶段“放鞭炮—拉皮条—搭平台”的描述，还是对会展业发展模式“强政府、大企业、活市场”的倡议，都别出心裁，令人耳目一新。根据中小城市的特点，作者提出建设会展综合体的方案，这一设想符合中小城市的实际需要，便于整合并高效利用社会资源，是值得探索的建设模式。对会展业与政府的特殊关系，作者从市场经济原则和政府定位入手，对两者的矛盾做出了深入的分析，提出了可操作的建议，具有积极意义。

值得一提的是，全书对浙江省的相关案例进行了比较详细的分析，并提供了研究团队自身参与研究的一些案例，为全书增色不少。浙江省是一个经济发展较为平衡的省份，县域经济发展各具特色，义乌、余姚、温岭、宁海等地的会展活动开展得有声有色，值得各地学习。

会展业是一个涉及面广、带动性强的产业，正因为如此，值得研究的内容相当多，能够研究的空间相当大。目前，我们对会展业的研究还不够，高校和研究机构往往强调理论的完整性和体系的完备性，对实际操作应用的研究比较少，而广大实际从事会展活动的从业人员，又往往只顾做事，不善研究，如何使研究接地气，如何使实践经验上升到理论高度，实在是一个很大的课题。中国会展经济研究会中小城市会展业发展研究中心（县域会展经济专业委员会）多年来潜心研究县域会展经济，并根据城市化发展的趋势，把研究范围拓展到中小城市，做了很多基础性工作。这种理论与实践相结合的研究方法是值得肯定的。希望本书能成为一颗火种，点燃更多的研究之火，把中国会展业发展研究提升到一个新的高度。

是为序。

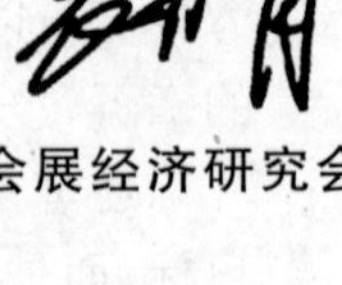

中国会展经济研究会会长

代序 FOREWORD

关于产业会展的思考

随着中国会展产业的发展、深化，产业会展的理念日益得到业界的认可和重视，逐步演变为会展业发展的重要理念和政府制定会展发展战略、规划的重要依据。借《中小城市会展业发展探索与实践》成书之际，我将自己关于产业会展问题的一些粗浅认识和思考梳理了一番，求教于业内同仁，欢迎各位同仁批评指正！

一、产业会展理念的提出

长期以来，会展业内人士比较注重会展1∶9的拉动效应，强调会展是"城市面包"，犹如飞机在城市上空"撒票子"等形象宣传，不少学者、研究机构、会展主管部门还对会展对经济的拉动效应进行了研究、调查和测算，由于各自分析的基点、方法不同，得出的结论也各异。毋庸置疑，举办会展活动可以带来大量的人流、物流、资金流、信息流，进而带动城市相关服务业收入的增加，对城市经济总量作出贡献。

笔者认为，会展人策划、举办会展活动的根本出发点似乎不是简单地聚集人流、物流，带动城市相关服务业的发展；除极少数旅游城市外，城市欢迎会展进驻好像也不仅仅是为了通过吸引人流来增加城市接待收入。根据笔者在北京市贸促会策划举办会展活动的体会以及调查分析一些城市会展活动得出的结论，会展活动最根本的目的是通过搭建平台，推进会展活动所在产业交易的扩大、产品的升级和结构的优化，进而促进会展举办国家、地区经济结构的调整、升级和优化。促进产业发展、优化经济结构是举办会展活动的初心，是会展业发展的根本目标和原动力。会展对相关服务业的带动属于会展的附加效应，属于平面拉动，属于一般服务业量的扩大，而对产业和经济结构的优化则是立体的全面推进，属于质的飞跃。

我们要全面衡量会展对社会经济发展的功能作用。会展除了具有一般服务业的拉动效应，还对产业和经济结构的优化起到立体的推进作用，这是更重要的作用。鉴于此，产业是会展的服务对象和载体，立足产业、服务产业是会展业发展的基本宗旨，是我们会展人的初心，也是我们策划会展活动的基本出发点和终极使命。产业是一般城市和地区，特别是中小城市，发展会展业的基础和载体，更是其出发点和最终归宿。因此，产业会展是会展业发展的重点和方向。发展会展业要不忘初心、根植产业、深耕产业、反哺产业、引领产业。

二、产业会展的概念与范畴

产业会展是散布于各行各业，服务于所在产业，隶属于主体产业，并且属于主体产业价值链有机构成的会展活动。

产业是指由利益相互关联、职责分工合作的相关行业所组成的业态总称，是一切物质和服务生产部门的集合。在特定语境下，产业有时可以专指工业，如产业革命、产业工人，但从其本质意义上看，产业是指一切生产物质产品和提供劳动活动的集合体，包括农业、工业、交通运输业、邮电通信业、商业饮食服务业、文教卫生业，等等。20 世纪 20 年代，国际劳工局最早把一个国家的所有产业分为初级生产部门、次级生产部门和服务部门。后来，很多国家在划分产业时都参照了国际劳工局的分类方法。人类历史上出现的三次产业划分将所有产业划分为第一产业(农业)、第二产业(工业)和第三产业(服务业)。三次产业划分将产业的理念和范畴进行了科学的界定，为世界各国普遍采用，成为学术界和业界的广泛认可的标准。

产业会展散布于所有产业，调查统计显示，几乎所有细分行业领域都有会展活动；而且，随着社会经济的发展、产业分工的细化和人类物质、文化消费需求的提升，产业会展的门类不断增多，题材与内容也日益丰富，范畴领域也日渐扩大。时至今日，产业会展早已突破传统意义上的工业展览的概念，农业、服务业会展活动也非常多。因此，产业会展不仅仅局限于加工制造业的会展活动，一切服务于产业的经贸、科技、教育、文化、旅游、体育会展活动等都属于产业会展的范畴。

产业会展涵盖所有与产业相关的会展活动，工程机械、加工制造、家具家居等工业加工制造业会展是产业会展，农博会、文博会、旅博会、创博会等农业、服务业会展也是产业会展，大数据、智能化、生态、休闲、健康类型的新兴业态会展活动也是产业会展，广交会、京交会、义乌小商品交易会，从商业业态属性看，也属于产业会展的范畴。

会展产业是会展活动的统称，是会展活动策划、实施和会展服务提供各环节的集合；产业会展是各行各业的会展活动的总汇。会展是形式、表象、载体和平台，产业是内容、本质、对象和演员。产业会展是会展产业的基础和主导性组成部分，没有产业会展的支撑，会展产业就失去了脊梁，成为无本之木，无源之水。

三、产业与产业会展的关系

产业是产业会展发展的决定性因素，是产业会展赖以存在和发展的必要前提和基础条件。国家、区域、城市产业结构决定了产业会展的类别构成；特定产业的业内影响和地位决定了会展的规模和影响力；产业发展状况决定了会展的发展阶段和速度；技术进步催生新产业，并带来新的产业会展门类。没有必要的产业基础支撑，很难打造产业会展，即使强力打造，也难以长期维持。

产业会展是产业发展的晴雨表、风向标和加速器。展会很大程度上反映了经济发展的冷热程度和产业结构、消费结构变化的趋向。经济总量大，市场前景好，展会的规模就可能大；经济增长速度快，市场潜力大，展会发展前景就好；经济开放程度高，展会突破国别、区域限制的可能性大，全国性、国际化程度就高。产业结构和消费结构决定展会的类别构成，展会依托城市的产业结构和消费结构而生存和发展，没有特定的产业基础或市场需求支撑，很难吸引足以支撑展会持续发展的采购商。

产业会展不只是简单地反映产业结构的发展变化和成长兴衰，还可以反作用于产业，通过会展平台促进产业提升和发展，推进产品升级和结构优化。产业会展发展一方面要根植于产业，依托传统优势产业，组织会展活动，促进传统优势产业生产技术改进、工艺提升和产品升级；另一方面要服务产业发展战略，围绕战略新兴产业策划会展活动，搭建交流合作平台，汇聚各类发展要素，传播先进发展理念，促进优势要素合作，提高要素使用效率，加速产业集聚和产业化进程。

产业会展是城市、地方，特别是中小城市、中西部地区发展会展业的重点，同时也是中小城市、中西部地区发展会展业的支撑点和出发点。不同于上海、北京、广州、深圳等超大型、国际化程度较高、辐射影响力大的一线城市，中小城市、中西部地区一定要立足当地会展资源，根植于当地产业和市场，依据自己产业、市场特色优势和发展需要策划会展活动，发展会展产业。切不可就会展论会展、为会展而会展，应当跳出为会展策划会展的局限，应当为服务市场、产业策划会展。珠三角加工贸易类展会、浙江工业化制造业集群展会、河北等省区传统特色产业展会等会展活动的发展充分验证了产业发展与产业会展发展的关系。

四、产业会展的基本功能与作用机理

2015年国务院令第15号文件《关于进一步促进展览业改革发展的若干意见》指出，展览业是构建现代市场体系的平台和对外开放体系的平台，明确了会展活动的平台作用。传播新理念，展示新技术、新产品、新服务，促进交易和合作是产业会展基本的平台功能。

产业会展的产业促进功能可以体现在两个方面：第一，通过会展活动的策划、营销和组织，通过各种类型会展活动的实施和各类服务的提供，带动商品、物资、人员、资金、信息的跨国家、跨区域、跨业主流动，扩大市场规模，带来更多交易机会，促进贸易的扩大；第二，通过最新技术、最新产品、最新服务的展示和最新思想、理念、信息的交流与传播，促进生产要素的跨国家、跨区域、跨业主转移与重新组合配置，促进新思想、新技术的推广普及和生产效率的提高，推动产业进步和产品升级换代。简言之，就是市场交易功能和产业提升功能。

在市场经济条件下，交易促进和产业促进是会展平台作用同时并存的两个基本方面，不可缺失，不可偏颇，两者都很重要。在某些特定条件下，会展对产业进步的推动、促进作用更应当成为会展发展的源动力，其功能作用甚至比拉动城市经济更重要，比促进交易更重要；会展是推动技术、资金、人才等生产要素流动与组合配置的重要载体，对于促进技术合作、产业升级和产品换代具有十分重要的作用。

从市场、产业促进机理分析，会展作为平台和桥梁，紧密联系着供给和需求两端，一头系着生产，另一头牵着市场，对于信息传播、市场氛围营造、技术推广和创新发展都具有十分重要的作用。首先，通过会展活动的组织，将产品、服务、技术信息传递给消费者，将市场需求信息传递给生产者，为信息沟通和信息交流搭建平台，为生产和提供更多、更契合市场需求的商品、服务和技术提供依据；第二，通过会展活动的策划与组织，人为地打造一个商品、技术、服务交易市场，营造市场氛围，将散布于不同时空、区位的交易机会集中起来，扩大市场规模；第三，通过安排会展活动，将产品、服务发展和技术进步信息传达给业内同行，促进产业合作与进步，加快产品更新换代进程，助推产业升级；第四，通过会展平台，汇聚发展要素，通过最新的技术、产品展示和最新的思想、理念、信息交流，加快生产要素流动和新技术推广，提高生产效率，引领产业发展，催生新兴产业，助推产业结构调整，促进产业结构优化，进而为会展举办国家、地区、城市的经济增长、产业结构优化和发展环境改善作出贡献。

从中国产业会展发展的实践分析，产业会展的功能效应经历了一个不断发展演变、逐步完善的过程。最初，产业会展的功能主要体现为搭建交易平台，汇聚产业买家、卖家，促成交易，扩大市场。后来，逐步增加了技术推广、信息发布、科技合作、行业发展趋势研讨、产业发展报告研制、产业链互联互通、引领行业发展等功能。在特定条件下，产业会展甚至会成为国家、城市、地方发布产业政策，汇集发展资源，集中招商引资、引智的平台。会展被赋予的功能日渐齐全、完善、显要。

中国泵与电机展览会汇集专业买家，助推产业做大做强，在做好温岭本地展会的基础上，组织企业赴重庆办展，扩大温岭电机产业在西部市场的份额，带领企业走出国门。中国·盱眙国际龙虾节开创会展新模式，完善养殖、加工、旅游产业链条，推进产业发展，扩大宣传效应，提高城市名望，加快城市经济发展。中国国际大数据产业博览会利用贵阳当地资源优势，汇集产业发展要素，吸引数据存储产业集聚，加快产业化进程。国际名家具(东莞)展览会发布产业发展报告，举办绿色家居论坛，延伸家居产业链条，引领产业发展。众多展会充分显示了产业会展依托产业、服务产业、助推产业发展的功能。

五、产业会展的功能效应

会展活动具有聚集物流、人流、资金流和信息流的特殊功能，通过商品、技术、资金、人才的交流与合作，带来巨大的技术示范和技术学习效应、要素融合和产业领跑效应、交易机会聚集和交易成本节约效应、产品品牌宣传和企业形象推广效应。

(一) 技术示范和技术学习效应

展会带来的先进技术和最新产品可以促进产业技术进步和产品升级。展会对先进技术和最新产品的展示，以及对最新研究成果的交流启迪了人们的思想，拓宽了人们的视野，加快了科技发展的进程，同时也带给人们最直观的印象，其观摩、示范和学习效应不言而喻。展会举行的各类技术推介活动，更是将最新科技动态和生产工艺公之于世，对于新技术的推广和运用发挥了十分重要的作用。

(二) 要素融合和产业领跑效应

展会可以汇聚技术、资金、人才等生产要素，法律、制度、政策、体制等环境要素，政府、市场、中介、官产学、产学研等发展要素，交流、融合，形成合力，共同营造有利于产业发展的环境和氛围，加速产业化进程，引领产业发展。现在国内诸多科技、文化、旅游类展会大多具备这方面的功能。

(三) 交易机会聚集和交易成本节约效应

展会将散布于不同时段和不同区位的交易机会汇聚到一起,集中成交,使得交易机会聚集,节约交易时间与交易成本。中国进出口商品交易会创办于20世纪50年代,至今已连续举办100多届,规模越来越大,促成的商品交易为世人所瞩目,为中国商品的出口作出了突出的贡献,成为会展促进商品交易方面的典范。

(四) 产品品牌宣传和企业形象推广效应

展会是宣传推广产品品牌和企业的极好机会,参加会展活动可以加深社会公众对自己企业和产品品牌的印象,进一步树立自己的品牌形象和企业形象,扩大产品销售。展会促进产品销售的作用已经逐渐被人们所认识和重视。世界著名企业和大型跨国公司都将参加展会提升至树立企业形象、宣传产品品牌、扩大市场份额的营销战略高度。这就是奔驰汽车公司花费数千万参加北京汽车展览会的原因所在。

(五) 全产业生命周期服务

展会的产业促进作用可以贯穿产业生命周期始终。产业生命周期的每一个发展阶段,展会都可以发挥很好的促进作用:产业研发阶段,组织研究成果推广转化,加快产业化进程;产业成长阶段,推动各类要素汇集,助推产业集约化发展;产业成熟阶段,汇集交易机会,加强市场营销,扩大市场规模,节约交易成本;产业衰退阶段,展会也可以帮助寻求技术合作,推动技术梯度转移,促进产能合作。

(六) 全方位融合推进

展会的产业促进作用还表现为汇集政策、项目、资金、人才、技术等各类资源要素和发展要素,推广新思想、新理念、新技术、新材料、新产品、新工艺,推动官产学研、资金、项目合作,贯通产业上下游、研发、生产、流通和消费诸环节,全方位促进产业发展和进步。

储祥银

中国会展经济研究会常务副会长

目录 CONTENTS

第一章　中小城市会展业发展述评[①]

第一节　中小城市会展经济的界定和作用

“中小城市会展经济”的概念和议题是在对县域会展经济讨论的基础上发展起来的。本章是本书的第一章，旨在对我国中小城市会展经济予以综合述评，以期形成一个全景式和轮廓性的描绘。本章内容是笔者关于我国中小城市会展经济研究的最新成果。

一、关于中小城市会展经济的若干界定

（一）中小城市

根据住房和城建设部的规定，城区常住人口在50万以下的城市为小城市；城区常住人口在50万以上100万以下的城市为中等城市。本书提到的中小城市就是以此为标准定义的，上述“城区”人口应该是指该城市所属各个分散城区的常住人口之和。

另外，有些大型城市所属的县级市、区、镇都远离主城区，也会举办自己的会展活动，并形成了自己独立的会展经济，则这样的县级市、区、镇也在本书所论述的“中小城市”范围内。

从行政级别看，小城市一般属于县级，中等城市一般属于地级。

从城市称谓看，中等城市一般称为“市”，也可能称为“州”“盟”等；小城市多数也称为“市”（即县级市），少数则称为“县”或“区”“旗”。

（二）会展

会展是以会议、展览为主要形式的多种类型人群聚集的活动。其他形式诸如

---

① 该章节内容由陈泽炎（中国会展经济研究会学术指导委员会常务副主任，教授级高级工程师）负责编写。

节庆、赛事、演艺等,都涉及政府、商务、文体、社会等多方面、多领域。

(三)会展经济

会展经济是指会展活动涉及的社会物质生产、再生产的经济行为,以及由此所涉及的产供销、人财物,研发、制造、推广等诸多方面的经济事项。

(四)中小城市会展经济

中小城市会展经济是指在中小城市的行政范围内,由会展活动所引发和相关联的各种经济现象、经济行为、经济效果等方面的总称。由于会展活动涉及面广泛,所以会展经济的影响也是广泛的。

本书认为,在上述中小城市会展经济的范畴中,县级小城市的会展活动和会展经济亦可称为“县域会展经济”。

(五)中小城市会展活动的划分

首先,如果被称为“中小城市会展活动”,其举办地点一定要在该中小城市行政范围内。

其次,上述会展活动若以活动的主办方来区别,则可分为政府类型的会展活动和市场类型的会展活动。譬如,中国义乌国际小商品(标准)博览会由商务部等部门主办,就属于政府类型的会展活动;中国义乌国际功能性纱线、针织及织袜机械展览会由雅式展览服务有限公司主办,就属于市场类型的会展活动。政府类型的会展活动也可以选择一些市场化的运营方式,但这并不影响其作为政府类型的会展活动的性质。

再次,在中等城市行政范围内的会展活动,如果其举办地是在该中等城市城区以外的县级城区或区级城区,则可归属于该县级城市(县域)的会展活动和会展经济范围。譬如,中国(余姚)国际塑料博览会的举办地在宁波市下辖的余姚市(县级市),就属于余姚县域会展经济范围。又如,中国绍兴柯桥国际纺织品博览会就属于柯桥区(县域)会展经济范围。

还有的情况是,会展活动举办地是县以下的镇级行政单位,且该城镇因此受益与闻名,这属于县域会展经济的向下延伸,也是值得研究探讨的。譬如,浙江省嘉兴市(地级市)桐乡市(县级市)乌镇,就因举办世界互联网大会而从旅游小镇变为会展名镇。

再如,广东省东莞市,其行政隶属关系是市以下直接设街道和镇,没有县这一级,而许多镇一级行政单位都在举办会展活动(譬如,厚街镇、虎门镇、长安镇等),

这些会展活动也属于县域会展经济范围。

二、我国中小城市会展经济的重要作用

（一）中小城市需要会展经济助推其城镇化进程

城市化即城镇化，是指随着社会生产力发展和产业结构调整，社会由以农业为主的传统乡村型向以工业和服务业为主的现代城市型转变的历史过程。

我国“十三五”规划指出，加快新型城镇化步伐，推进城乡发展一体化，加快发展中小城市和特色镇，努力打造和谐宜居、富有活力、各具特色的城市。要推动城乡协调发展，推动新型城镇化和新农村建设协调发展，提升县域经济支撑辐射能力，发展特色县域经济，加快建设美丽宜居乡村。

实践证明，在城镇化的过程中，发展中小城市经济的重要手段之一就是举办会展活动。因为会展业作为生产性服务业，可以促进产业发展；作为生活性服务业，可以改善人民生活；作为公共性服务业，可以成为政府开展各种工作的有效平台。中小城市需要通过发展会展经济促进产业发展，促进民生改善，扩大城市的影响力和知名度。

目前，全国城市的数量有650多个。其中直辖市、副省级城市、省会城市基本属于大型和特大型城市；地级城市中的经济发达城市，譬如，苏州、无锡、常州、东莞等也进入大型城市的行列。除此之外，就都是中小城市了，其数量近600个，约占92%。

另据中国会展经济研究会统计，2018年，全国181个城市共举办了各种展览会1万多场，展会面积超过1.2亿平方米。其中中小城市的会展数量占比达到70%左右。

（二）一批成功案例说明中小城市发展会展经济的重要性

如果按照中小城市的名单查找，可以方便地找出那些城市经济和会展经济都很发达的城市，并看出其发展会展经济的重要性。

譬如，山东省临沂市目前属于中等城市，2018年，其GDP超过4000亿元；举办展会104场，展会面积203万平方米；城市展览业发展综合指数在全国181个城市排名中，位居第23位；2017年，中国国际会展文化节就在那里举行。

另一个中等城市廊坊，2018年，其GDP近3000亿元；举办展会48场，展会面积75万平方米；城市展览业发展综合指数在全国181个城市排名中，位居第41位。在2016年以前，当河北省省会石家庄尚未建成大型展馆的时候，廊坊市一直

是河北省举办会展的主要城市，河北省主要的会展项目“中国·廊坊国际经济贸易洽谈会”就长期在这里举行。

如果再考察近年来全国百强县名单，也可以发现其中大部分县的会展经济发展都是非常活跃的。譬如，中国社会科学院在 2018 年发布的“全国县域经济综合竞争力 100 强排名”中，有 65 个来自江苏、浙江、山东三省，其前 25 名中，也有 18 个来自这三个省，而这三个省都是会展经济发达的省份。

作为百强县首位的江苏省苏州市昆山市（县级市），2018 年，其 GDP 达到 3875 亿元；其县域范围内拥有 3 个展馆，2018 年举办展会数量达到 65 场，展会面积达 80 万平方米；2017 年，被中国会展经济研究会确定为“中国县域会展经济研究基地”。

另一个位于 2018 年全国百强县第 6 位的浙江省义乌市，更是以会展经济闻名全国。2018 年，该县级市拥有 4 个国家级的展会项目和 3 个获得全球展览业协会（UFI）认证的展会项目。其发展会展经济的经验被誉为“义乌模式”。该市发达的会展经济与发达的国内外贸易相得益彰。由此，义乌市被批准为国际贸易综合改革试点、电子商务示范城市；浙江省也向作为县级市的义乌市授予地级市的一些管理权限，甚至义乌市的名声已经远远高于其所隶属的地级市金华市。

（三）在脱贫攻坚战中，县域会展活动可以充分发挥作用

党的十八大以来，习近平总书记多次就脱贫攻坚做出重要指示；在十九大报告中又再次强调，坚决打赢脱贫攻坚战。2018 年的中央经济工作会议则进一步明确，2019 年要打好包括“确保脱贫攻坚任务全面完成”在内的“三大攻坚战”。

当前，全国贫困地区都集中在农村，脱贫攻坚的工作重点就在县级行政单位。所以，党中央明确要求“坚持中央统筹、省负总责、市县抓落实的工作机制”。

以下是两个贫困县“摘帽”的案例。在他们脱贫的过程中，县委、县政府的主要领导都有积极发展会展经济的认识和行动。

其一是河北省平乡县。平乡县位于河北省邢台市中南部，面积 406 平方千米，人口达 32 万人。平乡县根据其早年形成的自行车零件作坊和交易集市，积极引导发展自行车和童车生产。2010 年，平乡县被河北省政府命名为“自行车名县”。从 2011 年开始，平乡县人民政府与中国自行车协会、河北省自行车行业协会连续举办中国·北方（平乡）国际自行车童车玩具博览会；还把 2018 中国邢台·绿色太行国际公路自行车赛的赛段引向平乡。由此，平乡县一年两届的自行车童车玩具博览会声名鹊起，吸引了大量国内外采购商，同时带动了经济发展。2018 年 9 月，平乡县退出贫困县行列。

其二是江苏省盱眙县。盱眙县隶属江苏淮安市，地处洪泽湖南岸，总面积

2497 平方千米，人口 80 万。历史上，这里地势低洼，十年九涝，属贫困县。但 2007 年以来，该县充分挖掘小龙虾的资源优势，办起小龙虾节。从 2008 年第八届小龙虾节开始，小龙虾节升级为中国·盱眙国际龙虾节，由盱眙县人民政府、扬子晚报社、江苏省环保厅(现生态环境厅)、江苏省海洋与渔业局、澳大利亚维多利亚州政府、新西兰罗托鲁瓦市政府、江苏卫视等部门联合举办，还在国内的南京、北京、上海、深圳和国外的澳大利亚、新西兰、瑞典开展推广活动。从此，盱眙小龙虾誉满天下。2018 年夏季俄罗斯世界杯期间，包括盱眙产品在内的大量中国小龙虾成了广大球迷喝酒观球时的佐餐食品。近年来，全县更是广泛采用"稻虾联产""工厂养殖"等方法，提高小龙虾产量，使全县经济快速发展，顺利从贫困县转变为小康县。

（四）开展县域会展活动还可以成为乡村振兴的好抓手

党的十九大提出实施乡村振兴战略，坚持农业、农村优先发展，加快推进农业、农村现代化。在这一战略的实施过程中，县级行政单位是前线指挥所，县域会展则是可充分利用的好抓手。

山西省阳曲县是山西省会太原的北部门户和生态屏障，面积 2070 平方千米，人口达 15 万人。2012 年，太原市贸促会原会长刘晋泙调任阳曲县委副书记。她是一位懂得会展的领导，在任太原市贸促会会长时就组织过多场会展活动。到阳曲县后，她更是以会展活动为抓手，促进全县经济发展。为此，她多次参加全国相关的会议、展览，介绍阳曲县的风光和特产，进行招商引资；她还利用县城内的展览设施开办常设展厅做展示；邀请中国会展经济研究会专家来到阳曲给全县干部讲课，提高大家对会展经济的认识；她连续多年组织阳曲县农产品和旅游线路展销推介会，取得了很好的效果。她本人也因振兴乡村的工作业绩突出，升任为吕梁市副市长。

山东省乐陵市是隶属山东省德州市的县级市。该市作为金丝小枣的原产地，产量占全国的十分之一，素有"百里枣乡"的美誉。在全市经济发展的过程中，发展特色枣业成为一个重点领域。为此，该市先后建起中国金丝小枣文化博物馆、黄三角(乐陵)会展物流中心、五洲国际博览城等场馆设施，连续多年举办"中国(乐陵)红枣暨健康食品产业博览会"，打造"中国金丝小枣之乡""中国富硒金丝枣都"等品牌，对乐陵金丝小枣实施原产地域保护。

（五）会展活动促进了中小城市特别是县域融媒体建设

所谓"融媒体"，就是充分利用媒介载体，把广播、电视、报纸等不同媒体进行整合，实现"资源通融、内容兼融、宣传互融、利益共融"。会展活动作为一种重要的宣传形式和平台载体，当然是融媒体中的重要一员。因此，会展活动在加强中小城市，特别是县级融媒体建设的过程中，完全可以大显身手，作出贡献。这是当前发展中小城市，特别是县域会展经济的大好时机。

譬如，作为中等城市的江西省景德镇市通过举办会展活动促进陶瓷产业发展，“世界瓷都”的美名远播。中国景德镇国际陶瓷博览会是由国家商务部、中国轻工业联合会、中国国际贸易促进委员会、江西省人民政府共同主办，集陶瓷精品展示、陶瓷文化交流、陶瓷产品交易于一体的国际化专业博览会。在此基础上，景德镇市政府还举办名为景德镇名瓷进名城的全国巡回展，成为宣传景德镇的有效工具，从而进一步扩大了景德镇的影响力。

根据习近平总书记在全国宣传思想工作会议上的讲话精神，中央深改委第五次会议通过了《关于加强县级融媒体中心建设的意见》。县级单位要组建县级融媒体中心，不断提高县级媒体的传播力、引导力、影响力。上述河北省平乡县就由县委宣传部组建了一个展览宣传室，以图片等展览形式，宣传全县开展的重要活动，也包括中国·北方(平乡)国际自行车童车玩具博览会所取得的成果，给到访者留下了深刻印象。

（六）要站在更高的层次认识城市会展经济的重要性

当前，我国会展经济的地位和会展活动的影响正在不断提升。从大的方面来看，十九大报告中提到多个会展项目，我国主场外交的主要形式也是会议和展览。

2016 年 9 月，杭州成功举办 G20 峰会，习近平总书记给予高度评价并指出，杭州峰会落实了“西湖风光、江南韵味、中国气派、世界大同”的理念，向世界展示了中国精神、中国力量，给二十国集团留下了深刻的中国印记。要做好后续工作，落实会议成果，放大会议效应，更好地促进相关的各项工作。

2018 年 7 月，习近平总书记又对青岛给予批示，举办上合峰会，为青岛、为山东的发展带来了新的机遇，希望认真总结“办好一次会，搞活一座城”的有益经验，推广好的做法，弘扬好的作风，放大办会效应，开拓创新、苦干实干，推动各项工作再上新台阶。

2018 年 11 月，习近平总书记参观改革开放 40 周年大型展览时也指出，要通过展览，教育引导广大干部群众。

2019 年 3 月 4 日，习近平总书记看望参加政协会议的文艺界、社科界委员，听取了包括中国国家博物馆馆长在内的 8 名同志发言。他在讲话中强调，要把当代中国的发展进步和当代中国人的精彩生活表现好、展示好，把中国精神、中国价值、中国力量阐释好。

因此，我们可以认为，作为一种展示、沟通、联络、促进的平台，会展活动在贯彻“五位一体”总体布局和“四个全面”战略布局中始终具有重要价值和重要作用。正如习近平总书记在评价首届中国国际进口博览会时说：“这不是一般性的会展，而是我们主动开放市场的重大政策宣示和行动。”再联系上述中央《关于加强县级融媒体中心建设的意见》，我们可以进一步体会到，在实现我国发展的总体布局和战略布局中搞好中小城市的会展活动对于提升中小城市会展经济发展水平的重要意义。

第二节　中小城市会展经济发展节点及案例

一、我国中小城市会展经济发展节点

研究中小城市会展经济的发展历史，我们可以看出最早是一些县级单位举办的重要会展活动，产生了全国性的影响，增强了人们对会展的认识，促进了县域会展经济的发展。在此基础上，由于全国会展经济发展的大好形势，众多中小城市也加入积极发展会展经济的大军之中，从而形成了“中小城市会展经济”这一新概念和新课题。其发展过程中的一些重要节点概括如下。

（一）1995 年北京怀柔世妇会 NGO 论坛

1995 年秋，联合国第四次世界妇女大会（简称“世妇会”）在北京举行。世妇会非政府组织论坛（简称“NGO”论坛）同时在北京郊区怀柔县（今怀柔区，下同）召开。

20 世纪 80 年代至 90 年代，中国和世界的交流还不多，世妇会是中国较早承办的世界性会议之一，中国尚缺少举办这类国际会议的经验。所以当中方主办单位得知世妇会 NGO 论坛原来是一个上万人规模、各色人都可以参加、形式开放且内容不拘的“大聚会”时，感到非常紧张。这也是要把会场放在北京郊区怀柔县的重要原因。

不过，这次论坛却开创了在我国县级行政单位举办大型国际会议的先河。为此，怀柔县做了大量的准备工作，包括完善大会会场、配套酒店、交通设施、服务团队等多个方面，使世妇会 NGO 论坛办得非常成功，从此，怀柔县也确定了积极发展会展经济的方向，开始了发展会展经济的进程。其后，在怀柔陆续建立了更现代化的国际会议中心和会展中心，2014 年和 2017 年，先后成功接待了 APEC 会议和“一带一路”国际合作高峰论坛的国家元首，以及多届北京国际电影节等大型国

际会展活动。现在,北京市怀柔区以“国际会都”为宣传口号和发展目标,成为全国县域会展经济发展的新亮点。

(二) 1995 年浙江义乌创办小商品博览会

中国义乌国际小商品(标准)博览会(简称“义博会”)是我国县域展会的标杆和旗帜。截至 2021 年,已经举办了 27 届,1995 年的首届义博会成为我国县域会展经济发展的一个重要节点。

创办义博会的基础是义乌市场经济的历史传统和改革开放后迅速发展起来的小商品市场。义乌小商品市场的兴起已经有近 30 年的历史。通过举办义博会,使市场的常年展销与展会的集中展示彼此配合、相互补充,做到了“产业、市场、会展”的同步发展。

义博会还走过了“地方展、国家展、国际展”的发展历程。1995 年至 2001 年,它属于义乌市政府举办的会展活动;到 2002 年,商务部成为义博会的主办单位之一,使展会升级为国家级展会;到 2011 年,义博会又获得全球展览业协会(UFI)认证,成为国际知名展会。

(三) 1989 年—2017 年县域会展出现多种形式

会展活动具有“会、展、节、演、赛”等多种形式。上述提到的只是县域会展活动中会议展览的节点标志,其他形式的节点标志如下。

节庆活动:山东省济宁市曲阜市是中国古代伟大的思想家、教育家、儒家学派创始人孔子的故乡。中国(曲阜)国际孔子文化节始创于 1989 年 9 月,其前身是孔子诞辰故里游。中国(曲阜)国际孔子文化节由文化和旅游部、教育部、山东省人民政府联合主办,济宁市人民政府、曲阜市人民政府联合承办。该活动主要是以纪念孔子,弘扬民族优秀文化为主题,达到纪念先哲、交流文化、发展旅游、促进开放、繁荣经济、增进友谊的目的。融文化、教育、旅游、学术、经贸、科技活动于一体,文化特色显著,活动精彩纷呈。

演艺活动:2004 年 3 月,大型山水实景演出《印象·刘三姐》开始在广西壮族自治区桂林市阳朔县举办。这种称之为“秀”(show)的活动汇集了世界上最大的山水实景剧场、中国知名的导演和传唱久远的民族山歌,是世界第一部全新概念的山水实景演出。为此,阳朔县提供了实地风光、群众演员、配套服务,极大促进和带动了当地旅游业的发展。2004 年 11 月,桂林广维文华旅游文化产业有限公司荣获首批国家文化产业示范基地称号;2005 年 7 月,《印象·刘三姐》荣获“中国十大演出盛世奖”。

赛事活动:2017 年 10 月 15 日,在意大利举行的国际中体联执委会会议上,中国福建省晋江市获得2020年第18届世界中学生运动会举办权。这是中国继1998年在上海举办第11届世界中学生运动会后,第二次举办世界中学生运动会。晋江市是福建省泉州市所属县级市,是全国著名侨乡、“百强县市”和知名的品牌之都。2017年,全市体育产品的产值达到1700多亿元,连续多年成功举办国际体育用品展览会。正是凭借这些优势,晋江市获得了2020年世界中学生运动会举办权,成为我国首个举办国际体育赛事的县域单位。

(四) 2012年县域会展经济专委会的成立

2012年5月,中国会展经济研究会县域会展经济专业委员会成立。其宗旨是在中国会展经济研究会的统一领导下,广泛组织并联络各方面的人员和力量,对全国县域会展经济进行专项研究,为促进全国县域会展经济发展而努力。

2012年5月,首届中国县域会展经济研讨会在浙江岱山举行,这是中国会展经济研究会县域会展经济专业委员会组织的首次研讨活动。接着,2013年4月在杭州市,2014年6月在宁波余姚,2015年10月在河北安平,2016年1月在苏州昆山,2017年10月在浙江海宁,2018年6月在浙江温岭又组织了多次活动。

本书就是在中国会展经济研究会县域会展经济专业委员会的大力支持下完成的。

(五) 2018年开始关注对城镇会展的研究

县以下行政单位因会展活动而出名的首推浙江嘉兴的桐乡乌镇。2014年11月,首届世界互联网大会在乌镇召开(简称“乌镇互联网大会”),习近平总书记在这次大会上发表讲话介绍了乌镇,之后又通过视频讲话、发贺信等方式继续关注和支持乌镇互联网大会。2015年10月,阿里巴巴主办的云栖大会正式落户于杭州市西湖区云栖小镇。现在乌镇和云栖都建起了现代化的会展中心,成为举世瞩目的地方。

2018年12月,笔者提出了全国“六级城镇办会展”的观点,即全国在直辖市、副省级城市、省会城市、地级市、县及县级市、县以下城镇共六级行政单位举办会展活动。现初步统计已有近30个城镇举办了知名会展。由此,关于我国县域会展经济的研究又扩大了范围,细分了领域。

(六) 2019年成立中小城市会展场馆联盟

2019年7月3日,在新展传媒组织的第九届中外会展项目合作洽谈会上,由新展传媒发起成立的“全国中小城市展馆联盟”正式亮相。该组织旨在联络全国中小城市展览场馆的管理方和经营方,构建一个相互交流学习的平台,促进中小城市会展业的健康发展。

（七）2019年提出对中小城市会展的研究

从2019年1月开始,本书的编写提上日程。特别是本书将原来对县域会展经济的研究扩展到对中小城市会展经济的研究,使会展经济研究工作跨入了新阶段,也是中小城市会展经济研究发展进程中的又一个重要节点。

本书作为关于我国中小城市会展经济的专门著作,具有首创性。本书全面论述了我国中小城市,特别是县域会展经济的理论和实践,具有系统性;本书对一些中小城市,特别是县域会展活动的典型案例和主要经验进行了总结和梳理,因此对全国其他中小城市,特别是县域开展会展活动具有指导性;本书所论及的内容向上可以扩展到一些大型城市,向下可以延伸到县以下村镇,故具有实用性。

根据实际发展的需要,中国会展经济研究会县域会展经济专业委员会现已发展成中小城市会展业发展研究中心。

二、中小城市会展经济类型与案例——中等城市部分

（一）创办专业展会，助力优势产业

案例一:山东省东营市是位于黄河三角洲的一个中等城市,是胜利油田所在地,并因油而生、因油而兴,石化产业基础雄厚。东营市继石油装备展、橡胶轮胎展、有色金属展之后,于2018年又创办了中国(东营)国际石油化工贸易展览会。

该展会是东营市聚焦公众视野、展示发展成果、培育城市精神、凝聚各方力量,以及助推产业和经济发展的重要载体,也是东营市加快产业结构优化升级、推动新旧动能转换的重要手段,是建设国家级高端石化产业基地,加快构建以临港石化产业基地为主体、重点化工企业为补充的化工产业发展新格局的必要途径。

首届展会展览总面积1.6万平方米,吸引了来自10多个国家和地区的138家企业参加,包括美国埃克森美孚、法国道达尔、俄罗斯卢克石油、马来西亚国家石油、瑞士嘉能可、意大利埃尼、韩国GS加德士、新加坡星光能源、新加坡时瑞金融、美国ADM等国外知名企业,以及中石化、中石油、中海油、招商局集团、中化能源、浙江恒逸集团、京博石化、鲁西集团等国内行业龙头企业。本届展会以“创新、绿色、智慧、高端”为主题,全力打造国际一流品牌展会,取得了积极的成果。

案例二:四川省绵阳市是我国重要的军工城市。中国(绵阳)科技城国际科技博览会(以下简称“科博会”)创立于2013年10月,由科技部和四川省人民政府共同主办,是海内外具有影响力的国家级、国际性科技博览盛会,是服务国家创新驱

动发展战略，系统推进全面创新改革试验和军民融合战略，助推中国唯一科技城——绵阳科技城创新型发展、开放式发展、突破性发展的重要载体。

绵阳科博会是军民融合展示交流，科技成果与科技人才展示交流，科技信息、政策与项目发布，新兴产业投资促进的综合性平台，已经成为彰显军民融合特色的国际性知名会展品牌。先后两次荣获“中国十佳品牌展会”称号，并被商务部确定为重点引导支持展会，是与西博会并列的四川省两个重大展会项目之一。

案例三：四川省宜宾市是我国著名白酒五粮液等一批名牌酒的生产地。2006年，宜宾市政府在此创办了中国国际酒业博览会，以进一步发挥城市的产业特色。该博览会由中国酒业协会作为展会主办方，每年举办一届。

2019年3月24日，第十三届中国国际酒业博览会在泸州开幕，展览总面积超过8万平方米，共设5个专业展馆。其中，国际精品馆集中展示了世界主要产酒国生产的各类精品酒；中国白酒精品馆展示了我国从1952年至1989年5次国评评出的17种名酒和近年来新生代精品白酒；国内综合馆则综合展示了我国不同香型、不同品种的各类知名白酒，以及中国六大烈酒产区、十大美酒产区及“青酌奖”评选出的获奖产品。

案例四：中国蔬菜流通协会和遵义市人民政府于2016年在贵州省遵义市创办了遵义国际辣椒博览会（简称“辣博会”）。遵义市拥有完整的辣椒产业链和全国最大的辣椒专业批发市场。近年来，遵义市辣椒产业迅猛发展，已成为白酒、茶叶之外的又一重要产业，种植规模超过200万亩（1亩≈666.7平方米），辣椒产品畅销四川、重庆、湖南、云南、北京、上海等多个省市以及日本、尼泊尔、墨西哥、韩国等国家。

2018年的辣博会共有特装展馆42个、精装展馆34个、标准展位150个。除安排展馆展位外，辣博会执委会还在中国辣椒城内设置鲜椒品种展示区和美食展示展销区，供国内外企业参展。

案例五：河南省漯河市是一个位于中原内陆的城市，因其发达的食品工业而闻名。2003年4月，中原食品节诞生于此；2008年4月，升级为中国（漯河）食品博览会，又为这座食品名城增添了一张“烫金名片”。

2019年5月的第十七届中国（漯河）食品博览会共有来自全国22个省、直辖市、自治区和多个境外展团的868家企业报名参展，其中包括中粮、双汇、百岁山、北大荒、北京二锅头、阿尔卑斯、维维、王老吉、三元、达利园、完达山、君乐宝、汇源、优乐美等82家国内食品百强企业和知名品牌企业。

案例六：山西省大同市是一个以煤炭生产为主的城市。2018年，大同市人民政府、大同煤矿集团、大同大学共同创办了首届“能源革命、对外开放”国际智慧能源系统及未来新能源产品展示交易博览会。

该博览会从 2018 年 8 月 9 日开幕持续至 9 月 9 日,以展现企业实力、聚合行业精英、促成产业投资、引领行业发展为主要内容,旨在搭建一个深化对外开放合作、实现能源革命创新发展的国际性交流、学习、合作大平台;促进该市打造“能源革命尖兵”一号工程——大同市国际能源革命科技创新园;优选绿色、零碳、智慧能源系统服务商进驻;吸引一批有实力、有技术、有资金的高科技企业和项目落地大同投资兴业;力争将博览会办成一个全方位展示大同形象、全面深化大同对外开放合作的能源领域国际化品牌博览会。

(二)借助专业会议,巩固资源优势

案例七:内蒙古自治区鄂尔多斯市以煤炭和羊绒“一黑一白”两大产业为主导,是一个新兴城市。2018 年 9 月,由鄂尔多斯市人民政府创办的中国(鄂尔多斯)国际羊绒羊毛大会开幕,大会以“鄂尔多斯‘绒’耀天下”为主题,汇聚国际国内知名专家学者、采购商、企业家一道研究产业发展趋势和热点问题,探讨产业高质量发展的新路径,吸引国内外采购、加工、销售等各环节的优质企业齐聚鄂尔多斯,促进羊绒羊毛全产业链的合作交流。大会着眼于把鄂尔多斯打造为世界羊绒羊毛行业交流平台。促进羊绒羊毛产业高质量发展,把羊绒羊毛全产业链做实、做强、做优,培育传统优势产业发展新增长极。

2019 年,大会期间还举办了全国绒毛产业高质量发展论坛暨 2019 年度全国毛纺织产业集群(鄂尔多斯)年会,重点关注中美贸易、行业高质量发展、绒毛产业经济技术、产业集群发展趋势等热点问题,探讨绒毛产业高质量发展,促进绒毛产业的市场对接与技术合作。

案例八:2019 年 7 月 23 日,夏季全国煤炭交易会在山东省日照市开幕。日照市是全国煤炭运输港口城市,也是一个经济比较发达的中等城市。举办全国煤炭交易会有利于巩固该市的资源优势,发展煤炭运输业务。

本次交易会由中国煤炭工业协会主办,中国煤炭运销协会、日照市人民政府承办,以“深化供给侧结构性改革,促进上下游产业协调发展,推动煤炭行业高质量发展”为主题,旨在搭建共享平台,建设统一开放、竞争有序的全国煤炭交易市场体系。交易会期间,还举办了企业家论坛、企业专场推介等系列活动。

(三)发展文化节庆,扩大城市营销

案例九:早在 20 世纪 30 年代,潍坊就举办过风筝会。改革开放以来,潍坊风筝焕发生机,多次应邀参加国内外风筝展览和放飞表演。

1984 年 4 月 1 日,首届潍坊国际风筝会拉开帷幕。1988 年 4 月 1 日,第五届

潍坊国际风筝会主席团会议一致通过，确定潍坊市为“世界风筝之都”。1989年，第六届潍坊国际风筝会期间，又成立了由美国、日本、英国、意大利等16个国家和地区的风筝组织参加的“国际风筝联合会”，并把总部设在潍坊。从此，潍坊成为世界风筝文化交流的中心。

案例十：四川省自贡市是一个地级市。这座历史文化名城具有“千年盐都”“恐龙之乡”“南国灯城”的美誉。

1964年，自贡市人民政府就举办了新中国成立以来的首届灯会。至1992年在自贡举办了10届灯会，形成了自贡灯会的独特风格。

此后，自贡市成立了灯贸管理委员会；在市委、市政府的领导下组织自贡灯会对外展出团，北上北京，南下广州，三进江苏、上海，转赴国内九江、鞍山、长春和国外新加坡、马来西亚、泰国等地，名声越来越响亮。2019年，北京世园会也使用了自贡灯饰。

案例十一：中国洛阳牡丹文化节前身为洛阳牡丹花会，始于1983年，现已入选国家非物质文化遗产名录。2010年11月，经国务院批准升格为国家级节会，更名为“中国洛阳牡丹文化节”，由文化部（今文化和旅游部）和河南省人民政府主办。它是一个融赏花观灯、旅游观光、经贸合作与交流于一体的大型综合性经济文化活动。该文化节成为洛阳发展经济的平台和展示城市形象的窗口，也成为洛阳走向世界的桥梁和世界了解洛阳的名片。

2019年4月5日至5月5日，第37届中国洛阳牡丹文化节以“国色天香，献礼华诞”为主题，秉承“以节促建、以节促管、以节推介、利民惠民、全面提升”的宗旨，努力办成弘扬优秀文化、促进文旅融合、拉动文旅消费、展示发展成就、惠及广大群众的会展活动，为海内外朋友献上了一场精品荟萃、精彩纷呈的文化盛宴。

（四）通过会展项目，促进新兴产业

案例十二：黑龙江省大庆市原是一个著名的生产石油的城市。由于石油资源逐年递减，大庆经济亟待转型升级。为此，大庆市政府提出积极发展文化创意产业的主张。正是在这样的背景下，2019年6月16日，在大庆市高新产业园区举办了《平行的世界》数字艺术创新发展与跨界融合峰会暨国际（大庆）数字艺术创新中心启动仪式。

值得关注的是，大庆已投资3000万元成立国际（大庆）数字艺术创新中心，打造发展文化创意产业基地。尽管该基地的运营前景还有待观察，但大庆市通过会展项目促进新兴产业的思路和做法还是值得肯定的。

三、中小城市会展经济类型与案例——小城市(县域)部分

(一) 助力专业市场，形成市场延伸

案例一:浙江省宁波市余姚市开设有全国最大的塑料制品原材料专业市场。在此基础上,中国(余姚)国际塑料博览会(简称“塑博会”)从1999年至2020年,已连续成功举办了二十二届。

2018年,中国(余姚)国际塑料博览会集结了一大批国内外的塑料原料、配料、机械、模具、制品等行业的著名企业,展示了新材料、新装备、新工艺;此博览会也是国内具有权威的行业协会、有实力的石化和流通企业同时作为主办方参与的塑料行业会展。本届塑博会总展览面积达4.2万平方米,其中境外参展企业展位占总数的35%,为国内外塑料行业企业提供了一个巩固及拓展市场、信息咨询和交流的平台,带动了中国塑料行业的持续发展,并不断扩大全球化视野。

正是因为这里的专业市场和专业展览会,余姚已经成为全国乃至世界塑料制品原材料的集散中心和价格中心。

案例二:浙江省绍兴市柯桥区原为绍兴县柯桥镇,是浙江省经济较发达的地区之一;区域内拥有亚洲最大的布匹集散中心——中国轻纺城和专业的轻纺展览中心。

中国绍兴柯桥国际纺织品博览会(简称“纺博会”)是国务院批准,国家商务部重点支持的纺织品专业展会。创办20年来,其已成为与上海面料展、广交会面料展并称的国内三大知名面料展之一,为纺织企业、贸易公司、采购商和专业观众搭建起了一个功能完善的展示交易平台。

2018年,秋季纺博会再次取得圆满成功,在四天展会期间,共实现成交额89.97亿元,登记入场的专业采购商达44193人,其中境外采购商9331人。而2019年春季纺博会三天展会期间入场专业观众就达48015人次,同比增长20.4%,其中境外采购商达7525人次,较上届增长21.4%。

(二) 借助本地资源，推动优势产业

案例三:寿光是山东省潍坊市的下辖县级市,拥有全国最大的蔬菜批发市场。改革开放以来,寿光经济和各项社会事业迅速发展,连续多年进入全国综合实力百强县市榜单。

寿光是全国冬暖式蔬菜大棚发源地,是中国最大的蔬菜生产基地。全县蔬菜种植面积达70万亩,总产量30亿千克。现有冬暖式大棚20万个,其中三分之二

为一年两作。近年来，寿光一直是首都蔬菜供应地。寿光蔬菜价格对北方蔬菜交易也有举足轻重的影响。

中国(寿光)国际蔬菜科技博览会(简称“菜博会”)是商务部批准的年度例行展会，于2000年创办。2018年，第十九届菜博会秉承“绿色·科技·未来”的主题，围绕服务“三农”的宗旨，以现代农业科技为支撑，突出特色，坚持创新，注重实效，打造了一个综合型农业展示、交流平台，推动了全县蔬菜生产，助力其保持优势产业地位。

本届菜博会共设1个主展区和12个分展区，全面展示寿光农业产业化、标准化、国际化水平。展示的国内外蔬菜品种达2400多个，新增品种260多个，集中展示植物工厂、智能化精准栽培模式、“鱼菜共生”生态循环模式、生物组培技术、水肥一体化、信息化温室远程控制等先进技术100多项，岩棉、椰糠基质等栽培模式90多种。

此外，菜博会还进一步深化蔬菜与文化的融合，推动中华优秀传统文化和世界文化创造性转化、创新性发展，助力展会展览新形态，努力打造独具特色的创意农业。

案例四：福建省泉州市南安市水头镇借助石材生产地和集散地的优势，逐渐走出一条“市场、产业、基地、展会”良性互动的特色产业发展之路。

目前，全镇共有石材企业1000多家，拥有先进专业生产设备300多台(套)，从事石材产业生产的管理、技术、经销人员近7万人，年生产、加工石板1亿多平方米，石雕刻品3000多万件，占全国市场需求量的40%以上。

为了将水头镇打造成为世界级的石材中心，水头镇积极完善以水头石材展览中心为核心的项目配套，加快石材中心商务区、石材精品中心、石材培训与研究中心、大理石批发中心、石材商城、石材物流保税中心等项目建设。

当地自2000年开始举办一年一度的中国(南安)水头国际石材博览会，贸易效果十分明显；现已经吸引全国前十位石材贸易商入驻；大大地提高了水头“中国石材城”在海内外的知名度。到2019年，中国(南安)水头国际石材博览会已经举办了十九届。

（三）打造品牌展会，提升地方形象

案例五：古镇是广东省中山市的下辖镇，位于中山市、江门市、佛山市(顺德区)三市的交汇处，毗邻港澳。古镇是“中国灯饰之都”，2018年灯饰业总产值达160.8亿元，占中国市场份额的60%以上；出口总额达4.8亿美元，产品远销东南亚、日本、美国及欧洲等130多个国家和地区。2018年10月，进入2018年度全国综合实力千强镇前100名。

古镇举办的灯饰展览会全国闻名。第22届中国·古镇国际灯饰博览会于2018年10月22日至26日在古镇会议展览中心举行。2018年10月22日晚，为配合灯博会，由中国照明电器协会与中山古镇政府联合主办的2018年中国灯都（中山古镇）国际灯光文化节亮灯仪式在古镇人民广场隆重举行，由此，古镇的知名度和影响力得到进一步提升。

案例六：河北省衡水市安平县是中国五金制品协会命名的“中国丝网之都”和“中国丝网产业基地”，其丝网生产有500多年的历史，现有各类丝网企业17000余家，从业人员20多万人，产量和出口量均占全国总量的80%以上。

由中国国际贸易促进委员会、河北省人民政府、中国轻工业联合会、中国五金制品协会、中国五矿化工进出口商会主办，河北省贸促会、河北省商务厅、衡水市人民政府、安平县人民政府承办的中国·安平国际丝网博览会是全球唯一的丝网产品专业展会，从2001年至2021年已连续成功举办了二十一届。

经过多年的培育，该博览会的影响力和国际化水平进一步提高，功能进一步完善。到会参展的外地知名公司、知名企业大幅增加，占到参展商总数的三分之一。除传统的钉、丝、网等产品外，新设备、新产品、新技术、新材料大量涌现，参展的“回头客”比例高达70%。展商、展品已从“大而全、小而全”转向“美、专、精”。目前，安平县已成为世界最大的丝网产品集散地和中国丝网业走向世界的窗口。

（四）依托文脉资源，传承历史文化

案例七：“尼山世界文明论坛”即“尼山论坛”，是由全国人大常委会原副委员长、中华文化标志城专家咨询委员会主任许嘉璐倡议发起的，是以开展世界不同文明对话为主题，以弘扬中华文化、促进中外文化交流、推动建设和谐世界为目的，以学术性与民间性、国际性与开放性相结合为特色的国际文化学术交流活动。首届尼山世界文明论坛于2010年9月在孔子出生地山东省曲阜市尼山镇举办，主题是“和而不同与和谐世界”。

2018年，中国（曲阜）国际孔子文化节暨第五届尼山世界文明论坛开幕式在山东省济宁市曲阜尼山圣境举行。来自海内外的263名专家学者齐聚一堂，共话文明的相融。本届尼山论坛的主题是“同命同运、相融相通：文明的相融与人类命运共同体”。

（五）创立会议项目，发展会奖旅游

案例八：2018年8月，中央电视台报道了库布其治理沙漠的经验。库布其沙漠原是中国第七大沙漠，也曾是距北京最近、危害最大的沙尘起源地。经过30年的不懈努力，这里的治沙成果显著：沙漠周边已经出现几百万亩具备农业耕作条

件的土地，每年阻止上亿吨黄沙流入黄河，生物多样性明显恢复。为此，2012 年，库布其荣获联合国颁发的“全球环境与发展奖”。

库布其是内蒙古自治区鄂尔多斯市杭锦旗下属镇级行政单位。2007 年，中央统战部、中国工程院、国家林业局(今国家林业和草原局)、全国工商联、中国光彩事业促进会、内蒙古自治区人民政府和联合国驻华机构共同在这里创办库布其国际沙漠论坛。2013 年 9 月，在纳米比亚召开的联合国防治荒漠化公约大会上，库布其国际沙漠论坛被写入大会报告。2014 年 2 月，中国政府批准库布其国际沙漠论坛为国家机制性大型涉外论坛。2017 年 7 月和 2019 年 7 月，习近平总书记两次向库布其国际沙漠论坛致贺信。

案例九：黑龙江省哈尔滨市尚志市亚布力镇位于小兴安岭余脉的张广才岭西坡，距哈尔滨市东南 201 千米，行政区域面积约 411 平方千米，2019 年，总人口 46810人。亚布力镇曾在 1993 年被黑龙江省定为省级开发小区，1994 年被建设部定为全国小城镇试点镇之一，1996 年至 1998 年连续被黑龙江省政府评为省级先进镇。

亚布力中国企业家论坛(或称“亚布力论坛”“中国企业家论坛”)是一个中国企业家的思想交流平台。2001 年成立于亚布力镇，该论坛始终坚持正能量、创造性、建设性，始终秉持自由、平等、独立、客观的精神，并将“帮助和关心更多新兴企业和企业家的成长，促进企业家成为社会和国家重要的建设力量”作为一贯宗旨。亚布力论坛还在夏季在全国举办高峰会。

（六）促制造业发展，做生产性服务

案例十：温岭是浙江省台州市沿海的一个县级市。全市拥有 3000 多家水泵、电机生产企业，从业人员超 10 万人，先后获得“中国水泵出口基地”“中国小型水泵名城”“国家级电机质量检测基地”等称号，产品在全国市场占有率达 60%以上，远销 100 多个国家。

从 2006 年开始，温岭市每年都举办中国泵与电机展览会，其主办单位是中国机电产品进出口商会、浙江省商务厅和温岭市人民政府。2019 年的展览会有 500 多家企业参展，专业观众超过 2.5 万人，其中来自 20 个国家的外商 600 多人，成交额近 15 亿元。

案例十一：广饶县隶属于山东省东营市。广饶县总面积 1166 平方千米，辖 9 个乡镇(街道)，2 个省级经济开发区，截至 2020 年，总人口约 52 万人。广饶自秦设县，是兵圣孙武故里、吕剧发祥地和齐笔原产地，被联合国地名组织评定为“千年古县”。2019 年，广饶县入选全国综合实力百强县市和全国新型城镇化质量百强县市。

中国(广饶)国际橡胶轮胎暨汽车配件展览会由中国贸促会、山东省人民政府主办,每年5月在山东省广饶国际博览中心举办。2015年,该展会通过了全球展览业协会(UFI)认证,并连续5年荣获"中国十佳品牌展会项目"称号,是国内规模最大、专业性最强、国际影响力最广的轮胎专业展览。2017年12月,被山东省商务厅定为首批省品牌展会。2018年5月,入选中国贸促会"一省一展"项目清单。

第三节 中小城市会展经济发展经验及探讨

一、中小城市会展经济发展的基本经验

(一) 中小城市会展经济的区划和范围必须清晰,以形成相对独立的发展空间

从中小城市的定义可知,其划分标准是以"城区"人口的数量为依据的。另根据本书的理解和论述,上述"城区"人口应该是指该城市所属各个分散城区(并非只是该城市政府所在的那个城区)的常住人口数量之总和。此外,有些大型城市所属的县级市、区、镇都远离主城区,也可以举办自己的会展活动,形成自己独立的会展经济,则这样的县级市、区、镇也可视为"中小城市"的范围。

总之,发展中小城市特别是县域会展经济的主要前提就是相关的区划和范围必须清晰,以形成相对独立的发展空间。

如果我们考察那些中小城市,特别是县域会展经济发达的市、县、区、镇,就可以发现它们大多不是与其他行政单位处于"同城同区",也就是说,它们都具有相对独立的区划条件。这样才有利于通过发展自己区域的会展经济,并扩大这一区域的知名度和影响力,促进这一区域的经济发展。

(二) 发展中小城市特别是县域会展经济的主要目标必须明确,方可形成有效动力

发展中小城市和县域的会展经济毕竟是发展经济的一种手段,它所要达到的目标必须是更深层次的。

譬如,对贫困县来说,"脱贫摘帽"就是一项非常紧要的政治任务。因此,通过会展活动促进脱贫就显得非常必要。

又如，已进入经济发达县市行列的地区，可以通过举办县域会展活动进一步活跃县域经济，提升县市的知名度。这时，县域会展活动就是宣传推介的有效平台。

另外，为促进城市的优势产业更快发展，可以举办相关专业性或专题性的会展活动，为优势产业提供有针对性的产供销全产业链服务。

（三）应该结合本地的历史文化禀赋和社会发展需求，形成本地会展经济的特色

会展活动具有“会、展、节、演、赛”等多种形式，涉及商务、文化、旅游、招商引资、政治宣传、民众教育等领域。所以，应该结合本地的历史文化禀赋和社会发展需求，形成自己的会展经济特色。譬如，有的是举办专业性展会；有的是组织民众可以广泛参与的节庆活动；有的可以结合本地历史资源和文脉传统；有的则可以借助特殊的地理区位更有针对性地组织其他各种活动等。

（四）根据中小城市会展活动发展的实际需求来建设规模适宜的会展设施非常必要

建设一些必要的会展设施是进一步发展中小城市会展经济的必要条件。如果想再吸引一些更高级别的会展活动来此举办，那就更需要把具有相应水准的会展设施先建设起来。

但是，建设中小城市会展设施一定要全面考虑、量力而行，以适宜的规模和档次为好。在这方面，全国既有的一批中小城市会展场馆可以作为参照和借鉴，已经成立的中小城市会展场馆联盟也可以发挥指导和帮助作用。

（五）学习外地发展会展经济的经验很有必要，但重在结合本地实际情况学以致用

当前，中国会展经济研究会中小城市会展业发展研究中心（县域会展经济专业委员会）已经积累了全国一批中小城市和县域会展经济发展的案例。本书的出版也有利于推动和指导全国县域会展经济进一步发展。

但是，对我国现有的大量中小城市和县级行政单位来说，他们既有发展县域会展经济的普遍要求，又存在着个性差异。所以，学习外地发展会展经济的发展经验很有必要，但必须结合本地的实际情况，学以致用。我们希望，在今后的实践中，能出现新的案例。

二、可深入探讨的几个问题

（一）进一步阐释新时代发展中小城市会展经济的必要性

必须从更高层次认识发展中小城市会展经济的必要性和重要性。为此，要从新时代习近平治国理政的思想出发，站在全国发展大局和国家发展战略的高度，认识会展业应当发挥的作用，诠释中小城市会展经济在城市发展中的地位和功效。只有这样才能使中小城市会展经济有新的政治意涵和理论支撑。

（二）更全面地了解全国中小城市会展经济发展状况

目前，全国会展统计等基础工作还很薄弱，要想在其中再分离出全国中小城市，特别是县域会展经济的数据仍有一定的困难。为此，中国会展经济研究会中小城市会展业发展研究中心（县域会展经济专业委员会）还是要有自己的长远计划和工作步骤，以期逐步建立起全国中小城市和县域会展的基本数据库。此事只要坚持做下去，还是大有希望的。这样做的主要目的是掌握全国中小城市和县域会展经济的发展状况，以便更好地为全国中小城市和县域会展经济发展服务。

（三）继续总结一批可供推广的中小城市会展经济经验

从中国会展经济研究会有关资料和全国百强县市的名单，可以比较容易地找出全国中小城市和县域会展经济发达的城市。我们可以发现，现有的一些中小城市成功发展会展经济的经验和案例主要来自浙江、江苏、山东三省，故可以首先对这三省做进一步的调查研究，对成功经验进行总结和整理，然后再向其他省份推广。

（四）尽快形成关于中小城市会展经济研究的基本力量

中国会展经济研究会中小城市会展业发展研究中心（县域会展经济专业委员会）无疑是这方面研究的基本力量，但还需要在具体的工作计划、研究课题，以及确切分工和激励机制的带动下，形成合力。此外，还要在这样的机制和体系下，尽可能地吸引一批会展院校的教师，有关市县的会展领导机构与工作人员参与进来。

（五）打造一个有效的中小城市会展经济交流促进平台

当前，最简单、最有效的交流促进平台还是微信，但现有的“中小城市会展公众号"特点还不突出,需要予以改进。这也是与上述的工作计划、研究课题、确切分工、激励机制的落实密切相关的。

(六)借助本书的出版推进全国中小城市会展经济研究

本书的出版对推进全国县域会展经济研究有着重要意义。因此,要趁此有利时机做好衔接工作。只有相互借力,才能使我国县域会展经济的研究工作更上一层楼。

第二章　中小城市会展业发展定位

古希腊哲学家亚里士多德曾经说过:“人们来到城市是为了生活,人们居住在城市是为了生活得更好。”每个城市都有各自的城市基因和发展路径,对城市的内部条件、产业优势和发展机遇的综合分析,提炼城市发展会展业的精准定位是客观而科学的方法。所谓定位是核心,特色是关键。

第一节　会展与城市梦想

一、梦想为城市铸魂

对个体而言,“梦想总是要有的,万一实现了呢”这句话激励着无数新时代弄潮儿奔向个人梦想。对国家而言,新时代“中国梦”正是国家和人民对美好生活的向往。对城市而言,城市梦想是个体梦想和国家梦想的交汇处、连接点,城市需要梦想。

一座桥催生一座新城,杭州湾新区在“因桥而谋,与桥同兴”的愿景下和“五大梦想”的践行中发展起来了,用务实、创新,践行着城市的梦想。

义乌,一个从马路摆摊起步的城市,凭借着敢为人先、追梦逐浪的闯劲,实现了从“鸡毛换糖”闯世界到“义新欧”(中欧班列)的城市梦想,凭借小商品贸易使城市繁荣起来,成为世界小商品之都。

《长江日报》曾对武汉市 2017 年的城市发展发表过头版评论《伟大城市梦想激发未来无限想象》,文章指出:“也很少有哪一年,市民能享受到如此多的城市节庆式狂欢,武汉马拉松、世界飞行者大会、水上马拉松、斗鱼嘉年华……重大群众性活动全年不断,岁末这几天,还有东湖一百公里世界级绿道构环成网,新的地铁线路和跨江大桥开通。应当承认,是一个叫作‘梦想’的词语,激发了这座城市巨大的潜能。年初的市第十三次党代会,提出建设现代化、国际化、生态化大武汉,全面开启大武汉复兴新征程。继而,这一奋斗目标又被凝练表述为‘伟大城市梦想’,即建设国家中心城市和世界亮点城市。”

由中国中小城市高质量发展指数研究课题组、国信中小城市指数研究院联合发布的《2021 年中国中小城市高质量发展指数研究成果》指出，截至 2020 年年底，中国大陆中小城市（广义范围，包括含乡镇的市辖区）2634 个，其中地级建制市 204 个，地级行政区划政府驻地的城镇（地区、自治州、盟）40 个，县级建制市 375 个，县级行政区划政府驻地的城镇 1091 个，超级建制镇镇区 131 个，相对独立发展的市辖区 793 个。2634 个中小城市就有 2634 个城市梦想，承载着当地居民的幸福梦想，同时也是实现中华民族伟大梦想的重要力量。国家“十二五”规划中明确提出“以大城市为依托，以中小城市为重点”的发展战略，十八届五中全会和“十三五”规划提出“以提升质量、增加数量为方向，加快发展中小城市”的发展思路。

新时期，中小城市的发展迎来了新的机遇期，中小城市是推动区域经济高质量发展的重要力量。政府如何把握机会，实现梦想是个大课题，影响着城市核心能力的打造和城市发展的高度。

二、会展是梦想引擎

（一）中国是当仁不让的会展大国

19 世纪末，欧洲会展业进入快速发展阶段。21 世纪以来，随着第三世界国家在世界贸易中的地位提升，世界会展业迎来了新的发展阶段。我国凭借世界制造业基地及巨大的消费市场的地位，加速发展会展业，近年来，在国际展览业和会议中所占的比重越来越大，并逐渐发展成为会展大国。同时，会展业在我国社会发展中的地位、功能和作用都有了明显的提升和强化，在构建现代市场体系和开放型经济体系中发挥着重要的平台作用，进一步助推新型城市化建设和产业转型升级。如在博鳌、乌镇举办的世界级大会，永康、余姚产业会展对主导产业的支撑，G20 杭州峰会，义乌依托会展业促进城市经济发展的案例等。“办好一个会，搞活一座城”“大国外交平台”“中国服务”等会展理念得到广泛认可和实践。我国会展业正朝着国际化、市场化、品牌化、专业化方向发展，会展人正努力推动我国从会展大国向会展强国迈进。

（二）新时代下会展概念日益饱满

狭义的会展业一般指会议展览业，包括会议、展览和奖励旅游。以会议和展览为载体的经济活动的总和便称之为“会展经济”。会展产业内不同企业承担不同的价值创造职能，通过多个企业共同向消费者提供服务则形成了分工合作关系，称之为“会展产业链”。产业链中包含了参展商、主办公司、工程公司、展馆、工程采购商以及延伸配套服务公司等,会展产业链具有涉及面广、价值传递快、集聚性强等特点。随着社会和产业的发展,更多的行业专家、学者提出了更为广义的“大会展”的概念,即包括会、展、节、赛和演在内的所有高级的社会群聚性活动统称为“会展”,并提出会展综合体、会展生态圈和生态产业链多维空间等新概念及理论,以满足新时期会展业的发展需求,进一步提升会展业对城市发展的作用,并对社会经济做出更大贡献。本书所指的会展正是“大会展”概念。

(三)会展业在城市梦想的实现中发挥引擎功能

现在,会展业已经是一个非常成熟的行业,其功能与作用经过了无数城市治理者的实践验证。从理论上来讲,我们可将会展的功能分为基本功能、提升功能和辅助功能。

1. 基本功能(微观分析)

基本功能是指会展活动本身的直接功能,如产品展示、企业营销和宣传、信息传播和商贸洽谈等功能,可以帮助企业面对面快速找到销售渠道,方便打造企业品牌形象,展示企业文化和研究成果,目的是促进交易。

2. 提升功能(中观分析)

提升功能是指对产业和城市发展的助推器作用,如资源整合、产业联动、产业投资和城市建设、城市经济辐射的联动效应等功能,目的是为提升产业、培育支柱型产业和城市竞争力服务。

3. 辅助功能(宏观分析)

辅助功能是指城市人文发展的深层次提升作用,如促进交流与合作,促进就业和提升城市魅力,塑造城市品牌等功能,目的是为促进城市和谐稳定、开放和多元文化的融合发展。

综上,会展业是现代化新型城市发展中必不可少的城市功能,是新时代中小城市发展的新引擎。有定位、有规划、成系统的城市会展业的健康发展,往往成为一个城市繁荣昌盛的“金钥匙”“魔法棒”。会展在整合城市优质资源的同时,更是对产业、城市、人居环境全面的提升和促进,是城市形象宣传、产业营销推广和人心凝聚团结的生动展示,是产、城、人大融合的综合体现。

三、引擎的推动机理

(一)梦想引擎发挥作用,需要城市抓住机遇

在传统城市要素驱动的发展模式下,中小城市普遍资源不足,人才缺乏和城

市吸引力弱的现状更是难有跨越式发展。而会展业作为城市梦想的引擎，在城市的蓬勃发展中是能够发挥积极的引领和推动作用的重要产业。

当下，从国家到地方，会展业的大放异彩让更多的会展人、参与者乃至旁观者感受到了会展行业的力量。作为三大无烟产业之一的会展业在经历产业快速发展之后，已转入高质量转型升级发展，非常契合中小城市的发展需求，其对城市的推动作用将会越来越明显。同时，会展业是文化创新产业，是高效开放、协调、共享的平台，是城市实现个性化、特色定位的最佳载体。

接下来，需要城市，尤其是中小城市，发挥“撸起袖子加油干”的务实作风，积极落实“创新、协调、绿色、开放、共享”五大发展理念，力争在以城市基本要素驱动向个性化、特色科技创新驱动的转变中取得先机，在2634个中小城市中确立自身的城市梦想的定位中取得先机，在会展业助力实现城市跨越式发展的过程中取得先机。

（二）会展业梳理并融汇城市“产、城、人”脉络

城市梦想是融合“产、城、人”的共享梦想。城市，肩负着国家给予的重任和自身的发展使命，梦想追随着使命。产业，是城市发展的基石，是实现梦想的动力源泉。人，是城市梦想的实践者，也是城市梦想的最终成就者。产、城、人融合发展，是新时代实现城市梦想的有效途径。

中小城市发展会展业，能帮助城市梳理脉络，培育新产业，提升老产业，增强城市产业的竞争力和造富能力。中小城市发展会展业，能帮助城市新旧动能转换，激发创造力，提升城市知名度，增强城市吸引力。中小城市发展会展业，能帮助城市增加就业，改善人居环境，提高市民幸福感，实现美好生活的愿景。温岭举办的中国泵与机电展览会、盱眙举办的中国·盱眙国际龙虾节、永康举办的中国五金博览会、宁海举办的中国徐霞客开游节等都为城市和产业的发展做出了重要的贡献，也是城市、产业和市民连接世界、走出狭隘、激发活力，以期达成共享梦想的重要平台。

（三）城市的梦想是铸就城市“知(名度)、美(美誉)、忠(诚度)”的品牌梦想

根据中国会展经济研究会近10年的统计报告，结合中小城市会展业发展研究中心的多年观察，国内已有越来越多的中小城市开展各类会展活动，并将会展活动作为城市名片和产业风向标，以提升城市知名度，提升产业影响力。2019年的统计报告显示，全国拥有展馆数量在20个以上的省有5个，浙江省排在第四位。浙江省的11个地市拥有22个展馆，地市级展馆占比达到了90%以上。除杭州

市、宁波市和温州市外，其他地级市基本可以参考中小城市会展的发展思路。镇县市级展馆占比也达到20%以上，并仍在增加中。有些县市已在筹划展馆的二次新建，如余姚市、温岭市等。展馆是发展城市会展业的重要载体，是城市发展会展业的决心体现，更是推动城市会展业的发动机。浙江省会展业的发展对浙江省经济和城市建设具有重要的推动作用，各市、县、镇都以各自的会展活动打造各自的城市名片，塑造各自的城市品牌，成为很多省内外城市的学习典范。会展业正在成为展示城市、承载城市梦想、实现城市品牌梦想的高效媒介。

毋庸置疑，每一个城市都需要有梦想，梦想让未来值得期待。“城市，让生活更美好”的城市梦想正是2010年上海世博会的主题。有别于大城市的规划成熟清晰、产业集聚红利明显、功能配套完善，中小城市要认清自身的城市定位，变劣势为优势，在众多的中小城市中成为新一轮推动高质量发展的重要力量。中小城市在承接产业转移、完善城镇结构、推动城乡融合等方面发挥了不可替代的作用。中小城市如何抓住机遇，实现跨越式发展，在区域内、在全国甚至在全世界形成自身的城市定位和会展业发展定位，离不开“文、旅、商”的个性基础，离不开“产、城、人”的融合发展，离不开“知、美、忠”的品牌追求，离不开“大会展”的媒介支撑。

四、城市梦想与会展业相互成就

（一）会展业需要城市对其相关的政治、政策体系进行构建和完善，为会展业发展引航

会展业发展对政府组织、政策规范的依赖度非常高，尤其是发展初期。对于心怀城市梦想的治理者而言，首先，要完善政府主管部门的内部组织机构，明确会展活动管理职能，责任清晰，分工明确，让办展的主体有门可寻；其次，要有法可依，完善会展活动的相关行业法规，最大限度减少会展活动产生的法律问题；再次，建立简洁、高效的办展体系，流程清晰明了，审核快速、高效，让远道而来的客商减少时间成本和经济成本；最后，出台合理的培育政策，中小城市想要发展会展经济，政府培育的环节少不了，但出台的办法一定要起到正面的培育作用，而不仅仅是依赖作用。

（二）会展业会为城市的产业层次建立更深的联系和更有效的链接

会展业促进城市全产业链互动，相互扶持，从而拉动供给需求。会展业与第一产业、第二产业、第三产业的全线互动表现为，一方面，第一产业和第二产业依托会展业发展；另一方面，会展业依托第三产业发展。需要强调的是，第一产业和

第二产业的产品，大多数是城市的经济支柱、城市资源的主要因素，而会展业则一定程度上让三大产业达到城市发展所需的最优平衡。

（三）会展业为城市人、城市产业人、城市治理人、城市流动人、城市会展人等个体、群体搭建资源性互动圈和成长性平台

打造全员参与的会展活动，做到会展人才、会展客户群体与参与会展的城市人口双向互动，既要利用城市的人力资源，将人才的使用发挥到极致，也要使远道而来的参展客商与参与会展的城市人口互动起来、融合起来。总体而言，是要培养会展意识，营造会展氛围，通过长期的坚持和努力，起到促进会展产业发展和提升城市精神文化的作用。青岛国际啤酒节、大连国际服装节、中国·盱眙国际龙虾节都是打造全员狂欢的真正的会展节庆活动，举办了十几年甚至几十年，让群体间的互动达到了较高的境界。

（四）城市的底蕴与会展业的策划、延展、融合特性相结合，将凸显城市特有的气质和文化品牌，同时赋予城市会展业活力和生机

会展业发展要充分挖掘和利用城市的文化积累和资源。中小城市虽然没有大城市那样优越的、更明确的、专业细分的、成熟的城市文化框架，但对于提升富有地方特色的主体产业和城市品牌定位而言，会展业与文化的互动显得十分重要。一方面，会展必然通过充分融入城市的文化要素，将会展产品打造成城市文化的印记。另一方面，会展活动将促进城市文化的传播、传承和创新。例如，海峡两岸的地域文化互动促使厦门举办了很多以促进两岸交流为主题的政治、经济和文化等经贸会展活动。文化与城市的品牌和形象具有高度的关联性。

（五）城市品牌和形象互动

会展业是城市品牌和形象塑造的重要窗口，城市的品牌和形象可为会展业发展提供具有鲜明特性的品牌建设核心动力。这样的互动客观上是会展与产业的互动，属于基因天成，自带流量式的存在。

梦想是城市发展的内驱力，而梦想的蓝图则需要根据城市能级、产业结构、文化特色、政府决策等种种城市发展需求和城市特色来绘制。对中小城市而言，由于自身的劣势明显，更需要科学合理的布局和规划。只要形成多业态、多形式、多产业的会展规模，会展业将会成为实现城市梦想的有效平台。

第二节 中国会展产业企业的现状

一、中国从事会展产业的企业类别

会展产业是典型的小产业、大链接,以展馆经营为依托的会展企业大致可以从主业的占比情况、地域覆盖情况、企业性质情况和收入规模情况进行分类,并可以以此了解活跃在中国会展市场的主要会展企业的基本情况。

(一)按主业占比分类

主业占比情况主要是指会展产业及会展关联产业的产值在企业业务板块中的占比情况。按主业占比分类,可将会展企业分为以下几类。

1. 专业型

专业型是指专业并专注于从事会展场馆经营、展会主办或承办、展会配套服务等系列会展业务的企业,企业的所有业务均与展会相关。例如,上海国际展览中心有限公司。

2. 兼容型

兼容型是指将会展业务作为企业集团化运行的重要组成部分,且有专业的团队或组织专职从事会展场馆经营、展会主办或承办、展会配套服务等系列会展业务的一部分或全部,这样的企业我们称之为兼容型的会展企业。例如,中铁会展有限公司。

3. 服务型

服务型是指企业本身不以经营展馆、展会主办或承办为主体业务,而是以展会的全过程标准化服务为主要产品的会展企业。

(二)按地域覆盖情况分类

按地域覆盖情况分类比较好理解,围绕展馆开展的会展活动有较强的地域区别性。

1. 国际/全球性会展企业

国际/全球性会展企业是指在全球范围内开展业务的会展企业。

例如,江苏新国际会展集团有限公司,成立于2006年,注册资本1700万人民币,是江苏省设立的第一家中外合资会展公司,也是国内会展业第一家集团性公司。

中资:江苏东恒国际集团有限公司、江苏省进出口商会、苏州国际博览中心管理有限公司。

外资:香港雅式展览服务有限公司。

经营范围:在中国境内主办、承办各类经济技术展览会和会议;在中国境外举办会议;展览展示设计制作;会展人才培训;进出口业务(不含分销业务)和信息咨询服务。

例如,汉诺威米兰展览(上海)有限公司,成立于1999年,注册资本50万美元。

资方:德国汉诺威展览公司、意大利米兰国际展览公司。

经营范围:在中国境内主办、承办各类经济技术展览会和会议,在中国境外举办会议,并提供与展览和会议相关的服务;商务咨询、贸易信息咨询、投资咨询、国际经济信息咨询、市场调研、企业管理咨询。德国汉诺威展览公司每年举办50多场专业贸易展览,共吸引来自100多个国家和地区的300万名观众和15000名记者前往参观,每年吸引的参展商总数约36000家。公司拥有1200多名员工和58个海外代表处,在全球100多个国家和地区开展业务。2018年公司营收为3.1亿欧元,跻身德国五大展览公司之列。

例如,法兰克福展览(上海)有限公司。

资方:法兰克福展览(香港)有限公司。

经营范围:其业务覆盖展览会、会议及活动,业务覆盖全球30个地区,有员工2400名,每年营业额约6.69亿欧元。集团与众多相关行业保持紧密联系,配合庞大的国际行销网路,满足客户的全方位需求。多元化的服务体现在活动现场及网路管道的各个环节,确保遍布世界各地的客户在策划、组织活动时,能享受到高品质及灵活性;可提供的服务包括租用展览场地、展会搭建、市场推广、人力安排以及餐饮供应。在亚洲12个主要城市①举办50多场展览会,旨在为全球各地企业提供高品质的贸易平台,以方便他们拓展中国和亚洲市场。

公司的主要核心行业展览,包括消费品、电子及自动化技术、娱乐、媒体及创意产业、环保技术、食品技术、生产技术及零部件、交通运输技术与物流、安防及消防、纺织品处理、清洁与洁净技术以及纺织品及纺织技术。

2. 国内中心城市会展企业

国内中心城市会展企业是指在国内中心城市开展业务的会展企业。中国会

---

① 12个主要城市包括胡志明、吉隆坡、曼谷、孟买、北京、长沙、成都、广州、上海、深圳、中国台北及中国香港。

展企业独立上市始于2014年，根据《中国展览经济发展报告(2019)》的统计，2014年至2019年，中国累计上市的会展企业有29家(包括其间申请退市、转市的企业)。

在上市公司中，中心城市的企业表现突出。公司注册地在北京的有10家，在上海的有4家，在深圳、天津、杭州、武汉的各2家，在广州、太原、大连、昆明、东莞和长沙的各1家。杭州现有从事会展服务业的企业6606家，比2010年增加4242家，会展行业协会单位会员数量达到216家，基本形成了与项目策划、展馆管理、设计布展、设备租赁等相配套的专业队伍，从业人员逾万人。①

3. 国内中小城市会展企业

国内中小城市会展企业是指在国内中小城市开展业务的会展企业。

截至2018年，嘉兴共有会展企业198家，其中111家企业提供展览服务，82家企业提供会议服务，其他5家企业提供研学活动组织策划、组织企业境外参展等服务。

（三）按企业性质分类

1. 外资会展企业

目前外资会展企业主要还是采取与国企合作或参与民企并购的方式介入国内会展市场。

例如，上海会展产业股权投资基金由东浩兰生集团联合上海瑞力投资基金管理有限公司作为基石投资者和发起方，携手上海黄浦区政府投资基金、华麟资本控股有限公司等政府、金融和产业资本共同出资设立。基金总规模30亿人民币，首期投资规模10亿人民币，投资领域涵盖会议展览、活动赛事、商贸旅游、文化创意、体育健康、科技应用等会展产业集群和相关现代服务业。基金发布会上，东浩兰生集团表示将通过产融结合，内生和外延双轮驱动加速会展主业发展。上海会展产业股权投资基金的设立，标志着我国在金融服务会展产业发展上跨出了重要一步。未来，上海会展产业股权投资基金将深耕行业，以开放融合、价值创造为宗旨，积极参与会展企业创新和行业整合，助力打造国际领先的中国会展强企，为上海国际会展之都建设，为中国会展业高质量发展做出贡献。

然而，在这些合作中，我们国家级的会展协会不能与他们合作，避免“引狼入室”，影响本土会展业的发展。

2. 国有会展企业

国有会展企业是大型会展企业比较普遍的出身。国有会展企业在企业经营

---

① 资料来源：《杭州市会展业发展“十三五”规划》。

中具有先天的资源优势。

例如,杭州西湖国际博览有限公司、浙江旅游投资集团有限公司、浙江广播电视集团下属企业 1000 万注册资金。央企开办的几家展览公司,也是国有的。当然也有一些小的协会成立的展览公司,如国家级协会成立了一些展览公司,名义上是协会的,性质是国有的。

国有会展企业以中国对外贸易中心为例,该中心是商务部直属事业单位,主要负责承办中国进出口商品交易会(又称“广交会”);在广州和上海拥有两个超大型现代化展馆,即位于广州市海珠区琶洲岛的广交会展馆和位于上海市虹桥商务区核心区西部的国家会展中心(上海)。中国对外贸易中心以丰富的办展经验、卓越的业绩、专业的服务在中国会展业中占有举足轻重的地位。

中国对外贸易中心下设企业集团——中国对外贸易中心集团有限公司,主要业务是主办各类大型专业展览;经营广州、上海两大展馆;通过旗下子公司及控股、参股公司经营电子商务、广告、进出口贸易、旅游、酒店、餐饮、物业等业务。

2018 年,中国对外贸易中心集团有限公司经营收入位列世界各大展览机构前三位,所经营的广州、上海两地展馆办展面积达 1399.9 万平方米(含广交会),位列世界各大展览机构之首,自主举办的家博会、建博会、汽车展均为世界知名品牌大展。2013—2016 年连续四年被评为“中国服务业企业 500 强”,2013—2018 年连续六年被评为“广东省企业 500 强”“广东省服务业 100 强”。中国对外贸易中心集团有限公司立足广州,布局上海,辐射全国,致力于推动中国会展行业由大向强转变,提升我国会展业的国际影响力和话语权。

3. 民营会展企业

近年来,随着会展产业的蓬勃发展,民营会展企业的积极性也在大大提高,活跃在展馆承接、展会承办或主办、搭建等服务中,其中以河南籍会展从业人员为代表开办的民营会展企业发展迅速。

经过 20 多年的发展,河南固始籍会展从业人数 10000 多人,展览公司近 500 家,营业额超过 100 亿,涉足整个会展产业链。固始会展行业起步早、发展快、地域分布广,具备全国特征、国际化特色,在会展行业 122 个类别中,固始会展涉及近 100 个类别,2006 年至今获得稳定可持续的发展,已形成完整的会展产业链体系。目前已形成江浙沪会展集群、北京会展集群、广州深圳会展集群、中西部(郑州、西安、昆明、成都)会展集群,固始人通过会展业推动了中国内外贸的发展,为国外会展企业进入中国搭建了桥梁。

固始会展行业规模大、产业广,会展产业链完整,品牌化、专业化程度高,年举办规模以上展会 700 多场,专业会议 200 多场,服务 10 万多家企业,吸引 2000 多万专业观众采购，是中国会展业的主要力量之一。会展行业主办方除“英资主办”“德资主办”“国家部门主办”“行业协会主办”外，“固始系公司主办”已是会展业不可或缺的一支生力军。

上海歌华展览服务有限公司负责人即是河南固始会展行业协会发起人。上海歌华展览服务有限公司成立于 2001 年，是一家全国性的专业展览及会议组织机构，拥有一支高质量的专业人才队伍，从事国内外各类展览会及研讨会的主办、承办、策划、组织等业务。公司以上海为中心，在全国及国外设立有十几个分部。公司成立至今，协同各地相关政府部门、行业协会及组织、传媒机构及合作伙伴，推出一系列颇受展商与观众认可与好评的展览会。目前，上海歌华每年主办五大主题系列展会，包括纺织服装、汽摩及配件、机械设备、礼品及赠品、食品等八大领域，其中面料展、服装贴牌展、袜业展、纺机展、汽车用品展、车用空调展、渔业展已成为行业内的专业盛会，吸引了大量的海内外参展企业及买家前来交流、洽谈与采购。

事实证明，民营企业的参与让会展产业的机制更加灵活，展馆运营效率也大大提高。

二、活跃在中国会展市场的会展企业发展现状

（一）外资会展企业在国内的发展现状

外资企业进入中国经历了三个阶段。第一阶段是以协作为主要合作方式，第二阶段是在华设立代理机构、办事处、组建合资公司宣传和推广自己的品牌，第三阶段是以组建合资公司的形式直接在华办展。

目前，进入中国比较大型的外资会展集团有纽伦堡国际博览集团、法兰克福展览有限公司、杜塞尔多夫展览集团、励展博览集团等。

我们依据中国会展经济研究会统计委员会办公室收集到的展览项目具体信息，对在中国拥有公司主体的 16 家国际展览企业在中国境内举办的展览进行了统计及分析。

2018 年，全国 16 家国际展览企业在中国境内共举办了 213 场展览，占收集到的全国展览总数的 3.64%，展览总面积达 1289.36 万平方米，占收集到的全国展览总面积的 10.65%（见表 2-1）。

表 2-1　2018 年国际展览企业在中国举办展览情况

国际展览企业	办展数量（场）	占全国展览总数的比例（%）	展览总面积（万平方米）	占全国展览总面积的比例（%）
励展	41	19.25	174.20	13.51
UBM	34	15.96	285.14	22.11
法兰克福	30	14.08	226.27	17.55
塔苏斯	23	10.80	90.64	7.03
万耀企龙	17	7.98	43.61	3.38
汉诺威	16	7.51	134.19	10.41
慕尼黑	13	6.10	97.80	7.59
杜塞尔多夫	7	3.29	15.14	1.17
艾特怡	5	2.35	18.95	1.47
科隆	5	2.35	63.51	4.93
纽伦堡	5	2.35	9.24	0.72
英富曼	5	2.35	17.11	1.33
智奥会展	5	2.35	70.19	5.44
爱博西雅	3	1.41	21	1.63
�端中国	3	1.41	21.91	1.70
迈布克斯	1	0.47	0.43	0.03
总计	213	100	1289.36	100

以励展博览集团为例，该集团是专注于展览及会议的专业主办机构，在世界各地拥有 4200 多名员工，在 30 多个国家举办了 500 多个展会项目，其展览及会议为美洲、欧洲、中东、亚太和非洲地区的 43 个行业部门提供服务。励展博览集团是励讯集团(RELX Group)的成员之一，励展博览集团是全球专业的信息解决方案提供商。

目前，励展博览集团在大中华区范围内拥有 550 多名员工，服务于多个专业领域：汽车制造与汽车后市场，电子制造与装配，娱乐与潮流文化，花卉与园艺，餐饮与酒店服务，礼品与家居，海洋，能源，石油与天然气，医疗，医药与健康，金属加工与工业材料，印刷包装，地产与旅游。

2018 年，励展博览集团在大中华区主办了 60 多场展会，吸引了 115 万余名观众，在展会上，共有 3 万余家展商参与展示，其展位面积总计超过 180 万平方米。

（二）在中小城市经营的会展企业的现状

城市公司拥有自己的会展公司，如义乌市、温岭市，此类公司为国有性质。而民营企业更青睐消费类展会，其中以开办演唱会居多。

以 2018 年浙江部分中小城市展会举办情况为例(见表 2-2)。

表 2-2　2018 年浙江部分中小城市展会举办情况

序号	城市	室内可供展览面积（万平方米）	展览数量（场）	总展览面积（万平方米）
1	义乌	9.32	64	104.02
2	永康	7.56	15	39.3
3	余姚	4.2	17	26
4	慈溪	2	19	19.5
5	温岭	1.3	14	19.49
6	诸暨	2.5	6	12.05
7	海宁	1.2	16	11.39
8	宁海	1.3	10	6
9	桐乡	2.45	10	1.42
10	东阳	1.6	3	1.2

资料来源：《2018 年度中国展览数据统计报告》、新闻报道以及各展馆官网。

由于可供展览面积小，中小城市的会展企业的办展数量和质量都明显弱于中心城市。

（三）为什么目前中小城市的会展业发展不如中心城市

原因有三。

一是在显而易见的硬件配套设施和软件服务上，中小城市展览企业的数量和质量不如中心城市。在此不赘述。

二是在行政辐射的能力上，中心城市在行政资源上的优势不仅显而易见，还得天独厚。

例如，中心城市杭州的亚运市场的开发启动。2018 年 12 月 26 日上午 9 时 8 分，第 19 届亚运会市场开发计划发布会如期举行。备受社会各界关注的杭州亚运会市场开发体系正式亮相，主要包括赞助、特许经营、市场运营、票务四大板块。此次线上发布会一共吸引千余家企业参与，网易直播间超过百万网民观看。

不同于以往传统的线下会场形式，此次发布会采用线上发布，整合浙江卫视、浙江电视台国际频道、浙江电视台新闻频道，以及网易直播间、优酷视频、赋能亚运 App 等全媒体渠道进行同步直播，打破了地域限制并实现全方位传播覆盖，充分体现“智能亚运”定位和杭州城市特色，为更多的企业近距离参与亚运会提供了更为便捷的通道。

值得关注的是，此次发布会特别注重互动体验，所有人均可以通过智能手机参与，大家可以在直播间聊天室中畅所欲言，送出对 2022 年杭州亚运会的美好祝福，同时还能与杭州亚组委实时互动，第一时间了解掌握市场开发最新动态。

正如亚奥理事会主席艾哈迈德·法赫德·萨巴赫亲王所说：“我们将有机会举办一届非常精彩、成功的运动会，即我们所说的智能亚运。我们将应用最好的信息技术、社交媒体、计算机和其他技术，这些技术将为我们的亚运会和全球体育运动锦上添花。”①

由此可见，千余家企业参与杭州亚运市场，必将对亚运市场的开发起到极大的推动作用。举办智能亚运需要得到相关企业的支持，杭州众多的互联网企业为举办智能亚运提供了坚实的后盾。而中小城市举办的活动辐射能力不够，得不到这么多企业的支持，市场开发不彻底，导致活动的效果不好。中小城市想要举办类似活动的难度和达到同等效果所需要成本不可与中心城市同日而语。

三是在企业质量上，中小城市也无法与中心城市相比较，而义乌市、余姚市、温岭市之所以会展业发展，不输于中心城市，正是因为得到了相应的、专业的和足够数量的企业支撑。

以“浙东红村”举办大型全媒体新闻行动为例。该活动是由宁波广播电视集团、余姚市阳明文化旅游集团牵头发起的以“牢记嘱托，追梦新时代”为主题的大型全媒体新闻行动。2019 年 7 月 12 日在“浙东红村”宁波市余姚市梁弄镇横坎头村启动。据主办方介绍，此次大型全媒体新闻行动围绕近年来特别是党的十八大以来，在党的建设、生态文明、脱贫奔小康、区域经济发展、社会综合治理等方面的成就，并组织精干采编人员进行全方位、多视角、全媒体的深入报道。报道以“新闻专题＋记者手记＋新媒体”的形式呈现。上海台、广州台、深圳台、宁波台、成都台、湖州台、舟山台、海口台、开封台、赣州台、宜昌台、荆州台、大凉山台等多家城市广播电台共同参与此次大型新闻行动。报道将在多家城市新闻台主要新闻节目中同步播出，主办方还将集结文字、图片、音视频资料供展览观摩，并邀请专家对报道和新媒体推送的内容进行一次专题评议②。

此次活动由宁波广电集团、余姚市阳明文旅集团牵头发起，企业牵头筹划、举

---

① 资料来源：杭州会展电子政务网。

② 资料来源：“县域会展”公众号。

办的活动对于中小城市的宣传起到了很大的作用。而企业资源恰恰就是中小城市所缺乏的,这也是中小城市会展业发展不如大城市的原因。

第三节 会展与千城千面

城市的发展应当也必须建立在当地资源、环境以及各种条件之上,受历史演化、地质条件、区域位置,甚至不同任期领导战略等因素的影响,每个城市都有每个城市的特质,"千城千面"就是这个意思。

接下来,会有更多的会展业从业者把目光从中心城市、大城市转向中小城市,那里会展业将有广阔的市场。随着我国社会经济的快速发展和新型城镇化战略的进一步推进,部分中小城市凭借得天独厚的区位条件和发展基础,在动能转化、民生改善、生态建设等方面走在了前列。一些中小城市尽管基础薄弱,但通过创新发展思路,实现了跨越发展。还有一些中小城市,城市发展质量不高,人口也持续外流,经济发展难以找到新的增长点。2019 年 8 月,中央财经委员会第五次会议指出,经济发展的空间结构正在发生深刻变化,中心城市和城市群正在成为承载发展要素的主要空间形式。这就意味着中小城市可能会加速分化,位于大城市群、与中心城市有着良好互动的中小城市将呈现新的发展优势。

会展是一个系统性的服务平台,是提供公共(产品)服务的集合地,与城市的方方面面都有着密切的联系,会展与城市是双向赋能的关系。城市的会展业发展需求取决于城市的自然条件、人文因素、经济发展等因素,这些是会展业发展的先决条件。而在发展的过程中,会展业逐渐形成自己的差异化特色,形成自己的品牌效应,这是城市会展业成功的关键性因素。本节将探讨会展业对千城千面的主要关注点:客观的硬件条件、个性化的城市需求、会展的嫁接差异、千面的会展城市。

一、客观的基础硬件

中国地大物博,每个城市的自然条件和人文条件都不同。正是因为这些不同,中小型城市的会展业发展也大相径庭,中心城市谋求承接更大规模和更高规格的品牌会展,而小型城市还停留在规划会展产业生存的阶段。本书从城市规模基础入手,浅谈硬件条件不同的城市会展业的定位和发展。

(一)大中型城市

以无锡为例,近几年,无锡的会展业发展速度之快令人惊叹。2017 年,承办世界物联网博览会,2020 年,承办中国(无锡)国际设计博览会,这一系列大规模、高规格的会展在无锡举办,也恰恰说明无锡正在成为“会展大市”,而成就无锡会展业发展的条件正是这座城市的自然和人文条件。

在自然条件上,无锡地处江苏东南部,北靠长江,南临太湖,东临上海,西临南京,气候温和,是江苏的著名旅游城市。而且无锡拥有极为便捷的交通,四通八达,来无锡旅游的游客络绎不绝。良好的地理位置和得天独厚的自然条件使得无锡的会展产业迅速发展起来,成为国内重要的会展城市之一,并在向着国际化会展城市的目标迈进。

在人文条件上,2020 年,无锡刚被评选为新一线城市,城市能级的提升给无锡这座城市带来了许多机遇,这其中也包括会展这一行业。城市能级提升后,无锡便能够吸引更多的中产阶级及以上的人口,高消费阶层人口的到来不仅使经济得到发展,还使城市的产业结构发生变化,即第一产业和第二产业的需求减少,第三产业的需求增多。第三产业的需求增长必然会引起政府的重视,自此以后,一系列的招商引资政策便会展开,在多方面因素的影响下,中型城市的会展产业便会步入一个更高的发展阶段。

（二）中小型城市

中小型城市发展会展业的例子很多,但很经典的例子当属义乌。义乌会展业从 1995 年起步,距今已有 20 多年的发展历史,时至今日,义乌已经走出了一条“以贸兴展,以展促贸”的独特发展路线,义乌也被评为“最具潜力的会展城市”。像义乌这样的中小型城市的会展产业,同样也受到自然条件和人文条件的双重影响。

义乌地处浙江中部,为浙江四大区域中心城市之一,虽然义乌的地理位置十分优越,但自然资源却很少,义乌的旅游资源稀缺,因此来旅游的游客十分有限,这也让义乌的会展行业发展受到了一定的制约。

虽然义乌的自然条件没有优势,但义乌凭借着其小商品产业的优势,依托政策的倾斜以及“互联网＋”的城市新兴经济产业结构,以小商品产业迅速打开局面,成为国内知名的会展城市,并承办了义博会、文交会、森博会、旅博会等国家级展会,以及电商博览会、装博会、进口商品博览会等专业展会。未来,义乌的会展产业将有巨大的发展空间,甚至能在会展这一产业中实现“弯道超车”。

从上面的例子可以看出,城市条件的不同对于会展产业的发展也将产生不同的影响,大型城市会展业的发展机遇更多,会展内容也更加丰富,具有前瞻性、多元化的特点,所以大中型城市的会展业发展是向着产业先驱方向发展的。而中小型城市受环境、人口、资源等多方面因素的制约,会展产业发展受限,但随着“互联网＋”的机遇来袭,小型城市应当抓住机遇,突破现有的行业困境,实现快速发展。

（三）相同层级城市的不同

上述两点主要从纵向比较大中型城市的不同，而相同层级的城市之间也存在着因地域、城市发展方向、产业优势等因素产生的城市差异。在地域上，不同城市受大中城市辐射的优势、产业覆盖的影响；在城市发展方向上，受城市自身的整体战略的影响；在产业优势上，受城市的自然资源和既有历史产业影响，这些因素既会独立影响，也会相互作用。由于这些因素的影响，相同层级的城市也会有不同。

例如，温岭和海宁，都是浙江省县级城市，但其城市发展有极大的不同。温岭离周边上海和杭州等大型城市较远，没有享受到这些大城市带来的利好，只能倾向于发展自身的优势产业，主要是重工业和泵业。而海宁靠近杭州、上海等大型城市，近年来随着杭海城际铁路的建成，加快了其与杭州的融合，依托周边大城市的影响，依托皮革产业，加快了轻工业及第三产业的产业转型和发展。

即便是同一层级的中小城市也有不同的基础和特点，可挖掘具有特色的会展产业，城市在发展过程中可根据其产业客户群体的需求来制定其定位和发展规划。

二、个性化的城市需求

城市需求是一个时代性话题，不同的时代，人与自然和谐相处的方式各有不同。因此，不同时代、不同地域文化、不同治理者、不同阶段的理念都会对城市的会展业发展需求以及规划目标造成影响，形成不同的会展业特色。

城市是人居和谐的体现，城市的核心作用是为人服务。城市因多样化群体的融入而更加生机勃勃，多样化人群因城市的繁荣而得到更多精神幸福和内在的和谐。因此，城市的建设就需要以居民的需求为标准，而中小型城市的居民需求是存在差异的，大型城市的居民需求大多是大宗商品贸易和精神文化层面的提升，而中小型城市的居民需求则侧重于以小宗商品交易为主的物质方面的产品和服务。城市居民需求的不同所导致的必然结果就是会展的受众群体不同。

会展产业遵循“城市为人服务”这一准则，政府作为城市的管理者，根据城市的发展需求对城市会展业发展方向做出决策，在进行会展活动策划时，会选择匹配自身条件的会展活动类型。

（一）城市规模大小导致会展业发展需求不同

城市规模的大小也使得城市会展业发展存在需求上的差异，不同规模的城市对自身的发展定位不同，对大多数中小城市的会展业发展定位来说，需要避开同质化展会，发展与城市规模相匹配、有特色的会展产业，做到小规模、高质量的会展产业发展成效。

（二）相同层级的城市的会展业发展需求不同

相同层级的城市也有巨大的城市差异，城市的需求也不同，城市产业为人服务、为城市服务。根据区位条件、自然环境、城市特色的不同，相同层级的城市有不同的产品引进和产品输出需求。以家装展会为例，北方城市对空调制冷设备的需求较低，更多考虑地暖、暖气等配套家装产品；而南方城市更注重制冷设备，在广东、福建、海南等沿海城市，几乎没有暖气、制热设备的需求。相同层级的城市发展的速度也不相同，发展速度慢的城市，其需求还停留在基本的生活需求，发展速度较快的城市，对精神生活方面的需求更大。所以即使是相同层级的城市，也因城市特性的不同，会展业需求不同。

三、会展的嫁接差异

（一）产业链嫁接

资源禀赋是城市产业结构的重要因素，城市自然条件不同导致不同城市发展的产业及主要生产产品各有不同。大型城市以发展贸易及服务业为主，中小城市以发展生产性产业为主，但城市的需求是全面的。会展平台的包容性能够促进同层级城市和不同层级城市之间的产业横向和纵向嫁接。

横向嫁接是指中小城市依托的某项支柱型产业所生产的产品，作为完整的产品进行交流贸易，需要完整的产业生产链，从而通过会展业的互促、媒介等作用完成城市产业之间或者产业链之间的自我内循环。例如，泸州是比较典型的以酒为产品输出的城市，则相对应的包装、印刷、酒瓶设计生产等供应链都需要规模化。这些产品本身的单价就比较低，但数量较多，物流成本大，如果从外部省市采购就压缩了利润空间。会展就是嫁接这些同区域内供应链产品的桥梁。

纵向嫁接指的是由于产业序列的原因，中小城市的支柱产业产品向大城市输出，大城市的生产性产品较为缺乏，会展业可以为中小城市提供多平台、多区域、多类型的嫁接，即通过会展活动，如消费类展会和贸易类展会，向外部省市做产品输出。例如，我国的中小城市每年通过会展平台把畜牧业、五金、农产品、工业机械等产业的产品向大城市输出，促使了中小城市经济的稳步发展。主动融入上海的昆山、嘉兴等城市，融入北京副中心建设的廊坊等都是产业序列纵向嫁接的案例。

（二）模式嫁接

大型城市和中小城市由于上述先天条件和发展速度的不同，其会展业的规范程度、规模、供应链能力都不相同，但先发展会展业的大型城市，会展业的综合实力必定强于中小城市。随着中小城市与大型城市的会展交流和行业发展，大城市的会展资源和会展模式会逐步嫁接到中小城市，中小城市的会展业发展会更加规范，全国会展行业的发展会趋于平衡，全国巡回展其实就是这种嫁接的表现方式。

（三）品牌嫁接

品牌是城市、行业、企业最具有说服力的标签，城市的品牌取决于政府的定位和引导力，行业的品牌取决于集约产业的影响力，企业的品牌取决于产品的创新和品控。会展作为城市、行业、企业三者之间的催化剂和黏合剂，在会展活动的影响下，城市与城市、行业与行业、企业与企业之间，品牌的培育方式、发展模式都会相互促进。

（四）人才嫁接

会展业是以人为主导的智力输出的第三产业，会展业涵盖面广、服务形式多样、接触面多。多点、多线、多面的行业特性决定了人才的流动效应。当前的行业特性决定了人才的流动都是小城市向大城市流动，中小城市的人才大量流失。例如，新媒体、互联网、人工智能等行业的顶尖人才，只有去北京、上海、广州等特大型城市才有发展空间。会展业通过嫁接的方式反将资源和行业从大型城市引入中小城市，有利于中小城市嫁接，稳定和优化人口结构，保证城市的人口结构平衡，从而形成人才的良性互动。

（五）文化的嫁接

会展活动在市场中主要起到的是三个方面的积极作用：一是经济交流，二是产品交流，三是文化交流。在会展业的“会、展、节、赛、演”五大会展活动中，前两者更多起到的是经济和产品的交流作用。我国独特的地理环境和民族特色，造就了风格各异的文化习俗，而“节、赛、演”则更多的是起到文化交流和嫁接的作用，依托会展活动，使国际、国内都能共享具有我国地方特色的文化大餐。

四、千面的会展城市

有着鲜明特色的城市的会展业生命力会更加强劲，城市的会展经济也会更加繁荣。打造“千城千面”的会展经济本质上是打造差异化的会展城市，需要注意以下几个方面的问题。

（一）规模适量

在打造差异化会展城市的过程中，首先要考虑的是根据自身的城市能级和综合能力，确定会展规模。过小的规模会导致会展资源无法完全展现，过大的规模会造成会展资源的极大浪费。这里的规模不仅指会展的展馆建筑，还指贯穿于会展服务的子系统规模，例如，会展团队的组建、会展产品的生产和开发、会展综合服务的配套建设等子系统。首先政府是制定规模和“游戏规则”的主要部门，要做好行业的规划和定位；其次，在科学规范的目标定位和控规下，市场要合规运行和竞争淘汰。

（二）产品有特色

除大型城市外，发展较好的中小城市一般都有自己的招牌展会。例如，温岭的泵与电机展、永康的五金展、安平的丝网展等。这些都是由于当地的支柱型产业特色鲜明，从而成功地打造出了会展品牌，同时会展也赋能当地产业延伸推广。对于具有特色产业的中小城市，要深入挖掘城市的产业价值，做到对产业的更新和产业再造，依靠特色产业打造具有产品特色的会展活动。

（三）主题鲜明

会展活动有多种展现形式，其中较常见的分为会议、展览、节庆、赛事、演出等类型，中小城市的会展业想要打造大规模的展览活动，与大型城市相比，缺少资源、资金、规模上的优势，但是其可以充分挖掘具有地方特色的会议、节庆、赛事和演出，打造具有全国甚至是世界影响力的活动，通过主题特色活动来打开会展业的大门。在形成具备影响力的特色主题活动后，再逐步开展会展业其他形态的业务，对于中小城市更具可执行性。

潍坊国际风筝会就是“以节带展”的最好的例证。自 1984 年第一届潍坊国际风筝会举办以后，每年的四月中旬都要举办一年一届的国际风筝盛会。1988 年，第五届国际风筝会将潍坊定为“世界风筝之都”。截至 2019 年，潍坊已经成功举办了 36 届风筝会，风筝会为潍坊的经济发展做出了突出贡献。风筝会促进了当地旅游业的发展，带动了第三产业的配套建设，从“节”到“游”到“展”，潍坊将节庆的边际效益发挥到了极致。

中国・盱眙国际龙虾节是一场美食的红色风暴。2001 年，盱眙政府举办第一届中国・盱眙国际龙虾节，吸引了各界人士的关注。此后，从单纯的美食节到现在的文艺晚会、媒体和演艺行业的参与，该龙虾节名声大噪，使盱眙将美食文化推向全国，是典型的主题特色会展活动。

综上，中小城市的会展产业发展需求和城市差异各不相同，要想打造具有特色、高效益会展业，就要从城市实际出发，精准定位会展业的发展方向，这是会展产业能否立足于不同城市经济发展大局的基本要素。

第四节　城市会展业发展定位

一、会展业的定位理论

定位理论的创始人艾·里斯和杰·特劳特于 1969 年 6 月在《广告行销》杂志上发表的《定位:同质化市场突围之道》一文中首次使用了“定位”一词，是指在产品模仿之风日盛的市场环境里一种新的市场竞争策略和手段。此后的几年里，《广告时代》连续发表了关于定位的系列文章，宣告了产品营销创意时代的结束，定位时代的来临。

1981 年，艾·里斯和杰·特劳特在实践的基础上出版了《广告攻心战略——品牌定位》一书。对“定位”一词做了如下解释:定位是你对潜在顾客心智上所下的功夫，也就是把产品定位在你未来潜在的顾客心中。定位是一种“逆转的思考方式”，不以你自己为出发点，而是以潜在顾客的心智状态为起点。

对于城市会展业的发展和创新，定位起着至关重要的作用，通过定位将产业与参与群体、参展群体联系在一起，明确了三者之间的合作模式和产业的发展目标。城市会展的定位就是为了使不同区域、规模和拥有不同产业优势的城市在人的心中塑造独特的品牌形象，就如同刻板印象和首因效应，在目标客户和群体中留下独特的心理印象一样。从这个角度出发，市场对产品的定位理论同样适用于城市对会展业的定位，这对会展产业的发展有着十分重要的意义。

(一) 会展业的定位理论机理

城市会展业定位是多维度、多方面、多系统的，城市会展业的定位要考虑城市会展业未来的目标、品牌形象、形式类型，会展业与城市运行的各个环节都有关联，受制于城市的自然条件、产业基础、文化发展、历史沉淀、社会环境等方面，会展业既要服务城市又要服务产业，因此，其定位要契合城市发展的总体方向、产业的发展规律和人的多样化需求。要满足这些需求，必定需要规范、全面、系统、科学的理论做支撑，结合其他成熟产业、理论思想、研究方法，循序渐进地做好会展业的定位理论研究，为城市会展业定位提供清晰的方案和理论依据，做到科学、合理、可靠且具有前瞻性。

（二）会展业与城市共荣

1. 会展业及产业形象建设

会展业直接的下游产业就是工业化产品生产产业，在开展会展活动时，会展活动自身和与之关联的产品生产产业会同步被映射到参展观众的心理印象中，行业的定位会更加清晰地显示会展产业和关联产业的主体形象，通过挖掘城市的特性，把这种主体形象刻在目标参展观众的心中，在客户群体中占据一定的位置，这种主体形象一旦形成就很难被其他城市所取代，这样就加强了自身的会展产业和支柱产业竞争力，也通过会展活动的方式践行了“千城千面”建设的理念。

2. 扩大城市知名度

会展业作为宣传度极广的产业，在开展会展活动时，要有非常广泛的宣传途径。定位明确的会展活动，会结合城市特色和优势，而会展活动的命名常常以城市冠名，通过媒体的宣传，会展会迅速扩大城市的知名度。乌镇世界互联网大会、博鳌论坛等都是将城市与会展活动融合在一起的典范。

二、城市会展业的三维定位

为实现更大的效益和推广成效，会展活动在策划和宣传时会根据城市自身优势、区域位置、供需链条等变化，确定会展产业发展的目标和扮演的角色。

会展业的定位至少应当包括主题会展活动、特色会展活动、会展建筑平台、会展配套建设等几大方面。会展是一个系统性的产业组合，城市会展产业的定位不单单指会展活动本身，而是要将会展业作为一个运转体系来进行定位。

（一）主题会展活动和产业活动维度

主题会展活动和产业活动维度是指根据当前城市的支柱型产业和可利用的城市会展资源，选出具有市场竞争力的主题和产品进行会展活动的策划，一般根据城市的特色产业、垄断产业、主导产业、文化特色、民俗特色等进行策划。

（二）城市会展功能定位维度

会展功能定位是城市会展业发展的核心和重点，城市的资源、产业、文化、区位是功能定位的基础，这些影响因素决定了城市会展业的功能。会展功能定位是确定这座城市在全球和全国范围内所承担的主要会展角色。在会展业定位过程中,促进会展业的发展是定位的基础,但政府决策者要明确,城市当前的产业结构和自身条件,将决定是会展为支柱产业服务,还是支柱产业为会展服务。两者的不同定位模式都能促进城市的经济建设和城市发展,但必须要明确这其中的主从关系,尤其是针对中小城市,是侧重发展特色产业还是发展会展业,抑或是特色产业与会展业相互促进、同步发展,决策者必须为城市做出清晰的功能定位。

(三)会展业定位的影响因素

会展业定位是产业发展和城市发展的战略性决策,影响定位的因素众多,涉及城市的方方面面。主要影响因素有以下几方面。

1. 城市的自然资源

城市的自然资源包括气候、环境、地理、生态景观等。例如,云南昆明四季如春,有"春城"的美誉。截至 2021 年,中国昆明国际花卉展已经成功举办了 21 届,在业内有广泛的影响和知名度。该展会由云南省人民政府主办,云南省花卉产业办公室、中国国际贸易促进委员会云南省分会和云南世博集团等单位共同主办,举办地位于昆明滇池国际会展中心。昆明滇池国际会展中心是举办国际会展、国际会议,集商业、文化、娱乐等功能为一体的大型城市综合性公共场馆,地上总建筑面积约 404.8 万平方米,地下建筑面积约 103.8 万平方米。昆明利用自身的气候条件,围绕"花"这个主题精准定位会展业发展方向,成功打造了展会。

2. 城市的社会资源

社会资源包括农业、工业、服务业、公共基础设施、客运系统、技术、人才、国家政策倾向等。

譬如新时代下,许多中小城市在国家利好政策的影响下,根据自身的区域位置和产业特色,设立了诸多新区,如高新技术开发区、经济开发区、空港新城、高铁新城等,这些城市资源可以赋能会展产业的发展,围绕这些新区,可以打造具有资源特色定位的会展新城,带动区域经济发展。

3. 城市的人口结构

人们的会展意识、受教育程度、信息化意识、消费水平等都会影响城市的会展业定位。中小城市涵盖面广,城市的人口结构区别较大,年龄、收入、生活习惯都有较大差异。

除此之外,城市的政策调控、经济环境、市场情况等因素也会影响城市会展业的发展定位。

三、城市会展业的定位原则

（一）产业依托定位原则

根据城市经济的自然发展规律，城市的产业序列基本符合如下规律：大型城市为“服务业—工业—农业”；中型城市为“工业—服务业—农业”；小型城市为“工业—农业—服务业”。但无论是哪种序列的产业结构，城市必定有相应的支柱产业。产业是城市经济发展最重要的环节。从经济学的供需关系上来说，会展本身作为一种产业，想要形成较好的产品效应，就要从市场需求的角度，从供需链的源头去挖掘市场价值，从产业入手，寻找适合被会展业挖掘和打造的产业和产品，精准定位城市会展品牌价值。

（二）需求驱动定位原则

需求驱动定位原则比较适合支柱产业、自然条件、人文资源都不太突出的城市，需求驱动定位原则是从市场和受众群体中，主动挖掘市场需求，通过系统的调查和可行性分析，再与城市的自身资源进行有机结合，打造市场需要的会展产品，创建新的产业定位。从终端切入，向前端打造定位。

（三）求异避同定位原则

核心竞争力是产品和产业的决胜因素，在几千个城市里，一定要求异避同，要避免与周边城市的定位相近，否则就会失去定位的价值。没有清晰的定位或者定位同质化会难以给人留下深刻的印象，只有要把握独特的定位视角，才能避免在市场的激烈竞争中被同质化。

四、城市会展业的定位应用

（一）特色定位

特色定位是一切定位的前提条件。会展定位必须有特色，这是会展产业发展的内驱力和生命力。要充分挖掘，将城市所有的可用资源进行系统化归纳，这体现在会展业发展的方方面面。其特色可以体现在会展举办的政策利好和优惠，可以体现在会展场馆的建设和艺术性给人的心理印象，可以体现在会展活动过程中搭展、办展、撤展的个性化服务上，可以体现在会展产品的功能特色和形象特色上,可以体现在城市的配套建设上。

(二)历史文化定位

历史定位就是将城市的历史与会展进行有机结合。每座城市的历史各不相同,城市可以结合自身历史对会展进行定位。几千年的华夏文明,诞生了许多朝代,各个朝代定都不同的城市,作为朝代文化集中体现的帝都,最大限度地体现了朝代的经济文化特色。这些曾经的首都城市本身就已经有了标签,例如,南京、西安、陕西、洛阳可以充分利用历史标签,打造会展的历史氛围。

此处以发展较为典型的杭州为例。漫展中较具影响力的中国国际动漫节由国家新闻出版广电总局(现国家广播电视总局)、浙江省人民政府主办,自 2005 年以来每年春天固定落户杭州举行,漫展时间为 4 月 28 日—5 月 3 日。该漫展是目前唯一国家级的动漫专业节展,也是规模较大、人气较旺、影响较广的动漫专业盛会。中国国际动漫节先后被国家"十一五"和"十二五"文化发展规划纲要列为重点扶持的文化会展项目。杭州作为大型城市,抓住了新媒体和互联网时代的风口,利用文化这条线成功将漫展打造成规模化的品牌展会,是文化定位的极好例证。

(三)区域联动定位

在特大型城市的周边区域或者副省级区域,定位时可以考虑与主城充分互动。第一种可能是当会展业发展到一定规模,大型展会可能并不适合所有的参展商,在市场的轮动效应中,寡头永远不可能有不可撼动的地位,必将因为其规模、管理或体制的限制,最终衍生出第二、第三序列的客户选择对象。因此,会展活动可以从这个角度切入来进行定位,将自身定位成大型展会的替补序列,大型展会的边际效益也会自然而然引导客户流动,这就使得周边城市的会展业被盘活。当展会引向周边城市后,当地发展会展业有了基础,后面可对定位再做调整。第二种可能就是特大型城市与周边区域的会展业定位达到完美的平衡,相互促进,最终齐头并进、同步发展。

(四)会展形象多元化定位

城市的会展业定位要从横向和纵向进行不同的定位规划,对于一个城市的会展业定位来说,规划必须长远,定位必须清晰,在规划时,必须深思熟虑,有可操作性的执行方案,有可适用的备选方案,周期必须明确。

横向多元化定位,即在会展活动的策划中,可以打造多个定位来同步推进。一个城市光靠支柱产业的某一种产品去策划展会,其覆盖面和影响力必定是有限的,对于资源优势强、自然条件优越的城市,可以横向采取多个维度的产品发展策略,齐头并进。

纵向多元化定位,即对会展业的生命周期进行整体规划,在不同的发展时期和阶段,给予一个产业多种定位。例如,从展览规模上的定位转变为展览品质上的定位,人不可能是一面的,产业也一样。随着发展阶段的变化,产业的特性和核心竞争力也会同步变化,那么此时,与之匹配的会展形象定位也要同步转换。

(五) 攀附定位

攀附定位就是将目前大众已经认可或者已经有知名度的产品或者事务作为自身品牌推广的切入点。例如,三大知名的珠宝品牌:周大福、周大生、周生生。周大福与周生生都是老牌的珠宝企业,都有自己的品牌底蕴,先后上市,但是周大生作为一个诞生仅 20 年左右的新珠宝品牌,与前两者品牌名称相近,可品牌的寓意至今没有清晰的说法,多多少少有点蹭前两者知名度的嫌疑,但就是这样的攀附定位策略,也让这家年轻的珠宝公司占领了不少市场份额,该公司也已在 2017 年成功上市。

在会展业定位中也可以结合这种定位方式,将已经十分成功的展会作为攀附对象对自己的展会进行定位。

总体来看,城市会展业是一项复杂的系统工程。根据会展定位的组成要素,既要考虑每个城市的不同特征,又要考虑其可操性;既要有长远的规划,又要有短期的及时调整。只有这样,才能真正体现定位对城市会展业发展的重大意义。

第三章　中小城市会展业系统解决思路

第一节　“四全会展”理念引领产业发展

经过40年的快速发展，我国已逐步成为世界展览大国，未来20年，我国的会展业高速发展区域可能会呈现出由中心城市向中小城市转移，由东部向中西部推进的趋势。

我国中小城市会展业现状如下。

从“三个明显”看发展势头：由点到面发展的区域明显扩大；发展的步伐明显加快；由形式到内容发展的品质明显提升。

从“四缺一难”看发展困难：缺失方向，遇到了发展动力的坎；缺少人才，遇到了发展主体的坎；缺乏项目，遇到了发展创新的坎；缺少展馆，遇到了发展平台的坎。这些问题交织在一起，形成了不可持续发展之难。

从“系统研究”找解困方法，解决中小城市会展业可持续发展的问题。

中小城市作为未来会展业高速发展的主要区域，必定要总结前几十年的经验，规避早期在发展会展业过程中因经验不足而产生的诸多问题。例如，斥巨资修建但并不适用的“标志性”展馆建筑；运动式地临时性使用会展工作人员，程序式地任免会展主管领导；花大力气制定的会展政策，达不到培育效果，只是被展商薅羊毛。我们必须重视会展业系统解决方案的研究，通过对会展与城市、市场与经验的全方位研究，制定一套实用、多用、好用的系统性解决方案。

一、“四全会展”的理论主张

产业是城市发展的基础，会展业在产业发展中有催化的作用，是助推产业和城市发展的有效抓手，在新的时代发展阶段，中小城市大力发展会展业已经进入了新常态。与中心城市会展业相比，中小城市会展的发展有较大的不同，在城市的交通、配套、资源等方面无法与中心城市相比，因此需要探寻自己的发展之路，探索发展中小城市会展业的“四全会展”策略。

会展业的“四全会展”策略，是根据中小城市会展经济发展的现实需要提出的布局“全民、全域、全季、全时空”的一条新思路，从会展业的参与主体、涉及的行业和地域范围、横跨的时间、季节等方面，保障中小城市全年会展活动的多样性发展。

二、“四全会展”的应用机理

（一）全民会展意识

全民会展意识是会展业发展的前提条件，这是城市居民从心理上对会展活动接纳和产生参与欲望的影响因素，会展意识的培养有利于激发城市居民参与会展活动的主观能动性。要想会展业发展，就必须了解城市的实际情况，由于城市区域差异和发展水平的不同，会展业的发展也不同。纵观全国，实际上绝大部分的中小城市并没有发展真正意义上的会展产业，他们的会展形态还停留在集市和街区贸易阶段。就像商业综合体，在许多中小城市，并没有如万达、银泰、吾悦这样的综合体入驻，更不要说会展综合体。很多城市的政府职能设置中，并没有研究和处理会展业相关业务的政府部门和职能机构，许多已经开展会展业或已经具备一定规模的会展城市，其职能和部门也是挂靠在政府其他部门之下。会展是城市精神文明发展的重要体现，会展不仅是进行贸易活动的平台，参展观众还可以体验产品和艺术呈现的声、光、电所带来的心理享受，贸易是生活层面的物质需求，而这些视觉、听觉、触觉的感受是精神层面的需求。随着居民生活水平的提高，中小城市居民的生活需求逐渐从物质层面扩大到精神层面。从政府到居民，培养会展意识有利于城市产业和会展业发展，也是城市建设和精神文明建设的良性诱导因素。

（二）全域会展

行业全域发展的概念最早由旅游业提出。2018 年 3 月，国务院办公厅印发《关于促进全域旅游发展的指导意见》，就加快推动旅游业转型升级，提质增效，全面优化旅游发展环境，走全域旅游发展的新道路做出部署。旅游业作为与会展业相近的服务业，为会展业的全域发展，提出了先进的发展理念和模式。全域会展可以将城市作为会展场地进行打造，包括城市的景区、酒店、展览馆、剧院、公共空间、商业综合体等，围绕“会、展、节、赛、演”策划会展活动。随着美丽乡村建设、小县大城等区域性建设模式的多元化，越来越多的中小城市形成了区域特色，再加上全域旅游对基础配套设施的建设，都为发展全域会展做好了铺垫。

全域会展将会展产业打造成全景化、全覆盖的展览系统，全面推动产业建设和经济提升，构建一体化的全流程服务体系。在政府层面，应提供政策支持、科学规划、创新体制；在城市建设上，应加强基础建设，协同发展，注重环境保护，完善会展保障的综合服务；在终端机制上，实施系统性营销，做到全域融合发展。

（三）全季会展

全季会展指的是全时段办展，一年四季围绕不同季节的不同特色产品、文化、节庆举办不同的会展活动，保证一年四季展会不间断。挖掘分析季节特色，譬如，春季各种花展、夏天的水上世界、秋天的红叶展和冬天的高山滑雪节，做到季季有会展。

临展和常展的相互结合也是全季会展的形式之一。一些具有季节特色的展会，涉及生态绿植、农副产品、海鲜水产等主题的展会是全季会展的首选目标。对于有些展会，可以采取一次展会、常年展出的办法，全年在特定的区域展示，例如，宁波国际会展中心的 9 号馆和 10 号馆常年进行进口商品展示和贸易。

（四）全时空会展

全时空会展是指会展活动不仅不限于会展场馆，也不限于展览的空间，全时空会展所呈现的是一种立体空间的展览形式，参展观众的参观视角也不仅仅是与展示物处于同一平面，而是多点、多面、立体的。

融合区域水利、农业、工业、文化等资源优势，在创意设计与优势资源整合基础上，开展立体空间的展会。例如，中国国际航空航天博览会（简称中国（珠海）航展或珠海航展），由中央政府批准举办，是以实物展示、贸易洽谈、学术交流和飞行表演为主要特征的国际性专业航空航天展览。市民平时无法接触到航空器这类特殊的专业产品，因此，航空展是极具特色的立体展会。航空器于观展者上方进行动态的展示，同时地面有相关主题的同类型产品展示，形成了天地互动的展出形式。

再例如，在海域、沙滩、山地等举办的活动，以及一个展会多地巡展，都打破了会展的空间限制。

近年来，随着互联网、人工智能、虚拟现实系统等产业的发展，许多线上展会如雨后春笋般涌现，也从另一维度打破了传统的空间限制。

三、“四全会展”的内容延展

（一）培养全民的会展意识

政策推动全民参与，培育全民会展意识，是中小城市跨越式发展会展产业的保障。中小城市会展产业的培育需要政府高度重视和大力推进，领导通过顶层设计为会展产业发展绘制蓝图，制定规划，以实现资源的集中配置；中层干部作为规划执行的重要层级，通过接受专业知识的培训，能够更好地指导会展工作，推进工作落实。

从主体的角度来看，培育和引进专业机构提供专业服务，一方面延伸政府职能，另一方面推动会展行业市场形成。双管齐下，推进政府办展与市场办展相结合，积极引导市场的办展意愿，提升办展主体的能力，形成全社会的办展意识。在此过程中逐步培养老百姓"认识会展、参与会展、懂得会展"的意识，这是全民会展意识形成的基础，是保障会展活动效果和助推会展高水平服务提升的重要支撑。

（二）形成全域会展的态势

会展产业是中小城市重要的营销平台和招商平台，是各产业、各领域的综合性平台。所谓全域，一方面，挖掘全行业领域价值，即覆盖第一、第二、第三产业布局的会展活动；另一方面，挖掘全行政地域的价值，即各级行政单位，从城、区、镇、村，以行政覆盖的方式展开。

从城市社会经济全领域去挖掘资源，引导行业龙头企业支持会展，发动政府各部门积极对接产业和会展中介机构，内部培育与外部招展引会相结合，多渠道、全方位地策划多样的会展活动。

从"会、展、节、赛、演"多形式入手，综合开展会展活动。许多中小城市会展活动源于历史，存于民间，如各种庙会、祭典仪式在古镇、县城仍有所保留。而政府以社会治理为目的，对百姓展开的教育引导型会展活动，均由政府、相关行政单位和社区组织，过去的宗祠、现在的"文化礼堂"都是最基层的会展设施。

在规划产业时要关注全域会展的可能性。首先是突出会展设施的全域性，既要考虑专业场馆的配备，如会议中心、展览中心、体育中心、大剧院等；也要注重城市在修建公共设施时，对室外舞台、广场等具备会展兼容功能的区域规划。在一定范围内采取"一核多点"的形式，规划市、区（县、市）、镇、乡（街道）会展设施。以政府引导、机构主导、社会参与的形式，开展经贸、消费和娱乐等会展活动，形成"强政府、大企业和活市场"的会展发展能力，形成"全域讲会展、千军万马来办展"的氛围。

（三）安排全季的会展特色活动

所谓全季的全展活动，旨在强调全年会展活动的多样性发展。均衡地开展会展活动对于丰富百姓的物质、精神生活，提升居民生活品质，提高各种会展设施的利用率和运营水平，增强城市的影响力和知名度有着重要的作用。

在中小城市,冬季和夏季往往是会展活动的淡季,同时也是生产经营活动的休养期,如北方的猫冬①、海边的休渔、农村的冬闲。对此需要改变被动的思路,主动创造能够适应和利用季节条件的会展活动,如查干湖冬捕、长白山滑雪、南方纳凉、冰雕展等。

(四)创新全时空的会展内容

所谓全时空会展是指在中小城市的全域空间中,寻找合适于会展活动的低空、地面、山岭、水域举办会展活动。

中小城市存在地域空间大、地形地貌多样、周边干扰少等自然优势,可举办如风筝、飞艇、航模、气球等空中主题的会展活动;在山林可以开展山地马拉松比赛,在林地可以开展露营节;在水上可以举办游艇展、龙舟赛等。

对于地面的会展设施建设,中小城市不能简单对标大型城市的做法,要根据本地的会展发展规划,同步建设性价比高、可综合利用、有周边配套设施的专业性场馆。在城市规划时就可以考虑在广场、景区、绿带、商场、学校中建设兼容的小型会展设施,同时在大型基础设施,如机场、马路、码头、水库的建设中,保留可临时征用为会展场地的功能。

四、"四全会展"的产业发展

依照中小城市的客观事实,在推动会展产业发展的具体方法上,"四全会展"的布局思维能帮助中小城市打开会展思维。城市会展系统解决方案的制定需要紧密围绕"四全会展"探究中小城市会展产业的发展道路。中小城市会展业在过去仅是简单地复制发展势态好的中心城市会展规划,事实证明,不少城市已经为这些依样画葫芦的操作办法付出了代价。因此,在发展中必须认识到中小城市会展业发展存在着很难克服的客观难度,需要从照搬大型城市做法的误区中走出来。

再者,准确把握"四全会展"模式内涵特征与发展架构,是有效落实城市会展战略目标的基本前提。深入剖析"四全会展"的概念内涵,其本质特征主要体现于全局性、空间性、带动性、整合性和共享性五个方面。"四全会展"模式的打造要以质量价值目标、治理价值目标和共享价值目标作为中国城市会展业发展的价值追求,以增强中小城市会展业的可持续发展能力。

---

① 猫冬,即躲在家里过冬。

第二节 政府职能的定位器作用

政府是城市的大脑,他主导着城市发展和建设的方向,是城市发展的内驱力,是城市发展的引擎,是城市发展的定位器。对于会展这个特殊行业来说,尤其需要政府的参与和主导,中小城市的会展业生命力本身就比较弱,如没有政府的培育,很难激发会展业的可持续性,会展业需要借助政府的资源和影响力持续发展,这其中一项重要的内容就是通过政府将城市会展业做出明确的定位。

一、政府的职能

政府职能涵盖了社会治理的各个方面,涉及经济发展、社会管理、市场监督、公共服务、文化建设等职能。这些都是政府实施城市管理和服务的应有职能。

城市就类似于一个超级国有企业,而政府就是这家企业的经营者,所以政府作为城市的管理者,必定拥有其应有的职能和权限。每个城市的政府对于其管辖的城市都具有方方面面的管理义务和职能。首先,政府具有经济发展的职能,总的来说,就是政府要推动城市的经济发展,对社会经济生活进行管理;其次,在这个大的发展框架下,又有为城市提供公共产品服务的职能以及市场监督的职能。中小城市会展业想要发展,就要把握住政府提供公共产品和服务这一项职能,积极响应政府的组织引导,与政府一道承担提供公共产品业务的职能,实行双向互动,争取发展机会。与此同时,政府还具有文化建设的职能,政府可制定各种方针、政策、法规来推动会展业的发展,进而推进文化产业的发展;最后,政府还有其社会管理的职能,调节社会分配,组织社会发展,大力建成社会主义现代化社会。

二、政府职能的作用

(一)创造氛围环境

良好的环境氛围是城市发展的重要支撑,对于投资者来说,城市的整体发展环境条件和氛围可以决定这座城市投资的价值,所以政府的一大重要职能作用就是为城市创造出一个良好的经营环境。这就要求政府必须要做好城市的整体规划,包含基础建设规划、投资政策、土地规划、生态规划、交通建设、人居环境,文化传承。对城市的人、财、物进行合理规划,确保城市的各方面水平和综合素质保持在良好的水平，这样才更能够吸引投资者入驻。会展氛围环境的营造也是如此，政府是会展经济的引领者。

（二）开展可持续规划

城市的发展是一项庞大的系统工程，要想合理可行地开展城市建设，必须要有一个系统性的实施方案，才能做到有序化实施。城市建设，规划是前提，这项工作是具有超高难度的，必须有一个有权限较高、资源较广、熟悉城市的综合主体来实施，而政府正是符合上述特征的主体部门。政府可以调动城市的各个部门，调动资金、整合资源来开展此项工作，政府是相对稳定的城市主体，政府的规划是可持续性的，不像企业，可能会因为各种各样的问题造成工作的不可持续性。通过这一系列的前期工作，政府可以确定哪些产业和产品可以作为城市经济的支柱来推广，可以通过其直接管理的部门或间接调动的市场企业，与政策手段同步整合，使得城市的品牌形象和产业迅速推向市场，让大众熟知。

会展产业规划是政府整体规划中的重要组成部分，政府是会展规划总设计师。

（三）高效组织实施

政府是最具有执行力的领导机构，对城市的各个单位具有最高的话语权，因此政府具有最强的组织实施能力。政府也是在城市中组织架构最为完整、网络延伸最深和最广的部门，政府可以出台相关的办法和举措，通过其管理的各个行政部门和区域机构最快地组织实施。例如，利用国家财政打造主推项目的建设和配套项目建设；运用政策、税收调整、贷款贴息、优惠补贴等手段，结合投融资的手段，引导市场经济投资建设；运用公共媒体资源将顶层政策以最快的速度传播下去；还有最重要的一点，是政府的信誉力影响，城市政府是信誉最高、影响力最广的主体。

以扶贫工作为例。近年来许多贫困地区通过政府的主导进行农副产品输出，城市与城市之间开展对口合作，城市与主流新媒体平台合作，政府领导人直播带货等形式，迅速打开了一些贫困地区的农副产品贸易局面，消费者都因为政府的引导和信誉，自然而然地相信产品的质量保障，其效果远远超过传统的明星代言和广告投放。

会展产业的落地生根，依赖于政府的高效组织实施。

（四）规范监督市场

城市产业的发展涉及利益的再分配问题，有市场的地方就会产生矛盾，这是市场经济的自然定律。任何一个产物都是从无到有，从无序到有序，到规范，到合理，到科学的过程。市场是一双看不见的手，而政府是看得见的手，在自由市场的竞争中，逐渐会形成资源不平等、质量无法保障，同时缺乏执行的规范和惩罚的措施，市场中的个体都为自身利益竞争，而政府作为客观的第三方，有能力、有权限、有规范对市场进行监督，这是政府职能的又一作用。在这样的市场环境下，政府通过出台政策、修订法律、改变竞争机制等方式，最终让市场在一个相对规范的范围内平稳运行。

政府是会展业市场的控盘手，可以促使会展业市场的规范有序发展。

（五）快速打造品牌

城市的品牌是一个城市物质文明和精神文明的综合体现，是这个城市特色和优势的集中反映。而品牌的成功塑造，对于提升城市的竞争力和吸引力有着重要的意义。因此，政府在城市经营中的另一项重要职能，就是如何包装、宣传和推销城市，如何打造城市品牌，如何确立城市形象。打造城市品牌，首先要对城市进行功能定位和概念设计，导入城市识别系统，对城市发展理念、行为准则、视觉识别等进行系统的规范，这既可以使人们对城市有一个清晰的认识，又能提升城市的总体品位。

会展业作为促进和推广城市品牌的媒介和载体，政府是会展业的品牌代言人。

三、会展职能的作用

政府在会展业的发展中具有主导作用，政府重视与否，提供的支撑条件是否充足，直接决定一个城市会展业发展的水平和质量。会展职能，即指政府对会展业的支持，既有宏观的，也有微观的；既有直接的，也有间接的；既有对整个会展业的普遍性支持，也有对特定会展项目的专项性支持。围绕会展业发展的全方位、四维度，政府大体上对会展业的支持体现在以下几个方面。

（一）会展业前部——宣传支撑

要吸引大众、引导大众参与会展业，宣传手段是关键，所谓“不见其人先闻其声”，政府作为资源最多，信誉最高的主体，可以组织力量，利用报纸、广播、电视、网络、新媒体，对会展活动进行宣传报道。

（二）会展业左翼——服务保障

政府可提供与会展活动直接相关的交通、安全、防疫、卫生、健康保障，统筹协调相关各方做好接待服务工作。

（三）会展业右翼——责任实体支撑

政府可以主导、出面主办或承办国际性、全国性、区域性展会，组建以政府主要领导或分管领导任组长、相关部门负责人为成员的领导小组，设立专项办公室，策划实施会展活动，动员组织参展企业，落实保障措施。

（四）会展业后部——财力支撑

发展会展业，尤其是中小城市，资金实力是一个大的门槛，企业不敢干，市场没钱干，只有政府才有发展会展业的资金实力。政府可将会展业发展纳入城市经济社会发展规划和建设计划，出资建造展馆；制定促进发展会展业的政策，安排专项扶持经费；出资主办特定会展项目，或对具体会展项目进行奖励；安排专项经费，对城市和会展活动进行路演宣传。

四、定位器的大作用

政府如何发挥定位作用，是城市会展业发展可持续性的关键，政府应当充分发挥市场在资源配置中的决定性作用，更好地发挥政府的作用，这是政府与市场关系的根本原则。会展业虽然有别于一般产业，与政府的关系比较特殊，但总体上遵循这一原则。从会展业发展的方向来看，政府要从办会展向管会展转变，从管理为主向服务为主转变，从项目扶助向环境营造转变，逐步退出可以由市场起作用的领域，而专注于对会展业的规划引导、政策引领、环境营造和发展保障，真正发挥好政府统筹协调、宏观指导、服务保障的作用。

政府在会展业发展中的职能，如果能得到全面、系统的构建，那么这个城市的会展业发展就会获得一个确定的、有效的、具有强大校准能力的定位器，对会展业的长足发展将起到重大的定向作用。

（一）立足长远，夯实基础，发挥政府主导作用

1. 定规划，谋划长远发展

做好顶层设计的文章。根据城市定位和发展目标，将会展业发展列入当地经济社会发展的总体框架，确定发展战略和行动计划，并据此匹配各类资源，有序推进会展业发展。

2. 建场馆，夯实发展基础

把会展场馆视作与重大交通设施、文化设施一样的公共设施，依据当地经济

社会发展的现实情况和长远发展需要，建设与城市地位相适应的会展场馆，并留有足够的发展空间。

3. 育人才，搭建创业平台

把培养经营管理人才与培育会展项目作为政府相辅相成的工作目标。培养与引进并举，建立人才培育成长机制。在当地大学中设立会展专业，对在职人员进行针对性的职业培训，提升从业人员的业务能力。

（二）创造环境，建立机制，发挥企业主体作用

1. 出政策，创造良好环境

围绕会展业发展目标，出台公平竞争、扶优汰劣的政策措施，引导企业做大做强、做精做优，打造一批品牌会展项目。

2. 建机制，发挥市场作用

建立政府会展项目的进入、退出机制，提出明确的目标要求和考核指标，有计划、有步骤地缩减政府会展项目，将压缩下来的资金用于扶持、奖励会展企业市场化办会办展。

3. 拓渠道，挖掘发展潜力

探索行业协会、商会组织承办行业性展会的可行办法。积极引进各类优质资源，借助外部力量，提升当地会展业发展水平。将适宜于本地发展的会展项目向国内外进行招标，以市场化的办法促进会展项目落地发展。

（三）统筹协调，各方参与，形成支持会展业发展的整体合力

1. 添助力，发展配套企业

大力发展与会展业有关的专业性服务企业，如策划公司、礼仪公司、广告公司等，积极发展各类中介服务组织。

2. 建队伍，完善服务体系

围绕开展会展活动，建立专业与业余相结合，常年与临时相结合的服务队伍，建立工作制度，实行动态管理。组建会展服务志愿者队伍，参与会务服务、交通服务、旅游服务。

3. 展活力，形成良好氛围

将会展活动有序导入当地民众文化生活，吸引市民积极参与各类会展活动，形成人人都是会展参与者的良好氛围。

(四)因地制宜,循序渐进,推进会展业改革创新

1. 求效能,探索管理体制

根据当地产业发展特点,探索适合自身情况的管理体制。可以是单独建制成立会展管理组织,或明确由某一政府部门承担管理责任,也可以采用"办、会、馆"三位一体的方式。

2. 探办法,破解用人难题

将会展业管理部门作为培养干部的重要平台和场所,挑选有组织能力、专业知识和发展潜力的干部到会展业管理第一线进行锻炼。对适宜长期在会展业管理岗位工作的干部,采取岗位不变、职务职级提升的办法,留住人才,发展事业。

3. 强创新,面向发展未来

适应信息社会发展趋势,促进场馆建设综合化、科技化、人文化发展,使之成为当地综合性的重大经贸和文化活动平台,充分释放展馆的空间潜力和社会活力。

在此基础上做好以下几个方面。

(1) 机构设置要经济合理。

会展管理的部门要与城市会展业的发展规模匹配,达到经济性最高的配比。政府职能部门设置是否科学合理,直接决定着城市会展业的发展和办展效率。其主体的体量不一定要大,但是必须明确行政权力和职责,且要有一些特殊的权限,对城市其他配合的部门要有特殊的调动权限。再者,对于某些非政府的行政职能可以充分市场化和社会化。例如,对于城市的会展研究和策略来说,中小城市没有绝对的专业性,与市场主体第三方专业机构合作可以更加高效、合理。

(2) 行政环节要快捷顺畅。

行政环节快捷顺畅,有利于决策的有效贯彻执行,确保决策的实效和合理。除了合理,还要保障通过制度改革,让参展商、主办方的行政审批更加快速、高效。在市场的实际运行中,更多的参展商尤其关注行政环节的审批流程是否快捷,这甚至成为决定他们是否参展的关键性因素。

(3) 产品服务要优质高效。

政府提供的产品分为"软产品"和"硬产品"。"软产品"指的是政府的服务,包括会展行政管理机构从业人员的综合素质、职业素养和职业道德水平,强化政府职能机构的服务意识。"硬产品"指的是政府提供的交通、检疫、场地等方面的硬件配套。通过两种产品的配套提升,使城市的综合服务水平更具吸引力。

(4) 行政行为以效益为本。

行政行为的效益要综合近期和长远、直接与间接、社会和环境等维度进行客

观分析和决策。尤其是对于中小城市来说，在财政、人力、物力尚不充裕的情况下，如何科学确定组织目标尤为重要。要兼顾数字目标和质量目标，与城市其他维度的发展同步，只有从自己城市的实际情况出发制定目标，这样才能产生良好的效果。

第三节　会展平台载体与发动机

一、会展平台载体的概念

会展平台载体有狭义和广义之分，狭义上的会展平台载体指的是举办会展活动的空间和地域载体，一般泛指以会展建筑为主的场馆设施。而广义上的会展平台载体还包括会展环节中的各个因素，例如，会展的行政主管机构、宣传的媒体单位、行业协会、产业联盟等，一切可推动会展业发展的媒介都可称之为会展平台载体。

二、会展平台载体的作用

（一）行政管理机构

行政管理机构是会展业的主导部门，起着主管和服务的双重作用，一是对城市会展业的发展、政策、举措起着宏观调控的作用，二是为城市会展业服务。对于中小城市来说，行政管理机构的作用显得尤为重要，中小城市的会展业发展开始倡导阶段多为被动式的，所以更要依靠行政管理机构的推动式介入。

（二）行业协会及联盟

行业协会是会展业的成员联合机构，在中小城市的会展业发展中作用仅次于行政管理机构。对于大多数的中小城市来说，或没有设置行业协会，或行业协会力量较为弱小，因此，中小城市的会展业发展往往是在扶持支柱产业过程中萌生出来的。一种情况是，支柱型的产业由于有扩大产品知名度和影响力的需求，慢慢在一个区域内形成产业联合体，而后展会便这样诞生，会展行业协会再慢慢从支柱产业行业协会中分离出来。

另一种情况是，由上级行业协会直接向下组建行业协会，由省到市到县逐步延伸。这两种行业协会的组织形成基本涵盖了中小城市的现实情况。其作用是为会展业的发展形成具有规模且规范的成员组织，并将城市会展成员集约化管理，进行合作，这样更有利于中小城市内部的会展发展以及向外部城市延伸。

行业联盟是指城市内或者城市之间相关企业组织或者相关行业自发组织的自我管理自我约束、共同发展、互惠互利的非实体组织，为会展产业发展的协同发展、资源共享、共同成长为最终目的而建的。例如，全球展览业协会(UFI)、长三角会展联盟等，为促进国际和地区会展业发展提供了交流的平台。

（三）会展场馆设施

会展场馆设施是举办会展活动的最佳载体和平台，同时也是城市的多功能公共空间，其最大的作用是给予了展商集中展览的机会，这样就将企业的产品影响力放到最大。其多种功能也为城市的居民互动提供了可能。在当下这种城市建筑结构中，城市居民的公共活动空间是比较局限的，因为城市中的大多数空间都有特定的功能，且其功能作用很难被快速切换，而会展建筑的结构形式可快速切换功能和布局，可举行展览、赛事、宴会、会议、节庆活动、演出等。一馆多用是中小城市展馆运行的最佳方式，因为中小城市的会展活动是比较有限的，要保持展馆的活动和生命力，必须确保全年活动不断，中小城市可将展馆的多功能使用性发挥到极致。

（四）宣传机构

宣传机构是会展业的推广平台，成功的展会离不开前期的推广和宣传，目前主流的推广模式通过电视、电台、公共交通传媒、新媒体平台等进行推广和宣传。会展活动的举办是受空间局限的，但宣传的方式是不受地域局限的。对于会展活动本身而言，传媒宣传可吸引大量的外来参展和观展人员，拉动城市第三产业的发展。对于城市而言，政府宣传机构可利用其独特的、唯一的、公信的公众和权威性，迅速为城市建立会展形象，通过声、光、电的包装，可以将城市会展品牌推广出去。譬如，召开由各种媒介单位参加的新闻发布会就是向社会通告会展活动的最佳载体和途径。

三、会展平台载体的发动

（一）政府主导

在会展业发展的全过程中，中小城市的政府要发挥主导作用，充分利用其职能，将资源和会展业结合。会展业是城市发展的新引擎，而如何将这些平台发动起来是关键,确定政府主导的地位后,再将协会、展馆、媒体以及市场各方都调动起来,政府就是这个引擎的"点火器"。政府在实施会展业发展的过程中,要从审批和管理城市的刻板印象中跳出来,改变为服务企业、服务产业的角色定位,同时出台促进发展的政策。

(二) 构建会展共同体

要将会展业的各个上下游产业构建成一个会展共同体,同声同息,这些产业的聚集会增强大城市会展业发展的凝聚力,做到全行业,线上线下,全线联动,构建会展共同体可加速行业变革,这样的举措可以形成一个惠及全行业的、更高效率的、更高价值的会展服务体系,让未来有无限想象的可能。这样的做法已有先例,例如,2020 年 8 月 21 日,由华机展发起,广东东莞厚街政府和广东现代国际展览中心联合大力支持的"振兴行业 · 惊雷计划——中国机床 11.11 采购节 & 新会展共同体战略峰会"在东莞厚街隆重举行。厚街镇会展办主任陈骥烈、广东现代国际展览中心有限公司总经理陈卫胜、东莞市机械行业协会会长黄光景、东莞市五金机械模具行业协会秘书长孙唯成、东莞市数控刀具行业协会副秘书长王贝贝、东莞市电子行业协会邹美芳、广东省铸造行业协会秘书长张康林、华墨集团创始人、CEO 王国平、华机展负责人何籽璇出席峰会,与马扎克、牧野、西铁城、大偎、兄弟等 400 余家企业的高层、阿里代表以及媒体共聚一堂,一起探寻后疫情时代营销新常态下机床行业新的增长机遇,这些单位组建了会展共同体,传统行业与互联网新媒体行业共同为中国机床高效带货。①

笔者认为,会展业的新发展形态必将是城市与城市,政府与企业,行业与行业的新共同体发展模式,通过这些举措激发城市活力,产业与城市共荣。政府就是这个会展平台载体的发动核心力所在。

四、会展平台载体的维护

(一) 机构调整及人员变动

人是机构的灵魂,也是行业发展的重要主体,人影响行业的发展。一方面,在发展过程中,各个主体包括政府、协会、媒体、展馆的人员和机构在运行过程中要不断地调整,形成最佳搭配。例如,媒体从业人员有其各自擅长的领域,对于会展

① 信息来源:http://www.sohu.com/a/415612289_120056252—亿元补贴打造首个中国机床 11.11 采购节,新会展共同体将缔造行业高效带货。

行业来说，肯定需要擅长会展宣传的人员。另一方面，无论哪个环节都由人驱动，适时的机构和人员调整可以使得行业有新的新鲜元素。

（二）及时纠错

在运行过程中，对发生的行业矛盾、错误举措要及时纠正，保持问题解决的即时性。例如，政府在出台政策和办法后，对于效应不强的应该及时更正或废除。

（三）组织完善

会展运行是一个庞大的系统性工程，在实际操作过程中，很难做到不脱节和空白区，在这个过程中各个实施主体要不断地对环节进行完善，达到“一个闭环无疏漏，一条流水线不停产”的目标。

（四）预防性维护

城市的发展是有时间差的，对于城市的会展业发展来说也是如此，我国中小城市中，存在着发展进度的不均衡性。中小城市是有共同特性的，对于发展比较缓慢的城市，可以参考发展较快的会展城市，对这些城市发生的问题进行预防性维护，在不同的发展阶段做好对自身的定位，完善举措。

（五）适应性维护

中小城市既有共同的特性，但也有其不同的特征，每个城市的会展业发展路径大致方向及目标相同，但终点和轨迹都不同，在发展过程中要寻找适应自身城市的发展模式，要对会展平台进行适应性维护。会展平台载体的作用至关重要，会展平台载体的正确运用是城市会展业发展成功的关键，会展平台载体的维护是为了平台载体更加良性地发展，同时，做好平台产业链的发展维护也是产业提升的决定性因素。

第四节　产业链与传送带

一、全产业链概念

（一）产业链

产业链是产业经济学中的一个概念，是各个产业部门之间基于一定的技术经济关联,并依据特定的逻辑关系和时空布局关系客观形成的链条式关联关系形态。产业链是一个包含价值链、企业链、供需链和空间链四个维度的概念。这四个维度在相互对接的均衡过程中形成了产业链,这种“对接机制”是产业链形成的内模式,作为一种客观规律,它像一只“无形之手”,调控着产业链的形成。

(二)全产业链

全产业链模式率先由中粮集团提出,在中国居民食品消费升级、农产品产业升级、食品安全形势严峻的大背景下应运而生的,中粮集团的全产业链以消费者为导向,从产业链源头做起,经过种植与采购、贸易及物流、食品原料和饲料原料的加工、养殖屠宰、食品加工、分销及物流、品牌推广、食品销售等各个环节。

回归会展产业,以城市为经营主体,以参展商对参展产业的产品需求为导向,从城市的输出产业、展馆、办展主体、搭建主体、宣传媒介到客户的引入,做到整个城市的会展产业可以形成自己的完整生态系统,从而形成会展全产业链,实现“会展+产业”的融合模式。

二、培育的重要性

全产业链是优化成本、提高效率的重要途径。对于会展业而言,全产业链不存在野蛮生长的条件,需要培育,有计划、有步骤地培育对全产业链的形成至关重要。

(一)降低会展供应链成本

会展活动本身就是资金投入较大的社会活动,加之很多产品都是一次性的,很多定制化的产品无法再次使用。对于中小城市来说,其自身的特色展会应当使用市域、县域的供应商,选用市域、县域外的供应商,要付出更大的成本。首先,由于从外部订购的会展配套物资都是比较庞大和集中的采购,其重量和体量会产生巨额的物流费用。其次,从本地的供应商采购可以拿到更优价。

(二)保证会展服务时效及质量

中小城市会展业起步阶段从城市外部采购会展配套产品是不得已而为之的做法,因为自身没有专业的供应商和服务能力,这种操作模式其实存在着很多弊端,从外部城市订购产品,其质量和时效相对难以保证,物流运送过程存在很多不确定因素,而且在展览周期中,搭展的时间是比较有限的,若有疏漏,最后还可能影响到展会的正常进行。如果在城市内部构建起会展全产业链生态,可以极大地保证会展活动各个环节的服务实效和产品质量。

（三）促进社会就业

构建全产业链将覆盖会展活动的各个产业供应，例如，展览产品的生产、展览的策划、展览的展会设计、展位的销售、展位的搭建、物流运输、广告宣传及印刷、传统媒体和新媒体、会展服务及相关的餐饮和住宿业等。这些环节的构建可以为中小城市提供数量巨大的就业岗位，有利于城市的人口素质提高和经济发展。

（四）增强产业服务能力

全产业链的构建是城市会展综合服务能力的增强，有利于城市的会展服务口碑提升，生态的构建前期是艰难的，但是当生态构建完成后，为城市带来的效益是不可估量的。首先，是对会展业产生直接积极影响。综合服务能力的增强会吸引更多的展会活动选址举办，增加和提升本地的会展活动数量和质量，是质和量同步提升的过程。其次，对城市的其他产业有带动作用，这些带动作用是潜移默化的。会展业本身就是服务产业，会展产业链的构建同步提升的是城市其他服务业的综合能力，这些能力的提升也会为城市增加经济效益。

三、价值的传送带

当会展业在城市形成全产业链后，其价值传送也不再是单一内容、单一途径、单一目标，而是全面的传送带效应、带状输出、带带呼应。

（一）从采购方变输出方

全产业链的构建会改变城市的产业结构，当自身的能力足够强大时，其模式也会发生裂变，供应商会向自身城市、向外部城市发展，成熟的产业模式可向周边城市输出，产业的发展速度不一致，发展快的中小城市可向周边城市输出，这样的生态形成了，成本也会降低。另一方面，当产业发展到一定程度会产生产能过剩的问题，这个时候供应商寻求自我生存也会想向外部城市输出自身产品，这是市场经济发展的自然过程。会展活动的各个城市的巡回展就是一种会展产业链输送的例证。

（二）构建品牌效应

随着城市会展业的发展，全产业链的构建，城市会展的质量从粗放型经营向高质量、精细化、集约化转变，城市的会展活动会减少数量，改善质量，会从追求数量、低档产品转向追求高效、高质量、高档产品的展会。上游产品的转变同步影响的是这个产业链的发展模式，在这样的发展模式下会形成诸多品牌，品牌化发展是产业发展到一定程度的必然趋势，为城市和产业构建带来品牌效益。例如，青岛会展业的飞速发展，一城多馆（一个会展产业，多个会展场馆）的高质量发展就是城市构建全产业链以后品牌效应的具体体现，更是形成价值传送带的红利所在。

（三）加速创新

产业链的品牌效应一旦形成，下一步追求的是产品创新，创新是产业长期生存和引领发展的生命力，在这个过程中，产业的创新力会不断加速，为产业发展带来巨大价值。

（四）吸引高层次人才

随着产业的不断发展，人是驱动产业发展的原动力，为寻求创新和发展，引进人才是必然，这其中就会向大城市引进高层次人才。因为高层次人才起着决定性作用，从产品研发设计到生产制造到终端展览贸易，这其中的任何一个环节都离不开高层次人才。而人才的引进同步引入的是相关的行业资源和发展模式。

产业发展—品牌构建—创新建设—吸引人才，这就是全产业链造就的传送带，源源不断。

四、模式的组合拳

（一）自发会展行业链整合优化

构建产业链之前要梳理和做好产业链整合优化，涉及会展活动的各个环节的各个产业链，要保证规范经营，需求和供应达到最佳配比，避免行业的恶性竞争；要提升产业链的黏性和韧性，在构建过程中要及时发现产业短板，及时补齐短板。不过，由于会展行业的特殊性，仅靠自发，全产业链构建是很难实现的。

（二）配合会展全产业链发展的相关配套建设

除会展业本身的产业建设外，还应该同步配合会展产业链的配套产业发展，例如，交通客运业、物流业、旅游业等配套及关联产业，要保证产业和配套服务发展的均衡性。

（三）推动科技发力服务体系建设

科技的优势已经体现在各个行业，在实际操作过程中，要及时“走出去，带进来”。走出去，是指深入国内发达城市或者国外的会展强市，将先进的技术引入进来，将会展的全过程进行细分，挖掘可改善和技术革新的环节，保证会展服务体系的完善，优化参展人员的体验感和参与感，打造科技和精细化服务高度结合的城市会展综合服务体系。

（四）配套会展全产业链的扶持政策

中小城市的产业链构建，必须要有政府的主导和参与，同步出台产业链各个环节中的扶持政策，如产业政策、改革政策、补贴政策等，确保扶持的力度和广度，保证有效扶持，在此过程中要形成一套监测体系，确保产业链体系科学合理，配套政策高效扶持。

第五节　人才供给与齿轮组

一、人才供给的齿轮作用

从新中国成立至今，我国的会展业已经形成了比较完善的发展体系，会展的规模逐渐变大，在世界范围内，我国的会展体量已经占据了全球展览的较大市场，而且最重要的是，我国的展览业爆发和蓬勃期尚未到来，我国的产业与会展业并未完全互动起来。与此同时，我国会展业从业人员相对匮乏，尤其是对中小城市来说，中小城市将是未来我国会展业黄金时代的主力，但中小城市的配套专业人才是极度匮乏的。会展活动由专业的会展人发起，就如齿轮组中的“主动轮”一样，将展商、参展人员、外部媒体和人员等“从动轮”带动起来。从微观上来讲，要实现“四全会展”和全产业链传送带的目标，人的问题就成为成功与否的第一要素，所以如何培养和引进人才是中小城市亟待解决的难题。

会展从业人员涉及的行业广、专业性强，且需要强大的组织协调能力和临时应变能力，在组织和策划会展活动时需要很强的创新能力和意识。会展行业本身就涉及了组织策划、搭建、接待、高端会议的餐饮和会务服务、国际性活动的政治敏锐性和语言交流能力、生物展览的检验检疫等专业领域。就行业外而言，展览和会议的活动可面向所有的行业，需要更加专业的职业能力和素质。

在中小城市会展业发展中,人才供给的齿轮作用主要体现在以下几个方面:

(1) 是"四全会展"实践与发展的基础条件;

(2) 是政府会展定位实现并提升的基本保证;

(3) 是会展平台载体建设及营运的推动把手;

(4) 是全产业链齿轮咬合和传送的创新依托。

二、会展人才的"齿轮式"培育——产业型人才

德国汉诺威是一个从工业城市向"会展之都"转型的成功的典范,这种改变的顺利与其人才培养模式有着密切的联系。城市产业的发展离不开人才,会展业更是如此。为了促进会展业发展转型,汉诺威积极创新人才培养模式,形成了产、学、教、研的良好互动机制。其核心方式可以概括为集中办学、定向培养、贴近行业、重视实践这几个方面,对中小城市会展产业配套的专业人才齿轮组培养有着重要的借鉴意义。

鉴于此,目前我国会展人才培育的齿轮形态主要有以下几种模式。

(一) 人才与全产业链"咬合式"培养

1. 以老带新

这类人员许多为行业外进入企业或者毕业直接进入企业,其本身没有会展专业的积累,在进入企业后,通过"以老带新"的模式将企业的会展意识和形态认知传输给这类人员。这类人员经过长期的职业熏陶和积累慢慢形成了自己的专业能力,在老一辈的经验中传承和创新,形成了新的理念和模式,逐渐成为行业的佼佼者。

2. 校企合作模式

校企合作模式是市场比较常见的人才培养模式,在大城市更加凸显了校企合作的成效。教育部对高等职业教育的整体要求是教育以服务为宗旨,产业为导向,通过产学研结合,使学生能够更快地适应市场经济和社会发展的步伐。对于中小城市而言,这样的模式更多是为行业提供人才储备,大多数中小城市极少有专项的会展专业,很多都是寄托于酒店管理或旅游管理专业,近年来才逐渐衍生出会展专业。对于没有高校的小型城市,可在中职院校中开设会展专业的课程,为学生进入会展行业接轨,企业与学校合作,学校再与学校合作。例如,中小型城市,企业与中职院校合作,中职院校与高职院校或者大学合作,达成了校企合作的最好成效,企业不需要与外部学校合作就可以得到名校的会展培养成果和资源。

（二）人才与“四全会展”“从动式”引进

1. 政府人员岗位调动

这种情况常见于城市的会展主管部门及展馆的运营商，许多城市的会展中心主管人员是从城府职能部门转调过来的。由于会展中心的特殊性，国内大多数会展中心都是由国资委直接控股的，其管理者自然是由政府及国企人员担任的。这些转制的人员，从政府的职能管理到会展的职能管理，从其他行业的企业到会展企业参与管理。由于政府及国企人员本身就必备较强的学习能力，且其自由度较高、资源较广，在管理的实践过程中就逐渐成为会展行业的人才。

2. 外企引进

由于许多西方国家的会展发展较早于中国，已经培养了一批素质高、能力强的会展人才，形成了一套比较科学规范的会展人才培养体系。国际上有许多专业的会展公司，目前国内的企业和展馆会从外企引进专业人才。

3. 国内大公司引进

经过几十年的会展从业经验积累，我国的一线城市已经有了一些大型的会展企业，如北辰会展集团有限责任公司。一些公司逐步引进这些公司的专业人员，通过猎头和自有渠道，引进这些企业的高端人才。市场是一个人才跳跃的市场，人才自身往往除了拥有出色的能力，还有其背后的强大资源，在市场竞争中，人才的引进源于企业生存的需求。

4. 吸收创业者

在大众创业和万众创新的时代，这些创业者虽然有着自身的能力和独特的行业认知，但是在市场竞争中被大公司击溃，正是由于有了这样的创业经验，他们也在这个过程中得到了成长，大型的企业会吸收这些创业者，为自己的团队增添新的元素，因为这些创业者往往能从独特的视角为企业增益。

三、会展人才的“沉浸式”使用——复合型人才

（一）充分挖掘人才优势

人的能力是在实战中被不断发现的，在人才的使用过程中，应当对人进行周密的观察和发展规划，在不同的职业阶段，对个人的能力进行区分，对不同个体进行分析，发现其擅长的领域和工种，而后加强其特定领域的职业能力培养，尤其是会展这个工种丰富的行业，将人安排至最适合的岗位才为合理。

（二）用、育结合

用、育结合是指对人力的使用和培育结合，对于低层次的人员首先要培养的是其对行业的认可度和基本能力，在工作的同时灌输会展的基本理念，使其能够胜任岗位。对于高层次的人员要深度培育，例如，使其参与专业机构认可的培训。近年来会展的研修课程萌生了许多针对高层次人才的培训机构，这些机构有着相对权威的行业视角，通过这类研修课程，一方面可以积攒行业的人脉资源；另一方面可以通过发证的形式，给予行业公认的职业能力认可。通过这些手段，可以深入完善会展人才的用、育结合体系。

（三）会用、敢用，大胆创新

要敢于给予会展从业人员实践的机会，通过科学合理的手段来安排合理的工作量和内容，量才使用，给予会展从业人员自由发挥的空间，使其大胆创新，可以加速人才的成长。

（四）建立多层次人才库

在行业内部形成一个多层次的人才库，针对产学研的各个环节形成一个自上而下的智库，这样的全层次人才库一旦构成，可极大地推动中小城市会展业的发展，针对会展业，从顶层设计到策划到组织到执行以及关联行业的各个层级，建立成一个立体的人才智库。这样可以对会展行业的全周期服务和行业发展持续发力，联动其他城市，能够更好地推动行业发展。

四、会展人才的“开放式”发展——创意型人才

（一）制定合理的奖惩体系

无论是企业和政府，对于部门及从业人员都应当制定一套合理的奖惩体系，尤其是对于中小城市的会展业发展来说，不能过快地追求速度，要将会展活动的质量以及后续产生的深远影响纳入综合考核体系，要让人在合理的环境下取得良好的发展，并在执行过程中及时纠正和完善考评体系，根据城市会展业发展的不同阶段，制定符合城市发展的考评和奖惩体系。

（二）职业发展规划凸显个性化

制定长远的职业发展规划是企业对人才培养的常规操作方案，对于会展行业

人才的培养而言,这样的举措同样适用,但是要突出个性化,对于不同的人要量身定制职业发展规划。这就要求中小城市的用人主体要有科学、规范的人力资源管理体系,做好会展业本身发展的前提是要做好会展从业人员的培养。

(三)多元化发展

追求从业人员的多元化、自由化发展,这其中包含了两层含义,一方面是指在人才发展的过程中做到多个方向发展,个人的能力不同,其可发展的空间也不同。会展业是涉及多个领域的行业,在发展过程中,要确保会展从业人员在行业内的岗位发展不拘泥某个特定的岗位,可以向会展环节的其他岗位发展。另一个方面是指,在会展业发展的过程中会有新的产业形态出现,其属性会超越会展业甚至脱离会展业,会展从业人员也可以横向、多元发展。

在会展人才的培养过程中,首先要明确会展全产业链中齿轮组的"主动轮"的地位,要具备全局观、长远的眼光,保证人才培养的科学体系,确保齿轮组运转得顺畅高效;其次要不断创新培养模式,对会展人才的就业做出专业、细分化体系构建,使齿轮组的每一个齿轮各司其职、咬合得当。

第四章　政府与会展政策

中国改革开放的几十年，是经济高速发展的几十年，毫无疑问也是城市建设管理探索性前行的几十年。政府作为主抓城市发展的经济和社会公共事务管理的行政职能主体，在城市经济高速增长的过程中，承担引导方向、推动经济建设、文化建设不断前行的主要职责，同时拥有调配城市各种生产要素和社会资源的权利。如前所述，会展业由于其自身产业的特殊性和公共性，无论是在国内还是国际上，都离不开各级政府的引领、赋能和支持。因此，政府系统与会展业发展相关的氛围营造、会展设施建设和支持政策的制定的密切性是政府与会展政策之间关系的最好表述。

第一节　政府、会展的三层系统

一、政府的三层系统

社会作为一个巨大的系统，是由生产力、经济基础和上层建筑所构成，同时各系统中又分别包含着若干子系统。地方政府作为国家对其领土划分而形成的子项，是国家系统中一个相对独立的组成部分。在这里，我们从政府系统的视角分析、认知、互动和遵循与会展业相匹配的有效会展政策制定导向，着重探讨中小城市会展业行业发展。明确政府在发展会展业、创新会展经济中的职能和定位，坚持政府在会展经济起主导作用是世界各国业界的共识。

政府系统在政府结构中的地方政府或者下属职能部门彼此相互联系、相互作用，由此形成政府体制结构的两种组合方式：一是层级化，二是类型化。层级化构成政府系统的纵向结构，类型化构成政府系统的横向结构，两者有机组合便是政府系统的整体结构。按上述政府层级原则，其层级结构如下。

（一）纵向结构层级

政府系统的纵向结构如下：

市级；
局级(区、县)；
乡、镇、街道(区、县、局级)；
社区(村)。

（二）横向结构层级

政府系统的横向结构如下：
各局(区县)之间；
各乡、镇、街道(区、县、局级)之间；
各社区(村)之间。

二、系统的分工职责

针对会展业及相关会展政策的政府系统按上述纵向组合层级主要分为相对应的三层,其分工和职责如下。

第一层为决策层:市级(区、县)的宏观战略决策。

结合城市综合发展规划审定颁布会展业产业发展的专门分项规划,主管会展设施规划、投资、建设、营运决策、会展资源的统一配置、会展政策审定等。

第二层为主管层:局级(乡、镇、街道)的中观战术制定。

根据决策层指示制定会展业发展规划,负责会展设施的一系列事务的具体落实、会展扶持政策的制定、会展领导职责构架的落地等。

第三层为执行层:会展办公室、行业协会的微观实战演练。

承担会展业发展规划的落实推行,会展企业之间的协调、规范等工作,连接政府与会展企业,审核会展政策实施的具体细则以及规则等。

三、系统的运作机制

层级式的政府会展政策系统从上到下管理,又自下而上反馈、优化流程,形成一个会展业系统中政府扶持产业的闭环运作机制。通过会展企业在市场化运作过程的一线大数据反馈,政府再不断优化会展政策,使会展推动城市经济建设再上一个新高度。

政府会展业执行机构,譬如,会展办公室、行业协会通过直接指导会展设施场馆营运方、会展相关企业开展工作并采集一线市场数据,引导相关企业行业自治自律、协作共赢,使政府与企业、企业与企业之间和谐共融发展,运用会展政策激励和推动会展产业链的自发自动、相互竞争的公平市场原则，孵化创新会展企业，优化现有会展企业，升级会展产业链，形成良性的会展经济的引擎作用。

政府会展业主管部门，譬如，会展业主管局级部门则通过管理机构和会展相关单位对会展政策落地后的效果评价、资源配置后的驱动力分析，决定是否进一步加大或者调整会展政策的方向和力度，为决策层提供实际依据，催化和推动整个城市的经济、社会、文化全方位提升，为打造城市品牌和会展产业品牌等会展业发展规划服务。

政府会展决策部门，譬如，市级决策部门则在主管部门和直接管理机构的指导和监督下，利用采集市场一线大数据和会展相关企业反馈，对比会展业发展规划制定的相关要求和目标，召开专题研讨等方式，共商会展发展大计，根据汇总意见进行再修改、再调整，制定和完善相关的政策及行业相关法律法规、人才培养和市场培育的核心措施，决策是否进行会展设施投资建设的再扩大、再升级等，为新一轮城市发展创造更多更新的“发动机”。

第二节　政府、会展的互动层次

会展业是第三产业中具备自发和赋能的特殊组成部分，会展业在城市中的兴衰成为衡量一个国家和地区的发达程度，大力发展会展业也是一个城市提高知名度的重要方式，各城市都在大力发展会展产业。中小城市会展业在早期发展过程中面临着不小的困难，会展业具有的公共产品属性和特征尤为明显，迫切需要政府的支持和干预。在日益增多的会展活动背后，可以看到政府有形之手与市场无形之手的精彩互动与有机配合，使会展业呈现出与一般产业迥然不同的特质与格局。会展业不同于一般的产业，它需要调用的资源与政府所掌控的资源有着极大的依存关系。会展业与政府是一种特殊的互动关系。

一、政府重视会展

会展业是中小城市发展的新引擎，新型城镇化是产、城、人融合的城镇化，而会展业具备的产业带动、城市营销、政治传播和文化宣教等功能在新型城镇化建设中起到引擎作用，成为新时代政府治理和发展中小城市不可或缺的强大动能，因此，政府特别重视会展业。

（一）产业是基础，强产建强城

城市产业的发展水平代表着城市经济的发展水平和质量，产业规模、产业结构和产业质量决定了城市的能级和影响力。有产才有城，强产建强城。会展业对城市产业的集聚和扩散、淘汰和转型起到积极的作用，这正是政府所追求的。

1. 会展业本身的产业价值和带动效应

作为“绿色、无烟”型现代服务业综合性产业，会展业是现代化城市需要的优质产业，是对城市产业的有效补充。从行业内看，会展业是高收入、高赢利的行业，利润率可达20%及以上。据统计，2018年，我国会展业的产值已达到6000亿元，产值贡献随着会展业的发展进一步提升。例如，北京怀柔在2016年的会展行业收入约为3亿元，2017年义乌会展行业收入约为10亿元，随着会展业的进一步发展，行业产值会有更大的提高。

按照国际惯例，会展业的拉动效应在1∶9，即展馆收入为1个单位，能拉动相关产业的总收入达到9个单位，而且随着经济发展水平的提高，其经济拉动效应会更好。义乌的会展业一直以来被称为义乌的“金名片”。2017年，义乌共举办各类会展活动134个，会展行业收入约为10亿元，带动相关产业收入60多亿元。因此，发展会展业对中小城市经济有显著的促进作用。同时，会展业的发展将带动工程安装、物流、广告信息、人才培训等产业链上下游行业的发展，提高城市会展服务能力。再者，会展业将促进酒店业、建筑业、交通运输业等城市基础设施行业的发展，以确保基础设施满足会展活动的需要。

2. 发展会展业增强中小城市产业竞争力

依托产业、服务产业、提升产业是会展业作为介于第二和第三产业间的2.5产业的基本内涵，更是产业会展的使命。浙江温岭举办的中国泵与机电展览会的规模扩容和品牌影响力的提升，可以看出会展产业助推城市经济结构升级，并带动产业创新转型。又如山东寿光、浙江慈溪、福建晋江和河北安平等中小城市重视会展业，充分发挥会展活动的集聚和扩散作用，城市优势产业进一步提高影响力、提升竞争力、扩大规模，对产业形成了有力支撑，促进了当地经济增长。再如，东莞的“产地办展”模式使东莞镇域经济呈现“一镇一品”的特点，衍生出了“一镇一展”“一业一展”，形成了“镇街会展”的格局。

会展业作为嫁接各项资源的综合平台，是各类资源集中的交换与流通平台。产业的发展需要观念和政策的更新，需要营销平台的支持，需要投资商和各类人才的引入，这些都可以通过举办会展活动来获得。中小城市本身普遍缺乏技术和人才，但通过举办展会，可以加强企业与先进企业、人才沟通交流，有助于准确把握行业发展新趋势，加速产业转型升级的进程。近年来，越来越多的企业也将参加展会作为其品牌推广和销售、获取新信息的重要渠道。企业通过发布新产品、应用新技术和碰撞新观念，增强了研发能力，提升了市场占有率，从而确保了城市优势产业的核心竞争力。例如，河北高碑店的门窗城，通过举办中国（高碑店）国际门窗博览会，吸引了全世界顶尖的门窗等相关专家、机构来到高碑店，获得了新的观念和技术，促进了当地门窗行业的大发展。

3. 发展会展业促进产业结构调整，实现新旧动能转换

由于中小城市普遍缺乏资源，行政辐射能力相对较弱，提升城市产业竞争力存在很多制约，新兴产业也较难落地。中小城市可以通过举办展览、城市节庆等形式的会展活动，用小投入造成大影响，以小活动制造大新闻，在一定程度上可以弥补辐射能力不足的短板。

中小城市通过举办或引进契合城市能力的会展活动，可以注入新元素，改良旧模式，剔除落后产能，以市场的手段来优化城市产业结构，从而增强市场活力。中小城市由于地域小、产业结构普遍单一，可以凭借政府的意志，通过一定的科学方法，引进符合城市发展要求的会展活动，改善城市原有的产业结构，有效引导新产业的孵化和旧产业的转型，实现跨越式发展。比如海南举办的博鳌论坛、乌镇举办的世界互联网大会以及德清举办的联合国世界地理信息大会等。

（二）城市是生态，会展聚力量

新型城镇化进入一个新的历史机遇期，需要打造以人为本的城市生态来满足产业、建筑和市民的有效融合。通过会展的有效手段，凝聚文化力量、产业力量和人的力量，将空间转化为符号，让符号彰显吸引力、竞争力和影响力，而这正是政府所推崇的。

1. 发展会展业树立城市新坐标

现代城市的竞争本质上是人才的竞争，而人才竞争的背后又是城市综合能力的体现。根据国信中小城市指数研究院的统计，我国中小城市（城区常住人口100万及以下的城市）数目已达2634个，发展水平参差不齐，同质化竞争十分严重。要实现跨越式领先发展，获得竞争优势，不仅需要城市综合条件做背书，同时也需要打造城市新坐标，喊出城市新口号。

发展城市会展业，集中城市各方力量，可有效帮助城市建立内外联络的渠道，提高知名度，扩大影响力，促进城市快速扬名和招商引资。这样不仅能在众多同质化城市中迅速脱颖而出，确立城市坐标符号，或许还可以落后赶超先进，让先进资源为落后城市服务。如宁波的象山、宁海、奉化等，分别通过举办开游节、开渔节和弥勒文化节等具有各自特色的、集中城市资源的会展活动，打造城市品牌，吸引更多资源为城市发展服务。又如，台州的温岭和金华的永康，分别举办中国泵与机电展览会和中国五金博览会，在行业内树立标杆，让展会活动为城市代言。

2. 发展会展业展现城市新内涵

会展活动的举办，对城市产业、基础设施和服务水平都提出了一定的要求，为

了举办好每次活动,政府以及相关投资方必将投入大量的人力、财力和物力来进行产业引导、基础设施建设和服务培训,这不仅会给城市面貌、生活生产环境带来物质文明的改善,同时也将对城市的精神文明建设带来很好的促进作用。特别是举办大型的、有重大影响力的会展活动,对城市品质的提升有莫大的帮助。同时,政府加强城市文化宣传和教育,挖掘城市文化内涵,不仅能提升市民文化修养和服务意识,而且可向外展示城市文化内涵,促进文化交流,对城市文化内涵的提升也有莫大的好处。如乌镇作为世界互联网大会的永久举办地,现代化设施一应俱全,其旅游业也迈向了国际化、多元化、特色化的阶段。

3. 发展会展产业实现城市新高度

城市发展的高度取决于城市见识的广度、城市积累的深度和持续创新的热度。会展业的集聚和扩散、交流和交易,有助于城市增长见识、积累经验和交流思潮。中小城市通过举办会展活动,走出去、引进来,可更多地了解世界,开阔视野,增长见识,并将好的经验和技术引入本地,提升城市创造力。比如在余姚举办的中国机器人峰会,集合了当前世界最为先进的智能机器人技术,展示优秀的智能机器人,有效提升了当地对智能机器人发展的认知水平,促进了本地园区的创新创业。永康举办的 2019 年中小学艺术节,虽然规模不大,影响力有限,却为小朋友们的创新创造开拓了思路,增强了他们的创意能力,也为提高整个城市创新水平做出了可贵的努力。

持续积累、不断创新是城市发展的强劲动力。定期举办的会展活动将为城市创新带来机会,同时,每一次的活动都会成为新的积累,如创意的积累、客户的积累和信息的积累,甚至是文化艺术的积累。只有重视交流和积累、不断开拓和创新的城市,才能有更高的发展水平,才能在同质化城市竞争中突围,形成区域新高度或成为区域中心。因此,会展业也是文化创意产业,能给城市带来创新的力量。

(三)人是核心,向往好生活

城镇化是人的城镇化,城市是人的城市,一切以人为本的城市经营才是新时代中小城市高质量发展的核心原则。会展业以产业为基础,以城市为空间,最终将为人服务,实现人们对美好生活的向往,而这正是政府所倡导的。

1. 发展会展业增加城市就业,提升居民收入

技能和收入是人们生存的基本保障。会展业作为一个新兴文化产业,是对中小城市产业的补充和丰富,是解决中小城市就业,提升人们收入的新渠道。据行业惯例,每增加 1000 平方米的展览面积,就可以创造近百个就业机会,这对提高城市就业率有很好的拉动效应。同时,中小城市举办会展活动,使人们增加了与外界交流的机会,是人们增长见识、获得新技能的一个重要渠道。再深入观察后,

人们能更直观地了解市场、参与市场，并发现新市场，获得新商机，实现新的增长。中国·盱眙国际龙虾节的成功举办，就是将会展业与龙虾经济有效结合，扩大市民就业，提高市民收入的最好例证。

通过参加会展活动，企业增加了订单、增强了核心竞争力，进而提升了经营效益，然后扩大再生产，促进产业更好发展，从而提高了城市就业和收入水平。义博会的成功，带动很多参展企业更好发展，也进一步促进义乌小商品市场的繁荣。

2. 发展会展业改善人居环境，提升生活品质

人居环境是人们生活的空间保障。会展业可以促进城市建设，提高城市治理水平。一个展馆就是城市的一个地标性建筑，这是普遍认为的观点。例如，国家会展中心（上海）、德清国际会议中心等。发展会展业会加快城市建设的进程。G20 杭州峰会举办之前，杭州市政府投入巨资打造杭州国际博览中心，并对原来的生地进行高质量、合规划的市政建设，进一步推动城市公建和休闲设施的品质提升和配套完善，整体提升了城市基础设施的档次水平。对于这类大城市而言，不定期举办各类会展活动，既为展现更好、更美的城市环境，也为了迎接八方来宾，这样一定会加快城市建设，加强城市治理，就能有效地改善人居环境，提升生活品质。

人居环境的改善，意味着清新的空气、优质的水源和健康的土壤以及美观的建筑，它是人们对于生活品质的物质要求，会展业的发展将促进城市对生态环境的重视。绿色会展、环保会展将逐渐成为主流，带动城市的环保进程。

3. 发展会展业促进交流互动，增强人们创造力

和谐地互动交流是人们基本的生活权利。随着物质生活水平的提高，人们的精神生活需求日益提升。通过举办会展活动，在一定程度上可以满足部分市民被尊重、实现自我价值的愿望。举办各种类型的会展活动，可以让更多的技术、信息和创意得到展示，让更多的人参与其中，表达观点，推广理念，进一步促进人与人之间的了解和合作。举办系列会展活动，还可以丰富人们的业余生活，拉动多样消费，提高人民的文化素养和文明意识，实现精神富足，激发创造活力。比如各种文化节庆活动、书展、歌唱比赛、游戏竞技等，都可较好地增进人们之间的交流与互动，为市民提供展现自我的舞台。

城市是生态，产业是基础，人是根本。城市的发展是产业和人在生态内的共同作用，会展业的强大动能将有效赋能产业、城市和人的同步协调发展，是政府打造城市优质生态的最佳抓手。特别是对于资源缺乏、行政辐射能力弱、人才不足的中小城市来说，会展业的集聚扩散作用，能有效破解城市影响力弱、生态不完善的困局。因此，产、城、人融合发展是城市生活、生产和生态的有机统一，是新时代中小城市政府突破瓶颈，取得先行发展优势的有效路径。随着大数据、物联网的

快速发展,传统的产业模式、城市治理模式都在发生深刻的变化。现代中小城市要区别于传统城镇的发展模式,政府应在以人为本的指导思想下,积极采用现代化手段,将会展业作为城市发展的新引擎,精准发力,从而实现跨越式高质量发展。

二、政府培育会展

(一)政府是会展业的首席"经理人"

会展业是集经济性与社会性于一体的特殊产业,具有平台性、载体性、群体性的特点,这就决定了会展业对政府具有高度的依赖性。会展业作为公共产品的巨大引擎,是政府培育会展的职责所在。

(1) 会展业是平台型产业,它为企业和社会各界信息交流、业务合作提供平台,与政府的公共服务有密切的关联,是一个准公共平台。

(2) 展馆是服务经济发展和民生改善的重要载体,也是一个城市的重要基础设施,具有公共设施的特性。

(3) 会展活动是大型公共活动,需要动用大量的公共资源,离开政府的支持则无法顺利进行。

(二)政府培育会展业的实际"操盘手"

既然会展业对政府有高度的依赖性,会牵扯行政部门和领导的大量精力,政府为何还这么热衷于培育、发展会展业?究其原因,深入分析可以发现,会展业对城市发展具有极其重要的促进作用,是政府发展经济、治理城市、改善环境、提升形象的一个重要抓手。政府重视、支持培育会展业具有内在的动力。

1. 资源配置的重要方式

发展会展业,有利于企业在会展活动中迅速获取信息,促进供需双方直接交流,使资源配置的市场化程度大大提高,可以充分释放市场的活力。这符合我国改革的方向。

2. 发展经济的重要载体

会展业对促进当地产业发展具有不可估量的作用。依托产业、服务产业、提升产业,是中小城市做大做强特色产业的重要手段。比如永康的五金展、余姚的塑料展等,立足产业特色,服务产业发展,形成了强大的品牌效应,促进了当地的经济发展。

3. 扩大影响的重要渠道

一个城市要对外扩大影响,其中一个重要的渠道是通过举办会展活动,在更大的范围内整合资源，吸纳人才、技术和资金，提升自身在区域内的影响力。办好一个会，兴旺一座城，培育好市场，成就了政府，这已经成为令人惊奇的社会现象，并在一定程度上形成了社会共识。

三、政府保障会展

政府在会展业发展中具有主导作用，政府重视与否，提供的支撑条件是否充足，直接决定一个城市会展业发展的水平和质量。政府对会展业的支持、保障，既有宏观的，也有微观的；既有直接的，也有间接的；既有对整个会展业的普遍性支持，也有对特定会展项目的专项性支持。大体上，政府对会展业的支持和保障主要体现在以下几个方面。

（一）提供公共信誉，为重大展会背书

出面主办或承办国际性、全国性、区域性展会，组建以政府主要领导或分管领导任组长、相关部门负责人为成员的领导小组，设立专项办公室，策划实施会展活动，动员组织参展企业，落实保障措施。

（二）提供公共财政，发展会展事业

将会展业发展纳入城市经济社会发展规划和建设计划，出资建造展馆；制定、促进发展会展业的政策，安排专项扶持经费；出资主办特定会展项目，或对具体会展项目进行奖励；安排专项经费，对城市和会展活动进行路演宣传。

（三）提供公共信息，服务会展活动

组织力量，利用报纸、广播、电视、网络等平台，对会展活动进行宣传报道。

（四）提供公共服务，保障会展活动

提供与会展活动直接相关的交通、安全、食品等公共保障，制定、完善和执行相关的法律法规、操作规范，统筹协调相关各方，做好接待服务工作。

四、会展引领社会目标

从整体上来说，发展会展业符合政府的工作目标，会展业的发展也高度依赖政府的支持，两者具有战略目标上的同一性和工作目标上的紧密性，是荣辱与共的一个利益共同体。但在实际工作中，由于所处地位的不同和评价体系的差异，

两者之间确实存在着诸多矛盾,不同程度地影响了会展业的发展。

(一)政府与会展业之间的矛盾及原因剖析

1. 目标的差异性

政府更多追求公平,企业更多追求效率,两者之间的目标难以平衡、协调。在经济效益与社会效益发生矛盾时,政府首先考虑的肯定是社会效益。企业为追求经济效益最大化,可能存在安全方面的隐患,而政府从社会稳定角度考虑,对安全奉行一票否决制。

2. 责任的转移性

政府的政策规定与会展项目的灵活经营存在着天然的矛盾。虽然有"谁承办谁负责"的原则,但如果发生重大安全事故,企业往往无力承担起应有的责任,最后都得由政府兜底买单。因此,公安、城管等责任部门对会展活动往往持消极的态度,对企业提出种种限制性要求,甚至要求企业承担超出其能力的责任。

3. 效益的模糊性

会展业的效益是多方面的,很难用单纯的经济指标来衡量。站在不同的立场,就会有不同的评价。有些会展活动,政府认为是成功的,企业不一定认可;有些会展活动市民的参与热情很高,社会评价很好,但在会展业专业人士看来,很可能是失败的展会;有些活动,短期看没有效益,长期看则对城市发展起到重大的作用;有的则相反,短期很有影响,长期则令政府背上包袱。因此,政府在制定政策时,往往难以提出各方都能认同的考核指标,影响了政策的实施。

4. 体制的割裂性

政府的任期制和部门间条块分割的局面,与会展项目需要的长远性和专业性形成矛盾,领导换届或兴奋点转移会影响具体会展项目的兴衰成败。

(二)会展引领政绩

会展业作为一个影响面广、联系量大、规模效应高、产业关联度高的新兴产业,中小城市政府应本着与会展业建立命运共同体的主导原则,应理性地理清和看待与会展互动过程中表现出来的矛盾,扬长避短,牢牢抓住会展对中小城市政府社会政治、经济、文化发展中的推动作用。这集中表现在以下几个方面。

(1) 提高城市政府的知名度。成功的会展举办往往给参会、参展客商留下极为深刻的城市综合印象。

(2) 会展对第一、第二、第三产业的带动效用巨大,能增加城市就业,减轻政府就业压力。

(3) 有利于政府招商引资。每次会展的举办本身就是一次最好的招商说明会。

(4) 有利于政府提高城市建设水平。譬如,改善城市基础设施,以及做好配套接待工作,向客商展示最好的城市和政府服务形象。

(5) 有利于提高城市竞争力。通过办展大考验提高城市文明建设,建设城市的社会经济、文化旅游以及城市品牌,树立良好的公众形象。

第三节　会展政策的设计聚焦

一、为定位和目标服务

中小城市的会展业起步比较晚,起点比较低,会展规模小,品类少,基础产业也简单,但城市之所以成为城市,从城市形成、发展机理来讲,是因为有其各自的领土划分等形成的地域特色、交通便利性以及自身的产业资源特色,或多或少使其在历史的滚滚浪潮中挣得一席之地。世界飞速发展,国家、地方促进经济发展的手段、方法、力度,以及利用各自资源的水平和速度在不断分化和变化中,城市的发展涌现出潮起潮落、你追我赶的现象。如何成为那颗闪亮的星,地方政府正在全力搜寻新的途径,而创意性极强的会展业已成为越来越多政府的不二选择。会展业与政府的互动性决定着政府应当清晰地认识到会展业要与自身的定位和目标相匹配,进而在政府的主导下制定会展业发展的相应扶持政策,作为政府有限资源配置中调节市场行为的重要工具和手段,使会展业成为政府塑造城市品牌的重要抓手,切实地为会展业定位和目标服务。

政府的首要任务是充分认知和重视会展业的启蒙诞生、成长机理基因,制定会展产业发展战略,只有像制定城市经济战略研究、城市规划发展研究那样做到纲举目张,才能明确会展业的定位目标,有据可循,才能根据定位和目标制定会展发展、投资、建设、运行和扶持等一系列匹配的政策。战略规划内容包含但不限于会展业发展规划动因和作用,政府的决心和职能、产业基础、区位优势、特色定位、配套优势、会展业的扶持政策,实现规划目标应当采取的方法和措施等。

产业优势型城市会展政策制定,以会展产业重点扶持的目标产业服务作为出发点,为促进产业融合、打造产业链、产业转型而制定政策,旨在促进城市基础、特色、支柱产业的集聚,扩大经营规模,强化产业品牌建设。培育优质龙头企业,即通过“会展＋政策”的融合方式形成头部企业,引领产业集群向更高层次升级。通过举办产业展会、技术创新论坛、产业人才交流会,以及产业园融合文商旅的城市接待，让专业客商走进城市、走近产业，带动城市经济的发展。

自然资源优势型城市会展政策制定，以得天独厚、无可取代的城市自然资源优势作为会展产业发展定位的切入点，可以组织举办各类人文旅游、贸易性展览会、休闲产业大型论坛、文旅节等。例如，浙江台州仙居在春季举办油菜花旅游节，全方位包装县域内所有旅游资源，制定了相应节庆的政策，如免费游仙居的各项政策。再如，宁波市宁海每年 5 月 19 日举办的开游节，从而带动地方经济的发展、城市知名度、美誉度的提升，得到了社会广泛认可，达到了政策引领地方资源优势的定位和目标。

二、设计引领未来

政府带动会展产业发展规划与城市综合发展规划的统一协同，是由政府三层系统中的纵向结构和横向结构的职能部门之间上下一致、互通互助去实现的。因地制宜地赋予会展业从业机构、组织和企业相应的职责权利，使其各司其职。政府三层系统是会展政策的设计者，以下是政策设计的基础原则。

顶层设计：提出设计任务书，包含想做什么、能做什么、成为什么。着重在于会展业思想、理念须提升，深刻认识到会展业对经济的带动作用，理清城市自身发展会展业、助推地方经济的机理。以号召职能部门走访、参观、参与、理论学习和实践操盘的方式，增强政府职能部门的全员会展意识，从内心中真正理解和产生发展会展业的内驱动思想，成为政府的真实需求。2021 年 3 月，安徽省安庆市政府围绕着 9 月份即将投入营运的安庆会展中心，由政府一把手召集四套班子，专门邀请国内各路会展知名专家为安庆发展会展业未来把脉，政府职能部门参与论道大会人数空前，实实在在地增强了政府和城市的会展意识，为安庆会展业发展的核心设计走出了最关键的一步。

中层管理：落实设计任务书的具体事项，回答三个“什么”。浓厚的会展意识和氛围，需要掷地有声的中层设计，应有重任在肩的使命感和责任感，按照顶层设计的理念和总体思路、要求，落实制定会展业相关的规划方案、会展政策，整合各职能部门内外的各项资源，如统计部门、第三方咨询机构、会展相关企业等，组织论证方案和政策的可行性，落实实施细则，并与基层执行者和顶层设计互动优化，以求达到甚至超越既定目标和效果。

基层执行：执行设计方案的实际“施工蓝图”，成就三个“什么”。按照会展规划方案和会展政策实施细则，制定政策实施上报审批流程，同时鼓励、指导会展平台（如会展场馆设施）和实体（如会展企业、机构、专家等），实施会展项目，监督政策落地的持续过程，以及采集会展政策实施对产业现状、产业需求、产业发展的一线数据，收集实施效果并建立反馈机制，发挥和促进会展政策真正的扶持作用。

三、内容分析与聚焦

政策制定内容最重要的是拥有吸引眼球且量身定制的会展产业发展“设计作品”和相应的会展政策。例如，武汉市政府于 2004 年就出台了《武汉市人民政府关于加快武汉会展业发展的若干意见》(以下简称《意见》)，计划五年时间把武汉建设成中西部地区的会展中心城市，展会面积达到 100 万平方米。《意见》中提出一系列会展业扶持政策和措施，如建立会展工作领导小组，由政府主要领导担任组长，研究决定会展业发展的战略规划和产业政策；扶持一批重点品牌展会，要求政府各职能部门做好优质服务；此外还还规定人社保障部门研究和采取有力措施，千方百计引进国内外高素质会展专业人才落户武汉，参与武汉会展业发展；鼓励武汉高校开设会展专业课程和培训课程，为武汉发展会展业提供必要人才保证。《意见》之后被各大城市相继效仿，作为促进地方城市发展会展业的蓝本。十几年过去，《意见》中的会展扶持政策还具备普适性、共通性，但面对有自我发酵基因的会展业，政府的工作已经不局限于此，而是内容更加广泛，至少涵盖“六个一”：

制定一本会展产业规划书；

建设一座会展的场馆设施；

设立一个会展的管理机构；

出台一项会展的扶持政策；

培育一片会展经营性市场；

培养一批会展创新型人才。

四、差异化的重点

城市自身自然地理环境、人文旅游资源、产业经济发展、人才结构和会展专业场馆及设施、城市建设及配套服务设施等情况迥异，其未来发展趋势、规划和定位也各不相同，毫无疑问，相比出台普通扶持政策而言，每个政府都更加注重发掘城市自身特色及优势，制定差异化的会展政策。

会展政策的差异化由每个地区所拥有的特质及天然基因所决定，每个城市都有各自会展业发展的亮点、路径、措施。城市政府制定会展业发展规划方案也因城市禀赋的特质及天然基因差异而不同。会展业发展规划的不同方案、定位和目标服务由此而产生差异，主要表现如下。

(1) 政策制定的规划依据不同:各城市区域经济文化、地域特色不同,城市规划、产业规划、会展业发展规划遵循的纲要不同。

(2) 政策制定的可配置资源不同:会展场馆及设施和配套服务设施不同,政府对会展的认知、管理机构设置、全民会展意识的程度不同。

(3) 政策制定的产业扶持机理不同:基础产业的需求不同,产业发展阶段和程度不同,产业融合发展的能力水平不同,对产业升级的认知、意愿不同。

以下列举导致差异化的三种情况。

一是,专业性和产业特色导致的政策差异化。会展业发展的实践证明,中小城市政府对会展业的发展起点定位明显居高,专业化方向出发的产业会展都备受追捧。所谓专业化是指会展产业链的分工专业化、会展项目运作专业化和服务专业化。优秀的会展往往专注于某一个特定的领域,不是面面俱到,而是追求专业性,直接面向专业的参观者和专业客商,从而获得专业的效果。例如,永康举办的中国五金博览会,温岭举办的中国泵与机电展览会,大连举办的国际服装节和深圳举办的中国国际高新技术成果交易会。产业展不同于一般会展的特征,完全依托本地产业或者属地社会、经济、文化甚至名人等。由此,会展产业的政策更贴合这些城市会展的特点,为之提供更好、更全的政策刺激,使产业会展越来越强大。

二是,地缘性和资源优势导致的政策差异。在专业化的同时,地方政府的另一途径,即本地资源的挖掘和地域优势的深耕也得到了越来越充分的利用。根据原生城市的资源条件来培育品牌会展,如广交会。广州地理区位与香港相差甚远,广州举办国际性展览会优势不突出,但由于广州辐射范围内非常广,有着语言优势和出入境限制少的优势,地方特色突出,广交会成为中国会展历史上的一面旗帜。又如,江苏昆山。昆山与南京、苏州辐射来比是没有优势的,位于江苏相对边缘之处,但地缘来讲,离上海却是比较近,真真实实地从经济、人文等诸多方面享受到了上海带来的溢出效应的影响,再与江苏的隶属地缘合二为一,使昆山在会展经济中独树一帜。这种地缘性和资源优势的不可复制和不可移动性,决定了当地会展政策的制定。

三是,一些其他的因素,比如政府的干预程度和权威性等相关原因,导致会展政策制定的直接差异化。虽然会展业越来越多地多地被各地政府所重视,但政府干预的程度、力度和权威性的强弱,在各区域之间还存在着极大的差异,许多城市根据自身情况陆续出台适合自己力度的、相应推动会展业发展的系列政策。对于想要打造品牌会展的城市,更需要得到当地政府的支持。政府的站台和扶持,使会展更具权威性,广交会如此,武汉会展业也是如此。2020 年,南宁出台的《南宁市人民政府关于进一步促进会展业高质量发展实施意见》,也是政府站台会展业的最好例证,旨在抢占会展市场和资源。

第四节　政策的执行部署

一、内容及步骤

会展产业政策执行是检验政策是否行之有效的最关键末端,政府三层系统按照前述系统各自的分工以求得会展政策的 PDCA① 的良性循环。从理论上讲,政策执行是通过一定的方法综合运用各种手段,为实现政策的目标而采取特定行为模式的过程,是将一种理念形态的政策方案付诸实施的一系列政策活动。这些行为包括两方面内容:一是将决策转化为可以操作的过程,二是按照决策所确定的目标而进行努力。它具有执行性、目标性、强制性、务实性、时间性等特征,过程通常包括宣传政策、制订计划、组织落实、政策试点、全面实施、协调控制、追踪决策七个步骤,形成反馈机制。

二、实践与分析

由于行业细分后的小众性,会展行业受众面和政策力度、权威性等,对于其他大行业而言相对薄弱,导致会展政策执行主体的素质缺陷和利益倾向、政策本身的质量差异。公共政策执行机制不健全,以及责任监督机制的缺位,导致政策执行往往出现各种政策规避的问题,譬如,政策敷衍、缺损、附加、替换、照搬甚至转移等,使政策执行过程离目标较远甚至失控。

主要原因在于执行主体的态度和能力不足,存在着政策制定者、政策执行者因为整体利益、群体利益、个体利益、区域利益的客观博弈,使政策的末端受众没有充分获益,以至于政策失效。

会展业个人和企业等相关目标群体对政策的服从程度有差别,目标群体很容易在利益受损时,服从程度大大降低甚至抵制政策,特别是政策执行者成为目标群体时,他们为了利用手中的权力保护自己,会出现上有政策、下有对策的情况。

执行机制不健全,政策传播不到位,特别是外来会展企业由于不了解当地政府的政策,执行时更难配合,而执行者利用信息不对称,对上对下都予以隐瞒,使信息失真。因此执行责任应当明确,并加以考核而且形成奖罚机制,由二级系统

---

① PDCA:即 PDCA 循环,其含义是将质量管理分为四个阶段,包括 Plan(计划)、Do(执行)、Check(检查)和 Act(处理)。

责任成员跟踪、评估与监督,以及时纠偏和补救。

政策本身的科学性有待提高,政策制定者容易照搬其他城市的相关方法和举措,不了解本市会展业的特性和需求,未认识到会展业对城市经济的几何级数式的拉动效应,导致政策偏离,缺乏因地制宜的科学依据,甚至出现政策之间发生冲突、与其他产业政策不配套,从而导致无可操作性的情况。实际上各地政策制定和执行的时间节点本身就不同,这也将影响政策的科学性。

其他因素,比如从上到下的传递制度难免造成信息缺失和分散。政策执行往往缺乏社会监督,特别是会展业的相关政策,受众面较窄,了解渠道有限,所以让市民增强会展意识有着重要的意义。

三、纠正与优化

(一)优化执行监管责任

凡是会展业发达、会展经济发展势头强劲的区域,均顶层设计完善,第一层系统的会展意识强、宏观认知水平高,会展政策的制定、执行和监管十分严密,环环相扣,责任到位,执行力强。

从前文执行责任不到位的原因分析来看,执行环节存在诸多没有达到理想目标状态与监管责任不明确,监督机制的缺乏,信息不透明,责任追究制度不严厉有着密切的联系。因此,政府应当关注政府三层系统流程的每一个环节,特别是针对性极强的会展业发展规划方面的政策执行,应当设立专门的职能部门或者人员,承担职责内的监管职能,对责任部门的执行过程进行流程化的介入,实现监管的制度化。

(二)优化政策完善责任

政策是一个制定、执行、监督、评估、完善或者终止的系统过程,整个系统是一个内在有机组合拳,打出去的拳头有收回要点和要求,这样才能善始善终,完成政策执行系统的良性内循环。这个系统的最后一环是完善还是终止,均要求政府三层系统中第一层系统履行执行责任、监管责任、实操应用责任,在会展市场进行全流程"实战演练",反馈优化,再提高。因此,政策优化水平的高低重点在于提高决策者的会展业专业素养,增强决策理念的科学化水平,增加政策信息的透明度,利用第三方等专业机构、高校资源以及各路专家的智慧,必要时建立城市会展智库,建立完善的责任流程和机制,使政府三层系统制定和实施会展业政策时因地制宜、不断提升。

第五章　会展平台规划与建设

第一节　会展平台的模式

对于中小城市而言,第一,线下载体的会展建筑形态——会展综合体的建设依然是无法替代的实体;第二,线上载体(包括政府和各级机构搭建的)、网上会展、各种会展直播,还有各种新互联网技术下的无法预判的区块链大数据应用,将会越来越活跃于虚拟会展平台中,本章主要讨论线下会展平台的相关内容。

会展建筑是会展发展史上既能为会展活动提供一个支撑的平台,又是一个公共的城市空间,会展建筑在整个会展产业的生态链中起着至关重要的作用。改革开放 40 多年里,高速发展的经济为我国会展业的快速成长提供了优质的土壤,但在发展会展业和建设会展场馆的过程中出现了很多问题,例如,会展建筑功能单一、体量小、规划缺乏科学性、长远性等。我们追溯会展业及场馆建设的历程,探求场馆建设中存在的规律和共性问题,希望能为中小城市会展新场馆建设和规划提供和可借鉴的模式。

一、会展建筑的功能价值

会展建筑是城市用来举办展览、会议、演艺活动、节庆活动的重要平台。会展建筑因为其体量规模宏大,成为优化城市空间、提升城市品牌知名度、增加城市互动的重要工具。其价值和意义不光体现在产业链本身的价值,还作为城市的准公共产品,可为城市建设、产业发展、资源整合、城市品牌提升发挥无可替代的效用。其价值和意义体现在以下四个方面。

(一)市场"看得见的手"

以会展建筑为中心的综合体由于其特殊的城市公共功能属性(中小城市中一般会有唯一性),故而在复杂的城市经济运行体制中客观地起到调节产业发展、调控市场行为的作用,是一座城市复杂经济市场里的一双"看得见的手"。通过产业聚集，它将产业的上下游供应商串联起来，达到经济效益最大化，同时使得市场的需求和供给达到平衡状态。

（二）综合性、多功能公共平台

当代会展建筑的建设都趋向于大体量、灵活、多功能、配套齐，中小城市则更多趋向于以会展综合体的形式呈现在公众视野。因此，会展场馆作为城市的公共空间，其灵活组合、设施设备健全、功能多样的特性使得会展建筑成为城市举办各类活动的不二之选。

（三）城市宣传之窗，摩登地标

一方面，会展建筑凭借宏大的规模、独特的外形、先进的设施成为一个城市的地标性建筑，与周边建筑的色彩、尺度、形式、风格进行有机搭配，形成城市空间艺术，增强城市的空间意象，会展建筑由此成为城市的宣传窗口，提升城市知名度。另一方面，会展建筑往往建在风景优美、自然条件优越的地方，因此也成为城市的旅游资源，进一步为城市发展旅游业增光添彩！例如，我国的国家会议中心、国家会展中心（上海）、昆明滇池国际会展中心都已经成为城市的重要旅游景点。

（四）城市辐射中心

由于会展建筑和会展产业的特性，其辐射力会影响城市整体空间、功能布局上的划分，能增强城市基础建设、完善城市配套设施，城市服务的各个行业，例如，酒店、商务、交通、旅游、娱乐等行业都将受益。以会展综合体为中心的庞大的会展产业服务圈，可带动周边地域的商业价值，优化城市建设框架。

二、会展业发展历程回溯

（一）集市贸易——萌芽阶段

展览会发展最早起源于中世纪的欧洲，由于产品交易的需求，当地出现了简易的露天交易市场。这种交易市场的时间不固定，针对的人群不固定，交易的商品也不固定。

（二）商品和资本的交易——雏形阶段

进入新的历史时期，人们从贸易集市跨越到了会展业的雏形阶段。世界各国的发展进程虽然各有不同，但是发展的方向都大致相同，随着商品贸易市场的不断扩大,市场开始举办大型的超越集市意义的展览会。其中,欧洲的社会经贸活动将展览会带入了正轨。例如,公元 710 年,法国北部的圣丹妮举办过大型的展览会,当时参展商多达 700 余家。展览会成了区域内各国产品交易和资本交易的重要形式,并逐渐形成固定的举办时期,规模逐步扩大,展览活动正式演变为展览业。在这之后,德国的法兰克福与莱比锡逐步成为当时较大的展览城市。

(三)样品展览会——形成阶段

经过长时间的发展,欧洲的许多大城市都已经成了大型的展览城市,其展览业已经将城市贸易发展带入了形成阶段。展览会是欧洲工业革命的产物,1851 年,欧洲诞生了第一个国际博览会——万国工业博览会(世博会的前身)。在工业革命之后,生产力、交通方式都获得了巨大的解放,传统的直接交易的方式已经无法满足当时的贸易量和经济发展需求,展览的形式也从当面交易开始转变为纯粹的样品展示,具有代表性的就是,1895 年莱比锡举办的世界上第一个样品展览会,它的出现革新了现代展览的展出形式,使欧洲成为现代展览业的发祥地。

此后,欧洲国家和北美国家大力发展展览业,各国都寻求建立自身的特色,在展会的题材和展出的方式等方面都有了侧重点,由于工业革命,生产工具成了展览的重点。发展势头较为迅猛的城市当属德国法兰克福、慕尼黑、纽伦堡等。经历了近一个半世纪的发展,展览业形成了以欧洲国家和美国为龙头,以亚太地区为强大新生力量的全球化产业,拥有了全球性的行业组织——国际展览局和国际展览业协会。

(四)现代化会展活动——发展阶段

到了现代,展览会的发展又进入了新的格局。随着当代各国商贸联系的日益紧密性、信息传播的逐渐快捷、互联网带来的便捷性不断提升,展览业的发展依托互联网平台以及当下的资源进入高速发展阶段。与此同时,各国之间的展览业竞争越来越激烈。会展业逐渐成了综合性产业的公共资源平台,其发展进入了以高质量、快节奏、超大规模为特点的发展阶段。会展建筑的设计逐渐成了一个城市的标志,会展综合体的建筑形式越来越受业界的追捧,会展活动逐渐形成了会展自身的产业链,会展业作为独立的产业进入了全面发展的阶段。

三、中国会展建筑的演化

我国真正意义上称得上拥有会展建筑的时期应当是新中国成立以后,这种观点也得到了很多会展业界专家的认可。

（一）新中国成立之初——单馆式会展建筑

新中国成立之初，随着国内贸易逐渐恢复，新中国又与苏联关系较好，国内开始效仿苏联建设了一批现代化的场馆，如中苏友好馆、上海中苏友好大厦、北京苏联展览馆、广州中国出口商品陈列馆以及武汉展览馆。在此之后，中国国内的一些省级城市以及副省级城市都开始纷纷建设场馆，如浙江展览馆、四川展览馆、北京的全国农业展览馆。这些展览馆都显示了当时我国会展建筑的建造水平，也代表了国家的经济发展水平。

这一阶段的会展建筑虽然已经代表了当时最高的建筑水平，但是还是呈现出小规模、不科学、欠规划的问题。从规模上来看，这一时期的会展建筑面积大多在1万平方米—3万平方米，无法承办大规模的展会，且功能单一，只能满足展览的基本功能。随着国民经济发展，其赋能城市和产业的作用慢慢丧失。

（二）20世纪90年代后——多馆式会展建筑

改革开放以后，国内与国际的贸易量不断扩大，老的场馆逐渐呈现出问题，为满足需求，第二代多馆式场馆开始修建。例如，北京的中国国际展览中心（朝阳馆）、扩建的中国出口交易会展览馆、上海国际展览中心、浙江世界贸易中心。这一时期国内的会展建筑建造从特大级城市、一线城市转向其他的二线、三线城市。此阶段，比较中型的城市会展场馆面积控制在5万平方米—10万平方米。

会展场馆在全国呈现出遍地开花的态势，会展场馆的功能也开始丰富起来，如与展览配套的会议、酒店住宿、办公的多元化附属功能，还出现了全新的设施设备。但国内大型专业行业展览以及国际性展览的需求还无法彻底满足。

（三）21世纪初——现代化会展综合体

21世纪初，我国会展建筑进入全面发展和赶超国际一流场馆的黄金时期。伴随中国整体经济的腾飞，我国开始进入真正意义上的会展综合体时代。我国当前已建成国家会展中心（上海）、中国国际展览中心（顺义馆）、中国西部国际博览城、成都世纪城新国际会展中心、青岛世界博览城、昆明滇池国际会展中心等现代化会展综合体。同时，在建的场馆（截至2020年）无论从区域上、功能上、规模上、科学性上，都走在了展览业的前列，如在建的西安丝路国际展览中心、济南绿地国际博览城会展中心、深圳国际会展中心、厦门新会展中心、南京溧水空港会展小镇、郑州绿地会展城，这些新建的场馆面积都在20万平方米—51万平方米。

这一时期的会展综合体具有国际性、超大性、多功能性、综合性的特点，除展览、酒店、会议等基本功能外，还具有演艺、体育、赛事的附属功能，也是城市的地标性建筑，充分展现了城市的综合实力。我国当代的会展建筑均与国际设计团队合作设计建造，投资巨大、规模宏大、设备先进、功能多样。这些场馆是我国会展业的中流砥柱，掀开了我国会展建筑的新篇章，预示着我国会展建筑接轨国际一流场馆，建筑水平甚至超越德国、英国、法国、美国等发达国家的展览建筑水平。

四、会展平台的模式发展

一线、二线大型城市会展平台趋向大型甚至特大型规模的专业展馆。由于规模宏大，内部配套功能相当完备，功能和服务一应俱全，与城市的发展水平相匹配，大多展馆是政府直接投资或者大型国企投资建设，完整地体现了会展的公共产品特性，属于城市特殊形态的“基础设施”，例如，国家展览中心（上海）连续承办了几届中国国际进口博览会。

政府与大型央企、国企合作，以商业形式开发大规模的会展城项目，带动整个区域新区的发展。例如，青岛世界博览城项目带动了青岛黄岛区的开发。

会展综合体模式是适合中小城市特性的，中小城市在不断发展的过程中，需要与城市经济和产业融合相匹配的会展平台来实现会展业的飞越式发展。由于会展活动的特性，其间有大规模的人流，会展建筑的运行将给城市交通带来巨大压力，其可扩容量也无法满足会展业高速增长的速度，场馆开始慢慢退出城市中心规划区域，转而向城市的外围扩张，会展建筑的扩张与城市的扩张几乎是同步的。在此阶段，会展建筑的选址开始向城市的近郊区推进，近郊选址的优势来自用地成本低，会展建筑变量的可增量大，设计灵活，不必受到拘束，随着交通出行方式的变革，其距离并不会影响展会客商的参展意向，也不会影响专业观众的观展兴趣。下一阶段，贸易量不断膨胀，随着互联网的发展及交通方式的变革，城市规划逐渐从近郊发展转向围绕航、港、站打造新的城市新区——高铁新城、空港新区、临空新城，政府对城市的总规应考虑到会展对于新区、新城、新港的重要性，所以在打造这些城市新区的同时，开始在新区内规划新的会展综合体。这个阶段的会展建筑功能更加多样、集聚，将新城所需的新功能进行有机集成，新区的会展建筑将成为城市的裂变中心，周围的产业、市场、贸易都将围绕此中心进行裂变、聚变。

例如，南充国际会展中心的建设就是按照市委建设“城市门户新高地”的工作要求，提升新城品质和形象，直接带动新城快速发展。又如，融创中国和成都环球会展共同投资溧阳的中国曹山未来城国际会议会展中心暨水乡小镇项目。该项目分两期开发，一期打造特色水乡小镇和以国际会议综合体“环球中心”为主的生态健康智慧新城，二期打造温泉小镇及酒店核心区。

综上所述，追溯会展建筑的发展历史，展望会展建筑的发展趋势，未来会展业的发展必将依托现有会展建筑以及在建会展建筑的硬件基础。特别是中小城市会展业的发展必将依托会展建筑科学、合理、长远、精密的策划和设计，且会展建筑的建设应该更多地从会展建筑实践运营的角度出发，实现建、投、运无缝衔接。会展建筑的策划、设计、建造乃是会展业发展过程中永恒的课题——会展建筑综合体的研究。

第二节 会展综合体的策划、规划、设计(功能)

一、会展综合体的由来概述

有关城市建筑综合体的话题早在十多年前就已被人们广泛关注，现实中由于城市建设的飞速发展，特别是一线、二线城市，这一建筑群的存在形态功能更加多样化，规模也在不断向新的数量级挑战，至此这些实践反过来丰富了人们对城市建筑综合体的再认识、再提升。城市综合体就是指在拥有更多城市特性和城市公共空间的同时，各组成功能之间存在相互协调、共生互补关系的建筑综合体。不同性质、不同用途的社会生活空间组合，诸如居住、办公、酒店、购物、文娱、游憩、商业、交通(英文缩写 HOPSCA)等，不仅产生了叠加的物理反应，还产生了协同作用和多样性的化学反应，为其整体的高效管理乃至城市整体的可持续发展提供了可能。例如，万达广场、宝龙广场这些国内知名开发商在各个城市建设运营的城市综合体。

会展综合体严格意义上应该叫城市会展建筑综合体(简称会展综合体)，它与一般城市建筑综合体的主要区别在于，被赋予了会展概念，增加了会展功能，明确了会展主题。综合体的内容和功能更加多样、更加丰富、更加复杂，也更有价值，对城市、政府、产业、发展商策划、实施、建设会展综合体提出了更高的要求。

笔者认为自改革开放以来，从我国以展览贸易为主要场馆的“贸易中心”“会展中心”，到广交会在中国的历年升级和持续发展都证明了会展综合体的发展历程。近些年，这些会展场馆已经从无意识或者意识不强慢慢转变成主动、积极的意识，分别按照各自的职能在前期战略制定层面上下功夫。政府、城市、产业以及会展专家都提出、认同会展综合体概念，并进行实践运营。大到新投用的位于上海虹桥商务区的中国博览会会展综合体，动辄就是几百万平方米的建筑群；小到像武义会展中心规划的 10 万平方米的小型会展综合体，都证明会展建筑与城市建筑综合体,通过城市公共空间的引入把两者分散的空间综合地组织在一起,能在各自的城市颜值担当和城市产业经济担当中发挥会展业应有的作用。

纵观中国,放眼世界,在笔者看来,如果说在一线、二线(国际化)大城市人们已经无法分清是城市的政治、经济、丰富的社会资源成就了会展业,还是会展业引领和推动了城市发展,那么在中小城市会展业一定要一路先行,推动城市发展将成为必然。例如,博鳌亚洲论坛成就了琼海博鳌,使其举世闻名;又如,世界互联网大会成就了桐乡乌镇。中国的中小城市数量很多,与一线、二线城市比较起来,优势不明显,但依靠会展业这个城市经济发动机、城市发展引擎,根据城市和政府各自定位,发展会展业仍不失为一条中小城市发展之路。会展综合体是会展业大显身手的舞台,为此,笔者以自己多年来的实践作为探索的起点,漫谈关于会展综合体策划、规划设计以及建设模式的浅见。

二、会展综合体的策划要素

会展综合体作为城市发展会展业的重要有形载体,是一个实体工程,也是与城市经营、政府政策、地域文化等要素有着深厚、广泛逻辑关系的系统工程。它既包含了会展产业本身的公共性,又有一般城市综合体的本身各功能之间的协同互助性和经营业态的复杂性,通过策划超前、规划前瞻、设计新潮、建设实用、运行生态的指导思想,运用“会展业是一个城市经济的膨胀剂、空间规划的添加剂、特色产业的兴奋剂、文旅传递的黏合剂、人文塑造的柔和剂”的逻辑,使一座城市的会展综合体从策划开始就融入城市的灵魂。

(一) 需考虑城市经济逻辑

会展业是高质量发展阶段城市经济的膨胀剂,研究表明会展业仅对城市经济带动这一项就达到了 1∶9 的高比例,作为会展业发展载体的会展场馆(会展综合体)策划必须考虑与城市经济发展的逻辑关系:

(1) 公共性。

会展场馆(会展综合体)的大投资、低回报与会展业对城市经济高回报之间的矛盾只有政府才能找出平衡点。根据不完全统计,我国 95%以上的规模会展场馆由政府公共财政通过不同的形式投资建设并拥有,会展综合体是城市会展的最重要基础设施,是一种社会的(准)公共产品。

(2) 互动性。

会展综合体策划、落地、深耕城市的前提是必须由城市经济的良好状态提供财力保证和实际内因动力。中国改革开放 40 多年来的经济高速发展史其实也是一部会展综合体从小到大、从单一功能的展览中心到规模空前,以会展中心为核心主功能的大型会展综合体演进的会展业发展史,反之,中小城市经济增长必定催生会展产业(包括会展综合体)的同步发展。

(3) 增益性。

会展综合体由于规模大,围绕着会展场馆主体功能要求配套全,子功能要求多样性、互动性强,各种业态布局恰当,因此会展综合体项目一旦策划落地成功,将给所在区域周边带来更多的土地财政红利,符合城市宏观经济的效用逻辑。如中铁集团投资建设的青岛世界博览城。

(4) 创新性。

会展综合体在策划起始必须站在“新会展经济时代”的高度,无论在策划定位主、子功能配置比例,种类的经济性方面,还是协同城市已拥有的城市配套设施方面,都应以创新思维优化规划设计、选用建材、运行设备设施、实施建设等,同时,在会展组织、运营管理手段策划上也应符合新生态(绿色会展、会展标准化)、新经济(城市经济个性、城市文化特质)、新会展(智慧会展、跨界融合)的城市新经济特质。

(二) 应符合区域规划逻辑

会展综合体项目是城市一项重大工程,因此策划项目时应符合城市所在区位的大交通、都市圈,以及城市自身规划的基本原则。

首先,应符合国家宏观区域规划要求。中小城市更应当分析自身区位,在区域发展中充分挖掘自身特点、优势。譬如长三角的城市与中西部地区的城市从宏观规划上来讲还是有较大区别和各自特点的。

其次,应当符合城市自身总体规划要求。包括与区域位置(功能辐射范围)、城市公共配套的相关设施,诸如文体场馆、城市展厅、专业或者产业特色的市场、商业购物中心、大型酒店,甚至旅游景点等基础配套的相容性、互补性是否得当;交通组织以及客商来访、物流货物进出是否方便;与进出城的高速、高铁、机场、汽运公交是否便利,等等,都是应该考虑到的。

再次,应当符合项目自身特性规划要求。会展活动的特点决定了展期瞬间人流、物流、信息流集中与疏散要求,因此在会展综合体整个项目规划布局时,必须充分论证交通组织、疏散通道要素。会展场馆与综合体其他功能建筑的平面布局区位要有相对独立的空间概念,同时又要使配套主、子功能之间互相提供方便、互惠互利,在使用功能上统一成有机的整体。

最后,应创造条件促进城市规划提升。特别是中小城市,通过会展综合体项目的落地,使之成为会展业发展的新起点的同时,更应当将其作为城市高质量发展的重要抓手,因此策划论证会展综合体项目的实施时,可以将其视为新区、开发区等城市新区域的首开“造城项目”“引爆项目”。

（三）要集合配套功能逻辑

从狭义上讲,城市配套设施包括文化体育服务设施、人才交流中心、城市展厅、旅游集散中心、科技馆、专业市场,甚至旅游景点(资源共享,功能多样)等;从广义上来讲,主题功能所包含的建筑都是会展配套设施的一种表现形态。

例如,临沂国际博览中心,其总建筑面积约 9.5 万平方米,地上面积约 4.1 万平方米,地下面积约 5.4 万平方米,室外广场面积 5740 平方米。临沂国际博览中心是高科技与智能化完美结合的现代建筑,兼备举办展览、会议、商务交流活动、大型庆典的功能,会议室、多功能厅、星际酒店等各种配套设施齐全,是目前临沂地区最完善的会展综合体。它地处临沂西部商区、物流聚集区,周边有各类专业批发市场 100 多处,商贸发达,高速公路网四通八达,交通便利,是符合会展中心与专业市场、物流集散等城市主题配套功能逻辑的代表作品。

较大规模的会展综合体可以用“会展商圈”的概念来区分主功能和子功能。而中小城市以“核心业务圈层”为主,也就是会展场馆的建筑群,可举办会议、展览、节庆、演出、赛事、商业营销等各类会展活动。

具体建议:会展综合体只是城市建筑综合体的一种,所以其核心属性归根结底还是会展功能及其附属功能的载体。策划阶段可根据城市规模、经济和文化体育产业等特点,赋予会展综合体内外的基础功能,或者之上的城市主题功能,以丰富会展内容。

(1) 中型城市可以单独规划建设城市功能建筑,譬如,体育场馆、文化广场剧院、城市展厅、旅游集散中心等配套会展综合体,从而达到主题功能与会展场馆的有机统一。

(2) 小型城市可以围绕综合体,在综合体内体外融入其他类似的上述某一或者某几个城市功能,着重考虑会展场馆及周围基地。

（四）能促进产业会展逻辑

会展业的出现源于城市产业的需求内动力,至今,产、城“大会展”的发展趋势锐不可当,会展业本身业已走在产业化、专业化的路上,依托产业、服务产业、提升产业是会展业的使命,是会展业的经济逻辑。宁波国际服装节、浙洽会及中国国际日用消费品博览会推动了宁波国际会展中心的诞生,同时会展中心也依托服装相关产业,提升了这些消费品相关产业的品质,同时还派生出中东欧产品博览会。海宁会展也大大促进并提升了皮革产业的发展,嵊州会展与领带产业,以及橱柜五金产业的互动造就了这些产业的升级换代。

(1) 依托产业。会展是依托产业发展阶段的需求而生的。城市经济本质上是产业经济,会展又是城市经济的引擎和发动机,是城市产业发展过程中的必然产物。所以会展是城市的会展,会展也是产业自身的会展。

(2) 服务产业。会展综合体作为一个服务城市产业经济的线下平台,提供公共和准公共服务,同时通过这个平台展示整个产业的全貌,达到长远持续的经济发展目的。

(3) 提升产业。通过产业互动,例如,产业高峰论坛、专业展览会、交易会等,拉动产业升级换代。专家科研机构的集中对接会,市场营销的直接面对会,品牌形象的专业、直观的展示会,使产业有一个螺旋上升式的提高,为产业提升做出应有的贡献。

(五) 可塑造文旅载体逻辑

集“会、展、节、赛、演”于一体的会展场馆功能是业界广泛认同的会展的基础表现形态,特别是在中小城市,“一馆多能”是最行之有效的会展业载体,以及城市的对外展示窗口及舞台。因此,会展场馆在策划构想之时就须协同会展综合体其他子功能,融入会展综合体,作为文旅思想的逻辑载体。近些年我国中小城市,特别是经济相对发达的沿海地区和一般地级市都掀起了一股建会展中心热潮,足以说明中小城市对发展会展业的需求之旺盛和迫切。但由于资源和城市本身经济区位等原因,中小城市与一线、二线经济较发达城市相比,它们没有实力建设和运营规模较大的、相对功能单一的专业场馆,市场的需求也没有一线、二线城市那么大,需要找出适合中小城市特点的方式来规划建设会展场馆。不能单纯地将其规划建设成一个简单的会展中心或者牵强的会展综合体,为建而建,还应该充分考虑和调研能够有机地结合城市的社会文化,以及民生关心、来宾开心的文旅活动,使大家有盼望感、参与感、获得感。同时提高会展展馆本身在闲时的利用率,使效能最大化。青岛国际啤酒节、大连国际服装节这些年发展起来的大型综合会展活动嘉年华,不仅仅是主题会展业的具体表现,更是政府指导下的全民狂欢节的杰出代表,会展媒介、载体也为青岛、大连向全国乃至全世界推广“文、商、旅”而做出了应有的贡献。

(1) 会议功能:核心主功能会展场馆的两端及四面应根据建筑平面布局在二层及以上设置必要的会议设施,如果布局合适,则可通过有机方式与配套子功能的酒店会议设施实现互动、互补、互助,在会议功能及实施管理上趋同。

(2) 展览功能:单个场馆面积1万平方米—1.2万平方米为好,至少保证一个会展场馆的大空间专业展览功能,其他的场馆可以按城市实际需求情况进行二期规划,或者与非标展馆和其他功能互补利用,譬如,有柱建筑群的裙房设计要考虑将展览功能作为补充,会展场馆的数量和总面积主要看未来城市若干年的会展发展规划目标,所以具体还是要因地制宜。规划建设会展综合体应与城市政治、经济、人文相匹配。

(3) 节庆功能:馆内外的功能以及建筑布局、设施应满足节庆活动的需要,譬如,厨房配餐设施,要集中考虑与配套酒店联动的通道和容量。

(4) 赛事功能:展馆可以作为企事业单位在休闲时举办各种合适赛事的场馆和临时运动馆,也可以考虑适当增加投入,从而作为满足政府需求的城市特色或者专业赛事场馆。当然,由于会展场馆的天然优势,社会需求的各种大型活动应当在策划之列,这是会展场馆产品的自然属性,也更有利于活动开展。会展综合体的子功能能更好地满足一般场所所拥有的配套资源,这反过来就丰富了这些活动开展的多样性、需求的全面性。

(5) 演出功能:演出功能相较展馆功能有一些新的要求,适度配置原生灯光也是必要的,舞台设置和音响可以结合展览本身的需求来决定,不属于必配项。现在的演出公司大多可以进场全套租用,当然更重要的是,隔音要求要在材料选用和成本投入方面做必要性和性价比考量,譬如空调是否配置,或者如果这些配置对其他功能和空间有所影响也是需要论证的。

三、会展综合体的规划设计

既然会展综合体是新生态、新经济、新会展背景下的自然产物,在中小城市,这种会展主题功能建筑以综合体的身份、形式立足于城市尤为必要,那么在规划、设计会展综合体的阶段就应当不遗余力研究这一关注点——它有别于一般城市综合体。

1. 基地规划要点

依据规划设计,如有分期建设,则应当一次规划、分期实施,报请政府相关部门审批同意后再进入实施阶段。

(1) 确定选址及基地红线。选址是会展综合体开发建设的开始,所以政府应当站在前沿的高度协同投资运营商在策划的前期组织多方,特别是会展行业的专家进行调研、论证。

(2) 确定建设规模。确定各项用地指标,例如,用地面积、总建筑面积、容积率、绿化率、建筑物限高、立面要求、是否配建其他公共建筑等。

(3) 确定主功能和子功能的配置品种,包括但不限于主功能和子功能单体设计要点中提及的比例以及相互关系,各功能的具体业态分布预策划、预设计、预招商。要考虑会展综合体与周边地块的功能关系要求，以免功能重复或者规模重叠、失调，导致市场无法消化。

(4) 确定总平面规划布局，主功能、子功能区位以及各功能之间如何相互融合。例如，区内交通组织、设施配置、相关联功能之间的通道、共享设计如何更好地融合，如何与区外交通功能、配套功能更好地衔接。

(5) 确定主功能和子功能单体的规模、建筑形态、功能特点，以及在投资开发商及营销、经营团队提前介入下确定招租、销售的产品范围。

2. 主功能、子功能单体设计要点

主功能、子功能单体设计要点如下。

(1) 会展场馆——主功能。

①空间：展厅设计参数。单馆面积1万平方米—1.2万平方米为宜，专业展厅长宽高为150米×75米×16米（高是指室内净高）被业界认为是最合适尺寸，有柱非标准展厅希望净高也不低于9米；货口设置位置方便货车进出流程顺畅，或者场地允许卸货后具备倒车离场功能而不影响其他作业的要求；人流进出口不与货物进出口太近，需满足进出馆的安全管理、应急疏散、专业数据统计等要求；专业展厅希望是无柱展厅，有柱非标准展厅柱网的布局纵横都以标准展具（3米×3米）的模数为佳；顶上吊点设计是为了满足悬挂广告设置、室内会标以及其他需要悬挂的相关设备设施所需，所以吊点设计应当从结构受力处考虑比较合适，一般受力荷载要求不低于200千克每点为宜。

②地面。室内展厅地面承重适宜做重型机械类展会的地面设计，承载应当在室内不低于5吨每平方米、室外不低于10吨每平方米为宜，一般用展厅设计承载0.3吨—0.5吨每平方米；室外广场（兼作室外临时展场）除满足广场设计建筑结构等常规功能外，还需满足室内展场相应的设计承载，同时应当提前考虑临时展馆搭设时的地面固定点设置，按受力设计进行预埋。为满足展览配套所需的用水、用电、用气、智能化网线等需求，建议设计地沟，将管线结合窨井的设置预留于地沟，排水功能设置也要经过专业的设计，使临时展馆顶排水和临时展馆以外的广场排水有序排放。

③立面。外立面，会展场馆面向的是城市经济市场和大众，故而为体现其商业性，在设计大面积建筑外立面的时候，固定广告位设置和会标、横幅、竖幅的固定设施的设置是必须体现专业性要求的，所以外墙材料的选择至少要满足这些功能；外墙的窗户设置除主要满足通风、自然采光（有些设计是顶部采光和通风）要求外，不宜数量过多，否则开启维修都将成为负担；内墙面如果是“一馆多用”，则需要具有吸音功能和其他活动所需的设施。

④顶面。屋顶材料及结构形式为无柱大空间的话，一般采用网架结构，要结合 Logo 安装的位置设计，当然还有附着建筑上的广告位；净高、限高以及标志应当明确且明显。通风、采光如果设置在顶上，就需要考虑防水、开启、维修、采光带遮光的设置；顶上吊点设计是为了悬挂广告、室内会标以及其他需要悬挂的相关设备设施，所以吊点设计应当在结构受力横梁所在位置比较合适，一般的大空间桁架结构的受力点难以承受这种荷载。

⑤侧面处理。展厅两侧可以根据展厅的自然高度设置局部两至四层的辅助用房，用于馆内配套用房，例如，洗手间、配电间、机房、工具间、中小会议室（有条件的可与酒店、写字楼的会议设施连廊或者裙房联通起来进行集约管理）、办公室、临时管理用房等。

⑥停车场。室外停车结合室外广场以及展期物流所需货车停车；室内停车设置地下停车场，以满足展期瞬间大流量所需，结合整个综合体按区域停车、能分能合，并在满足设计规范的前提下划定分区和权属（局部两层、区域单体之间全部打通）；城市功能停车应互补，当会展综合体内外特别是外围如有类似体育场馆、文化广场剧院、科技馆、城市展厅、博物馆、艺术馆等设施时，停车场是展期最好的补充。

(2) 会展型酒店——子功能。

①定位。

配套相对中、低档级别就可以，满足一般嘉宾、会议接待、特殊接待和高端宾客接待，利用城市原有资源酒店即可，同时在综合体内商业街、酒店公寓或者写字楼的裙楼适度布置快捷商务宾馆、旅店，满足一线工人和业务员住宿，总之，要满足各层次客人的需求。

②酒店功能设置。

会议：

最好与会展场馆中配置的（如果有）会议设施能相互利用，产生互动，规划布局时靠近会展场馆侧边，条件允许时可在设计上考虑连廊或者建筑结构功能一体化，这是比较理想的。

宴会厅：

由于中小城市会展综合体的特殊性，前文已经阐述理想的会展场馆能做到“一馆多用”，所以为满足节庆活动的需求，可在酒店宴会厅、餐厅、后厨等区域做好配餐送餐、餐具运送通道的联通等。

(3) 商业配套——子功能。

会展综合体商业配套不仅要满足会展期瞬间大流量的人流、物流、信息流的服务需求，还需要思考和布局非展期的商业业态，因此，商业配套要点如下。

商业街造街，规划阶段应明确商业街的定位，应根据商业街一般特性进行主题设计、业态设计，譬如设计会展主题街以满足综合体内社群生活、工作、展会需求，也可以将其作为城市商业休闲街区的一大亮点。此外，策划和规划初期，应充分考虑各子功能中设计的可以做分隔的裙房，利用裙房围合自然形成商业街区以满足综合体及周边社群的配套需求（二楼、三楼可根据可行性设计连廊形成人流环线）。

(4) 会展文创楼与会展创意人才公寓——子功能。

①文创楼。

根据会展产业链特点在楼里设置产业上下游，在相对集中的区域，譬如，会展节赛演组织类、会展工程设计搭建类、广告类、会展文创产品类、创意策划与艺术类、人才培训类、文化旅游类、互联网研发类、金融服务类等相应的服务机构入驻，结合政府会展业产业扶持政策，做成城市会展特色主题的楼宇。

②会展人才公寓。

为会展人才提供有前提条件优惠的购房政策和价格，是扶持会展业发展的重要举措，套型设计应根据城市特点，以中小户型为主。

(5) 会展社区住宅——子功能。

会展社区住宅这一子功能的商业开发将是资金平衡的重要来源。在整体规划、平面布局、立面处理、社区小品景观绿化、Logo 设计、进出口门楼、社区服务等方面都要彰显会展主题社区的特点，将会展文化植入社区的各个角落，从而在"颜值"上有别于其他社区。在城市经营上给会展社区住宅的居民和城市居民根植会展意识。会展社区住宅作为城市的一个地标启发着人们，让人感觉"会展"无处不在，让会展社区居民和城市其他居民不由自主地参与到用会展经营城市的行动中来。

(6) 与城市主题功能的公建互动和配置——子功能。

在策划和规划中，根据需要做功能及建筑风格的融合。体内主题功能的进出口标志也应当与会展场馆和综合体一样具有可识别性。体外（专业市场、城市展厅、科技馆、文体设施等）与综合体不管投资主体是否相同，公共设施配套，如停车、交通等都能一并考虑，甚至在经营活动中，场地设施都可以共通共用，以满足更大规模的会展活动（有些小型城市专业市场、文体设施、科技馆、城市展厅本来就是作为大型活动场所的）。[①]

① 注：会展综合体作为公共产品和准公共产品，在产权和管线布置和计量上必须考虑可相对分隔和独立计量管理的问题。所以从个人持有、企业持有、政府持有的产权属性出发，在建筑单体、附属设备遵循共享原则基础上，能分则分，不能分的则应设单独计量。

3. 规划设计之效用

通过解析会展综合体规划设计要点，它区别于一般城市综合体的原因：一是，要求研究、思考、实施的团队均具备会展专业理论知识；二是，更需要复合型的知识结构，只有对会展业，会展综合体，会展场馆的规划、建设、营销、运营管理全产业链具有实践经验和探索精神，才能打造达到标准的会展综合体，例如，吉安市围绕高铁新区新建的综合体很具有代表性。

吉安高铁新区核心区会展中心：占地面积 62.16 亩，建筑面积 7.0 万平方米，总投资约 10 亿元，按照“三馆合一”主体功能布局展览馆、艺术馆和会议馆。其作为策应高铁开通的配套项目，“五指峰三中心”将遵循“产城一体”的理念，“五指峰”包括科创中心、总部经济大楼、星级酒店、人才公寓、商务写字楼。其中，科创中心建筑高度 197 米，左右两侧建筑依序排列构筑“城市之门”。“三中心”包括会展中心、游乐中心、商贸中心。

(1) 专业。基于城市大数据定位的综合体规模适当，主功能、子功能配比恰当，各功能单体既能满足综合体内配套融合的需求，又能依靠自身专业水准获得市场。够用好用，最能体现专业。

(2) 共享。充分考虑城市资源（如土地、配套公建等其他社会资源）的高效利用，打通单体建筑之间、单体专业功能之间的物理分隔，提高使用率，通过有效运行得到资源共享。在单体建筑布局和业态招商时，共享还需考虑展时与闲时的协调、白天与晚上的均衡、内商与外商的互动。

(3) 融合。单体个性与综合体整体气质和功能共性有机地组织在一起。各主功能和子功能之间是相互需求、互为配套的。各单体之间在平面布局、交通人流等方面需和谐共处，不能生搬硬套。因为单体业态不同，所以在规划、设计中要考虑快与慢、闹与静、公众与私密等之间的关系。

(4) 生态。遵循会展业及其上下游关联产业链是城市经济引擎和发动机这一理论依据，将会展综合体打造成为第三产业的集中营、创意智慧产业乐土、绿色经济的沃土、生态 GDP 的摇篮。同时在建设工程中，要将建筑结构和设备设施追求实用而不奢华作为出发点。

(5) 智能。拥抱变化，认清新经济、新会展的新趋势，无论是 B2B、B2C、B2G、O2O 还是未来其他商业模式的出现，在整体规划和建筑单体设计中超前考虑智能化营运与管理理念的植入，提前使政府主管部门、投资主体、运营商、互联网软件供应商等介入规划、设计阶段，为未来会展综合体跟上会展经济发展留出相应的空间（另详见会展综合体的设备设施相关章节）。

第三节　会展综合体的建设

政府及相关部门经过前期调研，与企业的多轮谈判，沟通信息，商定基本方案以后，即进入土地招拍挂的程序，此时，对基本的会展综合体建设模式也应该同时达成共识。由于会展综合体中包含会展场馆可能配置的主题城市公建、市场化商业开发的各种商品房等，这就直接影响招拍挂土地取得条件的平衡，纵观近些年的会展业发展和会展综合体在国内多个城市的实践，我们在会展综合体建设模式的主要方式上做了以下探索。

一、从投资主体上分析

（一）由政府直接投资

政府通过国资委直接成立独立的公司或者委托相关国有企业集团（例如城投公司等）作为主体进行会展综合体的摘地、开发、建设、运行。按照出让土地取得的条件进行功能规划设计，满足会展要求的主功能及必需的配套部分，从而实现作为城市会展平台的主要公共产品特性功能，其他子功能则可以参照房地产开发的方式进行市场化操作，以求达到整体项目内的全部或者部分运作资金的平衡。这种投资方式的有利点在于投资运行一体化，有利于满足政府对会展产业的全局把控，真正起到政府的一只“看得见的手”的作用。不利点在于市场化的程度相对比较弱，容易造成政企不分、行政意味较浓，特别是对开发运行成本的控制，核算时由于机制和参照的对象不同而变得更加不敏感。

例如，西安曲江国际会展中心是西安市人民政府、西安市商贸委共同投资建设的，位于西安市雁塔区汇新路与会展东路东北角的一个会展中心。该会展中心配备了酒店、商务写字楼、餐饮、康体及体验中心等，是西安会展经济示范园区。西安曲江国际会展中心总投资 2.3 亿元，占地面积 13 万平方米，室内展览面积 26000 平方米，可设置国际标准展位 1200 个—1400 个。整个展馆共分为 4 层（地上 3 层、地下 1 层）。一层展区展览面积 10600 平方米，可分隔为 3 个独立展厅，一层中央厅 4700 平方米，净高度 20 米。西安曲江国际会展中心建设的室外广场占地面积 80000 平方米，有可容纳 300 辆汽车的停车场、城市绿化带和大型雾状喷泉，以及别具一格的照明设施。

（二）由政府与央企、国企集团合资成立独立公司作为主体进行投资开发

会展中心主功能及其高黏性的配套功能（例如，酒店及其他按照规划需要配置的城市公建）作为可单独划分的产权，其经营既可以由合资公司共享权益共担风险，还可以把这部分独立产权按约定的要求完成建设后直接移交给政府，其后续运行方式由政府自行决定。其他子功能的商业性开发按约定既可以合资经营，也可以更灵活地由参与合资的央企、国企集团按约定所拥有的独立开发运营权。这种投资方式的有利点在于既满足政府支持会展平台功能的公共产品（或准公共产品）特性的话语权，又让央企、国企集团利用土地资源，通过充分市场化的商业开发、运作，降低政府会展平台的投资运营成本。青岛世界博览城会展展馆部分就是中铁集团与黄岛区政府共同拥有产权，而其他地块项目均由中铁集团自主开发建设。

（三）由政府与民企集团合作，合作的方式参照与央企、国企集团合作

这种投资方式的有利点在于进一步直接减轻政府的各种负担，也更能激发民企的潜在能力，促使政府的规范控盘与民企的灵活机制完美结合。

以成都世纪城新国际会展中心为例。成都世纪城会展集团有限公司为融创集团旗下公司，负责会展中心的运营管理，母公司同时还有咸宁国际会议中心、溧阳国际会议中心项目。

世纪城新国际会展中心位于成都市城南天府新城，包括会展中心场馆、商业、酒店设施、写字楼、住宅项目、中央公园、湖泊景观及公建项目等配套设施，是集会议展览、文化旅游、商务办公、自然人居、民俗文化等多项功能于一体的复合型博览城建设项目。世纪城新国际会展中心位于世纪城东部，由 9 个主馆和 8 个连接馆构成，整个建筑呈扇形向府河展开。主馆单馆面积 11500 平方米，连接馆单馆面积 900 平方米，室内展览面积共约 11 万平方米，可搭建 5600 个国际标准展位。展厅采用单层无柱结构，最高高度 21 米，最低高度 12 米。

（四）由政府出政策，设置相应的项目取得的土地、规划、后续会展平台主功能等条件，完全按照市场化的方式，由民企集团实施投资、建设、运行

这种做法既可以由政府用土地资源换算地价取得相应会展平台主功能——会展中心等的相应独立产权，建成后无偿移交给政府，还可以是政府在土地出让

过程中，为了保证会展平台的主功能——会展中心，对民企集团持有和后续运行进行政策性的有关补贴。这种投资方式的有利点在于政府不需要承担投资、运行压力，“看得见的手”和“看不见的手”相得益彰，符合市场化的基本规律。2006年8月，南通体育会展中心竣工，它是国内第一个由民企投资开发的大型体育设施，位于南通市区新城区，北接南通未来的商业居住中心——中央商务区，东邻南通大学城，南看狼山风景区，总投资11亿元，占地面积为40万平方米，建筑面积16万平方米。会展中心由体育场、体育会展馆和游泳馆三个单体组成。体育会展馆建筑面积为9.05万平方米，融合了拥有6300个座位的标准体育馆(第二层为网球训练馆)和拥有1000个国际标准展位规模的会展馆。

将预期盈利能力较低的体育会展中心与具有较高商业价值的中央商务区两个带有规划方案的约100万平方米的土地进行“捆绑招商”，“打包”推向市场寻找合作伙伴。经过公开招标，中南控股集团有限公司以每平方米土地1910元、总价19.04亿元的价格，竞得100万平方米土地的使用权和体育会展中心项目的建设权，成为体育会展中心的业主。体育会展中心与中央商务区的“捆绑招商”为政府带来了30亿元的收入:土地出让收入19.04亿元，体育会展中心高达11亿元的建设费用也将由中标者——中南控股集团有限公司全额承担，妥善解决了体育会展中心建设资金的筹集及赛后运营问题。

二、从功能互融上分析

（一）功能改造升级型

由于城市规划建设发生改变，原有的工厂、车站、市场、体育馆、展览馆、博物馆等公共建设施发生闲置，但尚可利用，此时可根据区域位置有利条件进行原设施改造并增加会展平台所需要的功能延伸，从而达到比较高的性价比，这种方式适合于政府直接作为主体进行建设和运营。例如，上海陆家嘴滨江金融城展览中心是在上海船厂原船台的基础上设计建设的一座广场式建筑，整个建筑如同一个空间中枢，设有展览厅、展览阶梯、前厅以及坡式步道和带顶盖的广场等，未来将成为公共艺术展、大型室外音乐会和大型商业展的重要展演场所，全力打造多功能活动展览空间，以“永不间断的展览”形式，不仅满足发布、展览等功能的需求，还创造一块户外公共活动空间，成为一个多元艺术文化交融的展示平台，成为工业遗址改造再利用的范例。

（二）功能互动型

将城市原有的大型公共建筑(如奥体中心、文化演出广场等)，与规划将要新建的公共建筑做一个可以互动的建设方案，公共建筑共同的产品特性，将对交通组织、停车、室外广场、会展节赛演功能的互补和运营管理产生无可比拟的作用。

（三）功能完全独立的会展综合体形态

这种建设形态属于项目自成体系，要求主功能和子功能的协同程度高，会展综合体功能配套之间依赖和依存性更高，特别是选址城郊区域，同时需要考虑综合体项目本身与城市大配套能在可以互融的范围之内。例如，与上海大都市区功能和区位依存的花桥国际博览中心，是花桥国际商务城重点建设的功能性项目，是作为国家会展中心(上海)西部副中心的定位的独立会展功能综合体，总占地面积 21.5 万平方米(一期 14.4 万平方米，二期 7.1 万平方米)，总建筑面积 12.4 万平方米(一期 6.5 万平方米，二期 5.9 万平方米)，实际可用展览洽谈面积达 10 万平方米。主要由 7 个 1 万平方米的展厅及 3 万平方米的洽谈区域构成，共可容纳近 3500 个国际标准展位。展馆拥有 4300 平方米会议区域，包括 1 个可容纳 500 人的多功能会议厅及 9 个可容纳 10 人—200 人不等的中小型会议室。拥有 5100 平方米可容纳 800 人的餐饮宴会厅和商务简餐功能的餐饮服务区以及商务中心等综合服务设施。展馆配套停车位达 1700 个，规划中的 S1 号轨交线经过主展馆南侧并设站点。这自成体系、功能相对完整的会展综合体与大虹桥会展功能区的分合关系就是典型案例。

（四）功能相对独立的主题特色小镇形态

这也是会展综合体的建设形态之一，围绕着主题会展“节、赛、演”的核心功能而建设，业态更加丰富，并能打造成特色小镇，不仅满足“吃、住、行、游、购、娱”，更能将因为增加会展二字的特色小镇达到“商、养、学、闲、情、奇”的新高度。以杭州的云栖小镇国际会议展览中心为例，该展览中心位于河山路南侧，东临三号浦河，共分为三层，分为会议与展览两大功能。整体建筑可分为南北两区，其中南区一层为中小会议区，其中 150 人会议厅 2 间、80 人会议厅 2 间、30 人会议厅 3 间、贵宾接待厅 2 个；二层为两层通高的主会场。北区一至三层均为展览厅。南、北两区中间区域为中央活动大厅。基地主入口设于场地西北角，面向河山路，次入口则设于西南角，面向规划一路。会展中心能容纳 6000 人的国际会议中心和 1.2 万平方米的展览空间，集合了地下停车库、展厅、办公等主要功能。这座综合楼地下层数为二层，地上层数一层，局部三层，实际建筑面积 66800 平方米。其中最大的亮点在于，整个屋顶被打造成一个集健身、休闲功能于一体的立体公园，还有两个 5 人制足球场，700 多米的塑胶跑道。主展厅会展结束后将作为体育中心使用，包括羽毛球、篮球、乒乓球、击剑、VR 体育体验等设施。

三、从建设效用上分析

政府会同参与企业可以根据城市要求先期进行市场调研,统一思想,聘请专业研究机构进行“会展业发展规划”研究,提高到顶层设计的合理高度决策。

根据研究成果,结合城市的需求和节奏实施一次规划、弹性设计、分期建设的策略,最终实现效用的最大化。

建成后的运行模式决定前期的建设模式,因此,应当以后续的经营、管理、运作为导向,请专业的公司或者研究机构在策划阶段开始超前期地介入,提供专业服务,以避免出现很多城市的会展综合体“重建设、轻运作”的弊端,从而导致建设完成后运营效用大打折扣。

不管采取以上何种建设模式,政府和企业都需要清楚地认识到会展综合体中的城市公共产品属性,只有通过整体开发运营,让公共产品与市场运作相互依存、相互弥补,将政府拥有的原始资源转换成公共资源产品,使会展综合体真正运转起来,成为经济一热点、城市一亮点、旅游一景点、文化一支点、社会一视点的城市名片。

四、从综合需求上分析

(一)有需求

会展综合体的形式在新经济、新会展阶段是恰当的会展业发展载体,城市需要会展业,会展业需要会展舞台,会展综合体是最符合市场经济(政府企业双赢)的舞台。

(二)要规模

中小城市最好能规划 50 亩—100 亩的土地,才能形成规模优势,在项目内自我平衡资金成本,以及选择恰当的建设模式。

(三)多功能

考虑中小城市的经济特点及需求,提高资源利用和效用,重点考虑多功能配置。

(四)明产权

规划一开始就要明确政府的需求和企业需求,达成共识,区分公共产品和私有产品。

（五）引投资

通过招商引资，让投资开发商和运营商提前介入会展综合体的前期调研、初步规划，一旦落定便启动，然后开展高效、有效的实施工作。

（六）给政策

相关政策包括招商引资政策、会展人才培养引进政策、会展企业组织引展政策等。

会展热、会展中心建设热、会展综合体的投资热，正使中国大小城市散发着春天般的气息，政府、会展企业、会展人期盼着会展之花盛开，结出累累硕果，会展综合体必将成为城市影响力的风口。

第四节　会展综合体的设备设施与智能化

会展综合体承载会展及相关活动，有着大人流、大物流、活动周期短等特征，同时兼具一般城市综合体功能集约、业态多样、运作高效等特征，两者的结合在空间和时间上能够开放地、连续地吸引大量的客流，延长会展及相关活动时间，从而使各种功能相互激活、扬长避短，获得共赢。

因此，会展综合体的设施设备配置必须与上述会展综合体的功能特性相符，应与其前期规划、组织设计、投资建设，以及后期运行管理模式相适应，由于其赋有激活建筑生命的内在动力的核心功能地位之故，业界也常常将工程设施设备比作建筑（建筑群）的“心脏”，而会展综合体作为城市综合体中有着“城市公共产品特性”的这一特殊建筑，各主功能和子功能分块的运营单位，特别是工程设施设备的运管单位及管理方式，“超前期”介入更显得尤为重要，根据笔者从业多年的实践，会展综合体在规划、设计、建设中应当特别强调和注重突出以下要点。

一、强有力的供配电及照明系统——会展综合体的“血液循环系统”

会展综合体一般规模较大，故高效、安全运行中强有力的供配电是建筑体保持活力的首要“血液循环系统”。以青岛世界博览城为例，一期展览、会议、办公、酒店总建筑面积 63 万平方米，配置总供电量为 8 万千伏安，供配电系统在实际配置中除常规的安装施工质量外,还需考虑用电成本、控制便利性及供电安全保障等方面。用电成本控制主要以 10 千伏以上的高压(35 千伏/220 千伏等)供电方式为主,相对降低供电单价;就控制便利性和供电安全保障来说,主要是有以下方面。

(一)要实现快速停送电

基于综合体占地面积大及活动高标准要求等原因,必须在 10 千伏高压及低压侧实现自动切换,在外线停电或内部故障时能实现快速送电。消防安全等一类用电所配柴油发电机必须实现失电自动启动,1 分钟内完成送电。

(二)供电安全保障方面

在用电稳定性不强的地区可以就少量展馆配置,实现馆内全用电量的发电机配置。展馆和会议中心区域增设某些重点会议室或公共区域配置全负荷的 UPS 供电系统,以实现小区域、高规格活动时的供电保障。展馆及会议中心区域增设接驳外置发电车的 T 接线箱,实现综合体区域的多重供电保障。

(三)大部分综合体展馆区域展览活动

根据各地实际存在淡旺季的情况,淡季时期基于变压器的铜损、铁损就是一个较大的数字,建议展馆就管理基础照明、插座用电等基础用电单配小型变压器,以减少损耗。

(四)公共照明和景观照明系统

展馆区域由于展览活动的要求,除馆内区域配置充足的照明外,走廊、展廊、外围道路也需配置充足的照明,同时,还必须配置智能远程控制系统,以实现区域精准控制和节能运行。例如,照明系统应当为分区域、分亮度、分线路的多层次的控制,以及尽可能能按不同建筑主功能区域和子功能区域单独计量,设备设施产权归属要明确。

二、极舒畅的给排水、暖通系统——会展综合体的“消化系统”

考虑到地域、功能不同,会展综合体的中央空调系统配置采取按需配置的基本原则。根据地域不同,南方地区侧重空调制冷,系统配置就偏重制冷系统;北方地区则侧重供暖系统。会展综合体中,由于展馆或会议中心区域均为大空间,空调的气流布局是需考虑的重点,但展馆和综合体的侧重又有所不同。其中,会议中心由于功能原因，对空调的舒适性要求明显要比展馆高，除温度、湿度的基础要求外，噪声、二氧化碳浓度、PM2.5等方面也必须实现准确控制并达到优良等级；展馆则需考虑气流布局，经笔者了解，展馆由于冬季多处于展览淡季，因成本考虑，制热系统一般都达不到标准要求，必须在系统配置和气流布局方面做充分考虑，展馆部分功能用房，则一般采用多联机等形式的小型系统，以实现灵活控制和节能运行。

给排水系统方面，稳定、流畅是基础要求，但由于系统特性及关注度原因，一直未得到充分重视。就笔者所了解的展馆综合体中有以下情况。

(1) 给水系统最经常出现的问题就是外围给水管的管道质量和安装问题，会展综合体由于占地面积大，外围一般埋地管段多，不合理的选材、安装气候的不合理(冬季安装)、安装过程中的不规范及交叉施工破坏阻碍等，均造成后期所出现的种种问题。

(2) 排水系统中雨水管道在配置设计方面一般不易出现大的问题，但在施工过程中的种种交叉改动，往往是造成后续使用问题的关键因素。另外，展馆建筑中常见的金属屋面排水系统，由于金属材质的热胀冷缩，易造成屋面漏水问题。特别是在展馆的污水管道设计时必须考虑展会人流的峰值特性，管道直径和坡道必须高于一般建筑。此类给排水的问题往往影响明显。

综合体正式运行后维修成本不菲。近些年逐渐盛行的城市海绵体，就是一个很好的思路和方向，会展综合体的给排水系统及建筑系统在配置时就可进行充分的借鉴和补充。因此，会展综合体的给排水系统配置必须充分考虑当地的气象、水文等地理条件，根据综合体的实际运营需求进行配置，并做好设备管材的选择及施工过程的监管，以达到后期运行稳定、流畅的目标。

换气通风系统，全国除干旱的北方地区外，其他地区的地下室防潮、通风问题也一直未得到充分的重视。事实上，地下室的潮湿对设施设备的使用寿命、运营安全性甚至是地下室空间的使用效率都会造成较大的影响，如何利用地下室的通道自然通风换气，如何配置节能高效的通风系统也是一个值得考虑的方面。

三、特灵敏的智能化与弱电系统——会展综合体的“神经系统”

目前，会展综合体中的常见配置系统主要有信息网络系统、程控交换系统、综合布线系统、楼宇自控系统、视频监控系统、门禁系统、电子巡更系统、周界报警系统、无线对讲系统、公共广播系统、多媒体信息发布及查询系统、票务系统、安检系统、无线网络覆盖系统、智能车库管理系统、能耗监视管理系统、客流统计系统、智能照明系统、多功能会议系统等。

(1) 就各单个系统而言,信息网络系统、程控交换系统、综合布线系统和无线网络覆盖系统属于基础系统,特别是对会展综合体来说,考虑到后期运营安全、节能、高效的需求,基础系统的合理性和远瞻性是系统配置的重点。

(2) 传统的楼宇自控系统主要是控制中央空调的末端设备及智能照明方面,对空调冷热源机房系统、给排水系统、供配电系统、电梯系统等机电设备则以基础监视为主,楼宇自控系统发展到今天这个阶段,对会展综合体的机电设备自动集中控制和监测已基本可行,中央空调全系统、供配电系统、通风系统、排污泵、中水系统、雨水回收和绿化灌溉系统、景观水系统、景观照明系统、公共广播系统等常见机电设备系统均可实现远程集中控制及自动控制。

(3) 视频监控系统、门禁系统、电子巡更系统、能源监测管理系统可以作为保障机电设备安全节能运行的合理补充和完善。

(4) 基于会展综合体占地广、功能区块多、展会活动车流人流大的特点,停车道闸系统必须在区域道路设置和车流控制方面下功夫,既要为展会活动期间的大车流、大人流配置足够的预留空间,又要实现各功能区块的独立控制需要,还需实现停车收费的集中和分级控制。

(5) 多功能会议系统,包括会议设备、音响设备、投影设备、LED 显示屏、灯光、翻译系统等设备。会展综合体的配置主要是根据需求的原则进行的,一般来说,单设会议中心的,会议系统必须配置齐全且功能完善,以应对各种不同规格、不同规模的会议需要,展馆及其他商业办公则以基础功能配置为主。上述弱电管理系统与物业管理系统的联动对接,也是今后实现集中控制和管理的关键。

另外,票务系统、安检系统、客流统计系统作为展会活动的辅助系统,如何与视频监控、门禁等系统进行联动管理是今后的重点方向。多媒体信息发布及查询系统如何与现有的各类便民服务系统的整合,特别是与展会管理系统,包括展会洽谈、约定、运营、人流、物流、车流的控制、消费、结算等,系统的整合完善是今后的主要研发方向。

目前,会展综合体的弱电控制和应用系统仍多以单系统运行为主,还未能实现真正的智能化的综合性运管,因此需利用新技术对各系统进行整合衔接。前文也明确表达在建筑空间、功能布局上要与设备设施工种配合。由于会展综合体规模大,建筑主、子功能之间相互协同要求高,为了运作高效,所有的设备设施的智能化和弱电系统的总控制应当尽力设置在统一的操作平台,类似各个神经元能将接收的信号及时送达大脑皮层。

四、臻智慧的5G未来会展发展方向——会展综合体的“大脑皮层”

近年来，5G通信、大数据、VR、智能语音翻译、人脸识别、智能影像、视频直播、物联网等新技术正逐步或即将投入使用，这些新型智能科技必将对各行各业产生影响。对会展业来说，智慧会展开始变得现实，比如，VR技术、5G通信技术、视频直播、无人机等，让线上展览正在逐步走向现实；人脸识别技术与安检系统、客流统计系统、票务系统、场馆导览服务的整合衔接，既增加了参展者和观众的舒适度，又对展会人流的控制与管理产生极大的推动作用；通过对参展商布展、观众动向的全过程进行高速稳定的监控，为管理者实时提供参展观众的数量、观展路线、每个展位前停留时间等统计数据，这些大数据对会展的空间设计、观众的参展路线规划、观众的精准定位和信息投放都有着至关重要的作用；5G通信技术以及物联网技术在会展行业中的普遍应用，将对智慧物流和智慧仓储的联动产生极大的推动作用。

基于目前的物联网技术及5G通信技术的发展成型，上述智能化控制系统的整合完善已经有了现实的技术基础，会展综合体中单功能板块、智能化控制中各子系统的纵向功能整合以及各功能板块之间的横向控制整合，比如，展馆、会议中心、酒店、商业等板块在机电设备运管、人流物流控制、通信、节能运行等方面的综合性控制和运管，是今后会展综合体设施设备配置管理智能化发展的主攻方向。

整体而言，会展综合体的设施设备配置既要遵循综合体特性，也要遵循后期运营主功能和子功能数量的基本原则进行配置，但集中控制是趋势，包括能源、人力等运营成本是设施设备配置必须考虑的重要因素。再者，整个建筑工程行业也随着新建筑技术、新建筑材料和新机电设备设施的研发而发生着前所未有的变化，特别是机电设备设施产品插上物联、智能等技术的翅膀，倒逼业主单位、设计单位、建设单位、监管单位、运管单位先知先觉，参照“城市建设海绵体”的理念使会展综合体建设以及设备设施设计、配置在综合体内形成自身极具生命力的“海绵体”，以免出现建设周期尚未结束，而会展综合体的功能、设备设施配置已经陷入淘汰的尴尬境地。

第六章　城市会展项目营运

第一节　展馆的营运

展馆是城市会展项目营运的抓手，是项目落地的载体，是项目呈现的舞台。一方面，展馆的营运是对项目营运的基础保障；另一方面，展馆的营运也是城市吸引项目的“迎客松”。

城市展馆有大小之分、公有私有之别、公益与市场乃至专业展馆与综合展馆的性质之异，研究展馆的营运，势必要针对展馆的性质和经营主体的差别各自展开。鉴于本书围绕中小城市会展业的发展与探索，在中小城市之中考虑展馆的营运，则需要立足中小城市实际，跳出在大城市、中心城市的大展馆、多展馆、百花齐放的营运思维；需要更加务实地突出中小城市的核心展馆、中心展馆的地位和对资源统筹的赋能，充分运用全民、全域、全季、全时空的“四全会展”理论，实现中小城市多人、多点、多季、多层面的城市展馆特色营运。

故笔者从以下几个维度阐述中小城市的展馆营运。

(1) 宏观考虑。结合政治角度，确定城市会展中心展馆的定位。

(2) 中观考虑。结合城市发展，着力城市引进和自办项目的渠道和持续性。

(3) 微观考虑。结合经济需要，落实展馆的硬件管理和软件服务的成本管控。

一、中小城市会展平台场馆定位与使命的宏观论

“四全会展”理论主张，中小城市全域皆可展，全域实体和虚拟展馆皆可为中心展馆所用，这也意味着城市治理者需要旗帜鲜明地树立起中心展馆的概念，并为其配置资源和机制。

宏观的经营与管理必须由城市的管理者定调子、领路子、定标准、出原则，尤其是城市的中心展馆。

（一）建馆的社会定位是基于产业基础服务城市，不断增强广大人民家门口的幸福感

中小城市展馆的建设是城市基础建设的进步，是经济有余的体现，也承载着希望经济更快、更好地发展的期望，让本地市民在家门口就可以享受“地球村”的发展。

随着祖国经济蓬勃地发展，一条条高铁、航线，打通了中国各省市、县通往世界的通道，千山万水也可“缩地成寸”，不断地有人走出大山、走出县城去领略新时代的经济成果。会展经济让南来北往、穿梭地球村的商业人可以将地域特色产业送出去、将外界新鲜产品带回来。城市展馆为这类经济崛起提供了栖息地、商业平台。以形象工程、面子工程为目的也必将没形象、没面子。

基于这样的定位，城市展馆必须具备便利的可到达性，必须深度结合产业基础，绝大多数的中小城市为“一展而建一馆”的做法容易陷入“这一任的面子，下一任的面糊”的困局，因此不合适。

温岭会展中心是一个极好的成功案例。其总用地面积 120 亩，其中，一期用地 51 亩，总建筑面积 11799 平方米，室内拥有 500 个标准展位、室外可搭建标准展位达到 400 多个，充分发挥其泵与电机的产业优势，集聚全国的产业资源。该会展中心举办的 2019 中国泵与电机展览会，展位达 1200 多个，一位难求，温岭市会展中心有限公司预计利润 156 万元，单位坪效约达到 52 万元/平方米。有了明星展会的同时，引进和组织本地展会，2019 年，全年展会共 14 个，年展达 171960 平方米。

（二）投入使用的城市展馆是城市的准公共平台，服务于城市会展业的发展，服务于城市产业的发展，也服务于城市公共事件的需求

中小城市的中心展馆不是专属任何机构或企业的运营平台，哪怕市场化运营的场馆也不能改变城市展馆的准公共平台的功能和效应。如，2020 年的武汉新冠肺炎疫情发生时，2 月 3 日晚，3 所“方舱医院”在武汉开建，至 4 日早上，已搭起数百张临时病床。这三处“方舱医院”位于武汉国际会展中心、洪山体育馆和武汉客厅，以收治新型冠状病毒感染的肺炎轻症患者为主，提供了 3400 张医疗床位。

中心展馆的准公共平台功能具有政府建设、垄断经营、公共利益大众化的特点，中心展馆需要承担准公共平台的社会责任和公众义务，不能仅仅考虑场馆一年的收益和成本，而要充分考虑城市发展的需要。政府展馆国有企业管理或委托其他经济体管理都不能改变中心展馆在这方面的功能和影响。

也正是这个原因,展馆建设和营运培育属于大投入、长回收期的项目,政府投资、国有经营占了市场的大多数;也有部分政府投资、企业营运的项目,如宁波国际会展中心展馆的首个 10 年,就是由宁波新上海国际物业管理有限公司中标操盘的;亦有市场投资、市场营运的,多为国有企业或央企等实力雄厚的企业,以地区开发的大战略、附属展馆及配套的建设和营运为主,如青岛的黄岛区,由中铁置业建设的青岛世博城项目,是一个总建筑面积超过 20 万平方米,涵盖展馆、酒店、会议中心、公寓、商业体、住宅等多个品类的会展综合体,肩负着活跃融合胶南新区、活跃地区经济的任务,该项目于 2017 年起陆续交付,出色地实现了合作初衷。

二、中小城市展馆营运会展项目定生死的中观说

(一)中小城市的展馆平台使命和责任更强

前面说到,建展馆成本高、投资期长,中小城市与中心城市在实力上的差距需要差异化竞争,毋庸置疑,营运展馆就是着力营运中心展馆,担负着城市赋予的平台使命和责任。

城市的推介平台。毋庸置疑,会展平台场馆是城市的会客厅、城市形象的展示厅,这里的服务标准、操作规范、产业展示区设置、参展流程等都在展示和推介着一个城市的形象、层次和实力。因此,会展平台场馆的运营管理必然是内外兼顾的,既要满足外部的形象需要,还要保证基础服务的体验需求,更要保证政府的城市推介要求。除了业务运营和场馆的管理以外,还应当配置推广宣传部门,专门负责推广城市、展馆、城市的产业、展馆的条件等。

新项目的孵化平台。充分利用平台场馆的地理优势,挖掘和统筹资源优势,建立引进和孵化新项目的机制。做好信息的梳理和配对,精准投放到企业、协会、组委会等关联部门中,发布到网络媒体上,为新项目的孵化扶持创造机会。

人才培训的平台。平台场馆应该注重人才培训的平台建设。这和展馆、会展产业都有直接的利益关系,会展中心有条件、有义务为其他展览公司培养人才,源源不断地聚集、培养和输送会展专业人才,并为盘活整个城市的会展产业做出积极的努力。

通过平台建设为展会活动输送人员,为员工提供业务能力提升的通道,增加员工去创业做老板的可能性;大规模、大批量的会展活动需求让校企合作成为常态,让学生这股新鲜血液不断充实进会展行业,实现良性循环。

会展业的服务平台。参展商、施工单位、参观人员都需要会展中心负责管控,并对展会现场的安全进行间接管理。

义乌国际博览中心是履行平台使命和责任的中小城市展馆的代表。它服务于义乌的小商品产业,为将义乌的世界打造成世界的义乌而努力。

义乌国际博览中心由会展展馆与配套五星级酒店两个项目组成,总用地面积219亩,总建筑面积29.6万平方米,共设10个标准展厅,其中一个展厅可以作为宴会厅兼用,地下一层设4个小型展厅及停车场。展馆服务设施齐全,配备了可容纳300人—500人的大型新闻发布厅,可安排3,500人—4,000人的会议或同时摆放400桌酒席的大型多功能厅,可容纳2,000人同时就餐的快餐厅,还有大中小会议室近20个,可同时停放700多辆汽车的停车场,酒吧、咖啡厅、小卖部,以及邮政、运输和民航服务点一应俱全。展馆由五个两层的矩形展厅呈扇形围绕中心广场布置展开,中间设23.3米高的通高序幕大厅,布局新颖独特,气势恢宏。展厅都采用一体化的设计模式,厅与厅之间通透畅达,又相对独立,火险疏散功能好,又可保证不同展览同时使用。

（二）会展项目的多寡与质量是展馆营运的制胜诀窍

当下,很多城市在建展馆不乏为了营造标志性的建筑,达到人家有、我也有的目的,而重外观,轻绩效。原因在于,展馆营运的绩效是一个难题,各地面临的困境不同,总的来说,如机制上的问题、营运团队缺乏市场化;个别地方则遇到展馆规划的问题,为某一个展览量身定做的展馆对其他展览项目的兼容性差,或是为了节省眼前成本,前期规划缺乏聘请专业团队、专家顾问参与调研的意识,导致建好的展馆不好用且后期改造维护成本高,反而造成更大的浪费。

好的展馆营运,应该在三年之内就能确立该展馆的优质项目,在新馆之初打响名声、奠定优化发展的基础。因此,好的会展项目是展馆营运的制胜法宝。

好的会展项目会为展馆、为城市带来诸多贡献。首先是人,会吸引优秀的主办方、客商,以及专业的配套服务团队、搭建公司。其次是促进成熟的、专业的机制和标准的形成。当然,还会带来城市更看重的成交落户、经济助推、媒体推介等资源。这里,我们认为后者是好的会展项目的附带品,是水到渠成的,优秀的人、团队和成熟的机制、标准将为城市的会展业发展带来种子效应,再辅以城市的政策追加,星火可燎原。优质的展会为城市带来的是对本地优秀人才的刺激,促使他们追求更优质的机遇,并在这一过程中不断融合和创新。杭州举办G20的时候还不是新一线城市。之后杭州投重金为G20建新馆,是非常值得的,如果没有这次国际会议,杭州的会议目的地、会议接待标准无法快速实现跨越式发展;同样,杭州的会展人也无法以“杭州速度”取得脱胎换骨似的发展。

好的会展项目,除了引进,也可以是本地重点孵化产生的。如山东寿光着力打造的蔬菜展,历经20届,已经成为中国(寿光)国际蔬菜科技博览会,主打绿色、科技、未来，不仅将蔬菜的故事传播到各地，同时也带动了本地农业、服务业和会展业的蓬勃发展。

综上，城市展馆的经营者一定要追求打造和经营优质的会展项目。这个主题我们将在会展项目的策划营运中继续探讨。

三、中小城市展馆营运“名利双收”的微观盘

之所以称“名利双收”是微观盘，是因为场馆的营收、管控需要务实的操盘手，一手抓展馆营运收入、一手控管理成本，要做城市财务的“吸金石”而不是“大漏斗”。会展项目的营运是收入的大盘，这部分内容将在第二节中展开，这里主要探讨成本和管控要点。持续成长的团队是经营的金手指；围墙内外的安全是展馆最大的成本；思路方面，少收入就是多支出，需要从消极的房东经济向积极的平台经济转变；标准化与服务促进机制促进成本管控自我优化的闭环管理。

（一）展馆经营团队的建设

要让城市会展场馆的经营与管理紧跟城市发展的指挥棒，帮助城市做好产、城、人和谐交融的大合奏，经营团队的选择就需要满足以下三个条件。

第一，热爱会展业，对会展经济充满激情。会展业是综合性服务业，是大服务、大整合，过程中会有很多从无到有的创造性工作，然而，在实操中，又有诸多烦琐的细节需要注意，包括小到螺丝钉的位置、大到省部级乃至国际友人的商洽礼待都是工作中要注意的，因此，澎湃的激情是会展经营团队创造力之源。

第二，从机制上保障岗位的相对稳定性。会展项目从引进或孵化到稳定开展，需要一个相对稳定的职业期才能够实现，如果出现断档或断层会造成成本的叠加。

第三，优化会展人的成长机制。中小城市没有很多的展馆，展馆的经营给团队的成长空间若局限于一个展馆，这个团队注定无法持续保持激情，岗位的提升和对待遇的追求都无法得到实现。在这种情况下必须优化会展人的成长机制，给予人才良性流动的空间。

（二）安全是展馆营运的头等大事，也是最大的成本

成功的会展场馆的经营与管理总是不间断地在集聚人流、物流、车流、产品和食品，以及潮汐式的、大大小小的施工工程，川流不息的组委会，等等。因此，安全管控是展馆经营与管理的重中之重，也是城市治理者的管控重点，以实际安全的绝对保证和心理安全的隐性保障才能获取源源不断的商务流。

1. 围墙之内的安全管控能力，是展馆经营与管理的重要基石和前提

(1) 治安安全。严格执行规章制度可以增强心理安全感。

(2) 舆论安全。展馆营运中不要出现政治错误，以防有人利用人流集中发布恶性言论。

(3) 消防安全。确保消防设施齐全、完好并处于备用状态，定期测试消防设施反应灵敏。

(4) 交通安全。确保展馆围墙外的交通顺畅，围墙内的道路疏通以及场馆内的人员疏散。

(5) 食品安全。展馆营运要加强对快餐和食品博览会上销售的产品的安全监管。

(6) 工程安全。展馆营运中要提防施工单位以牺牲安全为代价而获取利益。

(7) 防疫安全。展馆营运要注意大型活动在新冠肺炎疫情的非常时期的现场管控，这包括受外部环境影响的防疫管理，以及事前、事中、事后的应急管理。

2. 非展期的计划性管控能力，这些环环相扣的细节把握是安全的"千里之堤"

展馆所承接运行展会项目以及项目现场的管理情况均受广大参展人员、参观人员、服务人员的关注，因此很多展馆在场馆管理中特别强调这一阶段的管理，尤其关注服务标准、流程、巡检、值班、接待等一系列管理措施，反而忽视了非展期的计划性管控，恰好这个阶段的管理才是保障展馆正常运行的基础保障期。这一阶段的管理包括以下内容。

(1) 空调、消防等重要设备的维护调试。

(2) 电缆线、电缆井的维护管理。

(3) 屋顶、墙面、地面的修护管理。

(4) 标识标牌的维护、更新、管理。

(5) 一线员工和管理干部的业务提升培训和应急演练培训。

(6) 场馆用电、用水、用气的负荷管理。

3. 展馆围墙之外的管理包括对不同展会、不同人群和不同状况的协调和应变处置

在展馆之外，极端情况和突发情况的应对是对不同部门、组展方等的关联协调能力的考验，顺畅的协调能力需要各方事前实时沟通，交流日常化，方能实现协调高效化。需要注意以下方面。

(1) 大规模展览布(撤)展期间的外部交通安全设计与管控。

(2) 大规模展览开展期间参展人流、车流的外部引流设计与管控。

(3) 撤展和布展衔接段的外部交通安全设计与管控。

(4) 多展同开、特装与标准展会同开的外部交通安全设计与管控。

(5) 一边开展一边布(撤)展的外部交通安全设计与管控。

(三) 在展馆的营运思路上实现从房东到平台的提升

客观地说,房东思维绝对不应该是会展中心展馆经营团队的经营思维,因为在中小城市,绝大多数经营团队本身就不是房东,仅仅考虑房租收入既不利于展馆的增收、创收,也不利于经营团队的成长,更不利于当地会展业的活跃与发展。

从房东思维到平台思维的提升,可以从以下几方面入手。

1. 信息的发布

展馆可通过网络媒体、公众号自媒体、新闻报媒、会展专业媒体等,将本地展馆排展信息、产业信息、会展企业信息、会展明星企业以及明星人物、产业以及产业人物等信息通过通稿、图文、新闻稿、话题稿、短视频等各种方式,传递、传播出去,服务当地会展经济、会展企业。

2. 政策的建议

中小城市的展馆经营在信息递送渠道上的效率是大城市、中心城市所不能及的,在展馆经营中,有意识地发现本城市会展经济发展中的掣肘、难题等,在实践中摸索和搜集需求,形成可行性建议,促进政策的优化和行业反哺。

3. 资源的交易

展馆既是当地资源的汇聚平台,也能成为资源的交易中心,展馆将需求和诉求配对,缩短交易路径,既是基础服务也是增加收入的途径,搭好桥,实现各方优质资源的交易不是空话。

4. 综合服务、创业创新

中小城市的展馆肩负了城市赋予的责任,也分享了城市给予的资源,展馆的营运者要获得源源不断的人才和持续的发展,就应思考和实践"如何将领工资的人变成为展馆送收入的人",并为这些人提供服务、提供出路,会是一个很好的创业创新路径。

(四) 通过机制,实现管理的标准化与服务的升级,从而不断优化成本

对于展馆营运来说,成本是一个不断变化的变量,受天气、公共事件、产业政策、行政要求等影响。如何通过不断优化的机制,持续优化成本,让成本在一个合理的范畴内变化,是一个管理课题,也是经营者需要因地制宜、因势利导的经营任务。以下做一些思路探讨。

1. 鼓励引进标准化体系与项目经理负责制

标准化体系为服务质量提供保障,比如内部管理的 ISO,比如,展馆运营企业的国际化通行标准 UFI 体系等。项目经理负责制是指项目经理在项目运行现场全权行使总经理职责,促成同一个展会来年连续性合作,并给组委会、展商带来回家的感觉,让服务自带温度。

2. 统筹建立与所有服务对象相关的服务促进机制

首先,充分认识与所有服务对象的关系。包括以下内容。

(1) 城市的窗口与抓手的关系,包括建筑形象、人流的管理;通过行政干预展馆违约的行为,从合约层面保护会展档期降低带来的损失。

(2) 与组展商的关系,全力助推组展商,帮助他们做大做强。

(3) 与参展商的关系,建立便捷的展示窗口,营造高效的交易环境。

(4) 与参观者的关系,打造舒适的参观之旅,构建有效率的交流之地。

(5) 与员工的关系,使会展项目成为信仰的熔铸,技能的学校,放飞的高地。

其次,建立统筹的服务促进机制。

每个阶段场馆的运营需求不同,相应的服务对象对场馆的服务需求也不同,建立统筹的服务促进机制,目的是应对这些变化,制度不是“军规”,不是提升服务体验感的枷锁,建立这样的机制便于项目经理可以根据项目情况统筹,分别平衡大小展商的利益、平衡参展商和参观者的关系、平衡场馆市场利益和政治诉求的关系。

3. 建立营运的应变机制

2020 年的新冠肺炎疫情对很多展馆来说就是深刻的记忆,没有收入,成本压缩也有极限。展馆营运面临着是等着疫情过去,还是冒着风险开局的艰难选择,而二者都使展馆陷入高成本营运的窘境。2020 年和 2021 年的市场反应是很好的例子,如线上广交会和线上会议的开展,展览搭建商开始涉足线上会议的背景设计,展馆尝试小展会、大宣传策略等。展馆营运者需要解答的是作为人流、车流、货流、物流高度集中的会展行业如何提前预测高风险,并在高风险事件发生后正常营运的问题。

因此,营运的应变,机制很重要。

第二节　会展项目的策划与营运

会展项目的策划即为展览的策划,会展专业书籍中是有定义的,会展项目是指充分利用现有信息和资源,判断事物变化发展的趋势,全面构思、设计会展项目，选择合理、有效的方案，使之达到预期目标的展览活动。

那么，要进行会展项目的策划理由有哪些呢？

首先，策划会展项目是发展经济的重要抓手。会展项目带动会展产业，会展产业促进会展经济正循环发展，并作为对外经济、文化交流的窗口，对带动区域经济发展、塑造良好城市形象、获取商机、促进信息生产和交流起着重要的作用。会展经济不仅能直接产生巨大的经济效益，还能带动如交通、旅游、餐饮、住宿、通信、广告等相关产业发展。据权威机构发布的数据显示，会展对城市所产生的经济效应比例为 1∶9。同时，会展能够提升城市的知名度，因为它具有强大的集聚力和辐射力，可以让观展者们领略城市的独特魅力，故对一个城市特别是知名度并不高的中小城市来讲，策划一些优秀的会展项目对后续提升城市知名度尤为重要。

其次，对于中小城市而言，量身定做的会展项目是展馆营运的制胜法宝。城市引进或自主策划展会对于城市品牌的推广和展馆的营运至关重要，据不完全统计，会展项目带来的收入占展馆收入的 70%以上。策划会展项目的能力，能让展馆在营运中占据充分的主动权，同时，也是展馆对外延展时的核心竞争力之一。

会展项目策划中有些内容需要注意。

会展项目的类别很多，广义上覆盖会、展、节、赛、演等所有展览活动，包括专业展览、消费类展览、会议类项以及节庆类、比赛类、演出类活动项目。每个类别会展项目的策划与营运各有特色；会展项目所在城市不同，地域差异也会很明显；属地类项目因其仅针对本城开展因此与全国、全球类会展项目有很大区别。一言蔽之，会展项目的策划与营运是独立成书的专题，本章节将主要从中小城市会展项目的策划与营运角度来探讨阐述。

一、中小城市会展项目的策划与营运主体

不同于大、中心城市，中小城市发展会展经济最大的短板是会展配套企业处于要么自己培养会展人才、要么为了社会目标强上项目或者基于行政任命履行职责的状态，因此中小城市往往不具备集聚会展人才和会展企业的能力。对于大多数中小城市来说，策划和营运会展项目的主体主要有以下几个来源。

（一）扶上马：阶段引进外部专业团队落户或引进咨询团队

对于中小城市而言，准确选择阶段性引进专业团队或咨询团队，是快速实现量身定制具有地域特色和品牌的会展项目的捷径，随着需求的产生，市场提供给中小城市的选择也逐渐增多。大到如东浩兰生（集团）有限公司、北辰会展集团，

小到个人品牌的资深会展人群体,再到会展业的专业研究机构。

(二)高起步:中长期引进群体,城市出台政策或定向引进专业人才落户

城市要快速发展会展经济,可以“筑巢引凤”,用好的政策、发展前景吸引异地发展的人才回归城市、吸引外部人才创业是一个很有效的办法,他们的加入会给本地的会展经济带来旋风式的发展。

(三)扎实基本功:城市出台政策属地化培养群体孵化本地人才和企业

属地的优势在于自我认识深刻,局限在于墨守成规很难打破思维定式。中小城市可以采取“送出去”的办法弥补这个弱点,使本地人才和企业吸纳外部新鲜的认知,辅助以“家乡美”的城市归属感和自豪感,反哺中小城市发展。这一过程虽然慢一些,但是胜在基本功扎实,根基稳定。

(四)团队属地化:行政团队属地化或者中心展馆的营运团队群体属地化

属地化的行政团队及中心展馆的营运团队是中小城市会展项目策划和运营的中坚力量。建议优先培养属地化群体,从而与前两种主体形成合力,促进会展项目的成功策划和营运。

综上所述,在中小城市会展经济发展中,策划会展项目究竟选择哪个为主体,并不是特定的,更加建议的是打组合拳,比如1+4,或者2+3+4,或者1+2+3+4,在发展步骤上综合平衡,聚焦最成熟的团队让其打头阵,成长中的团队则可从各自维度参与建议和优化方案,磨刀赶路两不误。

二、中小城市会展项目的策划与营运目标

会展项目的策划目标和营运目标是不同的。策划的目标,是为城市的会展业发现爆品、策划爆品的出现方式和时机;营运的目标则在于平稳、有序、安全地落实策划方案、完美地呈现策划的预期。也可以说,营运的目标是完美地实现策划目标。

(一)中小城市展览项目的现状和发展趋势

中小城市会展项目策划目标定到什么高度最合适?我们一起来看看当下中

小城市展览项目的现状和发展趋势。

1. 现状

当前,政府主导的专业性展览会具有“运动型”的特点。具体表现为:(1)由于政府主管领导频繁调动,导致办展主题和运作模式的可变性加大;(2)绝大多数办展初始原因是某个领导的要求而临时决定办展,导致前期策划时间非常短,而匆匆上项目。

消费类展览会具有“地摊型”的特点。具体表现为展出物品档次比较低,搭建水平比较差,以发传单、发小礼品等比较原始的方法来吸引当地老百姓,比较低端和原始。

文化类展览具有“挂壁型”的特点。展出的表现形式比较单一,以挂画及图片陈列为主,没有更多体验型的展出方式。

2. 发展趋势

展览项目由政府主导逐渐走向市场化运作。所谓“政府主导型展会”就是以提高城市形象和促进产业发展为主要目的,普遍由政府成立临时结构或组建事业单位来承办,组展较多运用行政手段并配套举办各类旅游文化活动的综合性大型会展节庆活动。这类展会虽然由政府财政支出作为资金来源,但是由于体制运作关系,大多数政府办展面临着办不下去的窘境。市场化运作可以大大减少财政支出,而且还可以维护属地展览市场,增强会展主体的实力,培养出一批优秀的会展人才。市场化运作也并非是政府完全放手不管,而是政府、行业协会、企业三方各司其职运作展览会,从而达到打造品牌展览会、促进展览会持续发展的目的。

展览项目需以强化资源、弱化地域的模式来打造品牌展览会。主要以两种方式来体现:第一,做到“一次展览常年服务”,通过网络平台线上线下的方式来服务参展企业,即所谓的网上展览;第二,把参展商带出去异地办展,这也是强化资源、弱化地域的一种体现。

消费类展览会日益追求轻奢、时尚元素的融入,无论是从产品档次,还是从展台的展示形式都表现得比较高端和个性化,消费群体也从老人转向年轻人。

文化类展览会也将从单一表现形式转向多元化,增强体验性及互动性的展出效果,从静止向动画发展。

(二)以打造产业知名度和城市品牌为目标锁定“同量级竞争”

会展项目的策划,打造展会和城市的知名度和品牌是基本诉求,但是目标却不是越高越好,中小城市在进行会展项目的策划时一定要立足城市自身产业、特色,一个成功的会展项目策划需要实现其知名度和品牌对城市、对产业的反哺作用。

中国地大物博，在众多的市县中，如果能突出城市的地域、产业特色，人无我有，立志做中小城市的标杆、示范，那么，距离世界中小城市的标杆也近在眼前。

也正是基于国内中小城市会展业的发展现状，更需要中小城市在大力发展会展经济促进城市发展的同时，避开大、中心城市的中心效应影响，走特色化、差异化路线，不以"致力于让世界围着转"为目标，而致力于通过先发优势，"让世界中小城市以我为标杆、从我的崛起找灵感"，实现同量级城市中的优势地位。

（三）在打造优质展会的决策上，质量胜于数量，持续性胜于短期效应

成功的会展项目策划不是灿烂的烟花、过眼的烟云，而一定是生生不息、延绵不断地持续更新、壮大着的。因此，在会展项目的策划目标定位上，必须要立足产业基础和地域特色，质量优先。因此，需要做到以下 3 点。

(1) 聚焦基础和特色，策划方案的落脚点应是带动、推广本地产业的发展，助力本地会展业的发展。

(2) 综合评价成本，在策划方案中缩小从"扶上马"到"护一程"再到"自由驰骋"的时间成本。

(3) 从持续性发展角度出发，在会展项目策划的重心分布上，需要确立 1 个—2 个深耕本地的项目和不少于 1 个的着力外部拓展的项目。

（四）评定一个会展项目策划成功与否的标准在于市场

判定一个策划项目的成功与否，或可以基于经验直接判断，或可以根据参数来综合评定，但最终的依据在于这个方案在"杀"出评估的重围，并在实际地执行后获得的市场反馈。可从下面 3 个方面进行评估。

(1) 判断一个展览会的成功与否，最重要的是看参展商及专业观众的数量和质量。参展商的多少决定着展览会的规模，参展商越多，展览规模越大，展览规模越大，展览会就越成功。如果行业内的龙头企业都是参展商，无疑这个展览会的参展商质量是非常高的，那么这个展览会已经成功了一半。另外一半成功的因素就是专业观众的数量和质量，专业观众的数量决定着展览会的人气，专业观众的质量决定着展览会是否可以持续发展。

(2) 判断一个展览会成功与否，可以从参展商的"回头率"上来分析。如果一个展览会有 70%以上的参展商重复参展，那么这个展览会就会有强大的持续发展空间，这样的展览会也是非常成功的，否则展览会能否继续办下去也将是一个未知数。

(3) 判断一个展览会成功与否的核心是参展商的成交额，成交额越高，反映出

这个展览会的专业观众的数量越多、专业观众的质量越高，这个展览会就越成功，可想而知，参展商的重复参展率也越高。如，中国国际制药机械博览会绝大多数的参展企业全年销售额70%以上的订单来自该展会，该展会的成功可见一斑。

三、中小城市会展项目的策划与常规方法

（一）策划办展的方法

1. 政企合作办展

可以这么说，中国办展离不开政府，一般有规模和有一定影响力的展览会背后都有政府的身影，中小城市的展览会政府的参与度更高，因为政府有整合资源的能力。如中国(余姚)国际塑料博览会、中国(嵊州)电机·厨具展览会等都是政府为主导的展会，这些展会都办得非常成功。

2. 馆企合作办展

中小城市的展览主办企业较少且经济实力也比较薄弱，故主办企业与展馆合作办展是较好的合作模式，主办方可以利用展馆的场地优势和当地的影响力来办展，这是一种较为妥善的办展方法。如温岭的中国泵与电机展览会、慈溪的中国慈溪家电博览会等。

3. 依托产业办展

举办专业展览会必须依托当地产业，办展属地拥有较好的产业基础，是成功举办专业展览会的必要条件，如中国(乐清)电力设备及电工装备展览会等。

4. 适合举办消费类展览会，不适合举办综合类展览会

成功举办综合类展览会仅仅依靠政府支持和单一产业优势是远远不够的，最重要的是依靠城市的综合实力，如城市的经济辐射范围、城市的接待能力、城市的影响力和品牌力等是能否成功办展应考虑的因素。

（二）会展项目策划的常规步骤

第一，进行市场调查与分析。展览市场调查与分析是会展项目策划的基础，其内容十分广泛，主要包括以下5点。

(1) 市场前景分析(如所在地产业环境和市场的情况分析，对国家有关法律和所在地政策的分析，市场规模及类型等)。

(2) 同类型展览会的竞争能力分析。

(3) 本次展览会的优势条件分析。

(4) 潜在客户的需求调查。

(5) 自身资源的整合与分析。

第二,制定会展项目策划方案。会展项目策划方案是为策划一个新的会展而提出的办展规划、策略和方法,一般包含以下内容:会展的基本框架(会展名称、举办地、办展机构的组成、展品范围、举办时间、频次、规模、会展定位等),会展若干细节步骤计划实施方案(工作人员分工计划、招展和招商计划、宣传推广计划等)。

第三,会展项目的财务预算方案。财务预算在会展项目中十分重要,一般来说,会展项目支出至少包括以下几个方面:场地费用,即会展项目所在场地所需要的费用;行政管理费用,包括公司行政管理人员的工资和行政办公费用等;宣传推广的费用;招展、招商的费用;相关活动经费;其他不可预测费用等。

会展项目的收入来源包括以下几个方面:会务费或展位费收入、门票收入、企业赞助收入、广告位租赁费用收入(宣传费用收入)、其他相关收入等。

(三) 中小城市政府在会展项目策划中的作用

在中小城市的会展项目策划中,政府起着举足轻重的作用。

1. 整合资源能力

政府有整合媒体、协会、政府相关部门、网站、场馆、企业等的能力。

2. 为企业服务

政府可以为会展站台,为会展提供大数据服务,为会展提供保障服务,从而提高会展的级别和档次。

3. 出台政策

政府设立主管会展的班子(部门),编制出台会展扶持政策,制订对新办展和优秀会展进行奖励措施,以鼓励和扶持办展企业。

四、会展项目的营运常规步骤与注意事项

(一) 常规步骤

第一,成立工作小组并分工协作。

在接到会展项目后,应首先成立会展项目策划的工作小组,确定会展策划者,开展项目策划工作。会展策划者是会展项目策划中的重要因素,包括项目主管、策划人员、文案撰写人员、美术设计人员、市场调查人员、媒体联络人员、公关人员等。

第二,会展项目的落地营运。

会展项目的落地营运一般分为三个阶段,即展前、展中、展后。

第一阶段,展前工作按照顺序落实以下主要工作。

会展框架中相关事宜的敲定;会展运作机构人员的分工工作;会展的招展工作,招展工作的成败关乎展览会能否顺利举办,招展的成功是圆满举办展览的重要基石,在展前工作中,招展工作贯穿整个过程;展览的招商工作,招商工作的成功与否关乎展览会是否能够持续发展,与招展工作相辅相成,展览会的生命力主要取决于招展、招商工作的成功与否;展览会的宣传推广工作,展览会服务商安排工作,服务商主要包含展台搭建商、餐饮提供商、物流商、酒店、旅行社等。

第二阶段,展中工作即展览会的现场营运工作,应做好以下工作。

参展商的报到工作应做到有序、便捷;展台的搭建工作应做到安全、美观、快速;餐饮工作应做到卫生、及时、充足;一般专业类会展都会有开幕式,会展将是所在地的盛会,一般地方政府官员都会出席,以示对地方优势产业发展的重视,开幕式将是一个重要环节,应充分做好准备;应做好专业观众报到登记工作,一般有两种登记方法,即网上预登记和现场登记,这项工作非常重要,是分析会展是否成功的重要依据之一;参展商的现场维护工作;安全有序地撤展等工作内容。

第三阶段,展后工作主要有三点内容。

首先是专业观众的统计和分析工作,通过充分的统计分析得出数量、质量这两项重要指标,这两项指标将是下一届会展工作的指引;其次是参展商的回访工作,主要回访内容为成交额、成交意向、专业观众的质量和数量、参展商是否愿意参加下一届会展等;最后是展览会的总结工作。

(二) 营运会展项目的注意事项

会展项目的营运是将策划变为现实,在中小城市实践过程中,尤其是策划项目首次落地的情况下,需要注意以下事项。

(1) 展馆的合约时间与场地的硬件配对。

(2) 现场服务团队的标准化流程培训。

(3) 开幕式环节的设备确认及时间的精准把控。

(4) 安全工作的落实。

综上,会展项目策划在整个项目实施中有五点重要作用,分别为战略指导作用、实施规划作用、进程制约作用、效果控制作用、规范运作作用。会展项目营运对办好一场会展至关重要,它影响或者决定整个会展的评估效果(口碑),在某种意义上可以说,它决定会展的成败,影响专业观众和参展商对展览的满意度,甚至影响整个会展的品质。只有做好会展项目的策划和营运,才能成功举办一届会展。

中小城市会展项目策划与营运工作的积极开展提升了中小城市展馆核心竞

争力和经营收入，是城市会展业稳步发展的重要过程，因此，需要中小城市各级领导干部的重点关注和支持。

如果说一次成功的会展可以给城市、参展企业、观展者以及展览企业本身带来巨大的收益，那么，一次成功的会展项目策划将给城市以及当地会展业带来源源不断的收益和动力。

第三节　会展工程服务的营运

会展工程服务是会展业必不可少的现场配套服务，其汇聚了营销、设计、施工、工程管理团队，对接着特装设计施工团队、展具的订制、租赁、物流企业等，属于专业的综合型工程设计施工服务。

随着时代的进步和产业的迭代，会展工程服务的营运也在不断地优化和升级，工程服务的营运主要分为以下几个大类。

(1) 标准展位的工程搭建服务。

(2) 特装展位的工程搭建服务。

(3) 线上展位的工程搭建服务。

(4) 智慧会展的工程搭建服务。

(5) 绿色会展的工程搭建服务。

按行业类别来分，会展工程服务属于劳动密集型行业，其企业的营运主要依赖于城市专业展馆的会展，通过投标的方式获得主场搭建等业务，参与并支持城市会展经济的发展。

站在中小城市会展业发展角度来看，本地会展工程服务企业市场化运作，可以为展馆提供最优的成本组合，同时可孵化和培育本地会展配套的会展工程服务龙头企业；引进全国性会展工程服务企业，则可更好地获得标准化、专业化服务，但对本地中小会展工程服务企业则是比较大的挤压和冲击；此外，也有展馆为了管理的便利，自行成立展馆下属的会展工程服务企业，其弱点在于重资产营运，如果不外接业务，则会给展馆带来成本负担。

站在中小城市会展工程服务企业自身的角度来看，其若想走向成熟仍然任重道远。具体发展可借鉴以下 5 个方面。

(1) 企业化运作：拓展业务的长度。摆脱工程施工队的游击经营方式和不确定性，有战略、有愿景地发展。

(2) 拓宽业务面：拓宽业务的宽度。只要展会需要的、行业够得着的，就要努力去匹配。就展位搭建的应用而言，会展工程服务应不局限于展具的实体搭建；

就展具的迭代而言,不局限于只用自家展品。

(3) 扩展业务半径:延展业务的广度。初期在中小城市内部成长,成熟后则应向外部求发展。

(4) 构建自主产业链:挖掘业务的深度。做城市的龙头企业,争取行业话语权。

(5) 紧抓绿色搭建契机:提升业务的高度。做绿色搭建的先行者,站在行业的制高点。

一、会展工程服务的运作应当企业化

会展工程服务应会展项目的需求而生,不同的展会对会展工程服务的需求也不同,此外,主场业务及单项业务大小不一、主体不一。中小城市的会展工程服务商如果纯粹依附于会展生存必然因为会展项目的大小多少的差异导致业务量随之高低起伏。

企业化运作要求成长中的中小会展工程服务商持续投入再生产,巩固专精业务的基础上,投入设计团队,紧跟新时代会展需求;投入品控团队,为稳定和扩大现有业务量夯实基础;投入营销团队,打造和推广企业品牌以及拓宽和稳定营销渠道。持续投入、小步慢跑和跨越式挺进的营运方式,一方面考验着服务商的实力、魄力,更重要的是对企业发展战略定位提出更高的要求。

从会展工程服务商成长为稳定的会展工程服务企业,业务的专业性、稳定性和成长性由成体系的营运团队稳步推进,使会展工程服务企业完成由初创公司、随机施工队发展成为"正规军"是会展工程服务商成长的重要一步。

会展工程服务企业只有实现企业化运作才能够脱离会展工程施工队的帽子,实现专业化和品质化施工,使会展工程服务进入标准化时代。

二、企业的增量需求需要拓宽业务面

会展工程服务企业需要着力拓宽业务的宽度。

会展工程服务者更多时候像幕后工作者,工作强度高、密度高,从业人员素质参差不齐,如何让企业提供的"产品"多元化,在同一平台资源上,体现增量是企业营运者需要考虑的问题。这需要企业营运者不故步自封,创造性地开展业务,既为工程提供施工服务,也服务于需要工程服务的人——展商,服务于参观展厅的客商和消费者。

这里以绿色会展搭建为例,阐述会展工程业务的可拓展市场空间。

2015 年,国务院发布了《关于进一步促进展览业改革发展的若干意见》,明确提出倡导低碳、环保、绿色的发展理念。中国进出口商品交易会(即广交会)和中国国际进口博览会(即进博会)是具有代表性的两个积极响应这一发展理念的绿色展会。

(一) 广交会

广交会一直以来提倡“绿色环保”展台搭建,2018 年的第 123 届广交会更是提倡“绿色广交会”的展台设计,展台搭建的标准也更加严格。根据广交会的绿色展台搭建要求,环保率标准从之前的 80%提升到了 100%,木质装修数量不能超过整个展位的 30%。

(二) 进博会

绿色布展是中国国际进口博览会的一项标准,也是首届进博会的办展理念之一。为此,中国国际进口博览局制定了《绿色中国国际进口博览会标准》,涵盖绿色设计、绿色选材、绿色安全施工等 14 项具体标准。进博会中所有的展位、所有的材料要么就是模块化的,要么就是环保型材料,可以循环回收利用。

在发展绿色经济的今天,将“环保、低碳、绿色”的时代理念与展台搭建相结合,实现绿色展览搭建,才是未来会展工程服务的核心生命力。

不能否认的是我国的会展业仍然处于“重视经济、轻视环保”的状态。反观德国作为会展大国,绿色展具使用率高达 80%—90%,而我国绿色展具的使用率仍不到 10%。

让人欣慰的是中国对市场的包容度是极高的,绿色会展经济的市场空间属于领跑者、先到者,人无我有,人有我优,这对会展工程服务企业提出了更高的要求。

三、扩展业务半径向规模要效益

会展工程服务企业业务的广度,一方面可以在同城内增大覆盖面,另一方面,可以在中小城市内部成长后,向外部求发展,在线上找突破。

(一) 外部的发展

中小城市会展的数量和会展面积是有天花板的,因此竞争较为激烈。因为会展工程服务企业对人工和展具有依赖性,所以外拓业务的可行性考量必须成为重点。

对于已经企业化运作的会展工程企业,外拓业务可行性是非常大的。工程施工标准化管理实现后，外拓业务符合施工标准并由工程主管监理即可管控品质，展具亦可实现同城、就近租赁，并可根据业务量和周期物流往返情况进行仓储设点。

外部业务拓展跟着展商走，或跟着组委会走，走出的是一条外拓的渠道和外拓业务的运作机制，同时可以带来标准化的管理并吸引高级设计、业务人员的集聚。

以伴随宁波会展业共同成长的宁波柯莱达展览服务有限公司为例，它成立于2005年，是一家具备承担展厅设计及大型会展施工运作能力的服务机构，成立初期隶属于宁波国际会议展览中心的一个工程部，后作为独立的公司运营。作为展馆直接关联的主场工程服务商，该公司专注于主场标准展位和特装展位的搭建工作。随着企业成长、行业成熟度提高、同城竞争以及展馆主场业务量的天花板效应日益凸显，柯莱达展览服务有限公司主动出击，走出宁波，成为新加坡消费电子展览会、进博会等国际展会服务商。

在扩张企业经营半径的路上，重要材料展具是绕不开的成本，相较而言，绿色环保展材的优势十分明显。与一般的展台搭建相比，绿色环保展材有以下几点优势。

(1) 保护环境。绿色会展搭建倡导展具重复利用，减少资源的浪费，同时使用绿色环保的材料，这类材料能在自然界中分解并为环境所吸收，减少垃圾的产生。在异地拓展业务时，该类材料更容易被接受。

(2) 降低成本。由于木结构循环利用率低，所以木结构的展台制作费用比较高，而绿色环保展具是可循环利用的展具，虽然前期投入高，但绿色展览搭建具有模块化、构件化、展具重复利用率高的特点，展览企业后期的经营成本会大幅降低。

(3) 提高搭建效率，降低搭建时间。绿色环保的铝合金、钢块、布饰材料展具轻便的质地、灵活多变的结构可实现快速拆装，大大缩短了搭建周期，降低了人工成本。同时绿色环保展具便于储运，利于异地搭建。

异地拓展扩大企业经营半径，在增加企业营收的同时，又能提升企业在本地的竞争力。但是，绿色展览的推进在当下仍然十分困难。

会展场馆作为会展开展的重要场所，被赋予会展现场施工管理的重要职责，但我国没有一个会展场馆管理公司制定出明确的绿色展台搭建细则。除了一线城市的一些会展场馆对会展搭建公司有准入施工许可资格的审核——只有符合消防、安全及环保要求的施工单位才能进入场馆——我国绝大部分的会展场馆没有对会展搭建公司起到施工管理和督促作用，更不用说制定绿色会展搭建的管理制度和细则了。

绿色会展搭建的三大推行主体，一是会展主办方，二是会展搭建企业，三是会展参展企业，这三大主体由于市场环境、人才缺失、传统观念难以转变等多方面的因素，给绿色展览搭建的推行造成了一定的困难。具体原因有以下几点。

首先，展台策划设计人才缺失。展台设计对于绿色搭建有十分重要的作用，由于我国大多数展台策划设计人员对绿色展览搭建定义的理解不够充分，或者对绿色环保展具的使用了解不够，导致在设计时考虑更多的是商业性的作用，没有考虑加入可循环利用的展具，因此使绿色展览搭建难以实现。

其次，会展主办方、会展参展企业、会展搭建公司的主要经营者自身的环保意识和社会责任感不够强烈，对于“低碳、绿色、环保”的绿色搭建理念理解不够，对绿色展台搭建的重要性认识不到位，思想上没有引起足够重视，有的甚至对环保报以无关紧要的态度。

再次，由于传统的会展搭建观念一时难以转变，如今大多数参展企业还是希望向专业参展观众展示一个美观、气派的展台，甚至不惜花重金大量使用各种模具、装饰、门头、灯管、玻璃材料等。在大多数参展企业的概念里，“商业利益”仍是第一位的。

最后，绿色会展搭建要求使用绿色环保、可循环利用或可自然降解的材料展具，在短期内会大大提高企业的经营成本，这使许多企业的经营者们望而却步，也是当下阻碍推行绿色会展搭建的重要原因之一。

（二）线上的突破

对于会展工程服务企业来说，线上的突破，就是为展商的线上展会进行展位设计、更新，从标准化的开始，到个性化的装修，这是一片尚不成熟的展位搭建服务市场。当所有行业都将用互联网的方式重新开启的时候，会展工程服务也不会例外。

2020 年，受到新冠肺炎疫情影响，“网上广交会”诞生。“网上广交会”对全球外贸来说，是一个新生事物，从 4 月份提出到 6 月份办展，对于外贸企业来讲，更是一次全新的尝试。线上展览的形式和线下展览相比有很大的差异，大部分的展商都是零经验，展前的准备工作由线下布展以及准备产品目录、实物样品、报价单，转变为准备产品图片、产品视频、工厂实地拍摄视频、线下实体会展场景复制、专业的英文在线直播解说等，这些全新的工作内容无疑对企业的信息技术应用能力提出了更高的要求。

以往各届广交会备展受空间限制，侧重于展位的布置装潢、参展人员的礼仪接待、面对面洽谈合作等实务性的工作。一切都发生了改变。第 127 届广交会的参展企业在云端参展，节约出的参展、酒店、交通等费用转而投入到 VR、3D、视频、图文等信息技术的应用上,用视觉冲击的形式向全球采购商展示商品信息和企业形象,通过供采对接、在线洽谈等功能,“屏对屏”完成从下单到接单的全过程。

值得注意的是,这些场景布置工作中,只有极少数具备线上设计能力的会展工程企业参与了。

除了广交会,还有很多线上会议、论坛,当各领域高级专家、学者以自家的书房、客厅等为背景开讲的时候,高端的人才和不专业的视频背景相互映衬,更使人感到会展工程服务企业在新形势下的定位亟待改变。

其实可以预见的是,如同各级网店需要包装一样,线上会展的背景设计业务也终将跟随着线上会展的普及而普及,这对于会展工程服务企业而言是一片新的业务领域,也是一次巨大的机遇。

四、构建产业链为企业深度赋能

会展工程施工,是会展工程服务的终端业务,在其上游,还有轻资产的会展工程设计企业、智慧会展企业和评估企业、绿色会展企业和评定企业、展具的设计企业、展具的生产企业、展具物流企业等。然而,目前仍有很多中小城市缺少如此完整的产业链,这需要中小城市会展企业统筹资源,形成合力,才能构建起产业链,从而为企业深度赋能。具体做法有以下 4 个方面。

(一)个体企业将自己做深,全产业布局将行业做大

将前端、中端和终端串联,将行业做深、做专,做城市的龙头企业,争取行业话语权,是会展工程服务企业的终极目标。灵通展览系统股份有限公司(以下简称“灵通展览”)是一个很好的实战样本。

灵通展览始建于 1986 年,是中国最早从事展览展示器材开发、研制和生产的专业化公司。

其遵循创新是企业长青的基石,注重自主创新和自主品牌建设,不断提高企业的核心竞争力。目前,公司拥有“一院二站三中心”(国家广告研究院展示技术与创意研究分院、江苏省博士后创新实践基地、江苏省研究生工作站、江苏省展览展示器材工程技术研究中心、江苏省级技术中心、江苏省工业设计中心),并建有机械性能室、可靠性试验室、光电试验室等。灵通展览引进国际先进加工设备,采用国际技术标准,开发、研制和生产各种展览器材、展览家具、展览电器、展具配件等 3000 多种系列产品。至今累计申请专利 289 项,其中发明专利 10 项、国际 PCT 专利 5 项、计算机设计软件著作权 1 项,并制定经国家技术监督局(现国家市场监督管理总局)批准备案的产品技术标准。

多年来，灵通展览在技术研发、行业推进、人才培训和回馈社会上做了诸多努力，通过自己的产业布局将行业做深、做全，企业同步做大做强。

（二）与做深的企业深度合作，将服务的平台做大

合作共赢是商业的通行法则。如果企业自身无法将产业链全部贯穿，那么可以在找准自身定位和核心竞争力的前提下，与同等级企业展开合作，以达到合作共赢，做大服务平台的目的。

合作方式上，则需要结合自身情况和发展目标而定。

(1) 充分发挥自身的属地资源优势或者区域布局优势，与全产业企业合作，优化成本。

(2) 互动式股权合作。以自身资源优势参与对方母公司的股权，或对方母公司以自身产业链优势参与属地公司股权。

(3) 区域布局合资方式股权合作。

（三）助力行业协会，政策和理论研究助推行业做大做强

通过行业协会，加大人才培养力度，规范行业标准，研究行业发展趋势，推动政策和理论研究。

如从企业长远发展的角度来看，使用绿色可循环利用的材料搭建展台，可以减少成本，在运输、搭建方面带来很多便利条件，但短时间内会大大提高会展企业对于展具的投入成本。如果政府加大对绿色会展搭建企业的资金补贴，提高推行绿色会展搭建的企业在展览业中的竞争力，可以大大激励更多的会展企业使用绿色环保的展具，从而实现绿色会展搭建全面推行。

这需要政府政策、市场动力、人才推动、展具材料研发等诸多因素综合发力才能实现。

（四）建立以创意、策划、设计作为核心竞争力的经营理念

提高会展设计专业人员的绿色环保意识。目前，国内会展绝大部分设计人员的绿色会展搭建意识不强。让设计师具备绿色会展搭建意识可以从以下两点对其进行培训，使他们了解绿色会展搭建设计的优势及意义。

(1) 在展具选择上，推广铝合金、钢铁、布艺构件展具的优势和价值。目前，我国会展搭建使用的材料主要以木结构为主，而木结构不仅循环使用率低，而且材料笨重，需要大量黏合剂，不利于环保。而铝合金、钢铁、布艺构件展具环保轻巧，灵活多变，方便拆装，可以被循环利用，在使用其搭建展台时也能大大减少粉尘、有害气体的产生，降低对人体的伤害。设计人员应在展台搭建设计时选用绿色环

保的铝合金结构式展具。

(2) 设计师学习理解“标准展位特装化，特装展位标准化”这一全新的设计理念。

“标准展位特装化”是将标准展位进行一些特装改造处理，使标准展位更加富有变化，满足参展企业的个性化需求。

“特装展位标准化”是特装展台利用可重复使用的铝合金构件式展具后，在展台设计时就可以完全使用国际标准尺寸的展览材料，将用来搭建特装展台的原有材料尺寸进行标准化，甚至模块化处理，这些标准材料可以按一定的原理重复组合使用，增加材料使用的次数，提高其经济价值。同时可使资源的再利用达到最大化，有利于环境的保护。

五、以绿色搭建，提升从业高度，获取未来价值

（一）什么是绿色会展搭建

绿色会展搭建包括能源绿色设计、资源有效利用、少污染或无污染及无害化设计。绿色会展搭建应具备材料环保化、特装简约化、构件标准化的特点，具体应符合以下要求。

(1) 材料。展台搭建的材料应是符合国家消防及环保标准的环保材料，尽可能使用天然材料和可回收再利用的材料，同时保证材料无毒、无害、无异味，避免或减少使用对环境产生污染的材料。

(2) 展台设计。展台设计应充分体现减量化、模块化、再使用化的特点，即在展台设计时应减少材料表面不必要的装饰，尽量选用表面不加任何装饰、镀覆的材料和可循环利用的材料。在展台结构设计上应使所设计的结构易于拆卸，便于维护，并在产品报废后能够重新回收利用。

(3) 搭建与拆除。展台的搭建和拆除应该有序、快速、简洁，现场不产生灰尘，尽量不产生噪声、异味以及有毒气体。在展台搭建和拆除时尽可能减少材料浪费和建筑垃圾的产生。

(4) 展示效果。在符合绿色会展搭建的标准的同时，展台能够展示出参展企业的经营理念、企业文化和产品形象。

（二）把握绿色会展搭建的趋势

首先，市场竞争决定绿色会展搭建的趋势。随着我国加入世界贸易组织，国内市场对外开放的规模加大，很多国外会展企业进入我国的会展行业，市场竞争

日益激烈。

时代不断发展，竞争对手增多，市场空间不断饱和，利润也将越来越小，想要在激烈的竞争中脱颖而出，处于不败之地，企业必须以“绿色会展搭建”作为经营理念，放弃以破坏环境为代价，高成本、低利用、高排放的粗放式经营方式，从而实现会展业相关技术和组织结构的升级，为增强我国会展企业的竞争优势奠定良好的经济基础和技术基础。

其次，可持续发展思想决定了绿色会展搭建的趋势。未来的会展产业发展更加注重低碳、环保，强调人与自然和谐相处的可持续发展模式。原因如下。

一是，循环经济模式作为可持续发展的最佳方案被越来越多的国家尤其是发达国家所重视。实行“绿色会展搭建”，加强会展环境保护，提高资源配置率和可循环利用率将是实现生态经济与会展经济协调发展的必经之路。

二是，可持续发展的思想决定了会展企业必须积极转换经营理念来保护日益稀缺的资源。只有优先解决展位搭建的资源配置问题，逐渐从不可再生能源转向低碳、可循环利用的新能源，才能提高会展产业的资源效率和绿色竞争力，促进会展搭建的“绿色化”。

再次，日益恶化的生态环境决定了绿色会展搭建的趋势。展台会展搭建的大部分资源和能源都来自自然界，同时，展台搭建的大部分材料也最终留存在自然环境中。但是随着会展业的快速发展，在眼前的利益驱使下，会展业已经给生态环境造成了恶劣的影响，并引发一系列环境问题。

展台设计搭建者和参展商向参展者营造了舒适美观的环境，但往往在搭建过程中破坏了自然环境。其中，花重金搭建的展台，布展用的各种模具、门头、灯管等，在会展结束后会立即拆除，转眼间变为无法降解的垃圾，破坏自然环境。

最后，绿色会展搭建对中小城市会展的举办有举足轻重的优势。如今，中小城市也愈发重视会展业的发展，但由于中小城市会展比较少、展具的使用率非常低、属地专业的展览搭建公司几乎没有等条件桎梏，使属地企业无法在最少的资金投入下，达到更好的展示效果，故展具的重复使用、绿色会展搭建显得尤为重要。绿色会展搭建展具有重复利用、运输便捷、方便储存的优势，可以较好地满足中小城市的搭建要求，并可以在相近城市重复利用相同展具，以达到会展组织者及参展商成本最小化、展示效果最优化的目的，同时也能提高会展的档次。故绿色会展搭建将是未来中小城市会展搭建的发展趋势。

发展“绿色会展搭建”对提高我国会展行业的竞争力和国内市场占有率有着非常重要的意义，同时绿色会展搭建提倡使用绿色环保的可再生展具材料，并在展台搭建期间尽量做到节能减排，可以有效地保护我们的生态环境，使会展经济与自然环境共同发展。

综上所述，中小城市会展工程服务任重道远，需要各政府部门、各机构、各会展企业的积极倡导，重点扶持，须经过几代人的不懈努力，才能真正地构建起正向循环的会展工程服务生态文明圈，在此过程中政府、展馆经营者、展商、会展工程服务企业，缺一不可。

第四节　城市会展产业链的运营

城市会展产业链的培育指的是城市治理者在充分认识和理解城市资源的基础上，运用政策、市场和法律的手段对城市资源进行整合、优化、创新而取得城市资源的有效增值，以实现城市政治、人文、经济、自然环境的持续、和谐、稳步地提升和发展的一系列治理、引导、管控、服务的组织行为。

对中小城市会展产业链的培育，是经营中小城市的一种有效工具。会展业在城市发展平台上，以城市所举办的会议、展览、节庆活动等为载体，以政府主导、市场化运作为发展方式，以城市良好的基础配套设施、较为完善的产业结构、较好的经济发展情况等作为发展的基础，对实现中小城市的政治、人文、经济和自然环境的和谐共荣有着不可或缺的重要推动作用。基于众多中小城市的实践经验，城市会展产业链的运营是中小城市会展业发展的先决条件。

本节将从中小城市会展产业链的运营的内容、空间、模式和发展战略四个维度来进行介绍。

一、中小城市会展产业链运营的内容

中小城市没有中心城市的天然集聚和虹吸能力，但会展产业可以帮助中小城市实现和提升这种能力。所以，中小城市的政府在城市会展产业链的运营层面上需要对会展业的发展进行设计，可以通过城市的规划、对会展业政策的研究、营销推广、企业的管理、人才的培育五个方面的内容来实现城市对会展产业链的运营管理。

（一）研究城市规划与会展业

城市规划是会展业发展的前提和基础。办展的规模、档次、投资等都基于城市规划。对于中小城市而言，想通过会展业来实现自身的提升和转变，理应把会展业置于战略性位置的高度，因此合理的城市规划必不可少。

1. 城市规划影响会展业的起步和发展,有胜于无,匹配为优

会展业最早在我国出现大约在二十世纪八九十年代,这从侧面反映了在改革开放前我国的城市规划不合理,城市发展落后,一定程度导致会展业起步晚。之后,随着科学发展观的提出,政府逐渐将"以人为本"的理念融入城市规划中,并直接体现在会展场馆建造之中。进入二十一世纪以后,兴起的展馆兴建潮就是最好的例证。

随着大批展馆的投建和交付,会展业在全国快速兴起。"一带一路"倡议的提出,进一步促进我国会展业的发展,如今我国会展业已经跻身全球会展业强国的行列。因此,一个城市会展业的发展很大程度上受限于其规划的会展设施,需要注意的是,展馆不是越大越好,也不是越奇特越有影响力,展馆的规划一切要从城市的文化、经济、产业的匹配度出发来考虑,这需要城市治理者统筹考量,并邀请专业的会展人参与设计咨询,只有这样才会达到事半功倍的效果。

2. 城市的规划不能一蹴而就,更不能故步自封,需要持续改进和完善

随着时代的发展、城市的扩大和人民精神文化需求的日益提升,代表城市政治、经济、文化的交流展示中心的建设和升级也需与时俱进。

这里举个例子来说明。据统计,2007 年至 2014 年,西安曲江国际会展中心和曲江国际会议中心成功举办承接各类展览、会议、活动等近 1800 余场,参观人数达 2000 余万人次,占据了陕西会展行业 90%以上的市场份额。然而西安曲江国际会展中心无论从展馆面积、配套设施、活动体验度等方面,都难以紧跟西安会展业快速发展的步伐。会展中心举办活动所带来的强大的车流、人流,已经对其周围不完善的基础设施产生了巨大的压力。西安市政府遂决策迁址并升级改善为西安丝路国际会展中心,新馆总占地约 1243 亩,位于西安浐灞生态区灞河之滨,毗邻西安世园会会址——世博园,紧邻东三环,地铁三号线可直达。这证明了西安市政府发现了城市规划中的不合理部分并积极改造,从而更好地促进西安会展业持续、协调发展。

3. 城市规划中会展业的发展,不仅仅局限于会展场馆的建造,还需要规划会展业发展的机制和模式

经济发达的中小城市有条件建展馆当然最好,没有条件怎么办?因地制宜是个好办法。许多贫困县为打赢脱贫攻坚战,充分结合了县域会展活动的作用和当地的自然优势因地制宜地规划了会展业发展的机制和模式。被称为"自行车名县"的河北省平乡县根据其早年形成的自行车零件作坊和交易集市,积极引导当地企业发展自行车和童车生产。从 2011 年开始,平乡县人民政府与中国自行车协会、河北省自行车行业协会连续举办中国・北方(平乡)国际自行车、童车玩具

博览会;还把2018中国邢台·绿色太行国际公路自行车赛的赛段引进平乡。由此,平乡县一年两届的自行车童车展声名鹊起,吸引了大量国内外采购商前来参展,带动了当地经济的发展。

(二)研究会展业产业链发展政策

1. 会展业的贡献值促使城市治理者研究对其有推动作用的政策

会展业与旅游业、房地产业并称为21世纪三大"无烟产业",能够有效拉动城市经济发展,促进产业结构完善,提升城市形象以及知名度。从全球范围来看,据统计,全球会展产业每年直接经济效益超过3000亿美元,为世界经济带来的增长总额超过30000亿美元,约占全球GDP总和的4%;从地方效应来看,如贵州有毕节市政府研究其自身优劣势(毕节位于我国内陆,其相较沿海地区相对落后,但其优势是拥有独特的地理位置和丰富的旅游资源)于2018年12月20日印发了《关于推进会展业改革发展的实施意见》,进一步明确毕节市会展业改革发展的原则目标、重点任务和保障措施,取得了良好的效果。

2. 从哪些方面着手研究推动会展业发展的政策是城市治理者的功课

如今,越来越多的中小城市政府积极研究并出台促进会展业发展的相关政策,这也从侧面说明利用会展业带动城市经济发展已然成为一种趋势。

如何利用会展业来促进城市经济发展,尤其是经济发展相对滞后的中小城市如何利用会展业来实现后发赶超的目标,这成了政府在城市会展运营中必须解决的问题,其中主要包含三方面的内容,即会展品牌的培育、会展主体的扶持以及会展环境的营造。也就是研究如何实现对会展、对企业、对从业人员的培育和扶持;如何对相关职能部门的支持和协调配合中的职责及力度予以界定;如何匹配资金、资源和机制来创造良好的产业营商环境,使城市能够吸引做会展的人和企业前来,呵护和促进城市自有展会品牌的成长。

这是各级政府发展会展业的必修课。谁做得更系统、更有前瞻性、力度更大、速度更快,其会展业的市场化成熟度也会更高。

(三)研究城市会展业的推广营销

1. 推广营销是会展业运营的重要内容

"好酒也怕巷子深"。会展业本身就是一个推广营销的组合拳,如何把这套组合拳的品牌和内涵推广出去,对会展业运营很重要。

2. 推广营销的主体和方式

城市会展业的推广营销是典型的政府搭台、企业唱戏,可以通过召开综合性会议,推广相关城市的会展业,形成城市的会展品牌并加以宣传推广,达到提升该城市会展业知名度的目的。

以召开综合性会议来推广城市会展业的例子层出不穷。譬如,2018 年 12 月,青岛西海岸新区会展产业专题推介会在上海成功举办,此次会议旨在宣传推介青岛西海岸新区会展环境和会展政策,会议共有各大行业协会领导、知名会展企业负责人、会展专家学者等近百人应邀出席。此次推介会对于青岛西海岸新区而言,更是向外介绍其会展发展政策和环境的一个机遇,通过介绍推广该地区基础设施、发展战略、现有产业和办展环境等,有助于推动青岛加快实施"国际化、品牌化、专业化、特色化"的会展业发展战略。

（四）研究城市会展企业的平台机制

1. 会展企业的概念和重要性

会展企业,是指从事会展业的企业,主体是场馆经营管理企业和组展办展企业,配套有搭展服务企业以及服务会展业为主的物流企业、策划咨询企业、会议服务企业、酒店服务企业等,是会展策划咨询企业、场馆经营企业、管理企业、主办企业、配套服务企业的总称,是会展业的市场主体。没有企业就没有产业,没有产业就没有市场。关注、培育和管理企业就是关注、培育和管理市场。

鉴于会展业对产、城、人的融合要求,使会展行业成为城市宣传的窗口、待客的大厅、产业的平台。因此,一个城市有多少会展企业,城市对会展企业是否有效管理,管理程度如何,这些问题的答案将充分体现城市对发展会展业的理念积极与否、城市会展理念落地的抓手充分与否。

城市对于支撑会展业运转的会展企业进行管理的重大意义主要在于:形成坚定而长远的顶层设计(理念先行)、职能辅助(标准规范)、全民参与(有力执行)的机制;为会展企业发展的充分市场化提供良好的、长效的、开放的营商环境,持续面向区域、国内、国外的目标企业和人才塑造,展示和传递城市良好的营商、就业、生活环境。

2. 会展企业的层次

当下,伴随我国经济的高速发展,会展业经历了从野蛮生长到自然成长的过程,城市的发展规划也更加理性,政府需要逐步加强对城市会展业中的平台企业、重点企业、关联企业纳入会展企业的管理范围的进程。将其经营情况、行业影响力情况和城市发展贡献度情况纳入日常管理范围。

(1) 平台企业。

平台企业,指属地中心展馆的经营企业和管理企业。鉴于展馆的中心效应和专业效能,一个城市 90%以上的专业展会和大型消费类展会都是在中心展馆完成的,这些中心展馆的经营企业基本衔接了城市的主要展览资源和配套服务企业。

这类中心展馆的经营企业是城市会展企业中当之无愧的平台企业(由于城市建设和经济发展的需要,有些发展会展业历史较长的城市已有两个或多个展馆,有一个或多个展馆经营企业和管理企业)。

将平台企业纳入城市对会展企业进行管理的范围,这一举措直接关系到当地会展业是否能够健康发展。在国内未来很长一段时间内,将平台企业纳入管理范围的首要原因还是政治需要,作为政府主导品牌展会、城市窗口展会必需的场地,时间和定向需求的无条件服从性需要与中枢企业充分对接并全方位部署,以保障城市会客厅和形象窗口的定向功能需求。其次,是避免同城竞争的统筹需要,主要是“一城双心”或“一个中心多个副中心”造成的同城多馆同时经营,从而出现拉低品牌展会门槛、恶性竞争或饥饱不匀的资源浪费情况。

(2) 重点企业。

重点企业,指属地品牌主办企业、国内品牌主办企业、国际品牌企业。一个城市会展经济的效能大小很大程度上取决于这个城市能够培育多少基于属地产业的品牌展和吸引多少主办方定点来办展。这些企业是带领本地产业走出去、引进外地产业走进来的桥梁企业,它们运作或者需要培育期,或者需要阶段性的特定支持,它们的发展和壮大与城市会展产业的蓬勃发展息息相关。

(3) 配套企业。

配套企业,指属地产业龙头企业、国内外品牌会展咨询企业、属地品牌会展咨询企业、大型配套服务企业(酒店企业、搭建企业、现场服务企业)。这些企业或有吸引同类产业上下游企业落户的能力,或有系统性解决问题的能力,或有现场服务的支撑能力,是产、城、人融合的重要基础。

综上,平台企业、重点企业和配套企业是城市发展会展产业的重中之重,此三者在城市会展产业中独立、并行,分属产业中的佼佼者。也可以借天时、地利、人和之便,组成大型会展企业集团,涵盖咨询策划、场馆建设、场馆经营和管理、品牌会展主办、会展搭建等会展全流程服务与管理。不管是哪一种,作为重视城市会展产业发展的城市治理者,都应将其纳入管理范围,从而促进产业链各企业的良性互动。

3. 城市对会展企业进行管理的层次

第一层,理念管理。通过城市会展业发展的顾问团和首席顾问机制建设解决会展产业发展中的顶层设计和执行中的系统性问题。

第二层,法制管理。配套相应的政策制度及一定范围内的管理规定,尤其对于有能力制定地方性法规的城市,可以充分运用法制工具规范行业健康发展。

第三层,机制管理。出台推动城市会展产业发展的系列政策,围绕全民全域会展的主办企业,配套出台服务企业的推动机制。

第四层,参数管理。对纳入管理范畴的企业进行参数监测管理,建立数据监测共享机制。对比城市经济统计参数,为会展产业的政策调整提供依据,为纳入管理范畴的企业提供标准化专业平台的对接提供依据。

第五层,俱乐部管理。对纳入管理范畴的企业进行平台交流管理,区分企业平台和精英人才平台,对接上级城市或区域,搭建“走出去、引进来”的绿色通道。

(五)研究会展人才的培育

1. 专业人才短缺亟待弥补

被人们誉为“朝阳产业”的会展业,专业人才短缺成为制约其快速发展的一大阻碍。

据了解,近年来大多数学生(包含会展专业院校毕业生)在面临毕业时很多会选择报考研究生或公务员,到银行、国有企业工作,而真正进入会展业工作的专业人才寥寥无几。这一方面说明人们对会展业的认识还不够全面不够深入,从另一方面也说明培养会展专业人才,为该行业注入大量新生力量已迫在眉睫。

2. 产教融合是专业人才培育的重要方式

基于会展人才短缺的现状,在城市会展教育和人才培育规划中需要系统性地考虑会展业人才的培养问题。

2019 年,国家出台了《关于印发国家产教融合建设试点实施方案的通知》(发改社会〔2019〕1558 号),发展改革委、教育部关于印发《建设产教融合型企业实施办法(试行)》的通知(发改社会〔2019〕590 号),将产教融合覆盖到城市、行业、企业。会展业是每个城市治理者高度关注的行业,这个行业的人才吸纳和培养离不开产业的快速发展,产教融合的培育模式将为行业贡献大批高质量、适用型人才。在实践中可采取的方式和方法也是多种多样的。

各地政府应当鼓励更多高校开设会展相关专业,从根本上增加人才的专业知识;鼓励国内外合作办学,学习国外优秀的会展经验。

3. 采取产教融合措施

积极建设培育一批深度参与产教融合、校企合作、在职业院校(含技工院校)、高等学校办学和深化改革中发挥重要作用的产教融合型企业。

4. 可以利用企业裂变产生人才或是从相近产业引进人才

政府不生产人才,但可以用无形的手去促进人才的聚集。因此,短缺是一个现象,需要城市治理者的关注并制定有效措施,从多个角度剖析问题并落实下去,人才短缺的问题即可迎刃而解。

二、城市会展产业链运营的空间

会展的起源可以追溯到新石器时代。工具的使用促进了生产力的发展，人们就产生了交换的欲望，随之出现了交换场所，从而完成“物物交换”。到了农耕社会，人们往往在庆祝丰收、欢度喜庆的节日里自发进行交易活动。随着社会和经济的发展，产品日益丰富，逐渐形成了定期的、有固定场所的展示及贸易的集会，这称之为“集市”或“庙会”，这便是会展的雏形，也是会展业的萌芽。

现代会展业的发展空间实际上是整座城市，基本上可分为三类，专业空间、兼容空间以及临时借用的空间。

（一）专业空间

专业空间一般指的是每个城市专门举办会展的场所，例如会议展览中心、大剧院等。毋庸置疑，大多数展会都会在这些场所举办。

1. 专业展馆为主的展馆设施群是当前城市展馆建设的常见形式

例如，宁波国际会议展览中心是宁波市政府投资建造的大型现代化展览场馆，地处宁波市六区中央，成为宁波市东部新城区总体规划的核心区。并设有12.3万平方米的世纪文化广场、迎宾广场，环境舒适优美，展馆气势恢宏、空间宽阔、功能齐全、交通便利，富有强烈的时代气息。几乎每周都有展会在宁波国际会议展览中心举办，在此举办的展会数量多，因此得到参展商和广大消费者的信任，成为宁波市一座标志性的建筑。

2. 会展综合体融合展、会、商业、酒店、公寓等功能于一身，多功能是未来展馆建设的趋势

以成都世纪城新国际会展中心为例，其是目前国内运营非常成功的会展综合体之一，其经济效益在业内名声斐然。成都世纪城新国际会展中心(以下简称“世纪城”)位于成都市城南高新区。整个项目分为展馆区、国际会议区、酒店及文化设施区、商务办公区、商业住宅区五个部分，总建筑面积约173万平方米。“世纪城”分为五大功能区，东侧为展馆区，展馆呈扇形向府南河展开，共17个大小展馆，总建筑面积12万平方米。“世纪城”是当时中国西部建筑规模最大、功能配套最完备、设施最先进的多功能会议会展中心。展馆被赋予了多种功能，可合并在一起满足各种大型展览的需要，也可将其分割举办诸如大型集会、演唱会、体育比赛等活动。

（二）兼容空间

所谓兼容空间是指用于其他活动同时可以用来举办会展相关活动的场所，如城市商业广场、游乐场所等。

这里以家电行业为例。激烈的竞争使家电经营者们绞尽脑汁，促销增效、降价竞争、买一送十，各种招数层出不穷。但因厂家、商家太多，商家赚钱很难。因此，一些家电商改变了经营方式，直接在人流量较多的商场定期召开展销会，一期一个主题，效果颇佳。据了解，一些商场每举办一次这样的展销会，其客流量就会是平时的二至三倍。2019 年 3 月，无锡区域苏宁易购 & 万达广场家电嗨购节启动仪式在滨湖万达广场举行，此次嗨购节以超大的优惠幅度吸引广大消费者，满足消费者“血拼”的购物欲望。再例如，太湖南岸，总投资 251 亿元的太湖龙之梦乐园，是中国较大的休闲旅游综合体，可以一站式实现吃、住、行、游、购、娱、养、育、展，湖州市利用其巨大的客流量来增加该地展会的人气。

（三）其他城市公共空间的利用

在一个城市会展业刚起步的阶段，一般还未建成专门的会展场馆之时，尤其是中小城市的城市人口流动量有限，如遇活动需要还可以封路以提供活动场所，如中国(宁海)徐霞客开游节每年举办之际，便会封住徐霞客大道作为游行场地，全民参与，场面盛大。

2017 年 10 月 15 日，在意大利举行的国际中体联执委会会议上，中国福建有晋江市获得 2020 年第 18 届世界中学生运动会(因疫情延期至 2022 年 11 月举办)举办权。这是我国继 1998 年在上海市举办第 11 届世界中学生运动会后，第二次举办世界中学生运动会。该运动会便是借用了学校作为举办运动会的空间。

除此之外，许多城市都会举办马拉松比赛，为保证比赛的顺利进行一般会采取封道措施，但是这会严重影响城市的交通，难免给城市的交通带来压力，给市民的出行带来不便。因而随着城市经济的发展和会展业办展层次的逐步提高，城市更多地以在专业空间和兼用空间为主举办展会，而“马路办展”的形式则相对减少。

三、城市会展产业链培育的模式

会展产业是通过举办大型会议和展览，来带动当地的旅游、交通运输、饭店及相关服务业的一种新兴产业。在城市运营过程中，根据不同的主体，会展业产业链发展的模式可分为三种，即政府为主体的模式、中介组织为主体的模式和市场为主体的模式。

（一）政府为主体模式

所谓政府为主体的会展发展模式，就是指以政府为经营主体的会展产业发展模式。这种模式强调政府背景下对市场强有力的宏观调控能力。如今出现了一种政府为主体的新模式"政府小而强"，所谓"小"指的是政府管理会展业的人数不多，而"强"指的是政府可以强有力地管理和规划会展业，利用行政手段考核人员，利用经济手段补助资金，利用专业手段调配资源等，以此来推动会展业的发展。简而言之，在这种模式下会形成一种"政府花钱买服务"的现象，由政府出资让许多行业的人投入到会展的筹办当中。例如，世博会、中国国际工业博览会、广交会等众多知名展会都是如此。

（二）中介组织为主体模式

中介组织为主体的会展发展模式中，中介组织大致可分为学校、协会、会展中心、媒体四方。这四者在会展业发展过程中分别扮演着不同的角色，发挥着无可替代的作用，同时也是内外交流的节点。

通常来说，学校通过开设会展相关专业来培养人才，也会研究会展业的相关课题，从根本上增加人才的专业知识。

协会则充当企业和政府中间桥梁的角色，会展行业协会主要在规范行业秩序、改进行业健康发展等方面发挥着重要的作用。

会展中心的建立有利于招揽更多的会议、展览，吸引参会者、参展商到该城市来消费，并拉动酒店、旅游、交通、购物、娱乐、餐饮等多个行业的发展，有利于对外宣传城市，促进商贸文化交流，吸引投资等，最终促进城市经济的持续发展。

媒体则是通过新闻报道的方式宣传推广，从而提升会展的知名度，更好地让大众了解相关会展。

（三）市场为主体模式

市场为主体的会展发展模式异于前两种，主要依靠市场形成一种"大而活"的状态。"大"指的是市场中办会的主体多，有许多强大的会展企业；"活"指的是市场中会展的发展机智灵活。

在会展业发达国家或地区，无论是哪一种会展业管理模式，其作用机制都是通过市场化运作来实现的。充分发挥市场机制，使市场主体——会展企业积极参与市场竞争，通过提高自身竞争力，进而不断成长、壮大。政府和中介组织一般在市场调节失灵的条件下发挥作用，维护市场秩序，保证市场正常运转。

例如,我国香港地区会展业的市场化程度很高,香港将会展活动视为纯粹的商业活动,政府可以提供必要的财政支持以改善外围环境,创造有利于会展业发展的运行条件,但绝不过多介入和插手会展行业的管理。香港特区政府基本上对会展业不做任何限制,也从不直接参与展会的组织与管理,绝不干涉会展企业的正常经营活动。

四、未来中小城市产业链发展的趋势

在智能化与产业融合、信息化与生活相依的新时代,产业融合的未来城市如何利用新会展提高知名度、提升城市品质是一个具有战略意义的区域会展发展课题。因此,未来中小城市会展业将呈现如下发展趋势。

(一)形成平台化发展的趋势

会展业的行业特性将越来越清晰地呈现平台功能和平台机制,每个城市的中心展馆会承载大部分的平台作用。在未来,基于会展业平台将实现多业态的融合、线上线下同步发展的融合、新媒体与会展的融合,参与会展的客户将得到平台式、全方位的服务。

1. 形成多业态融合发展的平台

中小城市的会展业将会融合多种业态,共同发展。一方面,会展综合体因其高性价比和实用性将得到更多政府和市场的认可;另一方面,全域会展将会同全域旅游一样积极融合旅游、文化及各行业。

2. 形成线上线下同步发展的平台

客户一次参展,展会常年服务或将成为现实。因互联网、物联网的发展,在传媒与技术支持下,中小城市将会在线上和线下两个维度,通过多种方式展开会展活动,打造自身品牌会展的可能性增大。

3. 形成新媒体与会展融合的平台

会展业的链接与交易效率将因为新媒体的加持而不断升级和优化,跨区域、跨国的招商和推介将因为网络、电视会议、短视频社交软件、小程序等新媒体渠道的参与而呈现更多的惊喜与可能。

(二)迎来快速发展的多项利好条件

1. 迎来会展业成为现代服务业支柱产业的时代

在中小城市经济不断发展的背景下,会展产业的培育将作为中小城市营运中的重要组成部分。

2. 迎来城市群或区域一体化发展的时代

更多的区域性中小城市会展业将以区域一体化的形式出现,以便进行会展资源的共享和运用。

3. 迎来品牌展会资源下沉的时代

在大的经济发展趋势下,国际性的知名会展企业会越来越多下沉到中小城市办展,为中小城市的会展产业链培育奠定基础。

4. 迎来专业的咨询服务机构市场化时代

行业的快速发展趋势,以及中心城市会展资源和会展人才的外溢,将为中小城市催生出一批服务于中小城市会展的专业的研究机构和中介机构。

综上所述,在会展业发展过程中的关注重点逐渐由参展商变为专业观众,由成交结果和展会形式转变成以服务和内容为核心、以设施配套为王。中小城市发展会展产业链需要将产业提高到城市营运的高度,从城市的营运角度去布局会展链的内容、空间、模式和战略。

第七章　会展综合体子功能的业态经营

会展综合体子功能的业态经营是整个综合体经营成功与否的关键要素，要持续不断地保持会展综合体良好的经营状态，其子功能良好的经营方式将是会展综合体能“永葆青春”的秘诀，前面的章节已经从综合体的规划、设计建设到主功能——会展中心场馆的营运方面做了阐述。如果说在策划阶段，需要根据中小城市的定位使整体项目的策划尽量靠近“大而全”的理念，那么从经营的角度来讲，会展综合体的主、子功能业态应根据细分市场的情况来合理经营，以避免使会展综合体在经营同质化和互联网、大数据应用的冲击下陷入岌岌可危的境地。所以在会展综合体的具体业态经营布局上，应当充分利用其“会展”特色，从策划项目阶段开始，在各主、子功能植入“小而美”的理念，使其成为会展综合体的一大亮点。

第一节　会展型酒店的经营

一、会展业与酒店业的关系

会展业是赋能城市经济、产业经济、文旅经济、城市品牌等方面的智慧型产业，它与酒店业的融合发展，越来越被人们关注、研究并实践。

（一）会展业对酒店业的赋能效应关系

会展业具有大人流、大物流、大信息流的特征，这为综合体内外的酒店提供了基础性客源，例如广交会和 G20 杭州峰会均有上百个国家和地区的国家元首和外商客户参加，为会展酒店及所在城市酒店业（甚至溢出到周边的城市酒店业）提供了很大的发展空间，使这些城市的酒店业无论是数量和质量方面均得到了提升和改善。

（二）酒店业对会展业的反哺效应关系

由于酒店能够在国际性会展期间得到其他发达地区和世界各国更先进的思

想理念,受到文化交融的影响,酒店能接收到更多先进的服务信息,从而反过来给大型的会展活动、国际化的会议展览活动提供更高层次、更多内容、更多元化的服务,从而对会展业发展产生反哺效应。

(三) 会展业与酒店业之间的融合发展关系

会展业经过近几十年的产业化发展,促进了传统酒店业发展,通过会展业为酒店业赋能,以及酒店业反哺会展业,二者已经进入到一个崭新的融合发展阶段,成为中小城市的会展综合体的主、子功能业态,是会展综合体建设中不可分割的"孪生兄弟",引领会展综合体其他子功能业态的经营状态。

二、会展型酒店的突出特征

会展型酒店是以会议、展览、展销等活动为主要业务的酒店,以下为其主要特征。

(1) 酒店规模相对要求较大,瞬间人流、物流量比较集中。

(2) 会展客人对酒店除客房以外的需求会比较大(例如吃、行、游、购、娱),因而对会展综合体的其他业态(例如会展商业街区)和所在城市其他行业的影响也比城市普通旅游业要大。

(3) 参展客人在酒店的逗留周期相对比较长,一般一个展会期间包括展前的准备和展后的收尾,参展客人一般比以旅游为目的入住酒店的客人高出一倍的停留时间,多的时候甚至会超过十天。

(4) 对酒店设备设施、软硬件服务要求相对较高,特别是会展服务方面,应当具备基本满足会展要求的设备设施(例如,会场硬件方面要求具备同声翻译系统,软件方面要求具备适应世界各国来宾的服务语言),提供服务的人员要有较高的素质和知识水平。

(5) 由于会展期间各种会议、展览、活动等时间安排紧凑,节奏感强,因此要求酒店组织计划实施过程更加严密,效率更高。

(6) 会展型酒店经营风险相对较大,由于会展综合体或者会展中心的建设规模相对较大,因此在中小城市一般会选择更偏远的地域作为项目目的地,与城市酒店不同的是,酒店在会展活动期间的爆满和空展期间出现的冷清对比相当强烈,这就是会展型酒店的淡旺季悬殊的差别和经营风险之所在。这也是中小城市在会展建设过程中必须要考虑以综合体的建筑形式,用不同业态的经营来相互聚集人气的原因之一。

三、会展型酒店的经营模式

基于会展业与酒店业的相互融合关系以及会展型酒店的特征,在会展综合体内的会展型酒店经营管理模式应当紧紧围绕以下基本点来制定相应产品定位和经营策略。

(一) 用逆向思维定位产品策略

不管是大城市的会展中心还是中小城市的会展综合体,会展活动与酒店的产品犹如伴侣关系,而经营模式则往往决定着产品的定位。首先,要从设计好产品开始,必须以有效经营管理的角度作为起点来逆向思维,遵循按经营方式——项目产品设计——产品定位——整体营销策划——规划设计建设——投用的流程。

(1) 会展型酒店是会展业与酒店业的天然结合,因此在经营效果方面是普通酒店无法比拟的。

(2) 会展型酒店在功能设置上应考虑会展中心的特性以及相关活动场地的功能性(例如,会议场地),互造通道(小环境、小通道),从而使会展型酒店的客人无须在会展活动和酒店之间来回穿梭,这是会展型酒店拥有会展中心的天然属性和优势。

(3) 会展型酒店由于入住客人的商务特性更明显,所以对酒店有"高品质、严要求、深需求"的要求,因此酒店在产品设计和定位时要更注重为高端消费者开发相应的衍生产品(例如,可以对城市会展文旅系列产品进行深度开发),乃至联动社会力量以满足客人的高端需求。

(二) 用融合思维制定营销策略

酒店是会展的酒店,会展是酒店的会展。因此宣传融合、服务融合、营销服务等各项服务的融合是会展型酒店营销策略的核心理念。

(1) "会展+休闲"的品牌策略是基调。依托会展商务的资源,因地制宜地做好休闲产品的延伸开发,并利用城市其他合适资源,进行营销合作并组合成新产品。

(2) 会展管家式服务策略是手段。给予参加会展活动的商务客人参会前、中、后期提供一站式管家服务——会展管家,让会展主办方、参会人、客商得到 24 小时的专门服务,这在客观和主观上,都分担了会展中心部分服务职责,使会展活动除了商务以外平添几分轻松。

(3) 融入个性化服务策略是亮点。会展商务有别于普通城市酒店的需求,因此"一对一"个性化服务对于会展型酒店服务而言,应升华为"满意+惊喜"服务理念。

(4) 会展与酒店一体化发展策略是核心。“酒店会展化,会展酒店化”,特别是在建筑功能、商务人文服务的体现上,应当成为互造环境、互通信息、互相补台、互为服务的城市窗口服务的典范。会展与酒店在策略上联手打出会展型酒店产品营销的“组合拳”。

(三) 用闭环思维组织管理策略

会展型酒店的组织、管理、计划、实施要求远远高于普通酒店的营运,由于会展型酒店的即时性,短时间浓缩了各种流量,因此管理策略应当紧紧围绕突发性、高服务性来组织。

(1) 人力资源的保障是组织实施管理的第一要素。特别是中小城市的会展型酒店由于其本身在城市群中的地位特性,相对于大城市而言,专门的会展和酒店,或者会展和酒店融合型高素质人才相对稀缺,而会议、展览、展销等活动会有来自国内外的商务客人聚集,无论是语言、文化、生活习惯和工作习惯都将是对会展型酒店的严峻挑战。会展知识、会展与酒店业的交叉知识、会展与城市产业的专业知识都是会展型酒店从业人员必须要具备的。

(2) 会展期间的会展活动系列性强、计划性强。在短短的几天时间内,要在目的地甚至完成多达几十项的“会、展、节、赛、演”活动,有时候,同一时段在不同的场地要举行好几场会议、活动,这就要求会展型酒店目的地管理服务计划的时效性、紧凑性必须要达到一个新高度,更需要有强有力的计划和规范。制定特别的应急程序尤为重要。

(3) 精良的设备设施是会展型酒店的硬件保障。会展期间的酒店及配套设施均处于满负荷的运行状态,因此设备设施的日常巡检保养和定期模拟运行是最基本的保障,需做到万无一失。又譬如,会展活动往往选择拥有良好的视听服务设施的酒店,酒店活动空间的大小和设计、会展中心与酒店的通道畅通情况、展览会议搭建服务材料的运送进出口方便与否,都将对装卸、物流搬运材料产生极大的影响,因此精良的设备设施是会展型酒店在设计、建设时的必选项,也展现出会展型酒店的专业性。

(四) 会展型酒店的未来展望

我国会展业起步比较晚,特别是作为一个相对独立的会展经济形态来研究产业化的发展更是在初级阶段。随着与城市经济、城市产业的融合发展,城市对会展业的研究也正在发展中,所以会展型酒店作为会展业与酒店业两种行业的交叉融合的产物,会展与酒店相得益彰的市场实践、标准化的理论研究依然是激发会展型酒店活力的前沿阵地。以上几个章节都是在努力探讨二者融合发展的方方面面，以求达成业界共识，为酒店业与会展业的新融合做出有益的分析和思考。

如今，我国会展业发展进入了大踏步发展的新时期，例如“上海世博会”“G20杭州峰会”“北京世园会”“上海进博会”等均已在国际政治、经济、文化的舞台上绽放出耀眼的光芒，会展的“中国实践”已经得到世界的认可。

“会展的酒店”随着会展的蓬勃发展也正在迈向新的高度。未来，在国际化、一体化、专业融合化的趋势下，会展型酒店会形成自己的服务标准和体系。特别是在中小城市的会展综合体中，会展型酒店的“会展＋酒店”的依存发展关系更彰显出其可持续经营的重要特征。

第二节　会展商务办公(会展创意园)业态经营

商务办公业态是中小城市会展综合体的重要子功能之一，相对于经济总量比较大的城市而言，这一子功能的经营策划、区位规划和功能设计以及建设、业态营运显得更难却更重要，对会展综合体在城市经济发展中的产城结合、产业扶持、人才培育起到了极大的作用，是承担会展中心业态的经营与其他子功能业态经营任务的中坚力量。因此笔者认为，在商务办公业态经营中应当做足“会展”“综合体”五字文章，特别是对“会展”这个主题词汇、主题产业，结合“综合体”中其他业态(例如，创意公寓、会展街区、会展型酒店、可能设置的公共建筑如旅游集散中心等)进行一体化的营销主题策划——目标客户定位——招商孵化政策——营运管理创新等几方面的剖析。

一、营销主题策划是灵魂

建筑是凝固的音乐，综合体是凝固的交响乐，合奏的音乐既需要各自乐器成熟的配合，更需要在协作中拥有自己的灵魂。中小城市会展综合体内的商务办公业态在整体项目的规划中应扮演着“交响乐”中“小提琴”主奏乐器的重要角色，以此来设计规模容量，建筑本体的区域内规划和功能布局。

(一) 从商务办公特色形象来讲，位置、个性和入口要突出适应大众需求和吸引大众的特点

1. 位置

办公功能的公共性比会展综合体内的会展中心、酒店、商业街区的公共性要弱，所以应将其设置在综合体的相对独立位置比较适宜。

2. 个性

商务办公建筑外立面与门厅的设计能给人留下深刻的办公功能的印象,因此特别重要,使其具有高识别性。

3. 入口

入口应设置在能从城市外部空间被便捷地识别且方便进出的地方,最好能直接面对知名街道以提高会展综合体中的商务知名度。

(二)从会展特性来讲,应围绕以会展业和其他相融合的产业作为营销主题设计的核心内容

类似的营销主题包括会展产业园(楼)、会展文创园(楼)以及会展创意大厦等。

(三)从空间布局来讲,可采用上下结构和平面结构来布局

(1) 如果是整幢楼垂直高楼特性的设计,则产业园呈上下结构布局。

(2) 如果是低层多层建筑特性设计,则产业园呈现平面布局,类似的产业园有以街区型、联合会展综合体为主的"会展主题小镇"。

二、目标客户定位是内容

在中小城市会展产业链及相关企业中,大多规模较小、经营分散。为此会展商务办公业态在会展综合体中应以产业园的形式起到集聚、引领会展业整体发展的作用,因此在定位目标客户后,应优先组织以下客户进驻。

(1) 会展产业链的核心企业。如展览、会议、活动组织公司,展览设计搭建工程公司,展示设计公司,现场礼仪服务公司等。

(2) 与会展业相融合的、需要会展业助推的城市龙头产业的头部、腰部企业的常驻分支机构,主要与城市举办产业会展活动的企业相对接。

(3) 会展产业链的上下游企业。如展览展示工程的材料制造商(标准展具、网架),运输物流公司的分支机构,旅游服务公司等。

(4) 行业协会类。文化创意类及关联企业,如广告公司、工艺美术设计公司、影视制作及创作表演服务企业、展览新闻传媒、公关公司等。

(5) 其他配套类服务企业。如金融服务,互联网大数据公司等。

三、招商孵化政策是抓手

(1) 政府制定出台会展业孵化扶持政策，对入驻商务办公的企业和引展办展企业建立孵化基金，予以奖励和资金扶持、税收优惠、装修款补贴等政策。

(2) 商务办公除“会展产业园”政府推动项目的特殊扶持政策外，还可以针对入驻企业出台相应的房租减免政策，实施营业收入税收政策，贡献“一司一策”的招商政策等。

(3) 其他有可能的行业、产业扶持政策。包括会展综合体内可销售商品房优先优惠、购房补贴、人才安置补贴和就业补贴等立体政策手段。

四、持续营运管理是关键

(1) 抓好会展产业与城市产业、城市产业与产业之间的会展赋能式资源互动。特别是会展产业园区内的企业资源互动性的加强，达到肥水不流外人田，建立园区内会展产业链及上下游企业的资源互享联席会制度，让大家感觉到园区就是一个大家庭，相信凝聚的力量是强大的。

(2) 创造业余生活服务平台，特别是会展行业的从业人员多以年轻、高知识分子为主，他们在会展、活动期间高速运转，需要丰富他们闲暇时的业余生活来减压，可以借助职工文化线上线下交流平台，举办各种文化、体育活动比赛、健康文化讲座等活动。

(3) 协同政府、街道、社区设立“会展社区”，使企业与企业、企业人员与企业人员之间和谐融洽，挖掘会展企业人的“社区”特性，以“未来社区”建设思路来管理服务企业，创造“商务社区服务”新概念。

第三节　会展商业街区的经营

会展商业街区在中小城市会展综合体的所有业态中经营性最强，是连接其他所有业态的桥梁，其会展特征明显，与传统商业街区相比，应当从会展综合体项目的筹划阶段预先导入经营理念和思路，策划所有业态时商业街区应作为会展综合体内经营的灵魂。如果把会展综合体比作是一部《西厢记》，那么会展中心主功能就是女主角崔莺莺，而会展商业街区则是充满灵性的红娘，扮演着协调会展综合体主、子功能的角色。

一、会展商业街区的特征描述

（一）会展商业街区是会展综合体项目内平衡资金的重要组成部分

虽然会展商业街区的实体店受到互联网销售电商的影响，经营举步维艰，但是会展商业街区仍然以资产特征和商业特性呼应着线上的商业模式，在挫折中蹒跚前行，而且会展商业街区通过特色经营依然欣欣向荣的比比皆是，因此会展商业街区只要迎着时代进步的节奏，必定会受到追捧。

会展商业街区作为资产投资属性的经营收益得到保障，会展商业街区的商业价值能支撑其资产价值，因此，未来会展商业模式和发展趋势是决定会展商业街区作为资产向市场投资者开放的重要前提。会展商业街区也因此成为会展综合体项目平衡资金的重要组成部分。

（二）会展商业街区是会展综合体丰富业态的重要内容

会展商业街区内业态本身商家就是多样性的，与会展中心、酒店、写字楼等环境单一、经营品类和行为独立有着本质上的不同，因此会展商业街区在会展综合体中可以满足客商、住户、商务人士、游客生活和工作中的衣、食、住、行、娱、购所需，既能作为未来“会展社区”的重要社区商业，又能在城市商业大配套中发挥作用。

（三）会展商业街区是会展综合体业态之间时段互补的良好结合

首先，会展中心主功能、商务写字楼等以白天为主的经营业态与会展商业街区的全天候、全时段经营特性相互补。

其次，会展综合体地上商业特性经营范围与地下设施的商业特性相结合。在空间设计上，地上广场、地下停车场、地下其他超市商业特性应当充分利用好会展中心的会展空窗期，以提高综合体整体商业经营效益。

二、会展商业街区的营销定位

会展商业街区应依据以下四个方面来制订营销方案。

(1) 研究会展相关人员的商务特性，充分利用会展营运带来的流量，将这些偏好数据作为布局和招商的依据。

(2) 关注和接纳会展型酒店服务的商务流量溢出。按照旅游十二要素，托底服务需求，进行重点要素策划。比如，规划必要的商务型小宾馆，以满足会展期间工人的住宿需求。

(3) 会展综合体中如果要设置会展居住区和商住创意公寓，或者周边区域有住宅小区规划，则应当按照居住人口家庭生活所需要的要素进行招商。例如，引进教育培训机构。

(4) 对目的性消费客户的思想定位策划，运用智能科技商业的思维，将线下体验店作为可持续发展的典范，使体验式商业在会展商业街区成为一大特色，经过要素提炼成为“智慧商业”的实践基地。

三、会展商业街区的营运管理

一般会展商业街区的策划招商成功只能是第一阶段的结束，持续保持良好的营运状态才是会展商业街区的苦旅之始，而要有持续的生命力则必须理清营运管理思路。

（一）招商管理

从源头上，业态规划设计要确定自持招商和出售(商品房销售)招商的比例，要提前考虑自持和商品房区位划分，建议用统一规划、统一招商业态的方式，这样比较容易形成商业业态的持续优化状态，因为出售的商品房的产权属于商家自有，如果没有在出售商品房之前约定统一招商，自有商家很难纳入业态的均衡布局。因此，商品房出售时最好采用较长的回租周期，以实现统一管理。

（二）营销管理

商业与文化社区活动、会展社区互动的策划在街区的经营过程中可以聚人气、促销售、提品牌，线上线下联动、现场直播带货的气氛渲染是持续吸引流量和粉丝的关键。所以在会展商业街区的布局中应预留足够的商业互动场地，氛围的营造、休憩场所的物品摆放无一不是吸引大众的重要手段。

（三）应急管理

会展综合体的会展商业街区在会展期间有短时间内大流量、瞬间物流大等明显特征，所以从建筑规划设计开始，就应当把各进出口、综合体内各主子功能之间的通道、消防疏散通道、设备设施运行安全等作为重点检查对象，制定大型活动的应急预案。应急管理在会展综合体的管理运行中是最基础的保障。

第四节　会展综合体物业服务的系统工作

一、会展综合体的物业服务概述

政府及企业投资的大中型城市建筑综合体在近几十年得到了大力发展并趋于成熟，它们也成为大中型综合体的运营管理和维护的实践基地。同样，会展综合体在中小城市效仿大中型城市综合体的基础上，近几十年得到了发展，这已经给会展业和综合体结合的管理践行者们提供了分析、总结、提升的可能性。本节主要从物业服务的角度阐述笔者对会展综合体管理实践的认识，供大家讨论。

（一）界定和融合

首先，应当界定和区分营运管理与物业管理的本质区别。一般而言，在会展综合体的营运管理中包含着所有业态的前期项目策划、规划、设计、建设，以及交付使用后的一切与现场运营有关的事务。具体来说，包含项目的营销策划、业态招商、维商稳商管理、营销活动管理、物业管理等内容。由此可见，营运管理包含了专业物业管理内容。不同于一般营运管理分支的是，物业管理具有专业性，而且相关的法规界定也十分明确。国家专门出台了《物业管理条例》等法规，同时配合《中华人民共和国民法典》来规范一个建筑综合体内，或者一栋建筑物内不同产权人之间的责任和义务，具有强烈的专业性，管理的方法是通过合法流程取得相应的物业管理权限并签订物业管理协议。此为界定。

其次，物业管理虽属专业性管理范畴，有法可依、有据可查，但企业可以根据自己的能力向上下游产业链延伸业务或者提供力所能及的其他服务作为经营业务的延伸，既体现了实力和能力，又分担了综合体内其他的委托服务以增加收入（如街区的经营招商、物业销售、活动策划组织、现场礼仪服务等），也就是承担除物业管理以外的营运管理任务，这样在综合体内部各部门之间的相互理解、专业配合优势得天独厚。此为融合。

最后，界定的目的在于从物业管理的角度出发，便于落实会展综合体内部针对不同产权人或同一产权人但不同经营个体之间的关于公用设备设施、公用能耗、公共空间使用维护责任的管理。因此，在规划设计阶段对上述产权和使用权的分解、界定成为营运界定清晰的前提条件。具体包括以下内容。

（1）空间及系统的安排、归属与共享；

(2) 公共区域使用权、管理权,归属权及责任费用分配;

(3) 停车场及场地的共享与分属、费用分摊;

(4) 综合体内外的公用通道、交通出入口及消防安全的潜在权属、管理责任、开闭时间安排、费用承担等。

界定和融合为先导,这一点很重要。

(二) 谋定而后动

应以"会展社区"之名,用"未来社区"的思维,提前组建团队或者引进合作伙伴(包括分包商),从前期介入,理清思路,实施计划,为后续的正式投用打下坚实的硬件基础。

(三) 满意加惊喜

物业管理的特点是全天 24 小时服务,是管理中最重要的"最后一公里""最后一米"的服务防线。会展综合体内的物业管理要守住这一防线,避免主、子功能之间不必要的相互干扰,促进必要的相互融合,使各业态经营期间井然有序,使业主享受到"安、暖、快、洁、便"的专业服务。

(四) 专业与实力

会展综合体的主功能会展中心的间歇性经营是常态,这要求从事专业物业管理的服务商拥有较大的规模和较强的实力,最关键的是应当拥有丰富的大型会展服务实战经验,对业主单位和上游企业顺利运行实施管理,从源头开始就达到事半功倍的效用。一般而言,只有这样的服务商才有足够的人力资源储备,其管理人员素质较高,特别是能在展期内临时抽调管理队伍而又临危不乱,能有序应对大流量服务需求,应急管理能力出色。

(五) 智慧化防控

由于世界政治、经济、文化、科技各个方面的发展进入新的阶段,各种矛盾交织,形势变得更加复杂,这成为新的常态。会展综合体是中小城市对外的窗口,物业管理作为营运管理的重要分支,在新常态下应对突发公共事件的处理能力也将迎来新的考验,这次新冠肺炎疫情的全球蔓延就证实了这一点,会展业在后疫情时代还在深受其影响,这是会展中心作为公共产品的经营特性所致的,面对新常态,对会展物业管理提出了更高的要求,物业管理人员专业性的知识必须要加强,要有较强的学习能力、快速的应急管理能力。以此为契机,启发我们运用科技,利用大数据,将"智慧物业"运用到物业管理中,不断提高"智慧物业"的智能水平,提高中小城市会展综合体的综合服务管理能力。

二、会展综合体的物业服务现状

随着会展活动的普及,中小城市的会展场馆也在向会展综合体的方向打造,会展综合体的功能更加多元化,这就对会展综合体的物业管理主体提出了更高的要求。中小城市的资源局限性及会展综合体的业态多样性决定了会展综合体物业管理的特殊性。

目前,我国出台的相关物业管理法规的多数条款主要针对住宅,对公共建筑的物业管理条例、管理规范尚存空白,对会展综合体这类集展馆、酒店、住宅、商业街区等多功能于一体的特殊物业更是缺乏政策指导。这其中有很多原因,例如,会展综合体的建设主体不明确,当前会展综合体的建设方有政府直接投建,也有政府与市场主体合作共建、市场主体直接投建,这将直接影响到后期物业管理的具体事宜。又如,对建筑的专项维修资金也有争议,不同的建设主体将影响建筑的类型划分,不少城市对公共建筑的专项维修资金还没有明确规范的缴存比例。当后期出现问题,这些存在争议的难题又只能由物业管理主体来解决。

探讨会展综合体的物业管理模式不得不与一般城市综合体的物业管理模式相比较,城市综合体与会展综合体都属于建筑综合体,虽然业态范围涵盖内容相似,但物业管理的模式却大有不同,物业管理主体的选聘、运管都大有不同。通过对物业管理系统工作的各个环节进行比较,可以明显地看出两者之间的不同,有助于探索中小城市会展综合体的物业管理新模式。

三、会展综合体的物业服务模式

会展综合体与一般城市综合体的物业管理主体就选聘的环节来说就有较大区别,就目前情况来看,大部分中小城市的会展综合体还是由政府直接投资的,而一般城市综合体的建设方都是社会企业出资。城市综合体按照建成后出售与出租按照目前的物业招投标管理办法就有两种情况,如建成后出售,大多数情况通过招投标来选聘物业管理企业;若建成后出租,由建设方统一运营管理,那就不需要通过招投标选聘物业企业,只需与建设方达成一致协议并签订合同即可。而会展综合体一般有下列两种情况。

(一)政府直管

这类管理模式常常出现在会展尚未全面铺开的中小城市,市场尚未形成自主发展的能力，会展综合体仍处于政府直接管理的阶段，由国资委成立专业公司，对场馆进行管理，运营与物业分开管理。例如，德清国际会展中心，场馆由德清县人民政府投建，经营管理委托北辰实业集团，物业管理由国资委下成立的德清县会展中心物业管理有限公司管理。

（二）招投标选聘市场企业管理

这类管理模式出现在会展场馆运营比较成熟的中大型城市，通过招投标的形式选聘物业管理公司开展管理，对区域内不同业态统一招标或分包招标。这种模式还可能将经营权与物业管理一起打包招标交由市场主体实施管理。例如，宁波国际会议展览中心建成初期将展馆的经营与物业管理一起打包招标，由专业化公司统一运营。

四、会展综合体的物业服务特性

明确会展综合体之前，我们要了解一般城市综合体与会展综合体的区别，一般城市综合体与会展综合体实质上都属于建筑综合体，建筑综合体包括居住综合体、商业综合体、办公综合体、会展综合体、交通综合体、娱乐综合体。

一般意义上的城市综合体功能多样，但没有主要功能的倾向性，例如，一般的城市综合体在使用功能上往往具有建筑综合体涵盖范围内的各种综合体的功能，比如我们常见的万达广场、银泰广场、来福士、新城吾悦、八佰伴等综合体，其功能多样，包括消费、办公、娱乐、商业、住宿、展览等多种功能，但每个功能都不是其主要功能，面向的人群也都是大众群体。一般城市综合体的各个功能区之间是不相互依存的，即一般城市综合体内消费、办公、商业、住宿、展览等任何一个功能主体的消失都不会对其他功能主体的生存造成较大的影响。

会展综合体是带有功能倾向性的建筑综合体，是以展览为主要功能的城市公共空间，虽然也具备办公、娱乐、商业、住宿等功能，但这些功能的出现都是为了满足会议展览的下游需求，且面向的群体是具有独特性的，例如，贸易类展会展览产品只面向特定的行业人群，消费类展会主要面向的是对展览产品有特定需求的消费人群。会展综合体的各个功能板块之间是有相互依存关系的，例如，会展综合体中的住宿板块主体缺失就会影响到会展综合体的展会质量，对于布展、参展、观展的人群来说，住宿功能尤为重要。按照目前的会展综合体的建设选址趋势，大型的会展综合体都远离城市的主城区，不可能要求参展、布展的工作人员跑到几十千米外的酒店住宿。

从物业管理的角度来说，物业的服务是根据综合体的功能和使用人群来开展的，从上述一般城市综合体和会展综合体的功能性和针对人群来看，城市综合体的物业管理和其功能区一样，虽然多样，但不需要特别的服务倾向性，结合办公楼板块、住宅板块和一般公共商业板块的物业管理经验即可开展相应的服务。会展综合体功能主要针对展览板块，物业的服务也要从展览的主要功能入手，根据招展、搭展、办展、参展的不同人群，不断切换角色，为不同的人群提供服务。值得注意的是，对服务对象而言，一般城市综合体的服务人群是相对固定的，除消费人员外，办公楼、住宅区、商铺业主是相对稳定的，而会展综合体的展览是流动的，服务的对象也具有流动性，对服务人员来说有更高的服务要求。在会展综合体的服务过程中，服务的提供者可能是流动的，服务的对象也是流动的，故服务难度也高于一般的物业管理项目。相比之下，会展综合体有以下特性。

（一）业态的复杂性

会展综合体相比于传统的单一性功能的展览场馆具有更多的功能划分及丰富的业态。会展综合体集展览、会议、住宿、餐饮、购物、公共交通、参观游览等多种功能于一体，这就需要物业管理主体拥有更加专业的技术水准，对主要管理人员的管理能力提出了更高要求，对人员的服务意识、职业素养、专业技能水平的要求都比其他类型的项目高。相比一般的城市综合体，会展综合体的业态复杂性不光体现在固定功能板块的业态，还体现在不同展览服务的对象有其行业的特殊性，从某种意义上来说，会展综合体的服务业态涵盖了可参展行业的所有业态。

（二）设备管理的专业性

会展综合体由于其体量的庞大性和业态的多样性，管理区域内具有更多的专业化设备，这对物业管理中的工程管理人员提出了更大的挑战。例如，消防设备、门禁设备、梯控设备、新风系统、监控设备、空调系统等，不同业态的设备规范有所不同，需要工程人员有更高的技术水平。一般城市综合体的设备无非是一般建筑设备的集合，包括梯控、暖通、消防、监控、水泵等相关设备，而会展综合体除上述一般的建筑设备管理外，还要对会展所需专用的设备进行管理和维护。其难度不仅体现在设备的专业性上，还体现在调试频次上。一般城市综合体的设备相对稳定，不需要物业管理人员频繁调试，而会展综合体的设备需要根据展商的不同需求，对设备进行频繁的调试。故会展综合体的设备管理无论是从设备的专业程度上还是从设备的调试频次上，难度都大于一般的城市综合体。

（三）物业职能的多样性

传统的物业管理包含秩序维护管理、环境卫生管理、工程设备管理、绿化管理，一般的城市综合体物业职能除上述几大传统职能外，还包括招商、接待职能。而会展综合体由于使用功能的多样及需求的多样，赋予了物业管理主体更多的职能。根据当前的会展综合体业态，物业管理主体可提供的服务可衍生出基于基础物业管理的秩序维护服务、环境卫生管理、工程设备管理、绿化管理，以及多元化的服务，包括会务服务、餐饮服务、代办服务、客房服务、票务服务、招商服务等。

（四）应急能力的高要求性

一般城市综合体的服务人群相对稳定，内部的商家稳定，消费者也相对本地化，固定在相对稳定的区域，应急处理相对简单。无论是商家、客户，还是管理者、员工，对周边的环境都非常熟悉，处理应急事件时也相对从容。而会展综合体因其多功能性，同时聚集了物业管理中各种业态的管理风险。展览板块由于常年举办会展活动，聚集了超高的人流量，同时也带来了高风险，展览中时常会发生各种各样的突发事件，例如，搭建时发生的安全事故；同行的展商因为客流发生争议甚至治安事件；水、电、空调等出现故障；打架伤人等群体事件。餐饮板块会发生食品安全事件。酒店板块会发生人身意外事件。会展综合体的服务人员和服务对象都是临时的，对于周边的环境不一定熟悉，在这样的情况下，各个板块的突发事件发生率都会增加，这就需要物业管理主体有更加完善的应急预案，更重要的是日常预防。

（五）人力资源的灵活性

在实际管理中，管理如此大体量的物业，对人力资源的调配尤其是对于会展板块的人力资源调配有更高的要求，展览活动的特点就是在某个集中的时间点需要巨大的人力支撑，在展览期间，对车辆的管理、监控的管理、巡逻的要求、环境卫生的管理、设备的监管要求突增，这是在其他物业管理项目不常遇见的情形。服务的品质关键在于服务的人，一般城市综合体的物业服务人员相对稳定，故品质的管控可以根据管理者的意志进行调整，而会展综合体由于展期安排、展览规模的原因，管理的服务人员可能是快速流动的，所以没办法要求每一个服务人员了解公司的品质要求，安排培训。夸张一点来说，由于招聘渠道的不同，有些临时服务的人员可能从展会开始到结束，都不知道在为哪家企业服务。故会展综合体的物业管理除常规的品质管控方法外，还要专门针对临时人员制定品控方案。

五、会展综合体的物业服务策略

会展综合体的诸多特性注定了不能以常规的管理方式去实施管理，在留白的市场环境下,没有完全规范的政策及管理条例。有不足意味着有机遇,用不同于传统物业的管理模式去探索可行的、可复制的会展综合体物业管理模式,逐步形成规范。赋予物业企业新职能,为会展综合体提供增值价值。

(一)超前期参与

传统物业项目的前期物业服务一般只在项目取得销售许可的数月内,而对于这类项目的建设,物业管理主体建议在项目立项之初就全程参与,这样的做法可以使项目在建成后对设备和各个区域的管理衔接更加顺畅,对于物业管理的前期工作也可提前部署,根据实际的使用功能和布局,配置合理的人工。

(二)牢固管理主体

物业管理主体不建议通过招投标的方式进行频繁换届,对于如此庞大和复杂的项目,如果经常换取物业管理单位,肯定会存在交接的空隙。可以通过制定科学的考核方案,或者以物业主体持股的形式提高物业管理企业的积极性。

(三)放开多种经营许可

在实际的管理中,多种业态的存在可以给予物业管理主体更多参与经营的权利,一方面可以赋予企业更多的利润空间,另一方面可以通过物业企业的个性化服务增加商户的租金及顾客黏性。例如,可以让物业企业开展各项专业服务的代理业务,比如开展物流、餐饮、搬运、搭建、电子商务等项目的经营。

(四)用科技加持管理

通过科技手段开展云物业管理,提高物业管理的效率,基于物联网对场馆内的所有设备进行在线监控,减少基础工作的人力资源支出,通过自动巡更系统、指引机器人、服务寻呼台、机动化保洁等 AI 系统的加持,赋能传统物业管理新的管理模式,这些措施可以更加精准地保持服务的品控以及减少人力资源的支出。

(五)打造人力资源的多种合作模式

与市场其他单位建立合作机制,采用人力共用机制,通过展馆的活动排期安排相应的人力资源服务。在这种合作模式下可衍生出以下几种方法。

集团不同业态的人员抽调。例如,目前大部分的物业服务企业集团下有多种新业态,例如酒店业态,酒店业态尤其是度假型酒店具有淡旺季的特性。在淡季时,可抽调酒店保洁人员为展馆的保洁提供人力资源支撑,两者的工作具有高度的相似性。

成规模的物业管理企业可以在区域内的多个项目中抽调服务人员提供人力资源支撑。例如,对于同一市区范围内的工程人员,不可能都是满负荷运转的,这就可以在展馆搭建期间,为展馆提供服务,更有甚者可以为参展的展商提供工程服务,在提高服务质量的同时还可以额外创收。

与行业内的其他单位达成合作协议。例如,物业服务企业可以与专业的安保公司、保洁公司、维保公司达成人力资源合作协议,除同行间,还可以与专业的人力资源公司达成合作来保证服务人员的数量稳定。

一般城市综合体的物业服务重点在于提供稳定的常规性服务,而会展综合体除提供常规的服务外,还要提供贯穿招展、搭展、办展、撤展的针对不同主题展会的个性化服务。在展会举办期间还要重点保证展会的安全秩序和重要参会、参展的领导的安全,在展馆的空窗期还要制定针对会展综合体的各类设施设备的维保工作方案。无论是站在宏观的会展综合体物业管理顶层设计的角度,还是站在微观的会展综合体管理执行者的角度,会展综合体对物业管理要求都是很高的。如果在会展综合体物业管理系统工作中能做好超前期参与、牢固管理主体、放开多种经营许可、用科技加持管理、打造人力资源的多种合作模式,才有可能更好地在保证管理水平的同时,为会展综合体创造更大的附加值。

第八章　会展业发展与金融支持

第一节　会展综合体的投融资模式

一、中小城市会展综合体与投融资模式休戚与共

中小城市会展综合体的成功与否与投融资的模式休戚与共，相比大城市，由于其城市本身相对弱小的经济、产业基础，赋能会展专业场馆更多的功能之后，显现出业态布局的综合性，使会展业在城市中具有垄断性、公共性。因此中小城市会展专业场馆及其配套需求更加具有综合性，会展综合体内的功能和业态布局也更加复杂多样，既有会展产业本身的专业性，又要求综合体内的自我配套功能互补、运行更加立体，这势必对会展综合体投资方在专业性和综合性之间的协调把控能力提出了更高的要求。所以中小城市会展综合体的建设应寻求更有效的投融资方案。

首先，投融资最关键的是基于城市对会展业的重要定位。城市的主题产业决定中小城市的会展产业发展规划，会展业的发展规划影响会展综合体各功能要素配套设施的配比，综合体功能要素的配比影响会展综合体的建、投、运的主体。在会展综合体主体建设完之后，最终通过会展综合体的实践营运，促进城市的产、城、人融合，为城市政治、经济、产业、文化的发展起到应有的作用。

其次，投融资规模、方式、成本的考量与前几节中所述的各要素有相互的因果关联性。

（一）中小城市规划指导场馆投资模式

会展综合体的选址、用地及建筑规模、会展主功能与其他子功能配比、建筑形态主体结构选材及设备设施配置、承重、高度等均受城市的自然资源和规划影响。有些城市将会展中心作为标志建筑，那么无论从上述哪个要素来讲都将大大增加投融资的规模。反之，只为专业会展服务的综合体，则会相对减少投融资规模。

上海陆家嘴展览发展有限公司与德国展览集团国际有限公司(成员包括德国汉诺威展览公司、德国杜塞尔多夫博览会有限公司、德国慕尼黑国际展览中心有限公司)联合投资建造的上海新国际博览中心(SNIEC)就是一个最好的例证。

(二) 投融资与会展综合体建设模式息息相关

对于不同投资模式建成的会展综合体,其经营模式也各不相同。例如,政府全资投资的模式,在经营过程中,经营的主体为政府主导的相关人员,决策者对投资的回报会从城市的总体发展来考虑,而不是单一地追求会展展馆本身的回报率;对于企业、政府合作建设模式,或者企业建馆的情况来说,企业需要考虑后期的资金回报、资金平衡、成本回收、折旧、利息支付等问题。这样对管理的团队要求就不一样,其运营的团队将会是一个经营性团队,其运行组织应以营利为目的;对于企业直接投资建设股份制公司的模式而言,由董事会聘请团队运作,其体制的复杂性和追求盈利性会更加明显,使会展综合体的运营模式更趋于市场化。是否推动配套商品房市场化开发、政府全部持有产权还是局部持有产权等对投融资来说都是决定性的因素。

(三) 会展综合体运行、经营模式影响城市会展业整体发展

不同的经营模式会影响城市会展业整体的发展,中小城市的会展综合体绝大多数是由政府全资投资建设,或者其中专业会展中心场馆部分由政府投资和持有。故而经营模式会有不同的情况,一种是由政府成立专门的会展综合体建设管理团队(多为国有企业、国资委下属企业),另一种为超前期介入的经营模式——合同委托制,由政府成立专门的指挥部(部门)委托现成企业或组织建设场馆,合同外包,由市场团队管理运营,自负盈亏。不同的经营模式经营者的出发点不同,造成的结果也不同,无论何种经营模式,都会影响城市的会展业发展,而不同的经营模式对城市会展业发展的促进效果也会有差异。

要加快中小城市会展业的发展速度,就要从会展综合体的经营模式上考虑。完善中小城市会展综合体的经营模式,就要从建设的投融资方案中选取最优的方案,从根源上完善会展综合体投融资模式,最大效率推动中小城市会展业发展。

二、国内外会展场馆的投融资模式大多参考公建

(一) 我国会展综合体投融资的主流模式

会展场馆的规模从早期的单体馆,如浙江展览馆。到后来的多馆型展馆,如

宁波国际会议展览中心。再到现在的会展综合体,如昆明滇池国际会展中心。目前,中小城市的展馆建设也趋向于综合体的建设模式。而会展综合体的投融资更具复杂性和挑战性,我国当前中小城市的会展综合体投融资主要有以下几种模式。

1. 政府出资模式

政府投资模式为我国早期场馆建设的主要模式,该模式建设的展馆都是由政府出资,运营也是由政府团队经营,场馆的资产归属也是政府。随着我国市场经济发展水平不断提高,大型城市的会展建筑建设模式开始转变,但时至今日,中小城市的会展场馆大多还是由政府主导建设的。

例如,温岭会展中心。由温岭市人民政府投资兴建,用于举办展会、召开会议、组织论坛、进行培训、开展节庆等相关活动,是温岭市建设会展城市的标志性建筑。温岭会展中心位于市中心大道南侧,总建筑面积 11779 平方米,室内、室外可搭建标准展位 1000 个。

2. 土地置换场馆模式

土地置换场馆模式是指政府将展馆作为某地块的配建工程,利用土地的差价弥补建设场馆,即开发商向政府拿地时,政府以低价拍卖给开发商,但是开发商要将展馆作为配建设施建设完成,在整个工程结束后,将展场馆移交给政府,所以此种模式的展馆资产归属还是政府。这种模式常见于我国小区配套设施的建设,例如,小学、社区用房、幼儿园等。政府将此类公建设施作为小区的配套设施,要求开发商建设后移交政府。

例如,仙居会展中心。该会展中心由政府出让土地,部分用于住宅配套开发,企业获得十年场馆运营权,土地开发商自负盈亏,十年期到后,场馆移交政府。

3. 组合投资模式

组合投资模式有两种情况,一种为政府与企业组合投资。一般由政府的国有公司与市场的私企共同成立一家公司,整个建设过程由该公司组织,私企出资较多,但是政府会为该公司的贷款、利息等方面提供优惠方案。由于该公司由政府组织成立,所以在向银行贷款时,可以更方便地拿到贷款,利息也会有优惠。在该种模式下,场馆的资产归属为企业和政府所有。

例如,中铁·青岛世界博览城由世界 500 强企业中国铁路工程集团有限公司投资 500 亿元打造,占地面积 3000 余亩(约 200 万平方米),是集展览、会议、酒店、地产、商业、文化、旅游、休闲等多功能为一体的复合型低碳、绿色生态博览城。其归属为青岛世博城国际会议展览有限公司,而该公司由青岛西海岸新区国有资产管理局下的公司与中铁置业集团有限公司的分公司共同组建。

另一种为企业与企业组合投资。这种模式为大型私营企业合作投资建设会展场馆,这种建设场馆的模式在我国还比较少见。目前通过国有企业进行市场化运营,具有可操作性,其中浙江省义乌市的义乌国际博览中心就是很好的例子。

义乌国际博览中心由会展展馆与配套五星级酒店两个项目组成,总建筑面积约 29.6 万平方米,总投资 18 亿元。该项目由浙江中国小商品城集团股份有限公司全额投资建设。虽然该公司为国有控股公司,但为场馆市场化运作起到了积极的示范作用。

(二)国外公建投融资模式

国外公建投融资模式也值得我国参考,这里以美国、法国、英国、韩国、日本为例,简要介绍国外公建的投融资模式。

首先是美国。美国的市场经济发展较为领先,一般情况下非经营性或涉及国家安全领域的项目由政府出资建设,许多公建设施的建设已经采取市场化运作的模式,吸引市场资本进入参与,其最典型的手段是发行市政债券。

其次是法国。类似美国模式,法国发挥社会资本的积极作用用于经营性项目,除了政府投资外,还会加入特许经营制度。

再次是英国。英国的展馆融资模式是通过财政预算出资,通过招标确定私人承包商负责建设,建设后移交给政府部门。

此外是韩国。韩国设立国民投资基金,制定民间资本投资建设的法律法规、中央或地方财政向银行贴息等投融资政策。

最后是日本。日本成立国家开发银行提供低息贷款并出具政策性金融担保给基础公建项目,出台民间资本投资的优惠政策等。

(三)可参考的公建设施投资模式

除会展场馆的建设模式外,在国内外,常见的较为成熟的公建设施建设投融资模式有以下几种。

一是 BOT 模式。通常直译为“建设—经营—转让”模式。以政府和私人机构之间达成的协议为前提,由政府向私人机构颁布特许经营权,允许其在一定时期内筹集资金建设某一基础设施并管理和经营该设施及其相应的产品与服务。

二是 TOT 模式。即“移交—经营—移交”模式。通常是指政府部门或国有企业将建设好的项目的一定期限的产权或经营权,有偿转让给投资人,由其进行运营管理;投资人在约定的期限内通过经营收回全部投资并得到合理的回报,双方合约期满之后,投资人再将该项目交还政府部门或原企业的一种融资方式。

三是 PPP 模式。该模式是指政府与私人组织之间,为了提供某种公共物品和服务,以特许权协议为基础,彼此之间形成的一种伙伴式的合作关系,并通过签署合同来明确双方的权利和义务，以确保合作的顺利完成，最终使合作各方达到比预期单独行动更为有利的结果。

国外发达国家实际操作中的做法也可借鉴。如加拿大模式，建立多层级投资机构，加强政府区域投资机构；德国模式，协会提议，政府主导建设。

三、中小城市会展综合体投融资的困境与机遇

可以从两个方面分析中小城市会展综合体的投融资困境及其成因。

（一）困境及成因分析

1. 政府财政资金紧张

第一，近年来，全球经济的不确定性和国内经济的转型使政府的资金压力变大。我国经济在改革开放的四十年内高速发展，但国内的产业结构不平衡，许多产业产能过剩，随着产业结构的转型，我国经济增长速度逐渐放缓，政府的财政投入将更多地考虑需求平衡和民生问题。中小城市对于城市的整体布局，在本来就有限的资金状况下，对是否建设会展中心会产生疑虑。

第二，政府可支配的资金比较紧张，政府支配资金的空间和权力收缩。随着政府对财政资金使用的法制化，地方政府的财政资金使用将受到限制。中央政府将控制地方政府的负债。随着国家的整体行政体制调整，政府对于资金的使用将越来越规范化、合理化、科学化。

2. 政府寻求资金使用平衡

从某种程度上来说，政府并不是没有场馆建设的意识，政府的资金使用与中小城市的需求有关，政府首先要保证的是城市居民吃、穿、住、行的基本需求得到满足，其次才是城市未来第三产业的发展方向，所以政府在财政资金使用的选择方向上，会寻求投资平衡。

3. 投资回报收益慢

基于国内中小城市的会展业发展情况，会展业依然要靠政府主导和扶持，中小城市的会展场馆依旧要靠政府投入资金建设，但是会展场馆短期内无经济回报，政府甚至要补贴展馆的运营，资金压力的来源不仅来自前期的建设资金，还来自后期的运营和维护费用。

（二）机遇及利好趋势

在正视困境的情况下，我国中小城市会展综合体投融资也面临着机遇和利好。

1. 政府重视度提升

随着城市化进程加快，人们精神需求的增加，政府在城市规划的过程中，会更多考虑到城市精神的塑造，无形中加快了城市旅游业、休闲产业相关配套设施的建设。会展综合体对于中小城市的功能不单单在于其展览、贸易功能，它对城市居民的交流互动也有促进作用。中小城市的展会数量不多，但是可以依靠城市的活动来弥补，城市的各类休闲、消费活动都可以放在场馆举办。中小城市的会展综合体是一个多功能的场馆，所以政府越来越重视城市内多功能公共空间的建设。

2. 大型集团业务触及中小城市会展业务

随着我国房地产行业的低迷，许多大型房地产集团开始转型，业务触及会展业务，对中小城市来说这种情况尤为显著。一方面，中小城市的住宅需求量不高，导致住宅开发过剩；另一方面，中小城市有发展会展业的需求，但是政府的资金有限，大型企业有更好的资金平衡能力。国内的大型企业，例如，绿地控股集团股份有限公司（简称绿地集团）和华夏幸福基业股份有限公司（简称华夏幸福）都正式进驻会展业，成立会展公司。绿地集团在济南市建设了场馆。华夏幸福拟建设南京溧水空港会展小镇。这些大型集团建设会展场馆的案例对中小城市的会展场馆建设来说是一种机遇。

3. 投融资模式多元化

目前，国内的投融资模式呈现出多元化的趋势，从原来借鉴国外的投融资方案，到现在符合中国实际情况的投融资新模式，政府有越来越多的工具、方式、手段来建设场馆。例如，成立或者促成城市现有的相关企业参与建设运营会展综合体；以会展业之名，通过企业上市来解决投融资问题也是一种新的方式。

四、中小城市会展综合体投融资模式探索

（一）发行会展综合体专项债券

政府争取额度，地方政府发行筹建会展综合体的一般债券、专项债券、项目自求平衡债券。发行企业债券和项目收益债券，运用好发改系统各类债券和融资工具。合理规划专项债券项目，充分挖掘项目经营性，合理利用“专项债券＋市场化融资”模式。

（二）优化 PPP 模式

一方面，合规运用 PPP 模式。不适合 PPP 模式的项目主动退库，腾出额度用

于会展综合体项目。运用好特许经营模式，实事求是地运用狭义 PPP 及特许经营等多种模式。另一方面，建设会展综合体时，政府与社会投资者采用股权合作方式，政府少分红或不分红，提高对社会投资者的吸引力，从而为本地会展综合体建设和发展引入资金。

（三）政府建设模式多元化

在有限的、合适的范围内运用政府购买服务和采购工程模式；以改进型 ABO 模式，结合政府的有限支持，实现企业市场化融资。ABO 是授权建设运营，坊间多有对 ABO 望文生义的理解，其合规性难以保证。ABO 的适用范围有局限性，改进型 ABO 更能满足合规要求；综合企业融资、项目融资、政府间接支持等理念，形成合规的"F＋EPC"模式。值得注意的是，合规的"F＋EPC"模式不只是施工企业为政府投资项目垫资，还包括其他符合以财政性资金支持《关于国有资本加大对公益性行业投入的指导意见》的模式。政府可给予企业资金支持。平台转型，发挥城投的作用，发挥会展综合体与城投互相引流的作用。

即将开建的杭州国际博览中心二期 EPC 项目是大城市成熟融资建设的模板。

南临杭州国际博览中心的杭州国际博览中心二期，位于钱江世纪城奥体博览城核心区，集会议展览、商业、商务、酒店和博物馆等功能于一体，总建筑面积约 45.42 万平方米，其中地上建筑面积 26.16 万平方米，建筑高度 160 米，地下 3 层，地上 29 层。2025 年建成后，国博中心一期、二期项目将成为杭州国际会展之都的"重要窗口"，也将为城市增添一道亮丽的风景。

在杭州"十四五"规划和 2035 年远景目标建议中，"发展绿色建筑"被重重写下。《关于签订杭州国际博览中心二期项目（萧政储出〔2020〕8 号）地块 EPC 总承包合同的公告》显示，杭州国际博览中心二期 EPC 总承包项目的设计，将采用绿色、低碳、节能技术，大量使用可再生能源。该项目将成为绿色低碳建筑的标杆项目，符合国家"碳达峰、碳中和"的发展目标。作为 G20 国际博览中心的"姊妹篇"，杭州国际博览中心二期扩建将推行以会展为核心，融合相关产业发展的"会展产业园"全新模式。在极佳的项目区位上，通过完善的功能设施，独特的外观形象，未来二期将成为打造杭州会展之都的引擎，成为杭州奥体博览城的"链接点"，成为助力萧山区域发展的城市名片。

虽然杭州是大城市，但这种会展产业的投融资模式正是中小城市值得探索实践的样板。

（四）改善运营模式

运营模式可以从以下几个方面改善：合理确定会展综合体项目的价格，适当延长运营期限，增加项目的可融资性，以及提高对社会投资者的吸引力。合理合规配置各类资源，提供土地，赋予企业专营地位等，使会展综合体项目具有可融资性。做好区域跨行业、跨平台、跨所有制的投融资规划。

（五）最大效率开发土地

利用建设用地指标，增减挂钩平衡政策，做好土地资源保护，并获取资金。以土地开发的终端产出（房屋销售或租赁收入）为还款来源，开发符合商业逻辑的、全产业链各个环节合规的投融资模式。此模式应关注终端产出的市场需求。

（六）会展综合体建设结合商业综合体模式

会展综合体在初期规划时采取与商业综合体相结合的方式，二者一起设计，引进大型开发商进行投资建设，采取综合体分区块的方法，室内室外分块建设会展综合体，将综合体的功能性与会展综合体结合，将公共建筑结合综合体转化为具有完善会展功能的商业综合体。将这类综合体统一规划、设计，确定好运营的主体。这种做法的优点是将会展的人流与商场的人流聚拢在一起，扩大人流的基数，避免会展综合体无展期间空置的问题，在没有展会的时候，可以引进综合体的商业活动，更好地增加双方的效益。

第二节　会展综合体经营业态的金融支持

虽然会展综合体的会展中心和其他有配套公建的公共产品特性明显，但由于综合体项目的子功能较多采用市场化、商业化运作，因此与房地产商业开发思路类似，会展综合体项目自然离不开金融支持。金融作为现代商业市场经济的血脉，是连接各经济部门与经济实体的纽带，并以服务实体经济为出发点和落脚点，所以会展综合体作为实体经济的一种具体化项目，如何取得政府和金融的共同支持，或者说政府和金融如何有效地支撑实体项目是一个不能回避的问题，值得探讨。

一、“财政金融”下的金融支持

财政与金融虽然属于不同的概念，但实际上两者有着内在促进经济健康发展的相关性。财政与金融的联合几乎是城市建设中铁路、公路、机场、水利等重大基础设施建设的资金来源，会展综合体项目中的经营业态，如会展中心、会展型酒店、会展产业园(楼)、部分自持商业街区,以及其他有可能配套建设的公建,例如,博物馆、文化艺术中心(青少年宫)、科技馆、旅游集散中心等,由于其公共产品的属性或公建配套,因此会展综合体项目一旦立项,财政与金融联合筹措资金就成为必然。

例如,深圳会展中心。由深圳市政府投资兴建,委托深圳会展中心管理有限责任公司经营,于 2004 年正式投入使用。该中心集展览、会议、商务、餐饮、娱乐等多功能于一体,自 2004 年开馆以来,每年举办的展览约 100 场,会议活动 1800 多场,年展览面积超过 280 万平方米。深圳会展中心地处城市中心区,占地 22 万平方米,总建筑面积 28 万平方米,东西长 540 米,南北宽 282 米,地面以上最高处达 60 米,地上 6 层,地下 2 层。室内展览面积达 10.5 万平方米,可容纳 5000 个国际标准展位。

又如,无锡太湖国际博览中心。该中心是无锡市投资建设的重点基础设施,位于美丽的太湖新城商业核心区,由太湖新城发展集团有限公司负责投资建设,这个占地 17 万平方米的现代化地标建筑是由著名的德国建筑师根据国际标准设计。紧挨着博览中心的无锡君来世尊大酒店是一家五星级涉外酒店,是博览中心的重要配套设施。拥有 370 间客房和规格齐全的会议和餐饮设施,包括两个分别为 1200 平方米和 800 平方米的大型宴会厅,24 间面积不等的会议室,中餐厅、西餐厅、面馆和大堂吧。太湖国际博览中心和君来世尊大酒店的室内展览面积共达 6.54万平方米,包括 8 个各为 7800 平方米的展厅,2 个各为 1500 平方米的多功能厅。两座建筑物之间的广场面积约 2 万平方米。全场的停车位总数为 2360 个。

二、“政府牵头”下的金融辅助

由政府牵头成立会展集团型企业,集策划、投资、建设、营运“四位一体”的全产业链投资方式值得参考。政府善于运用财政金融手段把控投资,但无经营场馆的经验和能力,会造成经营性业态在有效性、利用率上出现很多问题,运行方面的不专业和过于行政化会造成亏损增大,甚至成为政府财政金融的包袱。而为会展集团型企业提供充分的资源和政策支持,对其规划和营运的基本条件进行约束,让企业自主经营,自负盈亏,会极大地激发会展集团型企业在会展综合体项目的投资、建设、运行中的积极性,鼓励局部商品房开发(可以对外销售商业房产、住宅、有年限自持的商业业态)等子功能,用来平衡综合体整个项目的资金效益。

例如,厦门国际会展中心项目。早在 2000 年时,该项目建设就采用了类似的方法。工程占地 47 万平方米,其中广场面积 32 万平方米。主体建筑面积 15 万平方米,由主楼和辅楼组成。主楼长 432 米、宽 105 米、高 42.6 米,可设 2200 个国际标准展位,拥有20间高中档会议室。辅楼为配套的四星级商务酒店。该项目的投资来源如下。

(1) 市财政投入1.5亿元。通过编列财政预算解决,拨付后作为建设单位的注册资金,启动工程建设。

(2) 省财政周转金0.3亿元。系省政府贴息贷款,力争转为省财政投资。

(3) 富山展览城转让置换投入0.4亿元。预估富山展览城转让收入为1亿元,扣除近0.6亿元的负债后,可得净收益0.4亿元。

(4) 土地开发转让收益3.8亿元。上述三项资金来源仅能解决2.2亿元的建设资金,与预估的6亿元总投资之间的差额部分,只能依靠出让前埔填海区会展中心周边地块的土地收益来补足。

根据财政金融方案,项目规模较大时分期建设、分期融资,通过公司化的运作融资。除股东直接融资以外,还可以间接融资。例如,银行第三方融资财政、大型企业担保、保险公司承保等抵押贷款,必要的时候可发行公募基金、企业债券。

青海国际会展中心项目可做参考。项目总用地面积约487亩(约32.47万平方米),总建筑面积30.15万平方米,主要建设会展中心常年馆及多功能展销馆、星级酒店、会议中心、高端商业、绿化景观和室外管网等附属设施工程,分为会展组团部分和酒店组团部分。该项目总投资23.62亿元,项目单位自筹资金13.62亿元,占总投资的57.66%;申请专项债券10亿元,占总投资的42.34%。2020年2月25日,2020年青海省西宁市市政和产业园区基础设施专项债券(一期)和2020年青海省政府专项债券(二期)正式发行,发行金额为10亿元,其中本项目发行10亿元,利率3.16%,期限为10年。本次专项债券涉及内容为项目会展组团部分,占地面积为452.25亩,总建筑面积16.10万平方米,其中地上建筑面积14.20万平方米(包括会展面积11.69万平方米,配套餐饮及管理用房0.74万平方米,停车及设备用房1.77万平方米),地下建筑面积1.90万平方米(主要为车库及设备用房)。

三、“资本市场”下的金融外循环

通过公开有条件地推向市场进行招商引资,获得会展综合体的开发建设运行权(在“会展综合体建设模式”一节中已详细阐述),完全市场化地营运会展综合体项目,政府按招商条件兑现财政和金融政策,企业按市场化获取金融支持,除了常规的股东直接融资和第三方银行抵押贷款间接融资外,政府还践行将企业“扶上马、送一程”的理念,推动会展综合体开发企业在IPO或科创板上市,以达到做大做强的目的。无论是以资产营运为主还是会展项目营运为主,企业都有可能探索、实践并成为中小城市会展产业的龙头企业集团。

以东浩兰生集团为例,它对会展产业进入资本市场有借鉴意义。东浩兰生会展集团股份有限公司(证券代码:600826)2020年年度报告摘要显示,为进一步做强、做优上市公司业务,2020年10月,公司完成重大资产重组,置出外贸资产的同时注入优质会展资产。公司主营业务由进出口贸易转变为会展业务,经营范围转变为体育赛事策划,市场营销策划,展览及信息领域内的技术开发、技术转让、技术咨询、技术服务、技术推广、技术交流,会议及展览服务,文化场馆管理服务,广告制作、发布、设计、代理,项目策划与公关服务,组织文化艺术交流活动,图文设计制作,实业投资,企业管理咨询,商务代理代办服务,数字文化创意内容应用服务,非居住房地产租赁,资产管理。公司拥有会展业全产业链资源,业务涵盖展览组织、展馆运营、会议活动赛事、会展服务等。公司倾力打造东浩兰生会展品牌,旗下会展集团成为首批通过"上海品牌"认证的唯一会展企业,是UFI China Club的发起单位之一,也是其黄金合作伙伴之一。作为全国会展行业中的知名企业,东浩兰生会展集团股份有限公司(以下简称"东浩兰生会展集团")凭借着丰富的组展办会经验和充足的资源优势,主办、承办了许多重要展会。包括中国国际工业博览会、上海国际广告技术设备展览会、中国(上海)国际技术进出口交易会、中国华东进出口商品交易会、中国自主品牌博览会、上海国际广告节等。东浩兰生会展集团承办的大型会议活动项目,如世界人工智能大会,每年吸引相关行业世界500强企业数百位高管参会,上千名海内外知名专家、学者现场演讲,数十万专业观众及买家洽谈沟通,具有较强的国际影响力。旗下赛事公司承办的"上马"系列品牌赛事,充分彰显上海的城市精神,成为闪亮的上海城市名片。2020年,上海国际马拉松赛升级为中国首个由世界田联认证的白金标赛事,跻身世界顶级赛事行列。东浩兰生会展集团运营上海世博展览馆,紧扣时代发展脉搏,探索利用人工智能、5G技术进行智慧场馆改造,将世博会期间构建智慧场馆综合管理平台的经验技术充分运用到进博展览馆的运营管理,用技术力量提供更专业高效的会展服务。

另外,浙江米奥兰特商务会展股份有限公司(以下简称"米奥兰特")的案例也是值得会展从业企业学习、思考和借鉴的。2019年10月22日,跨境会展龙头浙江米奥兰特商务会展股份有限公司(股票简称:米奥兰特,股票代码:300795)在深交所挂牌上市,正式登陆资本市场。这标志着中国本土会展业进入A股资本市场,结束了数十年来国际会展资本一统中国会展资本市场的局面。

据招股书显示,米奥兰特的会展业务可以分为境外自办展、境内自办展及境外代理展,其中境外自办展为公司的主要收入及利润来源。米奥兰特主营境外会展策划、组织、推广及运营服务,聚焦中国"走出去"企业,打造"自主产权、自主品牌、独立运营”且布局全球的会展服务平台，为中国制造量身打造拓展全球市场，特别是“一带一路”市场的会展营销解决方案。

目前，米奥兰特搭建的“自主产权、自主品牌、自主运营”展览平台已基本覆盖“一带一路”重要贸易节点国及“金砖国家”。

经过多年的发展，公司主办的展会在“一带一路”国家已经形成广泛的影响力，是“一带一路”市场买家采购中国商品的重要贸易平台。据了解，米奥兰特境外自办展已经细分为 Homelife 及 Machinex 两个主题的全球系列展，随着海外出展经验的不断累积，Homelife 及 Machinex 全球系列展会已发展成为有较高行业知名度和国际影响力的海外自主会展品牌，未来将进一步细分成为多个行业主题的全球系列展，全球办展的市场空间巨大。

四、“智慧互联”下的金融创新

会展经营的金融产品和服务的核心在于创新，创新是会展产业的本质特性。金融创新能够为会展产业的融资提供新的金融工具、新的金融服务及新的融资技术。会展产业本身主要通过开发会展活动、策划咨询、配套延伸服务来实现产业链企业的盈利，客观上难以进行资产评估，从而造成融资困难，信贷受阻。所以会展综合体业态经营可以探索实践通过建立项目园区金融生态的内循环，降低风险，这也符合金融供给侧改革的基本原则。会展综合体经营业态丰富，产权性质多样，因此经营主体多而散，在智慧互联的世界里，互联网金融和共享金融的导入对会展综合体中的弱小经营者来说也许是一种面向未来的金融支持模式。首先，与文化产业的轻资产智慧服务一样，可参考美国将风险投资模式作为其文化产业融资的主要来源，通过风险投资的模式将项目经营业态投资打包成一个投资组合，从而达到分散降低投资风险的效果，同时引入保险公司为项目业态经营进行担保，向金融机构申请贷款，得到资金支持。其次，金融机构根据不同会展综合体经营业态进行金融创新，由政府协同金融单位、会展综合体建设单位、经营单位共同组建会展综合体园区封闭的经营性金融中介企业，通过抱团取暖，采取经营业绩、税收上缴、投入报备等控制管理办法，进行自助式的小额流动资金等支持，作为园区孵化和招商扶持优惠政策。

五、“经营平台”下的金融内循环

金融内循环包括经营虚拟结算金融体系的各个方面。

（一）经营虚拟结算金融体系

1. 组织关系

金融体系出资及归属主体:展馆方。

金融体系建设主体:第三方专业机构。

金融体系操作和审核平台:合作银行。

金融体系使用和受益方:会展综合体所有组织人员及社会群体。

2. 体系模式

会展综合体商圈结算体系,对内构建内部结算系统,参展商、观展观众以及内部业主都可加入金融体系平台,通过与客户端、移动端、实体端的互联,达到数据的互通、资金的可视化,会展综合体内的参展商、观展观众、各区域经营业主、酒店、住宅、购物中心等区域的群体,都可以通过这个内部金融系统进行结算,通过与银行合作,给予优惠结算,采用先消费、后结算的形式,加强用户黏性。在日常及展会期间,所有消费都可以通过该系统进行结算,增加了使用的便捷性。

此种金融结算体系优势明显,对顾客来说,可以通过这种方式获得结算优惠;对各业态的经营者来说,可以积累和收集客户信息,同时增加了客户量和客户黏性。

（二）体系的科学构建

1. 引进体系平台建设主体

金融体系的平台建设十分重要,要促进互联网、安防技术、财务板块等多个领域的跨界融合,这个金融结算系统的使用稳定性必须可靠,同时要定期进行维护。在如此大项目的运行过程中,会发生巨额的资金往来,必须确保其平台的稳定性和准确性,这个系统涉及业态经营的各个环节,给经营带来便利的同时也要降低风险,所以引进体系平台建设主体至关重要,必须由符合资质、有保障的单位进行建设和维护,可考虑与大型互联网企业和高新技术企业合作开发建设。

2. 体系运行规范

在这个体系的运行过程中,一定要制定完善的运行规范,对于结算的各个环节都要有严格的管理制度和审批制度,涉及资金的往来和各个安防、子业态系统的联动,一定要有完善的日志数据及备用方案,确保整个体系的运行流畅。

3. 体系监督

设立体系监督委员会。建议多方共同成立监督委员会,对金融系统进行监管和维护,定期开展对金融体系运行的规范监督和财务公开审核,由会展综合体的多方业主、合作银行、政府各局、协会、办展企业，定期对金融体系审核结果进行确认，定期在官方平台进行公示，确保其科学性和合理性。

（三）使用场景

1. 参展补贴的发放

以往的参展补贴可能是以现金形式发放，由此增加的风险和乱象也层出不穷，通过这种统一的金融结算体系，政策的优惠和补贴金额可以通过在会展综合体的虚拟账户进行发放。在参展期间，展商可以通过虚拟账户进行消费结算，包括参展期间的住宿、搭建、餐饮等各类费用，在参展结束后，统一通过结算中心结算。这样政府的资金或现金支出补贴压力会减小，因为部分金额已经在参展期间进行结算，不用当场兑现。

另外，可通过金融补贴的形式，增加参展商的黏性。例如，在展会结束后，其账户余额可以全额提现或部分提现，全额提现为账户余额的实际金额，部分提现为剩余额度，如下一次在此办展，可给予一定比例的提额奖励，计算公式为：第二次办展虚拟账户额度＝虚拟账户剩余额度×（100％＋奖励系数）。奖励系数由政府根据实际情况制定，每年进行调整和公布。这种方法对于常年在该场地办展的主体具有吸引力，既减少了现金流的支出，同时保证了下一次的展会客户。

2. 活动优惠的发放

在节庆、演出、展览等活动中，配套的营销手段，可以通过这类虚拟账户进行。例如，发放优惠券和消费券，一些消费类的展会、文化活动、节庆活动，可以通过向目标客户发放消费券的形式，刺激市民群体参与和消费，这样做的好处是将优惠的发放达到最高的有效值，发放目标和使用的精准度增加，只有前来参加活动的客户才可以享受到优惠。在以往的模式中，只有办展商自己发放优惠券和折扣。例如，车展的优惠只可以在指定的4S店使用，且一般发放的形式只是广告宣传和消费单页承诺，对于参展观众来说没有明显的感觉。而在虚拟账户的金融体系下，既可以由参展品牌发放对应优惠券，也可以由办展方或协办单位发放全场通用券，客户可在自己的账户中看到券的使用方式和金额，对消费的刺激更直接。

另一方面，会展综合体的其他业态，例如酒店、商场、餐厅等，都可以在日常的经营过程中，通过综合体虚拟账户发放活动的优惠券和消费券。

3. 综合体内办公业态和住宅业态的物业费结算

对于综合体内的业主群体，还可以通过这种虚拟账户来进行物业费和停车费结算，同时，物业经营者可以将公共收益的部分通过这种形式发放到业主的账户中，收益部分可以进行物业费抵扣，这样多种形式的结算使业主使用更加便利。

4. 酒店全场景使用

住宿客人可使用该金融体系的虚拟结算账号,完成住宿办理、餐饮、客房消费结算等酒店内部的全场景使用。

综上所述,通过上述前期会展综合体投资金融和后期会展综合体业态经营金融体系的双向结合,为会展综合体的生命力持续"输血、通脉",保证其建设、运行全周期内各个业态部分的顺畅运行。

第三节　城市会展产业链的金融支持

金融是市场主体利用金融工具将资金从盈余方流向资金稀缺方的经济活动。城市会展业是地方政府拉动经济的高级发动机,同时会展经济也是一种"智慧经济",是知识经济的专业分支,更需要得到金融行业的关注和支持,会展业也应当积极主动寻找、探求与金融及相关行业的融合发展路径。

现阶段,根据国家相关的治理体系现代化的要求,现代的金融体系要求深入进行供给侧改革,金融应适应经济高质量发展的具体要求,而金融领域的主要矛盾也相应转变为经济高质量发展对金融服务的需求与金融有效供给不足、供给结构失衡的矛盾。现实中,资金往往过于集中于大企业、大项目,挤压了中小企业的融资需求。金融业要健康发展亦应当从关注"规模"向关注"质量"转变,金融功能亦从传统的"动员储蓄、便利交易、资源配置"拓展为"公司治理、信息揭示、风险管理"等。金融资源配置应当逐步向总量稳健、结构优化转变,对于资金的流向、资金配置的效率性关注度需要进一步提升。从林毅夫倡导的"最优金融结构理论"来认知,只有金融体系的结构与实体经济的最优产业结构相匹配,才能有效地发挥金融体系功能,促进实体经济的发展。

由此可见,会展产业的特性既有直接融资的基本需求和拓展需求,同时符合金融供给侧改革和新经济(会展业也是崭新的赋能型行业)高质量发展的新常态下与高质量金融服务相匹配的基本点,故而能使会展业与金融业融合发展成优选的发展方向。城市政府应当及时推进两者的融合发展,努力让城市经济更上一层楼。

一、"会展+金融"的新篇章

会展经济已成为经济学分支的一门学科,折射出会展业作为一种行业,其经济性研究离不开金融属性。正因为如此,许多的高校已经专门开设了会展专业,通过教学研究，挖掘会展与金融在学术上的内在关联。会展经济研究方法论告诉我们，会展产业与经济、金融、资本三大要素之间有着紧密的联系，会展业是新经济、智慧型经济的杰出代表，会展作为一种经济运行的形态，"会展金融"越来越多地受到金融界、研究专家、城市政府、从业企业的重视，吸引他们参与会展金融的探索与实践。

二、"会展＋金融"的大时代

会展业是城市经济的发动机，主要作用是助推产业升级，加速城市经济发展和促进文旅创新，因此金融业支持会展业发展等于间接更高速地催化"产、城、人"呈几何级数地融合增长，达到"四两拨千斤"的杠杆作用，凡是会展业发达的城市（如深圳、杭州、厦门、苏州等）的经济发展水平和增长速度都明显高于同类城市，会展和金融的融合效应成为推动这些城市发展的内在动力。

"会展＋金融"能催生新业态、培育新动能。在会展产业发展过程中，金融已经在慢慢发挥着会展业输液器的作用，同时热火朝天的金融供给侧改革正在鼓励当代金融创新产品与会展业这一新的经济形态相融合，会展产业链在自身发展的同时，它所助推的城市产业也能迸发出巨大的能量。例如，宁波市会展业的发展推动了更大规模会展新城的规划建设和新国际会议中心的建设；中国—中东欧国家博览会暨国际消费品博览会永久落户宁波市推动了商品展示和贸易的国际化。我们有理由相信国家将会像促进文化和金融融合发展（国家从 2012 年开始陆续出台过很多文化金融融合发展文件）一样，出台相关政策促进会展和金融融合发展。各地政府也将在国家政策的基础上逐步探索出包括银行信贷、债券融资、投资基金、社会投资、资本市场在内的多层次、多渠道、多元化的会展产业投融资体系，这一点在会展综合体投融资的相关章节中已经做了部分阐述。

"会展＋金融"的融合发展能促进城市建设和生态文明建设的提速。对会展综合体的金融支持能加快城市配套建设速度，综合体的建筑外观本身就是提升城市形象的一道风景。大型会展活动的举办，"会、展、节、赛、演"的不断创新并与人文相融合，增加了城市文明推动的耐力，这些都离不开金融的支撑。

会展所依托、服务、助推的产业更加离不开金融资本市场等与金融相关的行业的支持。金融是支撑产业和实体经济发展的基本要素，是助推、引导产业转型升级的重要保障，作为金融工具的虚拟经济，其应用的目的是促进实体经济创新进而培育出新产业。所以会展与金融在支持产业发展的功能上是趋同的，"会展＋金融"融合将更加游刃有余。

会展业发展及城市产业的发展反过来为金融业的创新发展提供了供给侧改

革的范本,金融产业协同会展业及城市产业共同创造金融服务新模式。

三、“会展+金融”的新路径

(一) 现状

1. 会展、会展业、会展经济的研究依然在路上

(1) 历程。

“会展”的概念由来已久,虽然关于其起源众说纷纭,但从单一的会展发展成独立的会展产业的理论研究、概念阐述,是在专家、学者们的讨论中逐步形成的。而会展经济正是在会展发展到会展业的基础上,人们才将其作为一种独立的经济现象进行研究的。

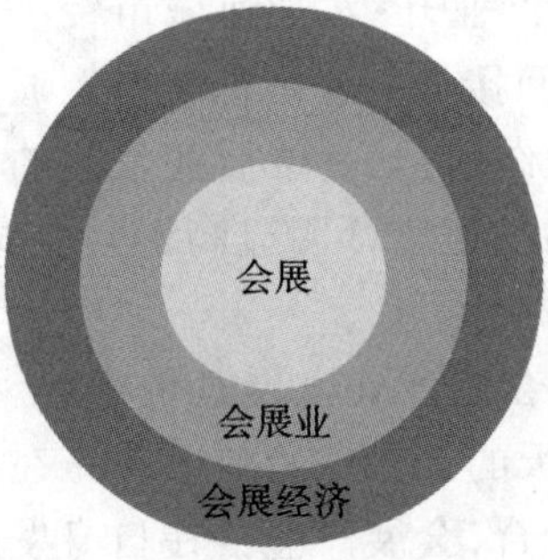

图 8-1 会展、会展业、会展经济三者关系图

(2) 关系。

会展、会展业、会展经济三者关系如图 8-1 所示,也代表了会展、会展业作为一种新的经济形态进入了大众视野。

(3) 未来。

会展经济的发展同样离不开金融业的赋能,“会展+金融”正是建立在理清上述三者关系的基础上的更高层次的、创新融合的聚变形态,目前尚在探索与实践阶段。

2. 会展和会展业的经济价值难以作为资产来确定

会展业类同于文化创意产业,其会展活动的产品内容具有不确定性,导致其“产—资”转化有风险。这种难以量化和评估的会展产品的产业特性,也是金融赋能会展业的一道坎。

因为,会展业的经济价值要建立在城市产业的提升、城市经济的拉动和城市形象塑造的基础上,而取得这些宏观的数据需要通过城市政府整体大数据的统计、整理才能实现,对于组织实施会展活动的企业而言,主要经济性价值则体现在会展项目招商和服务的收入,业界认可的会展经济 1∶9 的拉动作用,其中,“1”的部分收益是会展企业收益,而“9”是带动的分散在整个城市角落的经济,会展的自身低收益增加了会展企业的投资经营风险。

同时,会展业是智慧密集型产业,对创意要求较高,而这些高要求的“智慧”却是很难直接量化的,也很难直接转化成金融资本的投资者作为评估会展企业的核

心要素，更难以进行“产—资”转化并实现金融属性的本质。

甚至，会展经济还是一个小众的新经济形态，会展业企业组织呈现小型化、扁平化、个体化、轻资产的特点，可以概括为“轻、小、弱、散”，所以企业单元往往以中小企业为主，会展企业依赖于“会、展、节、赛、演”的项目品牌等无形资产，而在现有的金融担保制度下，缺乏传统的抵押物，所以会展企业往往成为“轻资产、高风险”的金融把控风险高地，难以获得有效的金融支持。

（二）路径

1. 政府主导财政、金融组合拳，孵化会展业迈向新高度

会展业是城市的会展业，因此政府应不遗余力地扶持会展业、发展会展业，积极制定政策，实施财政和金融一体化策略。例如，宁波市会展办制定的会展发展专项基金，全面扶持和培育规模以上会展；2020 年，成都市发布《关于促进会展产业新经济形态发展的实施意见》，其中明确指出提供金融服务，加大对会展新经济企业的金融支持，设立成都市会展产业发展基金，重点支持会展新经济产业发展，为会展企业孵化、项目并购等提供金融服务，提供全过程融资服务。

会展综合体的投融资问题对于中小城市会展业迈出第一步至关重要，是会展业作为产业起步的核心。因此应该用行业大金融思维解决投资问题，并基于会展综合体推进中小城市会展市场的培育，由政府成立会展集团型企业，由政府主导，通过集团型企业发行债券、基金及银行融资等手段，从而确保会展综合体的顺利融资。

用地方政府的财政手段，建立会展业发展扶持基金，扶持弱小的、刚刚起步的会展企业和会展项目，倡导激励机制，由政府的相关部门按照基金建立的章程重点扶持，采用市场化与扶持政策激励相结合的方法，推进会展业从无到有、从有到优持续良性地发展，这是会展名城经过实践检验过的十分有效的方法。

以北京市印发《关于进一步促进展览业创新发展的实施意见》(以下简称《意见》)为例，可以看到政策支持是金融财政支持会展业发展的强有力保障措施。《意见》提出重点加强财税政策支持，发挥财政资金的引导作用，支持公共服务平台建设，优化展览业发展环境；支持展览业品牌化建设，培育、引进符合产业发展方向的品牌展会；加强展览业国际宣传推介，鼓励展览机构到境外办展参展，支持搭建海外整体展示平台，提升北京展览业国际影响力。落实小微企业增值税优惠政策，对符合《国务院关于推进文化创意和设计服务与相关产业融合发展的若干意见》(国发〔2014〕10 号)税收政策范围的创意和设计费用，执行税前加计扣除政策，促进展览企业及相关配套服务企业健康发展。

改善金融保险服务也是组合拳中的一个重要方面。鼓励商业银行、保险、信

托等金融机构,按照风险可控、商业可持续原则,创新适合展览业的金融产品和信贷模式,探索展会知识产权质押等多种方式融资,进一步拓宽展览主体和参展企业的融资通道。完善融资性担保体系,加大担保机构对展览业企业的融资担保支持力度,鼓励保险机构推出适合展览行业的保险险种。

2. 以实体资产投资的大型企业集团为先导

政府重点扶持大型企业集团上市,以求直接通过 IPO 融资,而配股、增发等股权融资行为可以按照企业的实际经营需求来把握融资节奏。

由上市公司作为城市会展产业的头部企业带动城市会展产业发展,通过会展中心场馆租赁费用优惠、企业资金拆借,参股或者控股(股权过户作抵押)的融资方式扶持"腰部"和"腿部"企业,采用"传、帮、带"的传统模式对培育会展市场起到很大的作用。

3. 以融资创新推动与会展业资源融合发展为目标

国家层面鼓励金融资本、社会资本、文化资源、会展经济相融合,推动融资模式的不断创新,因此支持符合条件的会展文化创意产业的直接融资,支持企业融资利用资本市场并购重组,利用供给侧改革的窗口期,发展多样化、个性化的会展金融产品。

传统的金融机构的业务模式,譬如会展产业与保险、融资租赁、众筹和融资担保等融合的探索,既可以解决"轻资产、无抵押"的难题,又可以使会展企业在取得金融支持后进行产业的转型升级,成为会展行业发展的新动力。

会展企业的融资方式主要有两种,即债权类和股权类。

债权类是间接融资,主要是指会展企业通过无形资产的抵押或者质押的方式向银行信贷、融资和发债。例如,根据每个企业运作项目的产品特点设计出产品,拿去银行做抵押品,取得信贷资金。

股权类则是直接融资,在上述几个章节中都有阐述,这种是增加会展企业的实力,发展会展经济的强有力的市场化融资措施和最高境界。

经济是国家的血脉,而会展产业作为一种新经济形态是新经济血脉中的一滴鲜活的血液,会展与金融的关系实际上是产业经济与金融的关系,经济离不开金融,在会展助推产业经济发展的过程中,强有力的资本保障是推动会展业金融化改革和会展发展结构升级的关键要素。

新时代会展产业发展需要金融的助力,而金融的发展需要会展、会展经济的各种产品和内容,这是会展与金融融合的初衷。会展为魂,金融为器,相生相融,互为促进。推动会展金融化的探索,对会展业与金融业融合发展具有建设性的力量。同样,金融业通过对会展业资源的配置,会展业向会展经济高质量发展提供了活力。当前,两者的融合发展正是窗口期。

第九章　城市会展业与配套系统支撑

第一节　城市会展业人才发展路径

当下，越来越多有远见、有担当的城市和政府正在高度重视会展业的发展，紧跟国家的会展营销思路，以城市为展馆，高效、环保、科学地营运城市资源。因此，无论是在产业发展的扶持力度上，还是会展业发展的资金配置上都给予了较大的投入，甚至在发达城市的发达区域，城市将大力发展会展业写进了政府纲领，将会展业放在了现代服务业支柱产业的高度上。

未来，中小城市发展会展业的利好不断，当机遇来临时，城市的治理者和会展业的推动者们首先面临的一道题目就是会展人才的储备与培养。本节主要以中小城市的视角阐述对会展人才培养的一些思考。

一、中小城市会展人才的现状与需求

（一）中小城市会展人才的现状是各级人才的严重缺乏

1. 人才缺乏的区位原因

当下会展人才主要集中在一些会展业相对发达的中心城市，这就造成了中心城市会展人才相对过剩，而中小城市会展想发展却缺乏人才的矛盾。这个矛盾存在的原因十分复杂，主要原因有以下几点。

一是中心城市的会展业比较发达，会展业人才能得到的机会也比较多，这就导致了会展人才向中心城市聚集的状况。

二是从院校毕业的会展业专业人才毕业后不愿意前往中小城市发展，更向往中心城市提供的优质的生活环境和工作环境。

2. 人才缺乏的地域客观原因

一是中小城市的展馆少，城市仅有一个中心展馆，甚至一个中心专业展馆也没有，相应的人才以硬件看前景望而生畏。

二是中小城市的会展企业相对少，无论是主办企业、承办企业还是配套服务企业的数量都会缩小人才流通的圈子。

三是中小城市的营商环境对从发达城市回归的相关人才带来工作效率上的冲击和工作能力方面的挫折感。

四是中小城市缺少培养会展人才的机构院校，教育系统无法向会展业发展输送新鲜血液，本土的会展业很难向教育要储备。

3. 人才缺乏的城市内因

主要体现在以下几点。

一是信息闭塞局限。中小城市自身对发展会展业的宣传和推广力度不够，周边城市及本城在外的学子、学成在外历练的人才不知道有这样的就业选择。

二是宣传力度局限。中小城市对引进高级人才的政策及政策发布、培育属地专业人才的投入及投入路径没有清晰的规划和宣传。

三是政策培育局限。中小城市大力发展会展业的力度除展馆以外缺乏系统的生态建设，如会展企业的引进、品牌展会的引进、配套服务企业的培育等，未能充分利用会展业的平台功能做热会展行业生态，抑制了人才对前景的期望。

四是职业发展局限。中小城市往往忽视会展人才的成长路径中最重要的天花板局限，引导和打开会展人才创新创业的大门，辅以创业创新的政策，打破职业成长的天花板，不仅有利于人才，尤其是高质量人才的引进，还有利于会展行业生态优化升级。

（二）中小城市急需的会展人才类型

中小城市需要什么样的人才，可以从三个层次去考虑其来源。

1. 首先是在中小城市政府里工作的会展人才

一是需要具有统筹能力的领导型人才进行顶层设计。会展作为一类绿色产业，对拉动城市经济，推动城市相关产业发展，提升城市知名度和美誉度都有十分重要的作用。作为城市的管理者，中小城市政府里需要具有统筹能力的领导型人才，负责从发展会展业的角度规划城市，比如，考虑城市依托产业、文化、旅游等要素可以开展什么样的"会、展、节、赛、演"活动来推动城市相关产业的发展，抑或是规划城市的会展设施建设等。

二是需要执行机构中具有领导能力的职能管理人才。中小城市想要发展好会展业，不能没有一个良好的秩序，不能没有相关的制度，不能没有促进会展业发展的政策。而政府里需要有这样一类专业管理人才，负责制定行业规范和促进会展业发展的政策法规，避免出现多个同类型展会分散有限资源、展会搭建不符合规范等现象。

三是需要会展策划人才。中小城市想要办好一个会展活动，作为主办方，需要考虑会展活动应该是一个什么主题，规模应该有多大，需要邀请哪些人来参加，需要举办什么同期活动等问题，而这些都需要交给政府里负责策划会展活动的人来完成，形成具体的方案后再交给专业的展览公司来执行。

2. 其次是提供会展公共服务的中介人才

中介人才包括以下四美人才。

一是院校里的会展专业老师。会展专业虽然是一个新兴专业，但是随着会展业的蓬勃发展，会有越来越多的院校设立会展专业，培育会展人才。如果院校要开设会展专业，就少不了会展专业的老师，现在会展专业的老师大多都是半路出家，真正深入研究会展业的老师比较少。专业的会展老师不仅能做会展业的相关研究，为会展业发展提供更多理论成果，还能培养会展人才，为会展业的发展输送新鲜的血液。

二是从事与会展有关的媒体人才。会展活动的顺利举办离不开媒体的帮助，会展业的发展也需要专业的媒体人才。中小城市的会展业需要有这样的媒体人才，一方面是为了将中小城市的会展项目传播出去，另一方面，也可以借助展会和媒体传递城市的产业、文化、经济、政策等方面的信息，提升中小城市的知名度，吸引更多的会展项目落地。

三是中小城市会展协会的人才。中小城市的会展协会需要有一些研究、管理等方面的人才，一方面可以为中小城市会展业的发展建言献策，另一方面，需要这样人才制定相应的行业规范，帮助会展业健康发展。

四是中小城市会展场馆的经营人才。中小城市的会展场馆普遍面临利用率低等问题，展馆的经营需要由专业的人来做，以提高展馆的服务能力和承包展览的能力。

3. 最后是从事会展的经营人才

经营人才指的是会展企业里具备会展方面的专业知识、较强的组织及策划能力、良好的语言能力和人际交往能力并具备较强创新能力的人才。应该从“展、会、节、赛、演”五个维度考虑从事会议组织、会议策划、会议服务、会议营销等工作的中小城市会议经营人才；从事展览策划、展览搭建、展览营销、展览服务等工作的中小城市展览经营人才；从事节庆策划、节庆组织、节庆宣传的中小城市节庆经营人才；从事赛事策划、赛事组织、赛事营销、赛事宣传的中小城市赛事经营人才；从事演出策划、演出组织、演出营销、演出服务的中小城市演出经营人才。中小城市想举办展会活动，就需要这些专业的展会经营人才。中小城市会展公司要拥有这样的经营人才才能将会展企业做大做强，提升会展公司的服务经营能力。

二、中小城市培养人才的路径和措施

（一）吸纳人才的方向和来源

1. 从国家公务员里挑选人才

我国的公务员系统里有许多优秀的人才，中小城市的会展人才可以从公务员系统里挑选和培养。要从中小城市国家公务员里面挑选会展人才，需要考虑“做什么”的问题。

“做什么”是要考虑让这些公务员系统里面的人才从事什么样的会展工作。大概有以下四类。

一是从事会展管理工作。国家公务员里面有许多具有一定会展知识并有管理能力的人才，他们可以在会展办之类的部门机构从事会展项目的管理工作。

二是成为院校老师。让公务员系统里面具有会展知识、有研究能力的人才成为院校的会展老师，或在院校挂名，兼职从事教学工作。

三是在会展行业协会任职。让这些人才负责会展行业协会里的管理工作，加强政府和协会之间的协调和配合，促进中小城市会展业健康快速发展。

四是承担会展场馆的管理工作。可以鼓励公务员系统里面具有管理才能和运营才能的人才去中小城市的会展场馆任职，负责展馆的管理和运营。

2. 从与会展相关、相近、相似的行业里培养人才

一是广告行业。从事广告行业的人员大多具备策划、组织和创新能力，这些也是从事会展业需要具备的一些素质。而且从事广告行业的人思维比较活跃，经常会有灵感和创意，因此，从广告行业从业人员里培养和发展相关人才去从事会展业，有利于促进会展业的创新发展。

二是传媒行业。现在媒体和会展的界限已经越来越模糊了，甚至一些媒体集团自己就在办展会，再加上传媒从业者本身文字功底扎实，又具有一定的策划能力，对于从事会展业来说是极大的优势。

三是酒店行业。一些规模比较大的酒店除了能提供会议场地之外还提供会议承办的服务，在酒店内部设置了会议部门。这些会议部门的人员不仅了解一定的会议方面的专业知识，还具备会议营销、会议策划和会议服务能力。

四是旅游行业。会展和旅游本身就具有极强的产业关联性，旅游行业的从业人员也是与人打交道，为游客提供吃、住、行、游、购等全套服务，需要具有很强的策划能力和服务能力，这点与会展是相通的。

3. 从大专院校培养人才

目前,随着会展业的蓬勃发展,越来越多的大专院校设立了会展专业,说明从教育层面来说,国家越来越重视会展人才的培养。然而近年来,从事会展行业的应届毕业生中,会展专业的学生只占一小部分,因此从大专院校培养会展人才也有两个方向。

一是专业学生的培养。院校设立会展专业,设置会展策划、会展管理、会展营销等专业课程,培养拥有专业会展知识的人才。但是会展专业是实践性比较强的专业,光有理论知识是不够的,学生也难以提起兴趣,因此院校可以不定时邀请一些会展企业老总、会展行业协会领导去学校做演讲,同时加强企业与学校的联系,安排学生做一些实践性的实习工作。

二是吸引非专业的学生从事会展业。会展这类学科的专业性不是特别强,广告、传媒、旅游等专业的一些学生也具有相应的素质,可以吸引他们从事会展业。

4. 借用外力,引入外地会展人才

一是引入会展研究机构。会展研究机构有人才、有服务、有渠道、有案例。中小城市应该积极引进会展研究机构。会展研究机构可以为中小城市提供会展产业发展的咨询和策划,有针对性地为中小城市制定会展业发展规划并提供基础调研、产业规划和展馆设计咨询等服务。如果能形成政府出钱买服务的方式,就能引入整个研究机构的会展人才。

二是引入展览公司。一些展览公司已经积累了大量的会展资源及办展经验。如果中小城市制定优待政策,就有机会引进外来展览企业前来办会办展。

三是引入场馆经营管理公司。场馆经营公司有策划、建设、经营、管理的经验,有拓展市场和孵化项目的能力,引进一家,盘活全局。

（二）培养人才的方法和措施

1. 培养公务员队伍里的会展人才需要政府采取措施

由政府采取措施吸纳和培养公务员编制内的会展人才投身会展业,需要解决“怎么做”的问题。

可以从三个方面来思考:一是保留编制,给予相关人员信心和保障;二是提高待遇,提升相关人员的动力和干劲;三是赋予权力,使人员能够施展能力与抱负。

2. 培养院校的专业人才需要启动和加强产教融合的措施和力度

2019 年,教育部等部委发布了《关于印发国家产教融合建设试点实施方案的通知(发改社会〔2019〕1558 号)》和《建设产教融合型企业实施办法(试行)》的通知(发改社会〔2019〕590 号),这对中小城市而言是极大的利好,城市在统筹产业和教育资源时已然有据可依。

一是打通学生到企业实践的常规对接渠道。给在校的会展专业学生一些去展会实践的机会,以做展会志愿者为主,虽然对实际操作能力的锻炼没有太大的帮助,但可以帮助学生初步了解行业动态。

二是建立学校与企业的强联系路径。院校加强与企业的联系,安排会展企业老总来学校演讲,或者来学校招实习生。如果会展专业的学生能够去会展企业实习锻炼一段时间,这对学生专业知识的积累和实操能力的提升都有极大的帮助。

三是鼓励院校专业人才去企业挂职。针对中小城市会展企业缺少会展人才的情况,企业可以请一些市内甚至是市外的会展专家或者是在学校里任教的会展专业老师在企业挂职:一方面可以弥补企业在会展专业知识理论方面的不足,提升会展服务的专业性;另一方面邀请他们来企业做培训,可以提升公司员工的素质和能力。

城市治理者可以在产业和教育的统筹中发布指导性文件,推动产教融合的实践落地和成果展示,以及对成果的奖励政策。

3. 引进外地会展人才的措施和办法

借助外力引进外来会展人才,可以从以下几点入手。

一是重点宣传城市商业环境和宜居环境。中小城市积极宣传自己的产业、文化、自然等方面的资源优势,展示会展项目举办的可行性。在展会接待中具体通过展示展馆水平以及吃、住、行、购、游等综合配套,以良好的城市资源和营商环境吸引人才落户。

二是重点吸引品牌企业落户带来人才落户。制定具体的会展补贴政策,吸引外来企业前来办展办会。

三是重点宣传城市会展业创新创业政策,吸引创业型人才落户。用事业留人的方式,既引进了人才,又活跃了市场。

四是对急需的人才重点定向引进。在此过程中,加大对急需人才的引进政策的宣传,务必有诱惑力。

种得梧桐树,引得凤凰来。外地人才的引进和落地生根是一项长期的工程,匹配城市的自然环境、商业环境和政治环境的同步开放和提升,是城市升级过程中的必经之路。

4. 培养相关行业吸纳人才的常规措施和方法

一是采用"走出去"和"引进来"的策略。

"走出去"指给刚入职的会展人才一些出去学习交流的机会。如在会展公司或行业协会刚入职的年轻人,多给他们机会出去参加一些会展行业会议、论坛等,一方面是让他们出去学习办会办展经验,另一方面可以拓展他们的视野,了解和学习一些平时在学校或者工作中接触不到的知识。另外,要鼓励他们参加一些职业的培训班、讲座等，在专业知识储备和能力锻炼上更上一层楼。

"引进来"指学校、企业或政府可以邀请一些研究会展业的专家、学者来做培训和演讲。通过这一方式，让"非专业"或者"半专业"的会展从业者借此学习专业知识，同时让专业的会展从业者提高理论知识水平、拓展会展视野、提升工作能力。

二是鼓励优秀的年轻人进行学历培训。

会展专业的报考起点不是特别高，大多设置在大专学校，本科院校中设置会展专业的并不多，因此，学习会展专业的会展人才在学历方面竞争力不是特别强。在此情况下，会展企业可以鼓励优秀的年轻人积极报考硕士研究生，由于会展专业的实践性比较强，因此建议报考在职研究生，在工作的同时加强会展专业知识的学习。

三、培养中小城市会展人才的氛围与土壤

会展产业对中小城市发展的推动作用已毋庸置疑，前文已阐述人才缺乏的现状、成因和吸纳、培养人才的方法与措施，这些都是经过各地城市实践得出的真知，各地的实际情况不同，办法一定有很多，但是，采取了这些措施和方法将人引进来、培养起来对于中小城市会展业的发展而言只是走出了人才储备的第一步，留住人才和持续集聚外部人才，形成会展人才在城市中持续创新和创造生产力才是终极目标。

要达成这一目标，要做的事情很多，归结起来，不外乎三个维度。

（一）树立旗帜，扶持品牌会展项目，培育品牌会展企业，打造在全国乃至全球有竞争力的会展龙头企业

扶持、培育目的只有一个，让从事会展的先行企业、龙头企业能赚到钱，繁荣生态，让后入门者找到盈利的多种可能。筑巢引凤，种树育田，用盈利的事业吸引投资人和经理人做活市场，最终让人才在市场中公平竞争，优胜劣汰。

会展行业是个多赢的平台型行业，集聚在这个平台上的所有机构、企业和个体都盈利了，就成功了。越成功，越集聚；越集聚，越成功。

因此，在会展企业创办的初期，中小城市政府需要对其进行扶持。给予会展项目，让会展企业有展可办；出台办会办展扶持政策，让会展企业有利可图；提供资金帮助，让会展企业有能力拓展业务，扩大规模。在会展企业发展的中期，企业需要靠自己的努力妥善经营，积极招聘人才。从长期来看，会展企业要赚钱需要规模化经营，积极拓展市场，完善管理制度，扩大企业规模，努力将企业做大做强。

企业是市场的细胞,只有会展企业发展起来才能为会展市场注入活力,市场有活力才能促进会展产业的健康发展。因此,中小城市政府应该在会展企业发展初期为其提供各方面的支持。当会展企业发展壮大后又能反哺会展市场,从而促进中小城市会展产业发展,人才的吸纳、培养、成长、集聚和更替是产业发展的重要成果之一。

(二)创造机会,增强投资人持续投入的信心和意愿,培育企业,成就久经历练的会展人团队

让投资人持续投入扩大再生产,对政府来说这是繁荣会展市场的重要环节。

一是促使企业老板对企业发展有信心。就中小城市会展企业而言,发展企业的信心的培养离不开政府的鼓励政策。政府通过为企业提供舆论支持,营造良好的经营环境,帮助企业健康成长,为企业带来发展动力。

二是引领企业老板树立有长期发展的战略目光,凝聚团队,与时俱进。一方面,让员工热爱这份工作,中小城市会展企业需要酌情提高员工的薪资水平,改善员工办公环境,向员工展示良好的发展前景,增强员工的归属感。另一方面,让员工认可企业,中小城市会展企业需要努力经营,营造良好的企业文化,提升企业员工的凝聚力。

三是激励企业老板产生社会责任感。企业经营的第一目的是获取利润,但是同时企业老总也应该有一定的社会责任感,如为消费者提供有用的产品,为国家提供税收,为社会提供就业岗位等。

(三)营造氛围,让会展从业人员看到会展业的广阔前景,激发其事业心,加入创业创新的队伍

会展业是现代服务业,大平台产业、大链接产业、机遇和激情迸发的产业需要政府、企业、从业人员共同来打造。在这个过程中,企业最大的成功莫过于将领工资的人变成上交收入的人,即发展会展合伙人,或者孵化和培育新的会展创业者。人是一切,人的幸福是奋斗出来的,促使会展从业人员将自己的工作当作一份事业去做,撸起袖子加油干。

从全国范围来看,中小城市的会展业才刚刚起步,行业前景看好,企业有这样的胸怀,激发从业人员的斗志,这样的话,中小城市不愁留不住人、聚不到人。

总而言之,中小城市要发展会展产业,需要大量优秀的会展企业,聚集大批的会展资源和人才;会展企业想要提升竞争实力、拓展业务范围就需要吸纳会展人才。人是一切的核心,这其实是一个良性循环:企业具有竞争力,才能赚到钱,企业老板就愿意继续投资,提高员工待遇,吸引更多的会展人才来增强企业实力,提

升城市会展业的品牌影响力。

综上所述，各行各业都需要人才，中小城市对会展行业人才的重视源于中小城市会展产业的基础相对薄弱。因此，在会展业发展机遇来临之际，对会展人才的培养不仅是企业的重中之重，更是中小城市发展会展产业的必由之路。在实践中，需要对其有前瞻性地思考、有系统性地研究、有目的性地出台政策并推动其发展，本节仅做了一些梳理和思考，相信各个城市将会在会展业的发展中不断地积累经验。实践出真知，适合城市实际情况的方法就是最好的方法。

第二节　城市会展业配套系统的支撑

会展产业的蓬勃发展离不开城市会展业配套系统的支撑。我们前面提到过“四全会展”理论，即全民、全域、全季、全时空发展会展业。区别于中心城市对客商的虹吸效应和盛行的专业化细分，中小城市探索会展业配套系统的支撑，更多考虑的是全城资源、全域力量的整合和再整合。

对于会展基础薄弱的中小城市，发展会展业的最好做法是强政府、专平台、重体系、大市场，即政府主导，市场发力，同步推进城市会展产业配套计划的实施，实施者先期以政府为首，中期以企业为主，后期以市场为主。

一、配套系统的支撑依靠政府

会展产业是非常综合的平台型服务产业，在其发展初期，强政府支撑是非常快速和有效的，其行政力量在基础设施、客观条件不足的情况下，强劲主导作用尤其明显。各中小城市在同等条件下，政府抓住先导机遇，主导孵化期和孵化器的铺陈，明确树立地位、以宣传传达决心，以主导兑现资源，以支持落实资金，将赋予会展产业以强劲动力，快速步入正轨。

（一）以强力明确树立会展业的产业地位

强力明确会展业的产业地位是指在城市的未来发展中，如“‘十四五’规划”“三年、五年行动计划”等政府工作计划中明确提出“大力发展会展产业”的内容和目标，成为城市新阶段重点工作和现代服务业战略部署的重要组成部分。同时，根据城市自身产业特点，在会议、旅游、制造业、文化产业中选择 1 项—2 项作为会展产业的重要组成部分，抢先践行。

(1) 挖掘并确立会展业产业地位的内在需求。一个行业形成产业发展、全面发展和蓬勃发展,离不开政府对其的产业定位。

(2) 分析国家、城市和区位特色、优势。强力实现会展业的产业定位的时代机遇,不容错失,在稍纵即逝的机遇面前,快速、准确、高效地竖起旗帜、铺设基础设施,非政府不能达。

(3) 发挥中小城市特点,构建小政府、大社会的机构,创造高效率方面的优势。这意味着,只要政府能够从纲领上重视和确立会展业在城市的地位,其基础资源和政策资金的配置亦高效可行。

(二) 以强烈宣传传达布局会展产业的决心

宣传是动员、召集行动人,推进行动力的有效手段。为了达成纲领目标,高调、大半径、多领域的宣传是政府发展产业强大决心的表现,也是达成目标的主要措施之一。

(1) 对外,制定城市、全国、全球发展会议产业的宣传策略。通过政府发布会、专题交流会、定向招引会和专项巡回宣传等多种手段,全方位地对外传达城市发展会议产业的决心和能力。

(2) 对内,采取对区域内全民、全域、全季、全时空开展会议产业的动员。“四全”策略是内部宣传和业务能力提升的良好办法,也是为中小城市量身定做的发展会展产业、高端会议目的地的重要主张,形成企业、市场、部门积极做会、引会,民众积极参会、服务会的良好氛围,无一不需要政府强大的带动、引导和宣传。

(3) 其间,落实重点范围、重点行业和重点企业的高频宣传与动员。基础设施是逐步完善的,人才资源和行业资源也是逐步集聚的,在此过程中,就需要依据政府的主要目标和重点要求,优先发展重点范围、重点行业和重点企业的相关品牌展览、会议或活动,重点对其高频宣传与动员。

(三) 以强势主导兑现配置会展产业的资源

发展地位的保障和强大决心的推进为会展产业的发展奠定了良好的先行条件,与此同时,客观需要的基础资源也不能少,否则产业就变成了空中楼阁,无处落脚。

政府行政力量将强有力地推进基础设施的完善并按计划完成项目落地,也只有强有力的行政力量与市场行为的充分互动,才能使会议产业所需的基础设施、客观条件变虚为实,如四、五星级酒店和商业综合体的配套建设,高速公路和过站高铁的通车,城际交通的通达无阻等。

（四）强大支持落实会展产业的基础建设和政策资金

大力发展现代服务业，加快城市国际化步伐，提升城市的品牌影响力，借产业之力，前期孵化阶段的政策和专项资金是标准配备，也体现着政府的决心和实力，没有政策和资金，一个新兴行业在城市基础条件薄弱的情况下，自主发展需要的集聚效应和成就的高度都需要以漫长的时间为代价，当然，也有可能半途夭折或被其他城市吸引转投他方。

强政府，并不是说需要政府多么强势地去建设市场和干预市场，而是基于会展产业特点和城市的基础条件，在其发展初期，以中小城市的实际需要为前提，以政府的名义给予其优势的地位、资源和阶段性的资金、政策，将产业扶上马、走一程，产业会以万马奔腾的繁荣市场来回报城市发展。

二、以专业支撑的平台式机构

专平台是政府与市场之间的过渡带，新兴产业对平台的需求度和依赖度尤其大些。这里所说的专业化的平台，是指市场化的、由企业主导的服务机构，其服从于对会展产业发展有战略规划的中小城市。中国会展经济研究会中小城市会展业发展研究中心就是这样的机构之一。

（一）何谓服务机构的平台式运行

服务机构的平台式运行是指由政府授权、专项拨款、常态运行的特定服务机构，将政府的权威性、研究机构的专业性和中介机构的资源性融为一体，并充分发挥市场化高效能运作优势，着力于政府指导下的专业研究、宣传推广、招商引资和服务工作，成为城市会展产业的城市推介平台、项目孵化平台、人才培养平台、行业服务平台，全力助力会展产业发展的运行模式。

（二）城市发展会展产业采用服务机构平台式运行的两种情况

一般来说，城市发展会展产业采用系统引进服务机构的方式，主要是因为缺人、少经验，即会展管理行政管理机构比较精简，公职人员比较紧缺，或有比较充裕的政府公职人员编制，但不具备专业的会展行业基础。

而专业机构既有多年的经验积累，又有现成的行业渠道，更有市场化运营机制的效率。专业的人做专业的事。承办机构的连锁经营已成为发展趋势，不求所在，但求所用，是中小城市引进人才最快捷的办法。

特别是将会展产业作为发展重点的新兴城市，与会展专业机构合作，建立城市会展产业发展的专业运作平台代表政府对外开展相关工作是非常有效的。

（三）城市会展业的竞争就是平台的竞争

会展推动城市发展，而会展业要形成产业发展，需要做会展的人、企业、场馆，引进来的企业需要良好的营商环境、行业集聚、2B和2C的交易平台；走出去的企业需要推介互动的平台、需要保驾护航的平台等。城市会展业间的竞争必将落脚于硬件场馆平台的竞争、软件服务平台的竞争、城市品牌推广平台的竞争、招商引资展示交易平台的竞争之上。

三、政策支撑行业稳步发展

虽然在市场经济体制下，政策法规实现先导是比较困难的，现实中，通常当市场出现需要政策支撑才能解决的问题时，政策和法规才会跟进或后知后觉地应对，但是，作为中小城市会展产业发展支撑的理论研究，本书还是建议各级政府为会展产业构建完善的政策法规体系，鼓励、支持和推动行业健康、快速地发展。

单列政策体系，一般来说主要包括对会议的扶持标准、对展览项目的扶持标准、对会展企业的补贴制度等。同时，公安、消防、交通等部门就公共大型活动管理还有系列的审核审批制度、管控要求。

杭州虽作为新一线城市，但这里列举2019年度杭州的会展扶持政策对中小城市会展发展同样有可参考之处。

（一）会议扶持标准

(1) 参会人数100人以上、境外参会代表不少于五个国家或地区、注册国际代表不少于参会人数20%的国际会议，给予会议举办单位会议实付场地租金50%的扶持，或给予每位注册参会国际代表每天100元(人民币，下同)的扶持。每届最高不超过100万元。

(2) 国家级、全国性的学会协会等社会组织、中央直属企业、世界500强企业、国内民营经济前百强企业(上年度排名)等机构或企业举办的、参会人数1000人以上、实际会期3个半天或在杭住宿1天以上的会议，给予会议举办单位会议实付场地租金50%的扶持，每届最高不超过100万元。

(3) 由本市市场主体在我市专业展馆举办、符合我市会展产业指导目录、展期不少于3天、室内展览面积不少于8000平方米的市场化贸易类展览项目(即不包括以个体消费为主的商品展览、展销及各类成就展、人才交流会、图片展等项目)，按项目展览面积规模给予扶持(见表9-1)。

表 9-1　展览面积对应一次性给予扶持金额

展览面积(平方米)	一次性给予扶持金额(万元)
8000(含)—20000	20
20000(含)—40000	30
40000(含)—80000	60
80000(含)以上	100

外地企业来杭举办的全球展览业协会(UFI)认证的品牌展览项目或 40000 平方米(含)以上的贸易类展览项目参照以上条款标准给予扶持。

境外展商不少于 5 个国家和地区、国际展位(面积)20%以上的国际化展览项目,扶持标准在表 9-1 规定的基础上增加 10%,总金额不超过 110 万元。

每个展览项目扶持不超过三年(届),第二年(届)至第三年(届)分别按照项目举办当年扶持金额的 100%、80%给予扶持。

(二) 会展企业补助标准

(1) 对参加市会展办组织的、在境内外举办的杭州会展业宣传推介、招展引会、对外交流等活动的本市会展企业。经认定,按实际发生费用的 30%—50%给予补助。

(2) 鼓励全球性、区域性国际组织来杭设立总部、大中华地区办事处或分支机构。对落户杭州后,有固定办公场所和工作人员,开展实际业务工作的,全球性国际组织来杭设立总部、大中华地区办事处或分支机构的,每年分别给予 100 万元、70 万元、40 万元工作经费补助;区域性国际组织来杭设立总部、大中华地区办事处或分支机构的,每年分别给予 60 万元、40 万元、20 万元工作经费补助。

(3) 鼓励知名跨国会展企业来杭州设立总部和分支机构。对落户杭州后,有固定办公场所和工作人员,开展实际业务的,知名跨国会展企业总部搬迁至杭州,前三年每年给予 60 万元工作经费补助;在杭州设立亚太区域或大中华区总部,前三年每年给予 40 万元工作经费补助;在杭州设立控股子公司,前三年每年给予 20 万元工作经费补助。

(4) 对特别重要的国际性、国家级会展活动补助政策实行"一事一议"。

(三) 大型国际类会议活动举办主体奖励标准

(1) 在杭举办纳入国际大会及会议协会(ICCA)、国际协会联盟(UIA)统计范围的会议,一次性给予会议举办主体 10 万元奖励。

(2) 引进获得全球展览业协会(UFI)认证的展览项目来杭州市举办,一次性给予项目举办主体 15 万元奖励。

(3) 杭州市市场主体在杭州市举办的会展项目被评定为市级品牌会展的，一次性给予 20 万元奖励。杭州市会展品牌认定办法另行制定。

(4) 杭州市市场主体在杭州市举办的展览项目获得全球展览业协会(UFI)认证的，一次性给予 30 万元奖励。

(5) 本地会展企业成功上市并交易的，根据《浙江省推进企业上市和并购重组"凤凰行动"计划》相关政策给予奖励。

(四) 项目扶持资金申请和拨付流程

此流程分为事先备案、正式申请、核查评估、部门评审、事前公示、上报审批、资金拨付共 7 大块。

(1) 事先备案。符合规定的会展项目举办单位应根据《杭州市重大会展活动备案办法》于每年 12 月底前向市会展办备案(每年 6 月底前可以补报当年下半年展会项目材料)，未经备案和未按时间要求备案的项目，杭州市会展办不受理该项目扶持资金的申请。

(2) 正式申请。按前款要求事先备案的会展项目举办单位，在项目举办前 15 天通过杭州市会展办官方网站向市会展办提出正式申请；项目结束后 30 天内，举办单位向市会展办提交申请扶持资金相关书面材料。

同一主体在一年中多次举办同一题材会展项目，只能就其中一项会展活动提出扶持资金申请。

同期举办的同一个会展项目，其中包含展览、会议(论坛)和活动内容的，原则上举办单位只能就其中一项内容提出扶持资金申请。

(3) 核查评估。杭州市会展办接到会展项目举办单位正式申请后，委托第三方机构开展核查评估。

(4) 部门评审。杭州市会展办会同市财政局组织专家对申报项目相关材料进行评审，并征求市场监管等市级有关部门意见后，提出审查意见。

(5) 事前公示。将审查结果在杭州市会展办官网进行公示，时间 5 个工作日。

(6) 上报审批。公示结果无异议的，上报市政府审批。

(7) 资金拨付。每年分两次拨付资金，会展项目于上年 10 月 1 日至本年 3 月 31 日举办的，6 月底之前，由杭州市财政和杭州市会展办发文确定予以扶持的举办单位、会展项目和扶持金额，并由杭州市财政局直接拨付给相关会展项目举办单位；会展项目于本年 4 月 1 日至 9 月 30 日举办的，12 月底之前，由杭州市财政和杭州市会展办发文确定予以扶持的举办单位、会展项目和扶持金额，并由杭州市财政局直接拨付给相关会展项目举办单位。

（五）补助奖励资金申请和拨付流程

该流程分为书面申请、部门评审、事前公示、上报审批、资金拨付共 5 大块。

(1) 书面申请。符合《杭州市重大会展活动备案办法》第十一条、第十二条、第十三条、第十四条、第十五条、第十六条、第十七条规定的会展项目和相关机构，于每年 9 月底前向市会展办提出申请并提交书面佐证材料。9 月份以后符合相关条件的项目和机构可在翌年提出申请。

(2) 部门评审。市会展办会同市财政局组织专家进行评审并征求市场监管等市级有关部门意见后提出审查意见。

(3) 事前公示。将审查结果在杭州市会展办官网进行公示，时间为 5 个工作日。

(4) 上报审批。公示结果无异议的，上报市政府审批。

(5) 资金拨付。本年 12 月底之前，由市财政局和市会展办发文确定予以补助奖励的单位、项目和金额，市财政局直接向相关单位拨付补助、奖励资金。

四、企业支撑行业持续发展

一个产业的发展，最终是属于市场的，也只能是市场的，否则就变成了行政包袱，在孵化期，有政府的鼎力支持，而成熟期，必须要靠企业的自身发展来繁荣市场，成倍地反哺城市发展，这是会展业的特点，也是会展业对城市先期投入之后的回馈。

简单地分享下，当前会展企业的类型和中小城市会展企业的现状。

（一）会展企业的类型

(1) 目前，市场上的会展企业按主业占比分类，可以分为专业型、兼容型和服务型企业。

如上海国际展览中心有限公司就属于专业型会展企业，是由上海虹桥经济技术开发区联合发展有限公司、上海市国际贸易促进委员会及英国 P&O ASIA B. V. 共同投资建立的上海首家引进国外一流管理模式和经验的展览场馆公司，是全国首家获得 ISO 9001 认证的国际性展览馆，在全国会展业中保持着较高的知名度，并积极加入行业内的权威机构和协会组织，公司是中国展览馆协会副理事长单位、上海市会展行业协会副会长单位、长三角城市会展联盟常务理事单位以及国际展览管理协会会员。近几年公司也获得了很多社会荣誉，如 2014 年与 2016 年连续被上海名牌推荐委员会推荐为 2013 年度、2015 年度“上海名牌”。

(2) 按企业性质分类,一般以资金来源区分,如外资会展企业、国有会展企业、民营会展企业。

(3) 按地域区别分类,如国际性会展企业、国内中心城市会展企业、国内中小城市会展企业。

武汉新城国际博览中心、杭州国际博览中心、成都中国西部博览城、义乌国际博览中心是比较有代表性的国内城市会展企业服务的展馆,都非常有特色,都是值得相互交流和学习的展馆和企业,尤其是义乌国际博览中心,是典型的"小城大展"的展览企业。

(二) 中小城市会展企业发展现状

除了硬件,中小城市在展览企业的数量和质量方面均不如中心城市,但也有非常成功的案例。以 2018 年浙江省部分中小城市会展举办情况统计为例(见表 9-2),可以看出,义乌、余姚、温岭就不输部分中心城市,恰恰得益于众多的会展企业在支撑。浙江省有很多的民营企业活跃在会展产业。

表 9-2　2018 年浙江省部分中小城市展会举办情况统计表

序号	城市	室内可供展览面积(万平方米)	展览数量(场)	总展览面积(万平方米)
1	义乌	9.32	64	104.02
2	永康	7.56	15	39.3
3	余姚	4.2	17	26
4	慈溪	2	19	19.5
5	温岭	1.3	14	19.49
6	诸暨	2.5	6	12.05
7	海宁	1.2	16	11.39
8	宁海	1.3	10	6
9	桐乡	2.45	10	1.42
10	东阳	1.6	3	1.2

资料来源:《2018 年度中国展览数据统计报告》、新闻报道及各展馆官网。

在中小城市发展会展产业,可以通过政府、平台服务机构、政策体系,支撑和扶持起一批先导的会展企业,进而吸引一大批跟进的创业者、创新者和投资者,是一条非常有效的路径。

第三节　城市其他产业对会展业的辅助支撑

会展产业的发展和城市其他产业的发展相辅相成，会展界有“会展业对城市经济发展 1∶9 拉动效应”的说法，虽然没有准确的参数依据，但是会展业与城市其他产业的互动性是非常强烈而且正向的。在会展业的发展过程中，对其有辅助支撑的产业涉及整个城市经济的方方面面，涵盖了城市的各行各业，本节聚焦于制造业、服务业和教育业与会展产业的互动支撑作用并进行分析，当然，城市特色不同，可能会有个体差异。

一、制造业和房地产业与会展相辅相成

制造业和房地产业的发达，对于会展业所需的产业、人流、物流和场馆、交通等设施都会带来非常多的利好，对“走出去”和“引进来”带来诸多便利。

中国中小城市间存在南北差异、东西差异，有制造业龙头企业的城市就很容易形成产业集聚的优势，吸引上下游产业链汇聚一堂，自成展、成会。

如浙江吉利控股集团落户宁波前湾新区，吉利集团每年的新品发布会和供应商大会就能为前湾新区汇聚到千万量级的企业和优质的专家、客商。温岭市产泵，慈溪市多小家电，余姚市塑料全国闻名。一个产业一个主题展、多个专题会议、*N* 个产业链深度关联企业落户。这样的效应对会展产业的支撑是显而易见的，也使各地政府乐于将精力花在总部经济上，花在大型、环保、科技型制造业的引进上，这是非常值得的。

房地产业对会展业的辅助支撑更多地体现在新城建设、交通、人口的繁荣等方面。会展对人流的需求量是非常大的，不仅需要专业客商，还有消费商、消费者以及专家、学者等，人们更倾向于前往富庶的、有商业潜力的城市办展、参展。

大型房地产商会介入城市的规划，优化基础设施、配套商业设施。具有大型会展特色的房产企业，如中铁置业集团（以下简称中铁置业），作为一家兼容型的会展企业，其既做房产开发，更专注于会展综合体的开发。2017 年起陆续交付的青岛世博城是中铁置业首个会展综合体，前文已做介绍。

二、第三产业与会展业交相辉映

按照行业归属来说，会展业也属于第三产业，是服务业的一个分支。服务业

与会展业关联度很高,涉及餐饮、酒店、交通、物流、广告、印刷、旅游、购物等。与服务业充分互动、相互支撑,助推繁荣增长。这里着重介绍会议酒店和文化旅游。

(一)会议酒店

会议、展览、活动、节庆都对会议酒店的需求度和等级要求度都比较高,所有的会展报告中,都会出现当地的酒店配套数量和质量,这甚至成为一些大型的、有影响力的会议和活动在选定举办城市的先决条件,可以说是会展业发展的强辅助支撑。

1. 会议酒店的类型和特点

现代酒店业按照接待对象的不同,主要分为商务型、度假型、会议型、公寓型、经济型五种类型。

会议酒店是指以接待会议客人为主要特点的酒店,如各种会议中心、展览中心的附属酒店,也包含以酒店自身会议设施开展会议服务的酒店。

一般来说,会议酒店的客源或经营收入中,参会客人及其总消费(既包括会议服务本身的收入,也包括会议客人的客房、餐饮、娱乐等其他消费)应占酒店客源总人数或总收入的30%以上。

会议酒店的会场面积一般在500平方米—3000平方米。不同的会议酒店的会场面积和接待设施差别很大,但基本都包括一个500平方米以上的主会议室和若干个中小会议室。

2. 中小城市中会议酒店在会展活动中的作用

目前,随着产业和经济的快速发展,越来越多的中小城市对于举办会展活动、发展会展产业、树立城市品牌的需求越来越迫切。但在会展资源主要集中在一、二线大城市的情况下,中小城市会展业面临着诸多的困难和瓶颈,涉及产业规划、场馆建设、运营、参展商、配套设施、专业搭建商等,如果不因地制宜,根据中小城市的基本情况制定本地区的会展业规划和政策,盲目上马,兴建大型会展中心,必将使城市运营背上沉重的包袱,因此,走出一条与大城市不同,适宜中小城市自己的循序渐进的发展道路,是十分关键的。在这个背景下,中小城市会展业的发展,应当重视和发挥会议酒店这一重要平台的作用和其策划、集散、引流的功能。

首先,会议酒店可以成为节庆活动的策划主办者。

节庆活动是有主题公众庆典,是老百姓参与的节日,它是城市发展和文化底蕴形成的成果。节庆活动创造的经济效益和社会效益非常可观,能够对社会各方面带来不容忽视的巨大影响和作用。

节庆活动有很强的地域性,它的产生、形成、发展与当地的自然环境、历史人文环境、经济环境和发展需求有着密切的关系。如北方的冰雕节,内蒙古自治区的那达慕大会，西南地区的火把节、泼水节，华东地区象山的开渔节等。这些节庆活动是有一定的历史传承、相对固定的节日，大多由政府部门组织的。

但节庆活动也是可以从无到有策划出来的，对于中小城市会展业来说，会议酒店就具备这样的条件和能力。岱山县是舟山市下的一个县，其县中心的岱山蓬莱阁海景酒店，自 2010 年起曾经连续三年自主策划举办“岱山渔乐节”，吸引了媒体的广泛关注和长三角地区大量游客参与，对于推动当地旅游的发展起到了很好的宣传作用。2015 年，该酒店还策划举办了以岱山县城市发展为主题的首届中国县域会展高峰论坛，参会的国家、省、市会展业专家与当地政府领导进行了充分的交流和探讨，使岱山县这一仅有 20 万人口的海岛城市成为当时中国会展界关注的焦点。从 2006 年至今，该酒店自主策划、引进的专家研讨会、座谈会、产品发布会、公司年会等各类会议活动共有 1200 场次。丰富的策划和办会经验，不仅成为企业核心竞争力，也形成了一种被岱山社会各界高度评价的“蓬莱阁会议中心现象”。

其次，会议酒店能够成为会展活动的服务平台。

由于会议酒店具备住宿、餐饮、会务等综合性功能，因此对于中小城市策划举办会展活动来说，会议酒店的设施能够全方面满足会展活动的需求。

仍以蓬莱阁海景酒店为例，自岱山县 2006 年首次举办“中国海洋文化节”，发展会展业以来，该酒店先后接待大量岱山县节庆会展活动，如中国海洋文化节、中国海岛超级英雄越野舟山群岛挑战赛、UCI 国际自行车环岛赛、中国海岛露营大会、中国风筝锦标赛、中国会议展览 CEO 圆桌峰会、浙江省海洋运动会、东海音乐节、新加坡(中国)世贸中心等国内外大型活动、赛事、会议，活动将近 1000 场次，服务超过 20 万人次。在会展举办期间，酒店既是新闻中心，也是会议服务中心，也是住宿、餐饮、安全、医疗保障基地和集散中心。

一家设施功能齐全、服务到位的会议酒店，能够让政府和会展活动举办者省去大量的后勤组织工作。目前，也是越来越多的中小城市，以政府服务项目采购的形式，将展会活动的服务工作交由有关的会议酒店去具体落实、执行。

再次，会议酒店能够成为会展活动的举办主场。

在没有或不具备建设会展中心(综合体)条件的中小城市，由于会议酒店本身就具有大型的会场面积和专业设施设备，因此依托会议酒店，同样可以举办开展各类室内外展会、展销活动。

如岱山县已经连续举办九届的中国风筝节，以及国际自行车赛最开始的几届，就是在酒店会议中心进行评比和展示活动。岱山县的浙江绿海制盐有限责任公司，是我国重要的食盐定点生产企业之一，其研发的日晒盐、营养盐、美容盐、足浴盐等各类盐产品大型交流活动和采购会也多次在酒店圆满举办。

3. 中小城市会议酒店建设注意事项

会议酒店对会展业的辅助支撑很大，故此，中小城市规划建设会议酒店的注意事项也需要各级决策者们的高度重视。

第一，酒店规模不宜过大，设计策划和市场定位要准。

中小城市会展业的发展能够促进当地产业成果的集中展示、交流、采购和品牌提升，但总体来说，我国的中小城市特别是县级市产业规模毕竟有一定的上限，因此配套的会议酒店也必须因地制宜，合理控制规模。一般来说，县级市的会议酒店规模1.2万平方米—2.5万平方米，客房体量在150间—220间左右、会场面积500平方米—2000平方米、总餐位数300座—800座是比较适宜的。

以蓬莱阁海景酒店为例，该酒店总的设计思路就是服务会议，在这个基础上，确定了各项具体的设计原则。首先是档次定位，酒店配套的对象是岱山县举办的各类节庆会展活动，如中国海洋文化节，因此，应具有国际三星级以上的总体标准。其次，作为会议型酒店，强调了团队服务的特点，突出大堂空间尺度大、客房数量多、标间多，会议中心集中设置、餐饮同层服务的设计理念。

会议酒店的优势是综合性的，因此，酒店依托当地会展产业和活动，以会展会务、节庆、赛事、论坛、活动等客源立足，持续深耕营销，不断树立和强化当地标杆型的会议酒店市场形象。

第二，做好会议酒店餐饮文章。

展会客人是流动的，旅游客人也是流动的，而民以食为天，餐饮特别是本地化的餐饮是积聚人气、固化人群，打造品牌，保持会议酒店生命力，形成市场影响力极为重要的方式。因此，会议酒店在展会供餐能力之外，还需要将更多的精力投入本地化餐饮的经营和创新上，做好各档菜的策划，做精日常包厢，做强婚宴、生日宴、同学会、品牌发布会、品鉴会等各类主题宴会。

（二）文化旅游

人人都说家乡好，美丽的自然风光、隽永的文化、稀有的特色建筑、脍炙人口的美食等，一方水土风物人情的地方特色多在时光的晕染下熠熠生辉，各地中小城市发展会展产业，在“走出去”“请进来”的过程中，文化旅游无疑是推广城市品牌的绝佳秘技。通过挖掘和着力打造的文化旅游特色目的地品牌成功推出后，由来自全国、全球各地的客商们带回更多的游客，反哺当地的吃、住、游、娱、购，为城市GDP做出突出贡献。这也是为什么在众多的服务业中，特别指出文化旅游业的辅助支撑作用，其利好显而易见，值得中小城市内部挖潜。

以下引用崔凤军老师发表的《杭州要做中国最佳的会议旅游目的地》文章中的部分会议旅游的观点来佐证这一论述。

第一，会议旅游是指通过接待大型国际性会议来发展旅游业。

“如果在我们这个城市召开一个国际会议，就好比有一架飞机在我们头顶上撒美元”,一位美国市长如此比喻会展旅游的魅力。会展旅游,融观光游览于商务活动、会议展示之中。资料显示,全球国际航线50%的旅客是会展旅游者。20世纪90年代以来,美国航空客运量的22.4%和饭店客人的33.8%来自国际会议,会展产业每年的直接收入是800亿—1000亿美元。只有800多万人口的瑞士,年均举办国际会议超过2000个,仅会议每年就吸引外国游客3000多万人。

除了巨大的人流,国际性会议展览还因为其计划性强而具有稳定性的特点,便于旅行社周密的安排。更重要的是,会展旅游概念囊括了从组织会议到会后旅游一系列的活动,利润率一般在10%以上,与普通观光旅游1%—2%的利润率相比,可谓高回报。由于国际会议旅游产业具有规模大、档次高、成本低、停留时间长、利润丰厚等特点,对整个城市的经济发展起着巨大的推动作用。会议旅游特别是国际会议旅游者不但可以比观光游客消费更大,为饭店等企业获得更多的经济效益,而且对于提升一个城市的知名度和旅游品质方面具有重大贡献。发展旅游业,不单单是组织旅游团观光、看风景,更重要的是进一步拓展思路,在吸引会议旅游、展览旅游上多动些脑筋,多做些工作。不仅要吸引一般的游客,还要吸引来开会的,吸引来办展览的,吸引从事各种商务活动的客商。

第二,国际会议旅游产业已有几十年的发展历史,如今已经成为全球重要的旅游产品。

按照世界权威国际会议组织——国际大会及会议协会(ICCA)的统计,每年全世界举办的参加国超过4个、参会人数超过50人的各种会议约有40万以上,会议总开销超过2800亿美元。国际会议市场的巨大潜能和会议产业的高额回报,使越来越多的国家和地区盯住了这棵摇钱树。

第三,世界上国际会议旅游产业发达的国家多位于欧美等地。

据有关部门统计,20世纪90年代以来,世界最大的国际会议主办国——美国,长期占据这一市场的领先地位,其航空客运量的22.4%和饭店客人的33.8%均来自国际会议旅游。在法国巴黎,每年接待的国际会议有400多个,连续多年居世界各大国际性城市之首,这些国际会议每年给这个城市带来近40亿法郎的收入。据有关部门统计,国际会议旅游产业已在全世界旅游业中占有15%的份额。

第四,目前我国的国际会议旅游产业尚处于起步阶段。

我国接待国际会议次数排序在世界上位于30多名,在亚太地区也位居前10名之后,这显然与我国现有的资源和条件极不相称。据悉,国际大会及会议协会已看好我国国际会议市场的巨大潜力,将协助中国开拓这一市场,使之成为世界新的会议大国。资料显示,目前我国具有发展国际会议旅游产业的良好基础条件,全国三星级以上的宾馆、饭店大多具备接待会议的设施和能力,主要目的地城市具有一批专业化的会展组织人员及场馆,再加上丰富的旅游资源,构成了我国一套完整的市场发展体系。

三、教育业与会展业专业正循环

专业性人才和高端会展人才的培育是会展业蓬勃发展的基础，城市的大专院校配置的会展专业和生源素质是行业高水平发展的重要保障和有力支撑。

浙江万里学院从2005年左右开始为会展专业立项，面向全国招收一本生源，学科带头人任教授更是十年如一日的深耕会展业理论研究，为宁波乃至浙江的会展专业人才输出做出了重要贡献。

会展业强调产、学、研，教育和理论研究不可或缺，要发展会展产业的中小城市可以关注设有会展专业的大专院校(见表9-3和表9-4)，供各中小城市参详本地可以对接的地区生源，另可关注与会展相关的其他专业，如旅游专业、酒店专业、会展策划专业等生源跨界会展的融入度也是比较高的。

表9-3　2018年部分城市会展院校统计列表

<table>
<tr><th>地区</th><th>城市</th><th colspan="2">会展专业院校的性质及数量</th><th>学　　校</th><th>专业名称</th></tr>
<tr><td rowspan="14">江苏省</td><td rowspan="4">南京</td><td rowspan="3">本科</td><td rowspan="3">3</td><td>南京工业大学</td><td>艺术与科技</td></tr>
<tr><td>南京师范大学泰州学院</td><td>艺术设计</td></tr>
<tr><td>南京财经大学</td><td>环境设计</td></tr>
<tr><td rowspan="11">专科</td><td rowspan="11">11</td><td>南京工业职业技术学院</td><td>展示艺术设计</td></tr>
<tr><td rowspan="4">苏州</td><td>苏州工艺美术职业技术学院</td><td>会展策划与管理专业</td></tr>
<tr><td>苏州经贸职业技术学院</td><td>会展策划与管理专业</td></tr>
<tr><td>苏州百年职业学院</td><td>广告与会展专业</td></tr>
<tr><td>健雄职业技术学院</td><td>广告与会展专业</td></tr>
<tr><td>昆山</td><td>昆山登云科技职业学院</td><td>广告与会展专业</td></tr>
<tr><td>无锡</td><td>无锡科技职业学院</td><td>会展策划与管理专业</td></tr>
<tr><td>盐城</td><td>明达职业技术学院</td><td>会展策划与管理专业</td></tr>
<tr><td>南通</td><td>南通纺织职业技术学院</td><td>广告与会展专业</td></tr>
<tr><td>淮安</td><td>淮安信息职业技术学院</td><td>广告与会展专业</td></tr>
<tr><td>常州</td><td>常州信息职业技术学院</td><td>广告与会展专业</td></tr>
</table>

续表

地区	城市	会展专业院校的性质及数量		学　　校	专 业 名 称
上海市		专科	13	上海应用技术大学	视觉艺术设计
				上海立达职业技术学院	会展策划与管理专业
				上海行健职业学院	会展策划与管理专业
				上海新桥职业技术学院	会展策划与管理专业
				上海科学技术职业学院	艺术设计 （环境与展示设计方向）
				上海中侨职业技术学院	旅游管理/室内艺术设计
				上海电子信息职业技术学院	会展策划与管理专业
				上海电影艺术职业学院	应用艺术设计
				上海邦德职业技术学院	旅游管理
				上海工艺美术职业学院	展示艺术设计专业
				上海建桥学院	视觉传达设计专业
				上海出版印刷高等专科学院	会展策划与管理专业
				上海杉达学院	环境设计
		中专	2	上海市曹扬职业技术学校	商贸会展专业
				上海市现代职业技术学校	会展策划与管理专业
		本科	8	东华大学	会展经济与管理
				上海外国语大学 贤达经济人文学院	会展经济与管理 （全英语教学班）
				上海复旦大学太平洋金融学院	会展策划与管理专业
				上海第二工业大学	会展策划与管理专业
				上海视觉艺术学院	环境设计
				上海应用技术学院 经济与管理学院	会展经济管理专业
				上海立信会计金融学院	艺术设计
				华东理工大学	设计学类

表 9-4　2018 年部分浙江会展院校统计列表

<table>
<tr><th>地区</th><th>城市</th><th colspan="2">会展专业院校的性质及数量</th><th>学　校</th><th>专业名称</th></tr>
<tr><td rowspan="15">浙江省</td><td rowspan="4">杭州</td><td rowspan="6">本科</td><td rowspan="6">6</td><td>杭州师范大学</td><td>会展策划与管理专业</td></tr>
<tr><td>浙江传媒学院</td><td>会展策划与管理专业</td></tr>
<tr><td>浙江树人学院</td><td>会展策划与管理专业</td></tr>
<tr><td>中国美术学院</td><td>艺术与科技</td></tr>
<tr><td rowspan="4">宁波</td><td>浙江万里学院商学院</td><td>会展经济与管理专业</td></tr>
<tr><td>宁波工程学院</td><td>广告学专业</td></tr>
<tr><td rowspan="9">专科</td><td rowspan="9">9</td><td>宁波城市职业技术学院</td><td>会展策划与管理专业</td></tr>
<tr><td>浙江纺织服装职业技术学院</td><td>艺术设计(展示设计方向)</td></tr>
<tr><td rowspan="4">杭州</td><td>浙江经贸职业技术学院</td><td>会展策划与管理专业</td></tr>
<tr><td>杭州科技职业技术学院</td><td>会展策划与管理专业</td></tr>
<tr><td>浙江育英职业技术学院</td><td>会展策划与管理专业</td></tr>
<tr><td>浙江金融职业学院</td><td>会展策划与管理专业</td></tr>
<tr><td>金华</td><td>金华职业技术学院</td><td>视觉传达设计专业</td></tr>
<tr><td>绍兴</td><td>浙江农业商贸职业学院</td><td>艺术设计系</td></tr>
<tr><td>义乌</td><td>义乌工商职业技术学院</td><td>会展策划与管理专业</td></tr>
</table>

注:以上信息来源于各地会展办、协会以及相关会展场馆网站公布信息,排序以其省(市、区)首字。

第十章　中小城市会展业发展评估①

项目评估(Project Evaluation)就是在社会经济生活中,对所涉及的对象进行综合评价的过程。会展评估则是指对会展活动中的相关主体、客体进行系统分析评价的过程。会展评估一般包括项目评估、城市评价、企业评价和拉动作用测算等,是城市和企业举办会展项目、提升会展质量的重要分析手段。

不同的城市级别、城市规模、产业规模、产业结构等对会展业的发展都会带来较大的影响。对于区域中心城市而言,鉴于城市的国内外影响力、发达的场馆及交通和接待基础设施、较大的经济腹地以及较高水平的产业服务质量,往往较少受到城市自身的产业和资源的影响,在题材上往往有更多的选择;对于区域副中心城市而言,展会的题材往往受到自身的区位资源、产业资源、文化资源和设施资源等因素的影响,展会的题材多与城市及周边腹地的优势资源相关联;对于中小城市而言,会展项目的题材多依赖于城市自身的资源,再加上会展场馆的规模偏小等特点,因此会展产业与大型城市会展项目相比,往往具有题材相对单一、展品范围较窄、展会规模较小、综合类会展项目展客商覆盖面较小等特点。

鉴于受上述因素的影响,中小城市会展评估也有自身的基本特征。对于项目评估而言,中小城市更加关注会展项目的题材与城市产业的关联度,会展项目对城市的知名度提升,会展项目带来的展客商对产业的提升作用等;对于城市会展业评估而言,更加关注会展业对优势产业带来的市场、品牌和服务的影响力;对于企业而言,更加重视企业的规模与专业性,以及企业主办会展项目的数量和规模;对于展会的拉动作用而言,专业类会展项目更加关注展客商结构带来的消费拉动,消费类展会则更加关注项目举办带来的直接交易。

第一节　会展项目评估

会展项目评估是会展业发展过程中的一个重要的工作环节,主要是从第三方的角度对会展项目的质量等综合指标进行客观评价。一般说来,委托第三方机构

---

① 本章内容由任国岩(浙江万里学院教授,教育部旅游职业教育教学指导委员会委员)编写。

开展会展评估的单位主要包括政府主管部门、主办单位、承办单位和展客商，不同的委托方往往目标和需求不尽相同。当前开展项目评估工作比较多的委托单位主要是会展业主管部门和项目主办单位。

在评估工作中，影响城市会展业发展水平、会展项目的举办质量、会展企业的等级层次以及会展项目举办效果的因素较多，会展评估工作一般采用单一步骤指标（只选择结果指标，不考虑过程指标），尽可能选择主要指标，避免指标叠加重合等因素，以确保评估工作的科学性和实用性。

一、会展项目评估的特点

会展业主管部门委托第三方机构开展会展项目评估与主办单位、承办单位对项目评估的目的和要求往往有一定的区别。会展业主管部门对项目开展评估往往是出于对会展项目的整体效果开展评估，目的是为政府下发产业扶持资金、评价会展项目品牌、评估会展项目拉动作用等提供依据。主办单位对项目的评估往往出于对承办单位完成任务的情况，以及会展项目举办过程中还存在哪些技术问题开展评价，以便未来进一步提升会展项目的质量。承办单位则更关注展品的质量、展客商的对接关系、展客商的满意度和下一届是否还有意向参加、展会的成交额等方面的内容。两者在评价指标的选择和权重的设计方面也有一定的差异，行业主管部门往往重视社会效益，主办单位关注办展质量，承办单位更关注经济效益。而参展商和客商对项目的评估需求，主要是对参展和参观展会综合效益的评估，用来作为企业参展和观展的选择依据。

二、会展项目评估的指标

会展项目评价的指标大体相近，但不同项目由于角度不同、目的不同，在具体的评价指标方面也有一定的差别。政府委托第三方机构评估主要关注展会的规模、主办单位的级别、展位结构、展客商结构、客商数量、展会环境与氛围、展会的品牌价值、展会的成交额、展客商及观众的满意度、展会的资金使用及撬动社会资金的情况等。近年来，随着会展项目评估工作的持续深入和评价手段逐步成熟，在会展项目评价指标方面也在不断创新和完善。其中，宁波市在会展项目的评估过程中，结合会展项目的实际，增加了客商滞留时间、展会容积率等指标体系。前者主要是通过客商在会展场馆的滞留时间来评价展会的吸引力，后者主要是通过参展商展位付费面积与主办单位租馆面积之间的比值，来测量展会的实际效果，以避免主办单位和承办单位为争取政府的补贴资金而降低展位密度、变相增加展位面积的行为，从而提升展会评价的客观性。但有些展会的成交额难以准确计算，有的展会品牌价值也难以估量，所以这两个指标在评估中往往被忽略。这种项目评估的最终结果包括展会的整体质量、对城市和展品所在产业知名度的影响、对推动国内外合作的作用以及对城市经济拉动的作用；对于主办单位而言，在委托第三方评估的过程中，往往更加关注展品的质量、展商和客商的结构、客商的数量、展位的价格、展客商获取参展观展信息的渠道、展客商的供需关系及洽谈情况，以及展客商和观众对服务的满意度。最终评价结果是分析展会现存的问题，以及解决展会现存问题的对策和建议。

三、会展项目评估的权重设置

会展项目评估过程中，指标的权重是衡量该指标在整个评估体系中地位重要性的主要量化标志。指标的权重越大，说明该指标在衡量会展项目质量的过程中发挥的作用也就越大。根据展会评估的目标要求，一般会展项目评估指标可分为主观评价指标体系和客观评价指标体系两大类型。

（一）主观评价指标体系

主观评价是主要考虑到委托方或主办单位对展会的承办方或承接单位的具体要求，以及客观分析展会是否满足委托方或主办方的要求的评价方式。该评价方式一般以委托方的要求作为参照目标，并以可达到的最高目标作为满分的标准，在此基础上，根据实际达到的效果以及是否满足委托方或主办方的要求、满足多大程度的要求作为测算数据，并在此基础上对会展项目的举办工作进行评价。

以宁波国际服装节项目评估为例，该项目的评估目的并不是评价该展会在国内同类会展项目中的比较结果，而是评价承办单位是否按照要求满足了主办方办展的要求。该评价结果直接对承办单位是否可以足额拿到相关的政策资金、合同资金等产生直接的影响。

表 10-1　宁波国际服装节评价指标体系

项目	子　项　目	评 价 指 标	得分
展览展示30分	招展工作 10 分	总展位 1800 个以上达到标准 8 分，每增减 10%加减 1 分；并综合考虑参展商和展品质量	
	招商工作 15 分	客商 5000 名，境内客商 4500 人，境外客商 500 人，每降 20%扣一分	
	普通观众 5 分	观众数量不低于往届，参观过程中没有纠纷	

续表

项目	子 项 目	评 价 指 标	得分
时尚发布18分	国内新锐设计师	12位新锐设计师,每减2个或质量达不到要求扣1分;组织工作不能满足要求每2场扣1分	
	国内知名品牌	每场作品达不到要求扣0.5分,组织服务质量达不到要求扣0.5分	
	海外设计师	作品达不到要求扣1分,组织服务质量达不到要求扣1分	
	本土风尚品牌	作品达不到要求扣1分,组织服务质量达不到要求扣1分	
	先锋学院	每减少1场或质量达不到要求扣1分	
	纺织面料静态展示3分	产品质量达不到要求扣1分,组织服务达不到要求扣1分,现场氛围及效果较差扣1分	
经贸论坛15分	第二届中国男装高峰论坛	主题与整体设计、嘉宾邀请达不到要求扣1分,现场氛围差、参会人员少扣1分	
	第二届中国服装智能制造高峰论坛及对接会	主题与整体设计、嘉宾邀请达不到要求扣1分,现场氛围差、参会人员少扣1分	
	首届“一带一路”服装产业国际合作峰会暨对接会	主题与整体设计、嘉宾邀请达不到要求扣1分,现场氛围差、参会人员少扣1分	
	第二届中国服装采购商大会暨对接会	主题与整体设计、嘉宾邀请达不到要求扣1分,现场氛围差、参会人员少扣1分	
	首届中国“服装产业＋互联网”论坛	主题与整体设计、嘉宾邀请达不到要求扣1分,现场氛围差、参会人员少扣1分	
资金运作使用8分	市场化运作资金	达到450万为3分,每增减150万元增减1分	
	项目招投标情况	满足相关部门对项目招投标的要求,有对应的票据能够说明资金流向3分	
	专项资金使用情况	满足财政对会展专项资金的使用要求3分,根据实际情况对不符合的减1—2分	

续表

项目	子　项　目	评 价 指 标	得分
展客商满意度情况8分	参展商满意度3分	满意度达到85%以上3分，60%以上2分，60%以下0—1分	
	客商及观众满意度3分	满意度达到85%以上3分，60%以上2分，60%以下0—1分	
	普通观众满意度2分	满意度达到85%以上3分，60%以上2分，60%以下0—1分	
展会相关服务工作11分	对外宣传推介5分	对外宣传经费150万元以上5分，每减50万元减扣1分	
	网站建设与信息发布2分	网站建设质量好，信息发布准确及时2分。每个环节出现问题扣1分	
	宣传推广效果2分	效果达到往届水平2分，可酌情加减分	
	展品有吸引力2分	通过引入客商滞留时间数据来进行判断，较好2分，一般1分，较差0分	
卫生安全工作6分	展会人身、物品及设施安全2分	没有贵重物品丢失，没有人身安全事故，展会、展台及相关设施安全	
	保安服务、现场卫生环境2分	保安认真工作态度好，现场保洁工作达到展会的基本要求	
	群体性事件以及违反知识产权2分	没有发生群体性事件，没有违反知识产权问题，没有承办单位、参展商及客商纠纷	
承办单位运作能力4分	承办单位人员实力2分	承办单位有稳定办展团队，与上届相比实力增强2分，实力下降扣1分，下降严重扣2分	
	运作机制建设2分	已建成与牵头、合作单位、展客商、招展招商机构、项目服务机构良好的运行机制2分，每个环节出现问题扣1分(相关方对合作不满意)	
总分			

宁波国际服装节评价指标体系是具有较强代表性的主管评估指标体系(见表10-1)，主要是针对主办单位(宁波市政府，委托市经信局具体牵头负责)提出的关于展会面积、展客商数量和结构、活动数量与档次、资金使用、展客商满意度、展会相关服务工作、安保卫生、承办单位运作能力等方面开展评价。达到要求为满分，

没有达到要求根据实现数据梯次减分，并以最终的数据开展综合评估。

在具体的评价过程中，评估机构对展会的展品吸引力、展会吸引力、展会容积率和展会的成果与绩效水平进行了系统深入的调研与分析，也为政府主导型综合类会展项目的评估工作奠定了坚实的基础。

（二）客观评价指标体系

客观评价指标是不考虑主办单位的要求，只根据国内外通类会展项目的面积和数量、结构等指标，按照一个客观的标准进行分析评价。在具体的实施操作过程中，根据不同级别的展会项目，在满足基本的面积、境外展客商、连续举办届数、举办活动数量、展客商满意度等最低指标的基础上，将根据下列指标、权重确定展会的总体评分(见表10-2)。总体评分需满足本级别展会的最低的分数要求则达到展会主办单位申请的级别。

表10-2 客观评估指标体系表

项目名称	专业类	综合类	消费类	评分标准	权重
客商数量	3000人/平方米	5000人/平方米	10000人/平方米	满足上述标准为10分，超出或不足按比例增减	0.1
展会面积	应在满足展会申请相关级别最低面积的基础上，根据展览面积的实际计算得分。每高出基础面积10%加1分，以此类推，最高加分不超过基础分数的100%				0.2
展商结构	参加展览项目外地展商的比重，30%外地展商为满分10分，超出或不足按比例增加或扣减分数				0.1
客商结构	参观展览项目外地客商的比重，30%外地客商为满分10分，超出或不足按比例增加或扣减分数				0.1
展客商满意度	展览活动的参展商、客商的满意度。80%满意度为满分10分，超出或不足按比例增加或扣减分数				0.1
特装展位比重	展会特装展位面积占净展位面积比重，100%特装为满分10分，不足部分按比例扣减分数				0.05
展会和谐度	展会有系统完整的危机预案，展会举办期间没有出现安全性事故为满分10分，超出或不足按比例增加或扣减分数。出现重大事故本指标得分为0分				0.05
项目级别	国家级项目为满分10分。其他级别的项目系数为国际级1.2，省部级0.9，城市级0.8，企业级0.7				0.1

续表

项目名称	专业类	综合类	消费类	评分标准	权重
展会类型	专业类展览项目为满分 5 分，综合类项目 4 分，消费类项目 3 分，展销类项目 2 分				0.05
展会直接经济效益	展会主办单位直接经济效益达到 100 万元/万平方米的利润或 10 万元/万平方米的税收可按照满分 5 分计算。超出及不足部分可按照比例增减分数，最高加分不超过基础分数的 100%				0.05
展会间接经济效益	展会间接经济效益达到 500 万元/万平方米的间接拉动数额(酒店收入、签约成交额、场地租金、旅游收入、商务等收入)可按照满分 5 分计算。可按照比例增减分数，最高加分不超过基础分数的 100%				0.05
展会社会效益	展会举办形成较大的品牌影响力、发布有影响力的行业信息、组建相关的合作机构、举办有影响力的评比评奖活动、实际促成企业投资落户、国内外高端媒体有较具影响力的新闻报道等，可视情况每项增加 1—2 分，本项目最高得分不超过基础分				0.05

（三）会展项目的权重设计

会展项目的权重主要受到相关指标重要性的影响。一般来说，展览面积是影响展会质量的最关键指标，参展商结构、客商数量和结构也是影响展会效果的关键指标，因此，指标的权重比较大。此外，主办单位的级别、展会题材的类型也是重要的指标，需要配置相应的权重。展位结构、展客商满意度、展会的成交额等指标虽然重要，但由于存在测算难以实现精确度较高、对不同类型的展会影响效果不够明显、测算过程对测算的结构有较大的不确定影响等因素，所以在权重的配置上相对较小。

四、会展项目的评估过程及数据采集

在会展项目的评估过程中，数据的采集具有特殊重要的意义。这是因为在指标和权重的设计完成后，数据是直接影响展会评估结果的关键因素。因此，数据采集的科学性、规范性和准确性就直接影响展会的评价结果和评价质量。

（一）展览评估数据采集

展览主(承)办单位或其他机构所编制的符合本标准要求的展览会数据统计报告，应至少包含指标中规定的全部数据，同时也需要获得能够支撑上述指标的相关间接数据。另外还可根据展览会实际增加其他数据。对于增加的本标准未规定的数据,应在统计报告中给出数据的计算方法,并附必要的支持资料。

(二) 评估审核监督

展览项目的评估审核监督一般包括数据的审核以及评价过程的监督等。展览主(承)办单位应当建立展览会数据统计工作的内部审核制度,指定专门部门对数据采集、整理、计算等过程进行监督审核。

(三) 展览评估流程

拟获得上述展会认定标准及质量评估的项目,项目主办单位应根据自身的实际确定拟申报的项目级别,在评估的上一年年底前向相应的会展业主管部门、会展业协会提出申请,并提供该项目以往举办的相关资料(包括与评价指标相关的各项数据资料)。鉴于评估工作的系统性和复杂性,一般要求评估机构在展会的筹备期间就介入参与展会的组织工作。

(四) 评估机构资质

各级各类展览审批或备案单位宜推行展览会数据统计工作的外部审核制度,由经国家和省市会展行业协会、国家和省市会展标技委认可的相关资质的独立第三方机构对展览会数据统计工作进行审核。当前,国内系统开展会展项目评估的城市数量较少,承担会展项目评估的机构主要是高校、协会和科研院所,也有部分城市委托会计师事务所开展项目评估。

(五) 评估报告文本

评估报告应包括并不限于项目的评估思路、评估工作的具体依据、项目评估工作流程与具体内容、展会的基本情况、展会的相关数据、展会的评价指标体系、展会量化评价与得分、展会存在的问题,以及进一步优化提升办展质量的意见和建议。如委托方有相关的内容要求,可由双方协定并在合同中具体体现。

五、会展项目评估的具体操作

近年来,我国对会展项目评估的重视程度越来越高,很多城市都出台文件要求对会展项目进行第三方评估,并把第三方评估的结果作为评价展会举办质量、提升展会创新发展的重要手段。也有很多城市把会展项目的评估结果与展会的政策资金挂钩。本文以三个典型的评估案例进行说明。

（一）中国（北京）国际服务贸易交易会评估

该项目的评估背景是在北京市、商务部领导高度重视的情况下，对主办单位如何进一步提升举办质量开展项目质量评价。该项目委托北京北辰会展研究院有限公司承担，具体由北辰会展研究院、浙江万里学院等单位负责具体实施。项目评估工作在系统分析的基础上，从主承办机构、展会定位、展品质量、展客商结构、展客商关系、活动质量、场馆布局、项目成果等八个方面分析存在的问题，并提出了具体的对策建议。在数据采集方面，本项目主要采用门禁、手动计数器、展会注册系统与现场抽查相结合的方式，对展会期间的展客商数量和结构开展分析。

（二）中国（芜湖）科普产品博览交易会

该项目由中国科协主办，安徽省科协和芜湖市政府承办。该项目评估工作主要目的是评价承办单位的办展水平、办展能力及对外拓展的能力。该项目委托长三角城市经济协调会会展专业委员会负责承担。该展会的评估工作主要从展会的展品质量、展客商结构、展客商对接关系、活动质量、客商满意度、办展成效等方面开展系统性的深入分析，并就展会的展期、举办时间、活动安排、展客商结构等方面提出相关的对策建议。在数据采集方面，本项日主要采用门禁、手动计数器、展会注册系统与现场抽查相结合的方式，对展会期间的展客商数量和结构开展分析。

（三）宁波国际服装节评估

宁波国际服装节是宁波市最具影响力的会展品牌项目，自 1997 年举办以来，已经举办 25 届，成为宁波市服装名城的标志性项目。该项目的评价目的主要是对展会的承办单位是否保质保量完成预期的工作任务进行系统评价。评估工作组从展会的定位、展位空间布局、特装与标摊的比重、展会的展品质量、展客商结构、展客商对接关系、活动质量、客商满意度、办展成效等方面开展系统分析，并对未来会展项目的举办工作提出对策建议。该项目委托第三方评估，评估结果的承办单位招标与政府会展业补贴政策的额度相挂钩，具有一定的科学性和实用性。在数据采集方面，该项目是国内为数不多的借助会展大数据实验平台，通过移动手机信号进行收集整理，并辅助以门禁、身份证检验、手动计数器、展会注册系统与现场抽查相结合的方式，对展会期间的展客商数量和结构开展分析。其中，通过移动大数据系统可以精准地测算展会的人员数量、来源地及年龄结构、进入场馆的时间以及高峰时段情况、在场馆滞留的时间情况。为科学分析展会的举办情况提供了第一手数据（见表 10-3）。

表 10-3　展会展客商来源结构及高峰时段分析

<table>
<tr><td colspan="2">展会</td><td colspan="3">第 23 届宁波国际服装节</td></tr>
<tr><td colspan="2">展馆</td><td colspan="3">宁波国际会展中心 1—6 号馆</td></tr>
<tr><td colspan="2">时间</td><td colspan="3">2019 年 10 月 24 日—2019 年 10 月 27 日</td></tr>
<tr><td colspan="2" rowspan="2">参展参观总人数</td><td rowspan="2">10729</td><td>展商人数</td><td>393</td></tr>
<tr><td>客商人数</td><td>10336</td></tr>
<tr><td colspan="2">2019 年 10 月 24 日高峰期时间段</td><td colspan="2">9:30—13:10</td><td>占比 72.92%</td></tr>
<tr><td colspan="2">2019 年 10 月 25 日高峰期时间段</td><td colspan="2">9:30—14:30</td><td>占比 64.58%</td></tr>
<tr><td colspan="2">2019 年 10 月 26 日高峰期时间段</td><td colspan="2">10:10—11:20,12:40—13:50</td><td>占比 56.25%</td></tr>
<tr><td colspan="2">2019 年 10 月 27 日高峰期时间段</td><td colspan="2">10:00—14:10</td><td>占比 54.17%</td></tr>
<tr><td rowspan="2">展商来源地</td><td>宁波</td><td>77.81%</td><td>省内(除宁波)</td><td>7.65%</td></tr>
<tr><td>省外</td><td>14.54%</td><td>境外</td><td>0.00%</td></tr>
<tr><td rowspan="2">客商来源地</td><td>宁波</td><td>80.06%</td><td>省内(除宁波)</td><td>8.56%</td></tr>
<tr><td>省外</td><td>10.6%</td><td>境外</td><td>0.17%</td></tr>
<tr><td colspan="2">展商滞留时间</td><td colspan="3">3.46</td></tr>
<tr><td colspan="2">客商滞留时间</td><td colspan="3">0.5</td></tr>
</table>

第二节　会展城市评价

会展城市评价是结合城市会展业发展的实际情况和相关数据,在对会展业综合数据进行测算的基础上,在城市间开展比较分析的一种方法和手段。常见的会展城市评价包括城市竞争力评价和指数测评等。当前国内有中国会展经济研究会、上海会展研究院、北京北辰会展研究院等先后开展过城市会展竞争力评价和指数测算等工作。

一、城市会展业评价的价值

城市会展业评价是对城市会展业发展的客观评价。城市会展业评价有助于城市通过评价工作了解本城市会展业发展的整体水平,以及与相关城市相比,本城市会展业发展的优势和劣势,以便在今后的发展过程中扬长避短、加大支持力度、优化项目和企业结构,实现创新提升。

二、城市会展业的评价指标

与项目评估不同,城市会展业发展的水平评估因角度不同和指标不同,在评价目标、评价意义和评价结果等方面有较大差异。本文分别就几类评价指标进行比较说明。

(一) 中国会展经济研究会城市会展业指数

自2011年以来,中国会展经济研究会对全国会展城市和场馆开展数据调研与分析。近年来,又增加了城市指数分析的内容,并在不断的发展中得到完善,逐步形成系统的分析指标体系。主要包括城市年度展览数量(以每一个展览0.1分计算)、城市年度展览面积(以每一万平方米展览面积0.1分计算)、城市年度展览场馆数量(以每一个展览馆0.1分计算)、城市年度展览场馆室内面积(以每一万平方米展览场馆0.1分计算)、城市年度展览管理、服务及相关机构(以每一个展览管理、服务及相关机构0.1分计算)、城市年度UFI成员及认证项目(以每一个UFI成员单位及认证项目1分计算,2018年新增出国展UFI认证)、城市年度IAEE企业会员和个人会员数量(每个企业0.2分,每个个人0.1分)、城市年度展览面积TOP 100展览数量(将所收集到的展览项目按面积排序,取前100名展览项目,每一个按1分计算)、城市年度细分行业TOP 3展览数量(将所调研到的展览项目按展出范围细分行业,每个行业按展览面积排出前3名展览,每一个按1分计算)、年度各城市会展经济与管理、会展策划与管埋的数量分布情况(会展经济与管理每个0.3分,会展策划与管理每个0.2分)。上述测算方法只针对城市会展产业的发展情况进行分析整理,不考虑城市的级别、经济总量、人口数量、人均可支配收入、社会治安环境等方面的环境资源特征。

(二) 上海会展研究院《全球会展国力报告》

该报告主要针对国际会展业发展的实际,采用相关的测算方法,形成SMI指数评价体系。该指数主要包括场馆、展会和组展企业三个主要指标,对全球主要会展国家和城市的数据进行收集整理,并根据上述指标和权重进行科学测算。该展会的数据主要来源于公开发布的专业资料,包括国外各级公共机构和行业协会、专业组织的官方公报、会展研究机构与国际认证组织(UFI、AUMA、FKM、ICCA)等,以及组展单位、场馆企业、会展节庆组织等发布的相关数据。

(三) 北辰会展研究院《中国展览指数报告》

2019年8月,北京北辰会展研究院有限公司发布了《中国展览指数报告

2018》,该指数报告旨在探索会展项目与城市数据结合的情况下,如何对城市会展业指数进行客观分析和测算。在具体的年度选择上,主要选择2018年国内主要会展城市的数据。在项目的规模上,以3万平方米以上的会展项目为主(按照此标准收集的数据表明,2018年全国涉及的56座城市共有2237个展览项目,其中3万平方米的项目经过筛选、汇总和核查后,共有701个,面积为5254万平方米)。

在具体的测算过程中,该指数分为会展发展指数十大城市和十大城市场馆动态指数两个部分。前一部分主要是对国内主要会展城市进行客观指标评价和主观感受评价两个方面。其中客观指标包括城市场馆数量、办展面积、新建场馆数量及面积等,主观指标包括主承办机构对展览目的地的认可度、品牌影响力、城市展览空间、酒店配套、餐饮供给、人流物流、政府扶持等方面。

三、城市会展业评价的权重安排

城市会展业发展的影响因素较多,不同的因素对不同类型的会展项目的影响也不尽相同。研究表明,从会展业发展的资源角度看,产业规模和城市GDP对展览项目的影响较大;城市的级别对会议产业的影响较大;城市文化资源的数量和档次对节庆活动影响较大。换个角度来看,城市的场馆、交通、酒店等基础设施的规模和水平,对城市举办会展项目的类型和层次也有较大的影响。因此,城市会展业的评价要根据不同类型的会展项目来进行不同的权重安排。

整体看来,评价一个城市会展业发展的指数,主要以城市会展项目自身的数据为基础。除此之外,对专业类会展项目而言,城市的经济总量、展会依托题材在国内同类城市中的排位和占比、展馆的规模等是主要的衡量指标,因此可以配置较大的权重;对消费类展会而言,城市的人口数量、人均可支配收入等对展会的影响较大,应该配置较大的权重。

四、城市会展业的评价方法

常见的城市会展业评价方法主要采用模糊评价方法。在具体数值的测算过程中,也常用现场调研法、观察法、数据资料法、问卷法和德尔菲法(专家打分法)。

(一)城市会展业发展的直接评价

该评价方法一般采用模糊评价方法,选用与城市会展业发展直接相关的指标。主要包括展会规模、展会类型、展会题材类型、展位结构、展商结构、客商数量与结构、主办单位级别、场馆规模、高星级酒店数量与规模、交通基础设施条件、会展产业政策、会展教育科研等方面的指标,并根据不同指标的重要性设置权重,在收集整理数据的基础上,进行综合分析,得到相应的评价结果。

(二)城市会展竞争力综合评价

在城市会展业基本数据的基础上,充分考虑城市级别、城市人口数量、GDP、财政收入、人均可支配收入、基础设施条件(交通、场馆、酒店等)、社会环境、政府支持力度、城市会展业发展定位等指标和数据。其中人口数量、人均可支配收入主要是影响城市消费类展会的相关质量;GDP、产业政策、城市级别等主要影响城市专业类会展项目的质量;此外,城市治安环境(场馆、交通、酒店等)主要影响城市的办展类型、最大办展规模和展客商的来源结构等。这些指标根据不同的权重安排,最终可以测算出城市会展业发展的综合竞争力等指数。

五、城市会展业评价的应用

城市会展业评价的结果既可以作为城市发展会展业的重要参考,也可以作为优化城市会展业发展方向、设计制订会展产业政策、为会展业政策资金发放提供相关依据等方面的量化基础。

此外,会展项目评价和会展城市评价也是分析会展项目、会展城市发展过程中重要的量化依据。对于项目而言,通过对展会规模、参展商结构、客商数量与结构、展客商满意度、展会的题材和类型等方面的分析,可以明确展会的优势和短板,以便解决问题,扬长避短,进一步优化提升会展业发展的质量;对于城市而言,通过对城市会展业指数进行评价,对城市会展业发展的总量规模、单体规模、展客商结构、客商数量与结构等进行比较分析,可以了解城市会展业发展的主要问题以及短板,以便在今后进一步强化管理、完善服务、提升基础设施水平、优化项目结构、培育项目品牌,以便有效提升城市会展业的发展水平。

第三节　会展企业评价

会展企业评价主要是对会展企业的综合实力以及在国内外的综合比较结果开展分析。会展企业评价包括静态指标和动态指标、内在指标和外在指标等方式,经常作为综合性评价的基础。

一、会展企业评价的指标体系

静态指标主要是指多年稳定不变的指标,包括所在城市、注册资本、获得的相关资质等。动态指标主要是指可以根据企业发展在数据上发生较大变化的指标,包括展览项目与规模、会议及活动数量等;内在指标主要是指会展企业自身的相关因素,如人员数量、高职称人才的比重、企业的办公面积等。外在指标主要是指企业承办项目的数量、获得政府资金补贴的额度等。

二、会展企业评价的方式和结果

对会展企业进行评价,一般采用分级方式或分层分类方式。无论是哪种方式,都是依托会展企业的基本数据展开。从分级方式看,一般分为五星级、四星级、三星级、二星级、一星级等层级标准,不同的层级的会展企业也反映了会展企业在举办实力、承担风险等方面的能力;从分级分类看,一般可分为跨国企业、国内会展业领军企业、区域会展业私立企业和城市会展业重点企业、一般企业等。在类型方面,可分为跨国企业、合资企业、独资企业、国有企业和民营企业等类型,根据不同的类型,可以科学地选择不同类型展会的主办机构,以确保大型会展项目的举办质量,降低展会举办的风险。

三、会展企业评价结果的应用

会展企业的评价结果常用于政策扶持、项目准入等方面。

(一)政策扶持

很多城市提出要把会展业做大做强,而实现这个目标一般都会给予相关的政策支持,而会展企业现有的规模和绩效,会成为政府支持的重要依据。一般来说,不同级别的会展城市对会展项目的主题、规模、展客商结构等都有较大的影响,城市的级别越高,展会的题材受到城市优势资源的影响就越小,承担平台性项目的功能越强,展会的规模越大。

(二)市场准入

当前国内许多城市已经开始在会展项目招投标等方面设定承办企业的相关规模和办展经验等方面的指标和门槛。在具体的实施过程中,有的城市将会展企业的注册资本作为主要参考依据,也有的城市将企业的办展规模,尤其是重大会展项目的数量和规模作为准入标准。还有的城市规定只有达到一个级别的会展企业(如五星级、四星级以上)才有资格主办和承办大型、高级别、国际化的会展项目。这些准入门槛,都需要在对会展项目、会展企业评估的基础上来推进实施。

(三)服务保障

有的城市为集中支持重点会展企业发展,往往在档期、资金、对外宣传等方面给予重点支持。如对规模较大,或举办的展会规模较大、影响力较强的会展企业,在项目的档期方面给予时间保护和档期优先选择的政策。在政策资金方面,有的城市也在探索针对一个会展企业的整体实力,包括举办项目的总量规模等开展相关的支持;还有的城市重点扶持出国展数量多、规模大和境外参展商、客商比重较大的会展项目及其举办企业。这些扶持政策,都需要在对其进行整体评价的基础上实施。

第四节　会展项目和产业拉动作用评价

会展项目的拉动作用是会展产业拉动作用在个体会展项目举办过程中的具体体现。一般来说,会展项目的拉动作用包括直接拉动、间接拉动和拉动系数三个指标。这里主要以会展项目的相关内容为例,阐述会展项目对经济拉动作用的具体测算方式。

一、直接拉动作用

会展项目的直接拉动作用是指在会展活动筹备和举办期间,由会展活动各环节、各层面直接产生的各项费用的总和。一般包括以下方面的内容。

(一)场地租金及水电费等

场地租金和水电费用是会展项目举办过程中最直接的成本,也是会展项目举办不可或缺的支出内容。

(1) 场地租金。场地租金以主办单位与场馆的合同为依据,也是衡量一个展会规模的重要指标。

(2) 水电空调费用。以主办单位、参展商等与场馆的实际核算数额为准,也有的场馆直接根据面积计算。

(3) 安保费用。以主办单位与场馆或安保公司核算的实际数据为依据,一般是以展馆面积、实际使用安保人数、实际使用安保的时间(含加班等),以及不同级别的展会对安保数量的需求。

(4) 保洁费用。一般以主办单位与场馆或保洁公司支付的实际费用为依据,有的场馆也会根据展会的面积来打包计算。

(二) 展位费用

展位费用是指展位的搭建与布设过程中需要花费的支出。该支出也是衡量参展企业参展目标、企业实力、参展投入等方面的最重要的衡量指标。一般来说,展位投入越大,说明参展企业对参加该展会的展示工作重视程度越高。反之亦然。

(1) 展位出售费用。包括特装展位、标准展位(室内光地)、室外光地费用,一般是以平均的价格为主计算。

(2) 展位装修搭建费用。包括特装展位由参展商提供的搭建费用,以及标准展位由主办单位提供的搭建费用。

(3) 展位搭建管理费。一般以实际收取的参展商搭建管理费为准,不同的城市、场馆该数据的差别较大。

(4) 展馆辅助物品租借费。一般以参展商、服务商等租借场馆相关物品实际支付的费用为准。

(5) 门票销售费用。一般指展会期间通过门票销售获得的收入。以门票销售的实际收入为依据。

(三) 会展管理及服务费用

会展管理及服务费用包括以下几个方面。

(1) 翻译等费用。邀请境外的嘉宾、参展商和客商有时需要翻译,可由主办单位、参展商和客商等支付相关费用。一般采用抽样调查的方式获取。

(2) 志愿者费用。展会期间招募志愿者所需要的过程费用、补贴、餐饮、交通和服装、标识等费用。

(3) 主承办管理承办。主办单位、承办单位在会展活动筹备和举办期间,为会展活动所必需的人员、场地租金、办公费用、接待费用等。一般以当届展会和当年实际发生的费用为依据。

(4) 资质及培训等费用。展会为提升品牌和质量所进行的 UFI 认证、质量认证、员工培训和资质证书获取等需支付的费用。以实际支付为准。

（四）广告宣传及展客商招引费用

广告宣传及展客商招引费用包括以下几个方面。

(1) 广告费。以实际支出的广告费用为依据。一般由主办单位或承办单位提供。

(2) 参展参会费。为宣传推介本项目而进行的参展参会费用，包括场租、会务、人员交通住宿餐饮等。一般由主办单位或承办单位提供。

(3) 招待费。一般指在展会筹备期间及举办期间到外地或在本地招待参展商、客商及相关服务机构、嘉宾等所支付的费用，包括礼品费、餐饮费等。

(4) 事件营销费。为宣传展会、吸引展客商及观众而举办的活动、用于抽奖的礼品奖品等。以实际花费为依据。

(5) 网站制作维护费。许多展会有自己的专题网站，需要设计、开发和维护。一般以当届展会或年度实际支付的费用为依据。

（五）活动费用

活动费用包括以下几个方面。

(1) 活动场地费用。一般指会议论坛、比赛竞赛、互动交流、表演等需要租用的场地的费用。以实际支付为依据。

(2) 演讲费、专家费等。指在活动过程中邀请嘉宾和领导出席或演讲所支付的专家费、演讲费、讲课费等。以实际支付为依据。

(3) 现场布设费用。包括活动场地、展览场地、开幕式等需要布设的背景板、鲜花、礼炮、拱门、气球、剪彩、水果、饮料、桌牌、横幅等方面所需要的费用。以会展活动全过程实际支付的费用为依据。

(4) 设备费用。在会展活动举办过程中，需要为相关采购和租借的仪器设备支付的相关费用。以实际支付费用为准。

（六）冠名赞助收入

冠名赞助也是会展主办单位在会展活动举办过程中重要的资金和收入来源。会展活动冠名赞助的收入既可以体现为现金的收入，也可以体现为食物或服务的收入，或因赞助企业提供食物或服务而减少支出成本而节省的相关费用。

(1) 会展活动的冠名收费。主要指会展活动过程中，主题展会、分享活动等冠名而获取的相关费用。一般以实际收入为准。

(2) 赞助费。企业及相关服务机构，为进一步扩大自身的影响、提供产品体验等为企业提供的资金和实物赞助。按照实际的费用和实物价值为依据。

(3) 广告费。主办单位或场馆,借助本展会资源向参展商、客商以及为展客商之外的企业提供广告服务而收取的相关费用。一般以实际收入为依据。

(4) 准入费用。由场馆方或主办单位收取的,允许搭建、物流、餐饮、商务服务等服务机构进入会展场馆开展相关服务所收取的费用。按实际收入为准。

(七) 材料制作等费用

材料制作等费用也是综合考量的费用支出,包括以下几个方面。

(1) 文稿创作费。对会展活动举办所需要的交通图、平面图、广告、招展函等制作过程中需要支付的相关设计费用。以实际支出为依据。

(2) 印刷制作费。在会展活动筹备和举办期间,制作招展函、参展商手册、各类文件方案、总结报告等所需要支付的印刷及装订等费用。以实际支付为依据。

(3) 专家指导费。指展会主办单位、承办单位等为做好会展项目,邀请专家对展会的策划设计等方面进行咨询服务等需支付的费用。以实际支出为依据。

(4) 会展项目评估费。有些展会对项目进行评估,则需要支付相关的评估费用。评估费用以实际支付的费用为依据。

(八) 特殊说明

展会在举办过程中,由于展会自身存在的问题以及客观存在的气象灾害、社会治安、群体性事件等问题支付的费用,具有不确定性以及不是正常展会需要发生的费用,因此不在直接费用的计算范围,也不计算在间接费用中。

二、间接拉动作用

间接拉动作用是指由于举办会展项目,带来的展会主办单位和承办单位,在展会举办时间以外或与展会无直接关联的相关费用。

(一) 服务类拉动作用

主要是根据会展业位于服务业产业链前端,可对相关产业带来引导、拉动作用的原理,对产业链上下游产业的发展和影响作用等来测算会展业的拉动作用。

(1) 旅游费用。一般以主办单位对嘉宾和重要客商支付的旅游费用以及参展商、客商及普通观众自行支付的旅游费用。

(2) 娱乐相关的费用。一般以参展商、客商、普通观众自行支付的歌厅、酒吧、游乐场等娱乐费用为依据。一般采用对展客商抽样调查的方式和对主要娱乐休闲场所的调查为依据。

(3) 购物费用。一般以对展客商的抽样调查以及对主要的购物商场、市场的实际调研数据为依据。

(4) 物流费用。包括主办单位和参展商支付的物流费用。

(5) 交通费用。包括主办单位支付的统一交通费用以及参展商、客商自己支付的交通费用(包括往返的差旅费和市区的交通费用)。一般采用抽样调查和分类测算等方式。

(6) 餐饮费用。包括主办单位通过宴请、酒会等提供的餐饮费用,以及参展商、客商及普通观众自己支付的交通费用。一般采用抽样调查以及分类测算等方式。

(7) 住宿费用。包括主办单位为嘉宾和特殊展客商提供的住宿接待费用以及参展商、客商和普通观众自行支付的住宿费用。一般采用抽样调查的方式。

(二) 商务类拉动作用

主要是根据会展业的资源集聚作用、平台经济功能,以及流量经济、消费经济功能而形成的拉动作用进行测算。

(1) 商务交流类费用。在展会之外,由参展商、客商之间,以及展客商与本地机构和企业之间开展的洽谈交流等商务活动,所带来的一般接待费用和技术转让、贸易成交费用等。

(2) 投资类费用。由于展会的举办,带来的参展商、客商在展会主办单位所在区域范围内形成的基础设施、工业设施等投资项目。一般以投资额度为依据。

(3) 关税及相关费用。由于展会举办带来参展商的企业税收、关税、检验检疫费、报关报检等费用。以实际支付的费用为准。

(三) 基础设施投资建设费

主要是考虑会展业促进城市空间布局优化、打造会展经济体、拉动区块经济提升发展等原理,根据会展场馆建设的规模、投资额度、配套资源的特征与发展潜力等测算拉动作用。

(1) 会展场馆建设费用。一般可按照场馆的生命周期,计算每年场馆投资的折旧费用,并按照当年举办展会的面积均摊到展会中。

(2) 会展场馆对区块的拉动作用。根据场馆建设所带来的周边地块的土地增值等,将相关费用按年度和当年的展会面积分摊到展会中。

(3) 配套设施投资类。包括场馆周边的交通、酒店等基础服务设施的投资,可按照会展场馆的生命周期均摊到年度会展项目中。

（四）社会文化增值服务类费用

一般是根据“会展业位于服务业产业链前端，可以对相关产业产生关联作用”的原理，根据产业链各环节相关产业的结构和特征，测算会展业的拉动作用。

(1) 拉动就业带来的作用。可以考虑在展会的举办和筹备过程中，因为展会的举办，带来主办企业、参展商、服务机构和志愿者等相关人员的就业拉动作用。一般来说，1 万平方米展会可带来 20 名办展企业员工、300 名参展企业员工、100 名广告企业员工、10 名印刷企业的员工、50 名商务企业员工、5 名安保企业员工、2 名保洁企业员工、5 名场馆服务企业、20 名志愿者、50 名物流企业员工、100 名餐饮住宿企业员工、30 名旅游购物企业员工、30 名交通运输企业员工、50 名会展场地配套的停车、售货、快餐等企业的员工、100 名演艺及休闲娱乐企业员工、30 名外贸公司员工、10 名会务企业员工、30 名展位设计及搭建企业员工、20 名广告企业员工等累计 1000 余个就业岗位。按照每个岗位每天 200 元左右的工资计算，1 万平方米可带来就业直接效益 20 万元左右。

(2) 促进文化产业发展的作用。会展活动在举办过程中，往往伴有相关的文艺演出和文化活动举办。这些活动本身就具有文化产品的特性，可以形成文化产品的替代效应。这些文化活动可对衍生文艺团体、吸引文化艺人等带来一定的作用。具体的作用要根据不同展会的实际情况衡量。

(3) 素质提升类作用。大型会展活动的举办本身就是一个信息、产品、人员和资金流动和扩散的过程。这个过程往往对市民了解产业、产品、技术和服务就有较强的提升作用，对提升城市市民的综合素质具有直接的影响。由于素质提升是一个比较模糊的概念，一般可根据政府相关的培训、教育、管理等所支付费用的替代效应来计算。

(4) 环境提升类作用。会展活动的举办不仅较系统地吸引国内外展客商的关注，也间接促使城市商业环境、产业环境的提升。由于会展活动提升了城市、产业的知名度，可以进一步提升城市经济和社会的知名度和整体质量。

（五）市场及品牌增值类作用

主要是依据注意力经济、展会品牌与附加值、展会的发展潜力、展会的资源合作与溢出效应等方面的测算方法和实际效果进行综合计算。

(1) 品牌增值类。通过举办会展活动，既可以提升城市、产业在国内外的影响力，也可以直接提升参展企业、展品的品牌价值(包括展会的比赛、评奖等)。进而进一步提升产品的附加值，带来间接的经济效益。

(2) 市场拓展类。展会往往给参展企业创造了一个品牌信誉度。通过参展商、客商和展会的集聚扩散,可进一步减少企业的广告成本,提高市场拓展的能力,带来产品的成交。这既包括现场的直接成交额,也包括展会结束后一段时期企业因展会而带来的相关成交额。

(3) 技术增值类。展会期间往往展出行业先进的技术、产品和服务,对于参展商和客商而言,都是一个技术创新和服务提升的有效途径,因此而带来的企业技术创新和产品创新能有效提升企业的经济效益。

(4) 贸易增值类。由于大量的国外展客商的出席,对于提升城市、产业的国际贸易层次和质量具有较大作用。国际贸易及可带来直接受益,也可以获取政府的政策支持和相关补贴。

(六) 产业平台类、国际类作用

主要是依据会展业注意力经济、平台经济、格局经济和聚合经济的原理,对展会的间接作用进行测算。

(1) 层次类价值。在会展活动的举办过程中,不仅邀请行业内专家学者参加,带来最新的理念与思维,有时还邀请国家领导人和主管部门的领导。这些高层次人员的出席,往往还能够为产业带来相关的政策和项目扶持。具体的拉动作用需要根据不同展会的实际效果核定。

(2) 国际交流类价值。国际交流往往具有较高的成本和较大的难度。举办会展活动由于政府的邀请,往往可以极大地缩小企业与国外政府部门、国际相关机构和企业的距离,为企业的国际交流合作带来机会。具体的拉动作用需要根据不同展会的实际效果核定。

(3) 平台类价值。会展活动不仅是展品的展示和展客商的集聚,也包括主办单位、支持单位等高层次的政府机构、行业协会和企业的参与,具有一定的权威性。在展会上通过发布产业的年度报告、产品特征、产业趋势等,可以较好地发挥主办单位的话语权和导向性,打造在国内外有较大影响力的产业核心平台,形成城市产业基地和集群效应,有效提升产业的影响力和竞争力。

三、拉动作用系数测算

拉动作用系数一般是用间接拉动作用和直接拉动作用的比值进行计算。拉动作用系数受到展会类型、展客商结构、展品质量、客商数量等因素的影响。一般来说,专业类会展项目的拉动作用高于综合类会展项目,综合类会展项目高于消费类会展项目;境外、省外参展商比重越大,间接拉动作用越大;展品质量越好,展客商的供需关系越紧密,展会的吸引力越大,展会的拉动作用效果也就越好;客商数量越多,间接拉动作用也越强。

第十一章　城市会展业与智慧服务的融合

第一节　城市慧服务与会展业的融合

著名经济学家黄奇帆指出，颠覆是互联网见怪不怪的经济现象，大数据、云计算、区块链以及包括移动互联网、物联网等移动通信的网络平台——五大现代信息科技构成的“大智移云”基础平台，正在极其深刻地影响着传统的经济领域，任何一个传统产业链与“大智移云”的结合就会产生新的经济组织方式，是基础技术与产业互动强劲聚合的根本内因。研究表明其背后有“五全特征”：全时空、全流程、全场景、全解析和全价值。

“大智移云”是智慧科技的核心技术，中小城市会展业虽然年轻，但是传统会展业插上智慧科技的翅膀，年轻的会展业将更有力量飞得更高更远，颠覆后的城市会展业站在更高的起点上，离不开富有智慧科技禀赋的城市营运、服务的数据平台、服务行业产业链的优化配置，城市“慧”服务（本章节称“城市慧服务”）应运而生。慧，本意为“聪明”，也同义通假用法之惠，这里指智慧和由其带来的美好之意。更确切地讲，城市慧服务是指要用智慧武装城市政府、企业组织、个人的“大脑”，要用智慧理念、知识结构、专业特长、智能技术服务于现代城市的营运管理，让城市由于富有“慧”服务、高质量的服务支撑城市高品质发展。

对于本书具体内容而言，城市慧服务是什么，是信息化时代的服务升级，对于城市智慧化，有学者称之为继工业化、电气化、信息化之后的“第四次浪潮”。这种说法是否妥当，姑且不论，但城市智慧化的趋势不可阻挡。中国 40 多年经济的高速发展，我们眼前所见、所用的网络、手机、万物互联、人机互动、GPS、无人机、面部识别堪比六十年代的狂想曲、七十年代的科幻片。是的，城市的基础配置在不断地智慧升级，智慧城市从 2008 年底 IBM 提出的借助新一代信息技术建设“智慧地球”的设想开始，许多城市与其合作，在新的阶段单项建设或整体规划中引入了“智慧城市”的概念，并不断达成。关于城市慧服务，笔者认为，是基于智慧城市建设的基础设施，为城市的产业和人提供智慧服务的构建过程和融合过程，会展业便是产业之一。

对于城市生态系统而言,对于城市而言,城市慧服务是一个广义的、系统的、全面的概念和措施,需要其围绕城市用户,通过政策法规标准、技术覆盖、终端输送、运行管理、数据监控、隐私保护等措施,提升各行各业的城市居民的幸福获得感、城市效率的极致感、安全隐患的可控性等,建设更科技、更环保、更便捷、更舒适的城市生态。

如果说智慧城市是构建大脑和贯穿四肢经脉的传输系统,那么城市慧服务的核心就是数据的合理应用、有效应用和持续有效应用。

城市人格化,也可以说,城市慧服务是运用城市治理者组织智慧的力量把城市中可经营的资源,如土地资源、基础设施、生态环境等有形资产,以及依附于其上的无形资产,通过大数据、实时的大数据和历史大数据对其使用权、经营权等相关权益的市场运作,最大限度地盘活存量、引进增量,其间广泛利用社会智慧进行城市服务配套,以实现城市资源配置的最优化和效益的最大化,最终打造城市自我积累、自我增值的城市服务新模式。

而城市慧服务与会展业的融合是会展业组织形式和服务形式的升级迭代。本书仅从城市慧服务与房地产、与展馆、与城市综合体的融合,以及城市慧服务在会展业中的核心竞争力来阐述城市慧服务与会展业的融合带来的产业升级。

一、城市慧服务与房地产

(一)城市化进程催生房地产业升级

中国城市化道路是中国发展的必然选择,随着城市化进程的加快发展和住宅市场调控的加强,国内许多房地产开发商已转战商业地产的开发与运营,商业地产出现了井喷式的增长现象。城市化大潮将催生房地产行业两大升级,其一是规模升级。由目前的房产商数目偏多、个体规模偏小,向整体数目适中、个体规模迅速提升变大转变;其二是能力升级,主要表现在开发商由重开发、轻经营到开发经营并重,慧服务的理念开始根植开发、营运、管理全过程,对开发建设运作关注点、模式、流程、资源配置等各方面的综合能力升级提高。开发有期、服务永久、服务先导原则悄然得到城市管理者和城市开发建设者的追捧。

(二)城市化加快中小城市的发展

在房地产业升级的同时,中心城市房地产开发达到了相对的饱和状态,国内百强房企都将投资的方向转向中小城市,但在发展过程中存在诸多问题,如城市的投资环境、城市的竞争力、城市的服务能力等都是制约中小城市房地产市场发展的因素。解决的办法是以市场发展为主导,促进中小城市的健康发展,同时改善中小城市的投资环境,提升中小城市慧服务体系和水平,以此来加快城市建设步伐;融合、创新传统房地产开发模式,以此成就中小城市房地产的新发展。在新时期,用新方式促进社会经济协调可持续发展。

(三)中小城市经营呼唤新的服务模式

城市综合体是城市可持续发展的产物,是城市集约化、有机化、立体化发展趋势的集中体现,体现着城市的繁荣、活力和发展,得到社会越来越多的关注。

随着城市化的加快,中小城市在没有政府雄厚的资金进行大规模城市建设时,会将大面积的土地交易给有实力、有品牌、有信誉的开发商进行开发,配合完成区域内的商业、文化、生活配套,同时需要将城市经营的各项服务委托市场来运作。双管齐下,进而有力地推进城市的建设并推动区域的城市化进程。对于以城市综合体发展崛起的中小城市,不能照搬大城市的模式,而需要找到适合自己的城市综合体发展路径。城市慧服务商的专业服务是支撑中小城市发展、快速起步的重要保证。

(四)新的中小城市与城市慧服务模式

城市服务商是在城市经营理念下萌发的新事物。城市是一个集合体,涵盖了地理学意义上的经济组织、社会活动、治理制度等各项功能。现代经济学家认为,城市诞生应兼顾各种要素,如土地、基础设施、自然资源、历史文化资源等。如何将城市的资源进行智慧化、科技化、市场化运作,是城市运营的主要内容。城市慧服务是一种全新的中小城市服务模式,立足于中小城市的整体运营,凸显组织及团队精英的智慧,以科技为先导,具备务实、专业、精准的运营能力,注重与城市经营者步调一致,致力成为具备社会责任感的城市文明推动者。

二、城市慧服务与展馆建设

大多数中小城市处在整个经济发展的中后段,在这一阶段,智慧城市建设和展馆建设都处于概念、规划阶段,处于这一周期的中小城市可以恰到好处的享受到智慧城市覆盖、城市慧服务构建和融入展馆规划建设理念的时代红利,不需要大费周章地改造、复建和试错,中心城市和发达城市已经打了样,因地制宜、务实地跟进,就能实现从建设到服务、到产业改造的目的,成本上节省、技术上成熟、美观度提高,都是实实在在的好处。

珠海市的横琴自贸区、桐乡市的乌镇“互联网之乡”等都在智慧城市规划中实施了单项或多项或逐步全面覆盖计划，在城市服务中从交通、天眼、支付、公共服务等多领域进行了铺陈。

对于正在规划中的中小城市，有如下建议。

(1) 学习国家智慧城市构建的规划文件。

(2) 学习数据化管理的知识，全面学习、贯标和探索大数据时代的城市治理。

(3) 走出去，学习先导城市的实践路径和基础建设。

(4) 摸家底，分层次、因地制宜、因循有序地开展智慧城市建设，推进城市慧服务的进程。

(5) 参观学习、引进专业团队咨询探索，将智慧展馆的建设落地。

三、城市慧服务与会展综合体

会展综合体源自商业综合体。商业综合体是多个使用功能不同的建筑空间组合而成的建筑群，其合理性在于节约用地、缩短交通距离、提高工作效率、发挥投资效益等。而会展综合体是则以会展产业为核心，集会议、会展、餐饮、住宿、娱乐、休闲等服务为一体的综合性服务中心，部分服务主要面向会展业衍生市场，能满足会展活动期间一切服务性需求。

会展城市综合体是把会展功能与城市功能相互叠加的集约化模式。在相对完整而又有限的城市区域内，组织展览、会议、餐饮、酒店、娱乐、办公、居住等功能，进行有机组合、合理匹配，形成以会展为主导的城市综合体。

会展活动有大人流、大物流、活动周期短的特征，城市综合体有功能集约、运作高效的特征，两者的结合在空间和时间上能够开放地、连续地吸引大量的客流，延长活动时间，从而使各种功能相互激活、扬长避短，获得共赢。

如何将综合体的商业价值、品牌价值和城市资源的高效价值相结合，是对城市治理者规划智慧的考验，也是对未来将城市慧服务落地体验的考验。

城市慧服务与城市会展综合体的结合，带来的是人与城市生活、人与展馆、人与展览的流畅衔接。

如苏州市吴江区在规划的新区会展中心，在设计阶段就考虑到展馆多功能对展览空间分割、对展具的隐藏使用、与宴会厅的无缝衔接；外部衔接地铁、周边酒店会议、餐饮互动；内部设置常驻商业店的主题组合，顶层休闲设计优先环保和网红打卡营地的城市生活互动，停车位与公共绿地停车、公共道路的临时管控设定，既节约资源，又充分利用了资源。

四、城市慧服务助力中小城市会展产业发展

城市慧服务在助力中小城市会展产业发展中有其共性，通过认知其共性，就能找到其路径。

（一）共性

城市慧服务服务隶属于城市经营，是城市经营直接面向社会的重要分支，其基因就赋予了服务内容的全方位触角的社会属性，切入点也涉及社会的方方面面。同时政府和城市服务还具备公众属性，提供的是公共服务。会展业的公共性和社会性已被社会公认，广义上的会展业也是城市经营的创新型新兴产业，因此会展业也是城市慧服务的重要内容，互动互通更是共性融合的必然。

（二）路径

城市慧服务是城市服务功能的集约体，与会展业的融合直接体现在对于中小城市会展综合体及会展产业发展的咨询、策划、经营、管理，全产业链服务主要体现在三个方面：一是基础设施的构建，二是城市数据的共享，三是展览数据和展馆数据的沉淀。

如对计划启动发展会展业的城市提供智囊服务，包括基础调研、产业规划报告和展馆设计建设咨询等；同时对已有会展中心的城市进行数据采集和分析，根据城市政府的需求设立中小城市会展经济研究基地，针对性地开展研究工作，阶段性地输出成果。通过中小城市发展会展产业的理论研究和推广，提高中小城市会展产业对城市发展的推进作用，进一步完善会展产业的理论体系。最终解决中小城市会展经济可持续发展的问题，推动国内会展产业的整体发展。

五、城市慧服务融合会展数据应用和体验感

在大数据的加持下，一个城市样本的出炉不再是干巴巴的统计，而是鲜活立体的推演。现代城市的竞争，已不再是单纯的硬件竞争，更多的是服务产业链竞争，是对产业链业态大数据的应用。只有从全产业链的发展视角出发，深刻理解和探寻城市化进程的内在逻辑规律，找准重点、难度和突破点，才能从根本上激活城市发展的活力和内生动力。城市慧服务是城市营运的齿轮组，是城市营运的执行人，是城市经营中资源再分配的服务者；城市慧服务是中小城市经营的配套服务，以城市经营的全产业链服务体系支撑城市的发展与变革。

（一）城市慧服务辐射影响的维度

我们从城市定位，城市发展战略，城市规划与布局，城市形象的包装与推广，城市的开发、运营和管理5个方面来探讨城市慧服务辐射影响的维度。

1. 城市定位

城市定位是根据地域特色、产业结构、竞争环境及其动态变化，在全面深刻分析有关城市发展的重大因素及其作用机理、复合效应的基础上，科学地筛选城市定位的基本组成要素，合理地确定城市发展目标的过程。就中小城市而言，合理地把握中小城市的竞争优势，并进行科学的定位，是中小城市发展的首要条件。

2. 城市发展战略

城市发展战略是城市管理中具有全局性、方向性的根本大计，对城市发展具有总体性的指导作用，是城市各项工作的指南和纲领。中小城市在制定城市发展战略时，应注重从整体经济结构出发，将硬件与软件建设紧密联系起来，以形成互助的整体发展战略。

3. 城市规划与布局

做好城市规划设计的前提是找准城市定位，并确定城市建设与发展的远景目标。对中小城市进行规划设计时，尤其要注重对本地文化内涵的发掘。同时需完善城市经营机制，在强化政府职能的基础上，将市场手段贯穿于城市的全程管理，更加积极有效地发挥市场的调节作用。

4. 城市形象的包装与推广

中小城市的宣传推广首先离不开产业的元素，城市形象的包装与推广必须有产业链支撑。品牌的核心内涵是要传递给消费者的核心利益，是企业针对消费者的市场承诺。城市品牌就是一个城市在推广自身城市形象的过程中传递给社会大众的核心概念。

5. 城市的开发、运营和管理

政府采用市场化的方式配置资源，城市运营商配合政府开发、经营城市，对城市资产进行集聚、组合和营运，以实现城市资源配置容量和效益的最大化、最优化。这样就有效地改变了原来在计划经济条件下形成的政府对市政设施只建设、不经营的状况，只投入、不收益的状况，走出一条以城建城、以城兴城的市场化之路。

（二）城市慧服务的核心能力：大数据的应用和体验感的结合

1. 大数据在会展活动中的应用

大数据影响研判能力：对政府政策的解读，对宏观经济走势的准确分析判断有影响。

大数据为策划提供立体参数:根据资源、环境、产业等进行正确定位,构造城市空间格局,设计城市科学定位。

大数据为规划展现模拟雏形:包含商业功能、文化功能、交通功能、业态融合等城市设计思想的规划设计策略。

大数据为资本运作提供分析:通过与国内外资本的对接,进行项目合作。

大数据为运营管理优化提供依据:包括项目运营过程的计划、组织、实施和控制。

2. 城市慧服务对体验感的采集

通过线上办理和扫码系统,提高参展商预约和异地办理手续的流畅性和高效性,并沉淀数据。

通过展位流量、时间的红外感应,达到在不影响参展人员任何观感和隐私的情况下,可以在展后对比展商的成交额,便于分析,并沉淀数据的结果。

通过链接城市大数据,共享健康码、违法警示数据,为展会的安全系数加分。

通过面部、红外感应系统的进一步优化,使展客商无感通行,既提供通行效率,又实现卫生安全防范。

通过无人储物、无人售卖、无人消防巡查等,降低管理成本、提高服务达成率、为展馆增收。

(三)城市慧服务管理模型应用

行业触角和管理经验是最有效的实践经验,在城市经营和城市综合体运营的过程中,因项目的高度和规模的要求而异,管理模型的应用是城市慧服务体系的重要理论支撑,城市慧服务主要应用的管理模型如下。

1. PEST 分析模型

PEST 是一种所处宏观环境的分析模型,所谓 PEST,即 P 是政治(Politics),E 是经济(Economy),S 是社会(Society),T 是技术(Technology)。PEST 是研究对象的外部环境,是对城市经营和城市综合体运营的外部环境分析的主要模型。

2. SWOT 分析法

SWOT 分析是基于内外部竞争环境和竞争条件下的态势分析,是将与研究对象密切相关的各种主要内部优势、劣势和外部的机会和威胁等,通过调查列举出来,然后用系统分析的思想,把各种因素相互匹配起来加以分析,从中得出一系列相应的结论。

运用这种方法,可以对城市和城市综合体所处的情景进行全面、系统、准确的研究,从而根据研究结果制定相应的发展战略、计划以及对策等。

3. 波士顿矩阵

波士顿矩阵认为决定产品结构的基本因素有两个,即市场引力与企业实力。波士顿矩阵的使用要求较高,需对城市和城市综合体进行综合调研及分析,并充分了解四种模块的特点,从而进一步明确该城市或城市综合体的战略目标。成功的月牙环、西北方向大吉、踊跃移动速度法则等矩阵原理在城市经营中的精确应用往往能获得良好的效果。

4. 4P营销理论

4P营销理论即产品(Product)、价格(Price)、渠道(Place)、宣传(Promotion),4P的营销理论适用于城市经营及城市综合体运营过程中的营销管理。

智慧城市,城市智慧。感慨于这个飞速发展的"坏时代",感激于这个所想即所得的"好时代",感叹于智慧城市的智慧服务与会展业的悄然融合,奋斗中的会展人即将迎来会展业的新面貌,后来的会展人即将见证一个会展业的新时代!

第二节 融媒体与会展业的融合

无论是媒体还是会展,其本质都是信息传播的媒介。媒体是将信息通过电视、广播、纸媒、网络等媒介传递出去,会展则是通过在一定的时空聚集一些人实现信息的交流与传递。而会展和媒体在具共同特性的基础上,又有各自的侧重点和差异性。如今,新的媒体时代已经到来,不同的媒体之间逐渐实现融合,形成了一种新的媒体概念——融媒体,这是实现资源最优配置的过程,也是媒体发展的必然趋势。融媒体的发展对会展产业也会产生深远的影响,反之,会展产业的持续发展必将依托融媒体的信息传递媒介作用,本节从融媒体与会展之间的共通性和差异性作为切入点,分析会展与融媒体结合的案例以及融媒体对中小城市会展业发展的影响。

一、融媒体时代的到来

(一)媒体与融媒体

媒体是一种荷载文字、声音、数据等信息的介质,也指传送上述信息的工具和手段。传统的四大媒体分别为电视、广播、报纸、周刊(杂志)。随着移动通信技术和互联网技术的高速发展,又衍生出诸如互联网、手机、直邮等新型媒体形式以及新媒体、自媒体、全媒体、融媒体等新型媒体概念。

融媒体是充分利用媒介载体，把广播、电视、报纸等既有共同点，又存在互补性的不同媒体，在人力、内容、宣传等方面进行全面整合，实现“资源通融、内容兼融、宣传互融、利益共融”的新型媒体。融媒体首先是个理念。这个理念以发展为前提，以扬优为手段，把传统媒体与新媒体的优势发挥到极致，使单一媒体的竞争力变为多媒体共同的竞争力，从而为“我”所用、为“我”服务。融媒体不是一个独立的实体媒体，而是一个把报纸、广播、电视、互联网的优势互为整合，互为利用，使其功能、手段、价值得以全面提升的一种媒体运作的全新的总称。

（二）融媒体的发展趋势

2014 年 8 月 18 日，中央全面深化改革领导小组(现中共中央全面深化改革委员会)第四次会议审议通过了《关于推动传统媒体和新兴媒体融合发展的指导意见》。这标志着传统媒体和新兴媒体融合发展已经成为国家战略。互联网思维成为推进媒体融合的核心思想，我国步入“媒体融合”时代。

在信息化高速发展的今天，融媒体已经成为人们生活中必不可少的元素，它像水、电、空气一般存在我们的生活中，虽然看不见、摸不着，但我们却无时无刻不在体会它给我们带来的方便与快捷。在融媒体时代，每个人都可以是媒体人，每个人都可以把自己的生活动态、趣事新闻、心情随想等信息通过网络平台分享出去，互联网和移动终端将无数的信息编织成一张庞大的信息网络，我们每个人都是这张信息网络中的一个节点，通过移动设备获取、发送并传播全世界的信息。因此，我们既是信息的接受者，也是信息的搬运者，更是信息的发送源。融媒体已经成为未来信息传播的一种趋势，它与传统媒体之间的界限会越来越模糊，信息的传播将向着融合的方向发展。

二、融媒体与会展发展

（一）融媒体与会展的共通性

我国的会展产业已经相当完善了，会展活动强大的经济带动作用让它饱受美誉，“经济助推器”“经济发展的风向标、晴雨表”等称号也让人们越来越关注到它的经济效益，却忽略了它经济表象下的信息传播本质。

亚历山大戈德认为:传播就是变独有为共有的过程。而会展是指在特定的地点和期限内，有组织地陈列展示工业制品、科学成果或艺术品，达到信息、商品、服务交流目的的社会活动。会展举办的过程也正是信息共享的过程，也只有在信息高效传播的基础上，会展才能取得可观的经济效果。因此，会展的本质在于传播。

融媒体本身就是一种新的媒体运作概念，它将传统媒体与新媒体的优势发挥到极致，提升了媒体运作的效率。因此，这种媒体运作新概念本质也是为信息更好地传播而服务的。

不论是会展还是融媒体，本质上都是信息传播的一种手段。虽然会展和融媒体的作用和功能不能完全等价，但是它们在信息传播上的共通性，决定了它们之间存在相互依赖、相互补充、相互融合的特点。

（二）融媒体与会展的差异性

融媒体是一种新型的媒体运作概念，它将多种媒介投入“高温熔炉”，使媒介之间熔解渗透、彻底打通，形成动态化的新形态融媒体，展现出一种“你就是我，我就是你”的状态，极大地提升了传播效率，扩大了传播范围，改善了传播手段，并使信息传播更加多元化、高效化、普遍化。

会展最早虽然也是信息交流和传播的一种平台和渠道，但它强调的是线下的传播与交流，其信息传播的效率更高，效果更好。同时，会展注重面对面的洽谈，这更有益于增进联系、达成合作。另外，会展经过近百年的发展，其作用早已不再局限于信息传播了。现代的会展不仅有 1∶9 的经济拉动效应，更是相关产业发展的“助推器”。同时，举办会展还可以推动城市基础设施建设，提高城市知名度与美誉度，是城市发展经营的一种重要手段。

（三）融媒体与会展的融合

融媒体和会展的融合是必然的。一方面，融媒体需要借助会展的线下交流平台拓展业务，更好地服务客户，并提升自身的影响力。另一方面，会展需要借助融媒体强大的信息传播能力进行宣传和报道，并依赖融媒体的大数据做好展后评估和反馈。融媒体和会展的发展历史都比较短，两者的融合可以分为小融合和大融合两个阶段。融媒体和会展的融合目前正处于小融合的阶段，两者是相互依赖、相互促进、公共发展的关系。大融合则是融媒体和会展未来发展的一种趋势，媒体和会展将会向着一体化的方向发展，逐步实现人才的融合、建筑的融合、项目的融合以及功能的融合。人才的融合指媒体集团的媒体人才和会展企业的会展人才将逐步融合，形成一种复合型人才，既具备运营媒体的素质又拥有举办展览的能力。建筑的融合指媒体集团的演播大楼和举办展会的会展中心将逐步融合，会展中心除了举办展览和会议外还具备作为演播大厅的功能，形成媒体会展综合体。项目的融合指融媒体和会展企业执行一个项目将同时拥有两种手段，会展举办和融媒体营运同步进行。功能的融合指融媒体和会展将不分家，媒体集团里会有会展部门，会展企业里也有媒体部门，融媒体和会展的功能将进行融合升级，提供更加有效的服务手段。

以下是两则融媒体与会展融合的案例。

1. 媒体企业跨界办展

媒体集团办展其实不是什么新鲜事，有很多大牌的展览公司都是由媒体集团发展来的。如励展博览集团，其经营范围基本是媒体＋展览，媒体与展览的营收比例为2∶8。

有许多媒体企业会借助会展的手段来服务客户。媒体办展本身就有它的优势：一是具有强大的宣传推广能力，利用自身的资源进行展前宣传；二是媒体集团的招商招展能力，媒体集团一般都自己的客户网；三是具备办展的人才，媒体集团不缺策划、文字、市场调研、招商等方面的办展人才。

以广西（南宁）房地产博览会为例，广西日报传媒集团主办的广西（南宁）房地产博览会，作为广西壮族自治区楼市"风向标"，首创于2002年，至2020年已举办到第十八届。2016年，广西日报传媒集团主办的广西（南宁）房地产博览会（以下简称"房博会"）首次"触网"，引起房地产行业的高度关注。当年，数十个楼盘、上千套特惠房参与房博会电商，并取得了丰硕成果。在房博会的举办过程中，融媒体发挥了至关重要的作用。

在房博会筹办初期，广西日报传媒集团旗下的《南国早报》成为宣传房博会的主体之一，同时在宣传过程中还借势网络媒体进行宣传，比如，作为参展媒体的时空网规划设置了网友最为熟悉的时空网吉祥物"切咧牛"和最博眼球的"牛女郎"走秀。同时，每日时空论坛、微博、微信播报房博会情况，还通过时空网独有的"时空微信墙"，吸引全民参与关注时空网、时空房产网微信公众号，发送"我要中奖"关键字信息，整点开奖，千份福利派送，以此来吸引粉丝。

在房博会的招商阶段，广西日报传媒集团通过融媒体宣传房博会信息，同时成立房博会项目招商小组，开始进行招商。融媒体充当了房博会宣传渠道，作为主办方的广西日报传媒集团还会寻找更多的合作资源。例如，2014年，房博会应用新技术，引用新元素，与中国联通合作在各个展厅覆盖免费高速WIFI，组委会还提供平板电脑作为魔码终极大奖，"扫二维码赢奖品"等吸引了不少年轻人前来观展、参与活动、了解项目，这也在一定程度上给参展房企积累了刚需群体和新一代置业客群。

融媒体时代，可以说是谁掌握了互联网的主动权，谁就把握住了时代的主动权，把握了这个市场的主动权。纵观近年来的几届房博会，可以发现从刚开始的主流媒体主导到现在的融媒体关注报道，房博会对融媒体的需求越来越大。比如，2015年，房博会与过去的13届最大的不同点就是，增加了整整一个展馆的电商平台馆，这是房博会首次开启电商模式，专门设立了电商展馆，这次电商携手吉屋网搭建的交易平台，为市民提供上千套优惠房源，而现场签约成交的商品房套数超过了 600 套。

2019 年房博会，广西日报传媒集团联合广西壮族自治区土地储备中心阳光发送自治区本级储备 5 万多亩地块信息。在展位现场，记者不仅通过展板对 2019 年出让地块信息、自治区本级储备 5 万亩地块信息一目了然，还通过手机扫一扫看到部分地块的实景图片。更值得一提的是，2020 年的房博会还精心打造了线上房展，全面导入广西日报传媒集团子报子刊的线上流量入口，覆盖亿级用户，不管是政务、商务以及民生百姓等用户群均大范围覆盖，并且后期将通过用户数据筛选等手段，精准获取线上用户数据信息，保证进一步精准获客，被誉为“一场永不落幕的网上房博会”。

2. 会展企业跨界做媒体

现如今，有许多知名的展会都有了自己的媒体渠道，用于进行展会宣传、信息介绍、招商招展等工作，最常见的是展会网站和展会微信公众号。展会工作人员会在展会的官方网站和公众号里介绍展会信息、展示往届情况、分享行业新闻、设置报名链接、提供咨询服务。甚至，还有会展公司编制发行会展杂志，办相关行业专业网站，真正实现了跨界发展。

以德国慕尼黑国际体育用品展览会为例，由德国慕尼黑展览公司举办德国慕尼黑体育用品展览会 ISPO Munich 始办于 1970 年，只对专业观众开放，是全球最大的体育用品展览会。ISPO Munich 的展出内容包括了所有与体育用品有关的各类产品及有关工业，每届展会都由若干个不一样展区分馆展出，会集展示、突出主题，展现 ISPO Munich 展览会的专业性和权威性。

德国慕尼黑国际体育用品展览会自 2015 年实施数字化转型，项目网站从服务展会转向服务体育行业为其标志。网站每月生产的体育行业内容，包括行业趋势、市场需求、产品革新、行家访谈等方面的原创文章达 100 篇。网站月平均浏览量增至 40 万人以上，大大超过参观展览的人数。公司再根据网站后台的数据画像跟踪，通过分析受众需求改善展会经营，包括创新一系列配套活动。

会展公司办媒体也有其优势，如德国慕尼黑展览公司多年举办体育用品展，每年吸引大量来自全球的专业观众和参展商，使它办的体育行业专业网站一开始就有大量的用户关注，再加上网站内容的专业性，达到每月 40 万人的浏览量并不是不可能。

三、融媒体时代背景下的中小城市(县域)会展业发展

(一) 县级融媒体中心的建设

2018 年 8 月 21 日至 22 日,习近平总书记在全国宣传思想工作会议上发表重要讲话,指出"要扎实抓好县级融媒体中心建设,更好引导群众、服务群众",从国家战略层面提出了县级融媒体建设的发展方向。"县级融媒体中心"这个名称首次在国家级会议上的亮相,引发业界广泛关注。

同年 11 月 14 日召开的中央全面深化改革委员会第五次会议审议通过了《关于加强县级融媒体中心建设的意见》,指明了县级融媒体中心建设的基本思路。2019 年 1 月 15 日,中宣部和国家广电总局联合发布了《县级融媒体中心建设规范》《县级融媒体中心省级技术平台规范要求》,为县级融媒体中心省级技术平台规范要求规定了操作指南和建设规范。

融媒体技术给会展业发展带来了新变化,包括会展营销、招展、报名、直播等应用。从行业发展来看,会展业在新技术推动下发生了很大的变化,而随着微信、微博等移动互联应用的风靡,展会也逐渐增加了移动互联应用。比如,展会期间的 APP 应用,利用官方微信公布展会的日程甚至展会特刊内容。县级融媒体中心的建设使融媒体技术深入运用到中小城市乃至县域,这对中小城市会展业的发展也将产生深远的影响。一是增强了中小城市展会的宣传和推广能力。借助县级融媒体中心,中小城市会展可以进行多元化、广泛化、连续化的宣传和推广。展会活动不仅能加强当地对外贸易、拉动相关产业发展,还能为城市扬名,提高城市的知名度和美誉度。因此当地政府可以借助县级融媒体中心为展会服务,借助融媒体的手段,对当地的展会活动进行全方位、多元化、连续性的宣传和报道,增强展会的规模、知名度和影响力。二是有助于对展会乃至相关行业进行全方位、深层次的报道。在展会举办期间,借助县级融媒体对展会和相关行业进行全方位、深层次的分析和报道,有助于相关行业从业人员了解展会的详细信息,洞悉行业动态。这样做的同时又将全国乃至全世界相关行业从业者的目光吸引过来,对中小城市的知名度也是极大地提升。

(二) 融媒体对中小城市(县域)会展活动举办的影响

在办展前期,展会的组委会有许多的工作要做,如招商招展、展会宣传、发布展会公告、展会报名等工作。尤其是中小城市的展会以及初办的展会,这些展会一般还没有形成品牌效应,名气比较小,展会组委会往往通过各类的媒体来为自

己的展会造势和宣传，以吸引更多的展商和观众前来参展。在融媒体的概念还未形成的时期，展会的宣传往往由不同的、相互独立的媒体来做，这样不仅费用高昂，宣传效果也一般。在如今媒体融合的时代，往往通过一家或几家媒体公司就可以实现报纸、网络、电视、广播等全平台同步宣传，同时可以借助县级融媒体中心提升展会宣传的效率，增强宣传效果。另外在招商招展方面，展客商的参展方式也不仅仅局限于电话报名。客商可以通过各种各样的网络平台进行参展报名，如展会官方微博、微信公众号、展会官方网站等。另有一些专业的会展信息网站，微信服务号专门提供展会信息发布，设置报名连接的服务，使展会信息的传播更加广泛和全面。

展会举办过程中的新闻报道是让他人了解展会情况、行业动态等信息的重要渠道。在融媒体的时代，展会报道的形式更加多元化。展会的讯息会在第一时间通过电视、广播、报纸、网络等平台传递出来，而在网络直播大火的时代，人们不用来现场参加展会就可以通过网络平台了解展会现场的动态。如今，人人都是自媒体，来参展的观众和参展商靠一台移动设备就可以将展会的信息传递到世界各地，让未能参展的人不用通过传统媒体渠道就可以了解到展会的信息，甚至直接与现场观众在网络上进行互动交流，这体现了融媒体时代下会展信息传播的即时性、全民性和互动性。

展会后期阶段是会展活动的结束阶段。“总结式”后续报道，是融媒体对整个展会活动做一个概括性的综述，通俗地讲，就是对会展活动进行总结。后续报道还讲究深度和广度，融媒体花足够多的时间来仔细反省整个展会，可以对热点话题进行拓展式挖掘报道，让受众在大量事实上预测其强劲发展趋势，也可以对相关问题做一定的反思和总结，起到融媒体监督的作用，还可以针对展会热点议题做后续的延伸采访报道等，这种后续报道可使得展会的宣传报道更加全面、完整，也是帮助受众提高认识、增加报道深度的一种重要途径。另外，借助融媒体的大数据收集及分析技术，能让县级融媒体中心利用可视化大数据来不断追踪、评估展会效果，得到展后反馈，并反过来指导展会前期的内容策划。

（三）融媒体时代背景下中小城市会展的创新发展

网上展馆是新媒体环境下展览馆推出的新的传播方式。网上展馆通过“多媒体互动叠加”，再现展览全貌，“360 度全景”，囊括展览要素，“沉浸式自主体验”，增强用户感受，“新闻作品集纳”，解读背后故事，增强了展览馆的传播魅力，提升了传播的影响力。这种以网上展览为主的会展传播方式对融媒体时代的中小城市展览馆传播转型具有一定的借鉴意义。

网上展馆以新媒体平台为依托，运用 3D 模型技术，采取多媒体互动叠加图文、音视频等形式,360 度全景展示展览现场,生动再现展览全貌,是融媒体时代背景下中小城市会展业发展的一种新思路。网上展览具有以下特点:一是突破了时间和空间的限制,只需登录相关网站,就可以在任何的时间和地点浏览展会内容,为一些因为地域和时间原因无法去现场参展的观众提供了"参观"展会的可能;二是节约了参展成本,对于展会采购商和观众来说,参加异地的展会需要花费大量的人力物力,而参加网上展览可以节省时间成本和物质成本;三是持续时间长,展会的期限一般是 3 天到 5 天,采购商和观众只能在这个特定的时间段来参展,而网上展览则突破了这一限制,一个网上展览往往可以持续几个月甚至几年,做到了展览"永不落幕"。

这里以"伟大的变革——庆祝改革开放 40 周年大型展览"网上展馆为例。

"伟大的变革——庆祝改革开放 40 周年大型展览"于 2018 年 11 月 13 日上午在国家博物馆隆重开幕,习近平总书记等党和国家领导同志参观了展览。展览对公众开放参观以来,引起社会各界广泛关注,团体个人踊跃参观,新闻媒体集中报道,截至 11 月 29 日,现场观众总人数已突破 66 万人次,日均参观人数约 4.5 万人次,现场观众留言超过 94 万字,营造了热烈庆祝改革开放 40 周年的浓厚社会氛围。

为持续扩大展览群众性和覆盖面、强化影响力和传播力,让更多群众方便快捷、丰富生动地体验展览,展览办委托中央广播电视总台央视网建设了展览数字化网上展馆,通过网络手段,全要素呈现展览内容,全景式还原现场体验,打造足不出户、永不落幕的主题展览。

"伟大的变革——庆祝改革开放 40 周年大型展览"网上展馆内容包括 154 张场馆全景图、2163 张展板图片、218 个视频、34 个解说音频与歌曲,以及 1510 个图片与视频热点,囊括了展览全要素。广大网友可以通过电脑或手机访问网上展馆,沉浸式、漫游式自主体验参观,详细了解展览内容信息,身临其境感受改革开放 40 年的光辉历程、伟大成就和宝贵经验。

网上展馆设有立体地图,可以实现展区场景快速切换,点击场景中的热点,即能详细了解图片、文字、音视频等展项内容。网上展馆运用先进的语音合成技术,生成了全部语音解说,供网友浏览时选择使用。网上展馆注重互动参与,网友不仅可以随时发表留言,表达自己的观展感受,还能看到现场观众的自拍和留言。为增强体验感,网上展馆还根据现场参观路线开发了自动观展功能,点击按钮,即可一键智能漫游全部展区。

此外,网上展馆还设立了短视频专区和新闻专区,集纳和链接展览主题多媒体作品和新闻报道信息,突出展览亮点内容,解读展览背后故事,便于观众更多视角、更深层次了解展览全貌。

第三节　智慧会展与安全防范的融合

智慧会展的实现必须依托移动互联网技术，而城市和城市综合体、会展综合体及会展场馆和设施的安防技术已经升级为智慧会展的重要内容，智慧会展和安全防范在技术和内容上是完全融合发展的，因此会展综合体的高效安全防范也将给智慧会展在会展产业链的实践上提供可以显性化的内容和途径，是移动互联网技术和智慧城市的一个窗口，为展会活动保驾护航提供了硬件技术上的保证。智慧会展与安全防范的融合是会展产业和会展平台不可或缺的功能优化、技术升级、服务精准之所在。

展会活动具有大人流、大物流、大车流和易发生突发情况的特性，会展安全管理的核心就是针对人流、物流、车流的监测、引导和控制。传统的展馆安全管理主要安防设备有视频监控系统、周界报警系统、在线巡更系统、门禁系统、广播系统、安检系统等，各系统单独运行，无联动，操作运行复杂，实际安全管理主要靠人力，安防效果有限，且展会人员个人体验感较差。飞速发展的智慧安防技术在传统的单体安防系统的技术上已经有了更多的应用，在各自植入智慧技术后还让各安防系统之间实现智慧互联、物联，从而“编织”成智慧会展与安防融合的网。

目前，技术已经相对成熟的单体安防设备系统及相关系统主要有以下三大类。

一、严密的安全防范类

展馆安全防范类系统包括以下四种。

（一）视频监控系统

展馆视频监控系统，由于展馆规模关系，数量上少则数百只摄像头，多则上千只摄像头，若展馆综合体中还包括商场、外围、会议、办公、酒店等，则有数千只摄像头配置，监控墙的设置无法将每个画面实时显示，多为集中屏轮流显示，即便做到全部实时显示，值班安保人员也难以做到全面的肉眼检查。所以视频监控系统必须基于互联网＋大数据云计算技术做到智能化管理，可自动进行图像质量检测和预防报警。

（二）周界报警系统

展馆周界报警系统主要针对重要机房或库房使用，除了传统上的入侵警报之外,重要的是和视频监控系统、安防电子地图、门禁系统、人脸识别系统的联动。

(三)在线巡更系统

在线巡更系统采用单兵巡查结合门禁读卡设备,可在 GIS 地图上实时在线显示巡逻人员的位置及巡查任务完成情况,系统可随时与巡逻人员进行单呼、群呼对讲及视频调用,同时巡逻人员也可发起求助,便于在紧急情况下的相互协助及紧急指挥调度。所以在线巡更系统也必须和门禁系统、安防电子地图、视频监控系统进行联动。

(四)一键报警柱系统

一键报警柱系统主要配置于车库、地下室等展馆区域内人员较少的位置,主要功能有带视频,紧急求助、报警、对讲;系统含有完善的日志功能及自动录音录像功能;支持多级、多中心管理;可联动电子地图,显示位置;且支持第三方平台联动。

二、智慧的流量管控类

智慧流量管控类系统包括以下四种。

(一)门禁系统

展馆门禁系统主要针对设备房及功能用房,主要使用者为展馆工作人员,比如,物业管理人员、展馆管理人员、展览工作人员等,传统的门禁系统一般用门禁卡作为权限设置的钥匙载体,目前一般性的智能手机均可实现。

(二)人脸识别系统

人脸识别系统以人脸识别技术为核心,是当今国际科技领域攻关的高精尖技术。它广泛采用区域特征分析算法,融合计算机图像处理技术与生物统计学原理于一体,利用计算机图像处理技术从视频中提取人像特征点,利用生物统计学的原理进行分析,建立数学模型,具有广阔的发展前景,用于人脸识别和安检。

(三)访客流量计数系统

展馆访客流量计数系统是展馆安防管理的重要组成部分,场馆内客流量的有效控制与实时管理更是展馆安防的关键所在。该系统能够帮助管理人员第一时间了解滞留人员数,及时采取措施掌握客流量,预防发生安全事件;能够显示实时的客流量以及变化趋势，协助合理安排参观路线，有效地保证正常的场馆参观秩序；能够查询输出通过全年客流统计，对展馆运营状况有数据的支持，全局的掌控。

（四）车辆管理系统

展期展馆区域内车流庞大且集中，主要分为展品及展架运输大型车辆，参展商车辆、展会观众车辆、展馆工作人员车辆及相关政府协配车辆等几大类。一般由于相当大比例的车辆为首次进入车辆，且展馆区域停车位置配置、展期不同的计划安排，展馆区域内的交通线路设置，人流车辆的合理分流等因素影响，展期的车流引导、分流、监视是展期交通安全管理的重点，也是传统展馆管理的难点。引导地图、停车区域、路线、监视、监控联动、广播通知等系统的功能链接融合才是解决难点的主要方向。

三、互联的综合服务类

综合服务类系统包括以下三种。

（一）数字广播系统

数字广播系统除了通过传统的固定终端喇叭传输音频之外，受众还可通过手机、电脑、便携式接收终端、车载接收终端等多种接收装置，就可以收看到丰富多彩的数字多媒体节目。而利用数字广播技术，提供实时的推送式广播服务在展馆安防管理工作中，数字广播系统具有选定区域、点位控制的功能，实现定点区域、终端的音频播放，已实现告知、应急引导的安防功能。

（二）多媒体信息发布系统

多媒体信息发布系统由服务器、网络、播放器、显示设备组成，将服务器的信息通过网络（广域网、局域网、专用网都适用，包括无线网络）发送给播放器，再由播放器组合音视频、图片、文字等信息（包括播放位置和播放内容等），输送给液晶电视机等显示设备并形成音视频文件后对外播放，这样就形成了一套可通过网络将所有服务器信息发送到终端的系统。

（三）安防电子地图

安防电子地图可以较好地实现视频数据可视化，通过大屏拼接，可实现矢量GIS的全域展示。在较大型的互联网项目中，需要一个完整的、详尽的城市整体信息展现，为保证信息的真实性和准确性，需要基于地理信息系统，将一个完整、鲜活的城市全景呈现在系统之上。例如，商业用地与住宅用地的辖区数据展现，城市地下管线的三维向量数据展现，警车、公交车、消防车实时位置数据展现等。通过与 GIS 平台的配合，可实现视频监控信息与真实空间大数据的融合，实现"一张图"联网"人、事、物"，提高各部门数据资源的共享和利用。

上述三大类、十一小类安防及相关系统要实现安防功能的完整呈现和扩展，切实助力展馆安防管理，就必须实现各系统的连接整合，就人流控制而言，就涉及视频监控、人脸识别及安检、门禁、数字广播、访客流量计数、电子地图、信息发布、一键报警等系统；就车辆控制来说，也涉及视频监控、车辆管理、电子地图等系统；就一般性的安防巡检来说，还涉及在线巡更、门禁、数据广播等系统；所以展馆安防综合管理系统是今后的展馆安防管理的主流方向，以目前的技术及工程现实来说，主要涉及安防设备的同品牌配置问题。

展馆安防综合管理系统还需与楼宇自控系统、消防系统进行一定程度的连接，主要针对安防、消防应急时的人流车流应急疏导，涉及智能照明及疏散照明的控制。展馆安防综合管理系统和楼宇自控系统、消防系统合并为展馆基础管理系统。而展馆基础管理系统又与展馆展会业务管理平台在一定程度上存在链接，以实现展会运行数据的补充和实现，安防电子地图、多媒体信息发布的基础信息流通。

展馆安防综合管理系统、展馆展会业务平台等智慧展会管理系统还需和智慧城市管理平台的链接，以实现展会期间交通、治安、城管等相关管控的配合。

数字技术就是面向未来的技术，数字经济是未来发展的一大趋势。当前，我国已经进入数字基础设施的集中建设期。网络化、数字化、智能化将成为未来经济发展的重要方向，基于新型数字基础设施，我们需要以未来的技术与理念来思考展会数字化、智慧会展和智慧安防。

第十二章　智能科技与会展业[①]

2012年12月的中央经济工作会议提出:“积极稳妥推进城镇化,着力提高城镇化质量。把有序推进农业转移人口市民化作为重要任务抓实抓好。要把生态文明理念和原则全面融入城镇化全过程,走集约、智能、绿色、低碳的新型城镇化道路。”会展业作为21世纪的朝阳产业、无烟产业和现代服务业的龙头,被各级政府所看重和推崇。随着人们生活水平的提升,人们物质文化水平和需求不断提升;同时市场营销竞争的加剧,使企业营销下沉至三四线中小城市,这就需要有合适的营销载体或营销平台与之配套。新型城镇化不是简单的“造城”,而是要注重基础设施建设,构建可持续发展的新型城镇。因此,在新型城镇化的大背景下,对会展综合体的规划设计成为很多新型城镇建设中不可或缺的内容。

第一节　新型城镇化中的会展综合体性质

一、城市公共基础设施

新型城镇化需要大力发展现代服务业。会展业在获得巨大的直接效益的同时,还能够对交通、通讯、住宿、餐饮、旅游、购物、贸易、广告、印刷、物流等服务业产生重大影响并起到很强的联动性,形成全社会的间接经济效益。因此,服务于会展业发展的会展综合体的公共基础设施特征十分明显。然而,由于会展场馆建设资金需求量大、回收周期长,会展相关企业往往无法进行场馆的投资。国内外各国政府在会展场馆建设中,往往是由政府投入大量资金进行建设,以推动会展业发展,并借助会展业拉动地区和国家经济。“会展综合体”概念里包含着创新的思路,在投资主体、建设理念、经营运作理念等多方面实际上不同于传统会展场馆的建设,但是其作为推动地方会展业发展、拉动地方经济和服务业发展的公共基础设施的性质没有发生变化。同时,政府还需要以现代化的会展综合体为基础,

---

① 本章内容由张健康(浙江外国语学院教授,文化和旅游学院院长)编写。

进一步完善城市设施,健全服务体系,从而借助会展带动城市一系列相关产业的发展。

二、特色产业促进载体

新型城镇化需要大力推进地方特色产业发展。每个中小城市和城镇都有自己需要重点发展的特色产业和经济。在推进这些产业发展的过程中,除了利用传统的手段之外,会展也是可选项之一。会展是“请进来”的一种手段,是一种面对面交流、实物展览展示的形式。而会展手段的使用和呈现对场馆载体提出了比较高的要求。会展综合体就是一个为地方特色产业提供特定的空间进行形象展示、新产品发布、贸易洽谈、信息交换的集体性的物质与文化交流活动的载体。借助会展综合体,各级企事业单位为推进地方特色产业发展可以举办各类展览、会议、节庆活动等,这些会展活动的主题不仅可以是物质文化的,而且也可以是科技技术的。借助于会展综合体的会展活动不仅可以实现贸易达成,而且有利于推动科技层面的交流和创新。同时,除了短期的会展活动之外,还可以设置常年展,把地方产业中的精品放置在正常展的平台里,随时供商务人士参观和采购。

三、政治、文化交流平台

新型城镇化需要构建适应发展需要的政治、文化交流平台。会展被称为“城市的名片”,是因为通过发展会展业能够实现一定的社会政治和文化目标。首先,发展会展业能够增强一个地区或城市的综合服务功能和服务意识,提高当地居民的综合素质,还可以重塑和提升该地区或城市的整体形象,从而达到一定的社会目标;其次,成功地举办国际会议和展览,还能促进国内和国外交往,增强国际间合作,解决某些争端,从而达到一定的政治目的;第三,通过举办会议和展览,可以促进科技文化的交流与合作,进而促进科技文化的发展。由于会展经济的社会功能强大,因此有人将它比喻为“城市的名片”。原本是穷乡僻壤的博鳌镇通过成功举办博鳌亚洲论坛而兴起,这是会展活动提升举办地形象和知名度的最好例子。在新型城镇建设中,希望出现更多类似于博鳌镇的新型城镇。借助于会展综合体举办的会展活动平台,上级相关领导来到会展举办地参与活动,这为地方官员与上级领导沟通和交流提供了机会,使领导更加了解当地在经济、文化发展方面的成绩和努力,使举办地获得领导更多的指导、支持和帮助。同样,会展活动也会吸引全国各地的人涌入会展举办地,推进中小城市和城镇知名度的提升,促进中小城市品牌传播。不同文化之间通过会展活动产生汇聚和交流,有利于地方文化繁荣。

四、民众文化娱乐场所

新型城镇化需要为不断进入城镇务工、居住的民众提供文化娱乐场地。会展综合体将实现经营业态的多元化,其不仅是一个会展活动的载体,也将是一个为地方民众提供丰富文化娱乐活动的巨大场所。传统场馆经营存在的一大问题就是经营业态单一,展期热闹非凡,无展期则冷冷清清;白天人气旺盛,晚上门可罗雀,闲置造成巨大浪费。会展综合体的会议、展览、活动的空间,除了进行会展活动之外,还可以开发为居民运动健身的场所,也可以开发为举办婚宴宴会的优秀场地。前面提及的常年展,也可以理解为市场的范畴。当然这些本来也是包含在大会展的概念里面的,只是传统会展场馆经营往往局限于狭窄的会议、展览之中。这些巨大的、凝聚高科技的空间能够针对地方民众多元化的丰富需要进行开发,实现多元化的使用,为丰富民众的精神文化生活提供场所,成为建设和谐社会的重要平台。

五、政企合作共建项目

新型城镇化需要大量建设资金。会展场馆建设所需要的巨额资金往往也会对当下财政紧张的各级政府造成压力,同时会展场馆建设完成之后的运营往往也会面临需要政府财政长期补贴的局面,成为政府的财政包袱。所以,运用新理念、新思路进行会展场馆建设势在必行。这里面的一种可考虑的选择方案就是引进有实力、懂会展的企业开展会展综合体的建设。合作的原则是政企合作,资源置换,政府引导,企业经营;实现企业投资主体对会展综合体的策划、投资、建设、营运一体化。一方面能够有效地解决政府的建设资金压力以及后期财政包袱,另一方面也是引进投资、人才的重要举措。同时,会展综合体建设中对地方 GDP 的拉动效应也很明显,更能有效地促进当地就业。因此,政企合作作为一种优选的会展综合体建设合作模式,可以实现会展场馆的快速建设和实现,能对地方产业和经济发展的业态起到明显的改观和促进作用。

六、绿色科技建筑典范

新兴城镇化建设必然涉及能源的问题,党中央的要求是“走集约、智能、绿色、低碳”的新型城镇化道路,因此会展综合体建设中必须引入智能、绿色和低碳的建设理念，在各个环节上最大限度地节约能源和材料，把会展综合体建设成节能环保的建筑。在会展综合体建设过程中，政府应该把生态文明理念和原则全面融入城镇化全过程，引导或要求相关投资主体在会展综合体建设和开发中秉承科技创新、绿色低碳的可持续发展理念，最大限度地使用可再生能源和未利用能源，减少会展综合体建设工程对周围环境和生态的破坏，追求能源节约和建筑材料资源的循环使用。会展综合体在建筑过程中做好节约能源、节约用水、节约土地、节约材料等工作，积极减少各种污染，力求为当地百姓提供健康、舒适、高效的使用空间，实现会展综合体与周边环境，特别是自然环境和谐共生。

可以说，党中央提出的新型城镇化最基本的要求是规划起点高、途径多元化、聚集效益佳、辐射能力强、个性特征明、人本气氛浓、城镇联动紧、城乡互补好等，因此，新型城镇化中的会展综合体建设需要明确公共基础设施、特色产业促进载体、政治文化交流平台、民众文化娱乐平场所、政企合作共建项目、绿色科技建筑等的性质，加速通过会展综合体建设进一步实现对地方基础设施建设的全面提升和完善，实现创新发展的新型城镇化。

第二节　中小城市会展综合体的创新构成

传统的会展场馆投资运营的模式是政府投资建设，委托专业公司运营。这类模式下场馆建设前期政府投入大量资金，后期运营政府需要不断给予财政补贴，对财政不宽裕的中小城市政府造成沉重的包袱。同时，这类场馆往往业态过于单一，除了展期内人气兴旺之外，无展期则冷冷清清，场馆利用率低下。另外，在建设规模上，往往存在着政绩工程和形象工程的痕迹，建成的场馆不符合当地经济发展的实际状况，也不能适应现在展会举办的各方面需要。在国家推进城镇化和城市化的进程中，不少中小城市也启动了会展场馆建设项目。在这些项目的建设中，我们需要创新投资运营模式，解决目前场馆建设和后期运营中的问题，做到为政府减压力、卸包袱，促进地方经济、文化发展。

值得关注的是，在城市综合体建设的浪潮中，特色化的综合体应运而生，特别是结合地方经济发展需要的综合体。在这里，会展综合体是一个基于发展地方会展业，推进地方产业发展，改善人民物质文化生活需要而建设的一类以会展场馆为中心，包括星级宾馆、商务酒店、休闲街区、写字楼以及创意公寓等的综合体。会展综合体的基本创新之处首先在于它的综合性，这类综合体是集合多种业态，辐射多种行业，积聚各类人群，产生综合效应的绿色建筑群。中小城市会展综合体的创新构成一般包括以下几项。

一、会展场馆

该部分建筑及其延伸空间主要服务于各类展览展示，既包括室内展场，也包括室外展场，还包括常年展示场。室内展场的建设规模一定要符合当地会展项目举办的需求，不宜规模过大和过于超前，做到规模适宜并根据当地经济发展和会展业发展循序渐进地扩大。室外展场除了满足特殊展览和展品展示的需求之外，更重要的是在特定情况下用来弥补一旦室内展场不能满足展览需要，同时也是为室内展场的扩张预留土地。常年展示场是对应于一般 3 天～7 天的短期展的常年展的空间，用于长期的商品展览展示，类似于专业的精品市场。与传统的场馆相比，常年展示场是一种创新发展，是对短期展的延伸，对短期展积聚的人气和注意力的有效开发具有较大的意义。

二、会展型酒店

该部分建筑服务于会议的举办以及展览期间客户的住宿、餐饮等。现代会展业对会展型酒店的要求越来越高，星级越高需求越旺盛。会展业本身是一个非常精致的行业，参与的人员都是高级商务人士。中小城市高星级的酒店往往引进专业的管理团队，能够确保会议所需要的专业化、个性化的服务需要。同时，会展综合体内的会展型酒店也能够满足展览举办期间巨大的住宿和餐饮需求，为会展综合体投资主体增加收入。

三、商业配套

该部分建筑服务于节庆活动的举办。基于地方的特色资源和特色产业，中小城市的节庆活动数量蓬勃发展。节庆活动也是最积聚人气，增添城市喜庆色彩的城市节日。商业配套中的休闲街区的开设，在具体的形态上也是一些商铺的开发和特色店家的入驻，为会展综合体的投资主体商业化运作提供了一定的空间，有利于投资主体用这一块商业运作弥补公益性运作的亏损。

四、创意公寓

该部分建筑是前面三个部分的有机组成，具体形态包括写字楼和商住楼宇，服务于依托会展综合体进行创业的年轻群体和创业企业。创意公寓采用出租或者出售的方式，招徕住户。这部分收益也是会展综合体的重要收入来源。

第三节　中小城市会展综合体项目可行性分析四个侧重点

会展综合体建设项目的可行性分析是会展综合体建设项目建设前期工作的重要步骤，是编制会展综合体建设项目设计任务书的重要依据。会展综合体建设项目的可行性分析是提高会展综合体建设项目工程可行性、经济可行性、经营可行性、环境可行性的关键环节，也是确保会展综合体项目建设的科学性，实现以最小的投资换取最佳经济效果的重要步骤。

一、侧重必要性分析

工程的可行性分析应该侧重于工程的必要性以及具体工程的设计及其实施中可能面临的建设规模、设计方案、建设条件等问题。

在新型城镇化作为国家经济战略的背景下，会展综合体已经从传统的单一会展项目经营，扩展到全民健身、婚宴酒席、休闲娱乐、商场超市等公益性的公共设施。但是因为会展综合体有其特殊性，因此深入讨论其建设的必要性是很重要的。作为一类特殊的城市综合体，会展综合体的存在和运营需要有一定的产业支撑，也就是说，建设会展综合体的中小城市最好有一定的特色产业基础且又面临着转型升级，该地是全国性的生产基地或者销售基地等。当然，会展业作为现代服务业的龙头，部分中小城市提出大力发展会展业以推动自身服务业、地方产业发展，劳动就业，这种状况下，中小城市就需要投资建设会展综合体。

中小城市会展综合体建设的必要性与其建设规模等息息相关。中小城市会展综合体建设要防止政绩工程、形象工程的思维，而是需要以“好用、适用”为原则。因此，建设规模测量的依据可以是常住人口数量、产业规模、居民收入水平，特别是可支配收入情况，理性测定，防止一味求大。建设过程中，可以参照国际操作方法，先预留土地，然后根据发展的实际情况和会展市场需求不断扩建。根据我国目前的国情，中小城市的会展综合体建设规划用地以 100 亩—300 亩，建筑面积控制在 10 万平方米—30 万平方米为宜。设计方案中可以包括用于展览的场馆面积，可以考虑面积不等的室内展场、室外展场、常年展场等，一般不少于 5 万平方米；用于节庆活动的休闲街区，一般不少于 4 万平方米；用于会议举办的星级酒店，一般不少于 1 万平方米；用于会展产业集群办公的写字楼，一般不少于 2 万平方米。从长远来看，会展综合体的工程可行性要与中小城市发展规划相一致。

二、侧重可能性分析

经济的可行性分析应该侧重在经济的可能性,重点在于建设资金的来源及其资金成本。中小城市会展综合体建设的一个根本难题是需要解决资金问题。因为会展综合体建设资金需求量非常大,同时又属于公益性经济、文化促进的基础设施,所以国际上也是多由政府出资。在银根紧缩、财政紧张的背景下,资金得不到障碍是很多中小城市无法开展会展综合体建设的主要原因。经济的可行性要求中小城市会展综合体建设需要合理筹措资金,减少资金投入的成本,确保资金顺利及时到位,以及会展综合体建成之后的健康运行。

近些年,国际上会展综合体建设上开始流行 BOT(Build Operate Transfer)模式,即"建设—经营—移交"模式。该模式是在政府提供会展场馆的特许建设和经营的前提下,由市场化的投资主体进行会展综合体项目的建设投资、承担风险,并在一定年限内经营会展综合体获得商业利润,最后根据协议将该会展综合体项目转让给政府相应机构。因此,也被称为暂时私有化过程(Temporary Privatization)。该模式本质是城市基础设施建设中的政府和企业合作。通过这种合作,政府解决了会展综合体建设项目的资金问题,使城市会展综合体项目能够如期顺利进行。

三、侧重持续性分析

经营的可行性分析应该侧重经营的可持续性,重点在于会展综合体建设完成之后运营的可持续性,最低的目标是实现盈亏平衡。因此,地方政府一定要在这方面提前建立化解会展综合体成为财政包袱的方案,并特别要避免方案设计过大、过于超前,没有考虑到会展综合体运营中的维护成本、使用成本等;可根据需要在综合体内设计一些商业化项目,弥补会展综合体运营的亏损。

BOT 模式的前提是后期经营有可预期的、稳定的现金流,以收回投资。而且会展综合体项目成本回收周期较长,市场投资主体在参与会展综合体项目过程中一个核心的问题是投资回报的问题,一定要让相关主体有利可图。因此,在会展综合体项目设计中,需要允许企业有一定商业化运作的空间,包括会展产业集群相关企业的写字楼开发、创新创业公寓开发、附属建筑的商场商业空间开发和经营等,让企业在这些空间经营中获得一定利润,以弥补会展综合体投资回收周期长、较长时间处于亏损的局面。在这里,特别需要强调的,第一,是会展业作为创意产业有其独特的属性,因此如果是 BOT 模式开展的会展综合体建设,相关投资主体必须是真正懂会展、有会展产业资源及运作经验的。只有这样,才能确保会展综合体建成之后的良性运营,在其良性运营中促进中小城市的会展业发展,并推动中小城市的新型城镇化和产业转型升级等。第二,是会展综合体建设中必须牢牢抓住其服务中小城市会展业发展的城市基础设施和公益平台的本质特点,必须防止以会展综合体开发名义进行房地产开发,因此,应该严格控制与会展综合体配套的写字楼、创新创业公寓、商场商业空间的开发,其体量和规模必须是会展综合体后继运营中所真正需要的。

四、侧重友好性分析

环境的可行性分析应该侧重于环境的友好性分析,需考虑项目选址、环境影响评价、乡风民俗等因素。

会展综合体建设用地的征集会导致城市拆迁,同时会展综合体运营之后会导致城市商业重点的变化、交通问题的产生,也可能会影响到城市发展规划等。因此,会展综合体的建设应该符合中小城市的城市发展规划,以此争取实现布局协调一致,顺应和推进新型城镇化建设。

会展综合体建设材料以及会展项目运作产生的垃圾,都会带来环保问题。会展综合体是一个集合使用绿色环保材料、力求各类资源充分利用的高科技建筑体,但是高科技的建筑体必然会导致会展综合体造价的升高。中小城市政府在会展综合体建设中必须提升这方面的投入意识,规定参与主体在环保方面严格要求,确保建成之后的综合体是环境友好型建筑。同时,在会展综合体之中运营的会展项目的搭建也需要引入绿色标准,使用环保材料;展台搭建材料尽量使用可以反复利用的新型材料,尽量减少木材使用等;同时,对会展活动产生的垃圾有一套系统而成熟的无害化解决方案,避免作为无烟产业的会展活动造成对中小城市环境的污染和生态的破坏。

会展综合体建设项目的可行性分析中必须明确"服务于决策"的目标,通过严谨论证,提出项目存在的问题和完善意见,实现会展综合体项目建设的科学化,使之能够在推进中小城市新型城镇化发展和产业转型升级中切实发挥应有的作用。

第四节　中小城市会展性合体的投资运营创新

作为创新的场馆建设模式,政府和相关投资主体需要着重于创新投资运营模式,特别是做好政企合作,资源置换,政府引导,企业经营;做到策划、投资、建设、营运“四位一体”。

一、政企合作，资源置换

所谓“政企合作,资源置换”是指在建设会展综合体的过程中,中小城市的政府改变自己直接投资的方式,利用企业资金来投资建设会展综合体,减轻政府在会展综合体建设中资金方面的压力;企业投入资金建设会展综合体,政府利用自身拥有的土地、房产、税收优惠等进行资源置换,支持和补助相关企业对会展综合体的投资和建设。会展综合体建设资金量大,回收周期漫长,公益性明显,因此政府需要用资源置换的形式来和企业进行合作,用恰当的条件吸引企业的投资,以便更快更好地推进会展综合体建设来服务地方经济、文化发展。

二、政府引导，企业经营

所谓“政府引导,企业经营”是指由于会展以及综合体的特殊性,其建设必须在政府的引导下开展,这里面包括政府产业发展规划、会展业发展规划、城市发展规划等宏观规划,也包括建设过程中的微观指导,即在会展综合体建设中更好地满足地方政府细化的要求和需要,更好地服务地方经济。与此同时,政府需要尊重投资主体,促进策划、投资、建设、营运“四位一体”,特别是落实会展综合体的“企业经营”,即是在政府和企业进行资源置换的前提下,由作为投资主体的企业进行后继经营,政府不再给予补贴和补助。

三、策划、投资、建设、营运“四位一体”

这里特别需要说明的是策划、投资、建设、营运“四位一体”。传统场馆的建设在这四个方面存在着不协调的方面。在“政府投资,企业化管理”的模式里,存在着过多过重的政府主导倾向,而政府以及为经营场馆建立起来的企业也往往不懂会展业,造成场馆的有效性、利用率等方面出现很多问题,运营方面的不专业也造成了亏损的加大和政府包袱的沉重。因此,中小城市政府首先也必须选择真正懂会展业的、有会展行业背景的投资主体参与会展综合体的建设;在给予投资主体一定资源和政策的基础上,明确一些基本要求,用规范的合同文本加以约束之后,很有必要让投资主体在合同的框架内自主开展会展综合体建设。会展综合体建设的策划具有很强的专业性。因为需要的资金量很大,综合体的投资主体需要考虑各方面的成本问题;建设方面也是要符合会展业运营和发展的内在规律;营运也是一个提供专业服务和增收节支的过程,只有这四个方面都让投资企业自主决策,做好"四位一体",才能保证会展综合体建成之后可用、好用,做到利用率高,闲置少,实现投资主体对会展综合体运营中少亏、不亏甚至实现微利和一定的盈利。

四、用行业内的大基金解决投资问题

为了优化基于会展综合体的中小城市会展发展生态,推进中小城市会展企业、会展项目的培育,各个中小城市应该建设会展产业发展基金。用行业内的大基金解决投资问题,是指中小城市的会展企业在会展项目运作过程中满足其融资的需要,确保其用合适的成本、合适的时间便捷地获得资金的支持,促进会展企业的顺利发展和项目运作的顺利开展。行业内的大基金可以用政府主导,由政府投入或者具有政府背景的实力机构投入,专门针对会展业设立,只服务于会展企业融资需要,服务于会展业的发展。对于中小城市刚刚起步的会展业来说,各种要素都处在培育过程中,这种行业内大基金的设立来帮助会展企业解决投资问题是至关重要的,具有重要的推动意义。

五、用地方的小基金解决扶持问题

这里指的是地方政府设立的扶持奖励基金,针对某些符合特定要求和条件的会展企业和会展项目进行奖励和扶持。为推进会展业发展,中小城市或多或少设立了会展发展基金,但是如何有效使用、更好地推进地方会展业发展是个问题。基于会展综合体运营生态的优化,地方的会展小基金应该只对那些连续举办而非单次举办的会展项目进行奖励,这是为了培育会展项目;只对市场化机制运作而非政府主导政府出资的项目进行奖励,这是为了培育会展企业。只有有竞争力的会展企业和会展项目,会展综合体才能真正成为会展的综合体,才能有效推进中小城市会展业的发展,对地方经济文化和产业升级转型发挥应有的作用。

第五节　智慧会展引领中小城市会展综合体建设创新

中小城市会展综合体建设需要加强科技引领,为智慧会展建设提供运作平台。没有智慧会展的理念,中小城市会展综合体建设注定跟不上国内外会展业发展的大形势。作为现代科技运用的典范,智慧会展是以移动互联网技术为依托,

以一种智慧的方法提供实时社交的开放平台，凭借最新的科技改变会展参与各方信息交互的方式，提高商务洽谈的明确性、效率、灵活性和响应速度，以此实现会展资源的高效利用和会展服务的优化完善。随着移动互联、大数据、云计算、物联网以及三维全景技术、虚拟现实技术、增强现实技术等现代科技的快速发展，传统会展向现代会展转型，办展机构利用这些技术开展更加高效的会展服务，呈现更加优美的展品展示，获取更有价值的展会数据，促进更为广泛的贸易洽谈，促使更佳参展效果的达成。在“大众创业、万众创新”的社会背景下，智慧会展不仅改变了传统会展运作的方式，更影响了我们了解和思考会展的习惯，为会展产业链各环节的创新创业提供了无限可能性。正如加拿大著名传播学家麦克卢汉“媒介即讯息”的观点，媒介是现代科技的代表，科技影响社会、经济和文化的发展，也将更为深刻地促进社会变革。中小城市会展综合体建设必须注入智慧会展的理念。

一、智慧会展的技术解构及其变迁

技术带来变革。在我们讨论智慧会展的时候，我们需要对智慧会展的相关技术进行解构，了解智慧会展的发展对传统会展运作带来的变迁。智慧会展主要包括基础技术平台——移动互联网，以及做好智慧信息连接、智慧会展环境及智慧技术应用三个模块对接，同时智慧会展的发展必须依托于外部环境的智慧化。只有在内外部环境实现了智慧化，现代会展才能真正实现智慧化，成为一个以数据为核心、以数据为最宝贵资源的经济、文化交流平台。

（一）智慧会展的基础技术解构

智慧会展基础技术平台是移动互联网。移动互联网就是将移动通信和互联网合体为一，用户凭借智能手机、平板电脑、电子书、移动互联网设备等智能移动终端就可以获得无线通信业务和服务的新兴业态。移动互联网在应用层面可进行多样化多用途的开发，可以涉及人们生活、工作、投资的方方面面，相关的应用往往会颠覆传统的商业模式和盈利模式，模糊行业边界，为各行各业的创新发展，包括会展业的发展带来无限可能。移动互联网作为智慧会展基础技术平台，可以理解为传统会展业借助互联网平台创造新发展的一种生态模式和实践成果。中小城市会展综合体建设需要融合这些快速发展的智慧基础技术。

除了移动互联网这一基础技术平台，智慧会展还包括智慧信息连接、智慧会展环境、智慧技术应用等三个核心模块。智慧信息连接涉及云计算、大数据、可视化等核心技术，这部分是以确实可行的数据采集机制和大数据库为基础，主要运用于会展数据的收集、管理、分析、筛选。智慧会展环境是指围绕会展运作活动的整体智慧化,包括招展招商、会展综合体管理、会展运营、会展服务等全过程。智慧技术应用包括与招展招商、会展综合体管理相关联的应用平台,可运用于展览展示效果的技术应用集成,可服务于会展经营管理决策的资源分析和会展效果反馈评估的技术应用以及会展联动效应带来商机的技术应用。

麦氏"媒介即讯息"观点的基本含义是现代科技的发展是社会即将发生变革的信号,人类社会文明史不同时期的种种变化,都是由现代科技本身造成的;现代科技对人类文明史有重要影响,现代科技的出现导致了社会的一系列变革。正是基于基础技术平台和三大核心模块,现代会展能够充分利用信息技术和互联网的优势,使现代科技更加深入地融入会展相关的经济、社会各领域中,在自身运作形态发生快速变革的同时极大地创新了社会发展形态。

(二)智慧会展外部环境的智慧化

智慧会展是时代发展的表征,是现代科技发展在会展运作中的运用。智慧会展需要依托外部环境的智慧化,包括城市的智慧化、会展综合体的智慧化、资源交易的智慧化。当然所有的智慧化都是人的智慧的结晶,离不开人作为主体对技术主观能动地使用。

城市的智慧化是智慧会展的基础。一个成功的会展活动必须选择基础设施先进、科技运用领先、会展资源丰富的城市。目前,中国智慧城市的建设如火如荼,方兴未艾。智慧城市的建设是城市之间竞争的手段,谁能够在这方面领先,也就能够为城市的各行各业发展提供智慧的环境,增加城市经济发展的竞争力。智慧城市建设是大手笔投入到城市管理的信息技术的利用上,感测、分析、整合城市运行的民生、环保、公共安全、城市服务、工商业活动在内的核心系统各项关键信息,对其间各种需求作出智能响应,实现城市智慧式管理、服务和运行,实现城市使生活更美好,实现城市和谐发展和可持续发展。可以说,智慧城市的建设为会展城市的智慧化提供了很好的外部环境。借助城市的智慧化,智慧会展所涉及的满足客户在参展过程中对会展专业设施及服务资源的需求,以及全方位实现客户吃、住、行、游、购、娱等方面的需求才有可能。所以,智慧会展的建设需要以智慧城市建设为依托,智慧城市建设的推进力度、成熟度会较大程度地影响智慧会展的实现程度。

会展综合体是智慧会展运作的直接载体。会展综合体的智慧化程度是办展机构选择展会举办场所的重要考量依据,也是客户决定是否参加展会的主要考量因素。智慧会展如果是"灵魂"的话,那么智慧会展综合体可以理解成是"肉身",而前面提到的智慧城市可以理解为是帮助呼吸的"皮肤"。没有肉身的支撑,灵魂无法依附。智慧会展综合体不仅仅是要建立一个局限内部使用的运营管理系统,而是要建立一个开放性的、内外部都可以参与的信息化管理系统。这个系统的任务是在会展举办过程中参与各方在线交流与互动，最大限度地提供会展客户参观、洽谈和贸易的便利，实现客户的满意和惊喜。会展综合体的智慧化需要借助计算机网络技术、物联网技术、现代通信技术、数据库技术和自动控制技术来构建一体化的高科技现代化管理信息系统，实现会展综合体管理运作以计算机为核心、以网络为支撑，全面实现免费无线网络 WIFI 服务，配套同步信息服务内容。只有智慧化会展综合体的支撑，智慧会展才能及时满足会展客户参展过程中基于需求变化的个性化服务，实现对会展客户参展过程实施电子化、自动化、网络化的跟踪、数据的采集和分析，高效便捷地对接和满足参展客户的各类服务需求，从而更好地优化参与者体验，把握行业发展机遇。

构建基于“互联网＋”的会展资源交易平台，以促进资源交易的智慧化，是智慧会展发展的另一个重大挑战。各行各业都有会展活动，会展的业态非常丰富，会展产业链条也十分漫长。对于形态各异、标准多样的庞大会展市场，因此这个平台的构建充满挑战，需要创新运用互联网、移动和物联网技术，紧紧呼应会展市场资源链接、交易的智慧化需求，以提升会展市场资源链接、交易的品质、效率和效益为使命，为客户提供一站式、全流程解决方案。与此同时，该平台还需要有营销自动化的功能，即构建各种线上线下的会展市场资源的营销活动管理解决方案，帮助会展资源的营销部门构建流水线一样的营销流程，以量化为基础，提升在线交易与资源链接中的孵化效果和转化比率。外部环境的智慧化，改变了传统会展的运作形态，也必将深刻变革中小城市会展综合体建设模式和运营模式。

（三）会展数据成为最宝贵的资源

基于云计算、物联网、移动互联、3D 打印技术、大数据应用，现代会展极大地简化了参展过程中的信息收集和整理过程，带来了宝贵的数据资产。数据运营成为智慧会展的核心内容，会展运作中的行业和产品、注册和交流都被数据化，打上鲜明的数据标签。现代智慧会展中，参展商把自己的产品关联到无线采集器实现信息化，采购商把个人信息关联到带有 RFID 的证件实现数据化，从而实现买卖双方的有效连接、互联互通和及时跟踪；各类宣传资料和个人名片也都实现了电子化交互，节能环保且便查便携。同时，智慧会展使得展会的注册登记、预约配对变得轻松高效，内容精准推送、诱导式定位使得参展商的贸易机会大大提升。更重要的是，基于移动互联网收集到的大数据，办展机构可以向参展商提供行业发展趋势分析、潜在客户的需求分析、产品关注度分析，帮助参展商进行精准营销服务，为会展各方提供更加高效、便捷的参展体验，全面提升会展营销效果。

现代会展凭借现代科技,突破了传统会展时间与空间的局限,极大地拓展了会展的市场空间和盈利空间,从而实现了从人海战术的传统会展向线上线下、业务驱动、数据核心的智慧会展的华丽转变,紧密整合了线上与线下资源,高效实现了线上与线下的互动,促使会展的服务质量和运作水平提升到全新的高度。中小城市会展综合体需要构建以数据收集为核心的软实力建设,并开展以数据开发为模式的运营创新。

二、智慧会展的技术崇拜与客户体验

智慧会展的出现确实令人振奋,它加速了信息流、人流、物流、资金流的区域流动,促进了国际间的物质交流和文化交流,成为政治、经济和文化交流的重要平台和工具。人们为会展的现代转型欢呼雀跃,对智慧会展心生敬佩之心,进而无条件地投入其中,迷幻于会展的技术,甚至无条件地接受智慧会展的驱使。但当我们清醒地认识智慧会展,解构其内部微观技术环境时就会发现,智慧会展只不过是现代科技发展的最新运用和必然趋势。由于现代技术发展太快以及会展业属于新兴业态,智慧会展在数据积累、信息共享、服务流程改进、服务体验优化、管理精细化方面还有很大的提升空间,存在着诸多美中不足的地方。我们需要防止对智慧会展的技术崇拜,清醒地认识会展的本源特征和现代科技特性,更理性地理解、对待智慧会展的发展,以人为本地来优化会展运作及其社会相关的方方面面。也就是说,中小城市会展综合体建设既要重视智慧技术,也要防止技术崇拜,要在大力运用智慧技术的同时,紧扣会展的本质特征,更多体现人文关怀,更多注重人文意识。

(一)会展注重亲身参与和面对面交流

现代技术越发展,我们越需要清晰认识会展的本质特征。只有紧紧抓住会展的本质特征,我们才能够在长远的产业发展中更好地建设会展综合体。回归本质问题、抓住本质问题始终是清醒而高明的发展战略和方法论。会展是由企业或行业发起的线下形态的营销传播,一般是多人聚集在特定的场所进行形象展示、新产品发布、贸易洽谈、信息交换等物质和文化交流活动,具有面对面、实物展示等特点,具体形式包括展览、会议、活动、比赛、演出等。会展是企业重要的营销手段,主要通过面对面、实物展示的线下营销手段。会展虽然在营销阶段也借助于大众媒介,特别是专业媒介,但其主要特征是人海战术,是一个人才密集型的服务产业。它作为平台,搭建起了参展商、采购商、普通观众的桥梁,为提升企业形象、品牌附加值、新产品展示、贸易洽谈以及行业发展趋势提供高效的渠道。也就是说，会展是一种人员高度聚集、亲身参与、面对面交流的大型活动。人是会展运作的中心，生意场上有句话："人在哪里，机会就在哪里"，意思是我们要关注人，以人为中心，以人为本。

现代企业营销往往都有效整合线上线下的营销工具，其实，线上的营销工具更多是指广告，线下的营销工具更多是指会展。作为线上的广告，主要是通过大众媒介来进行的。它充分发挥大众媒介强大的信息发射能力，瞬间就把商品信息传递给数以亿计的终端消费者。在信息爆炸的时代背景下，消费者的注意力是被高度稀释的，消费者内心是抗拒对向他推销商品的广告的，所以广告也就只能通过不断重复取得效果。由于社会化大生产需要社会化大消费，广告借助大众媒介向数以亿计的终端消费者传递商品信息，虽然单次效果低下，但是凭借大众媒介强大的发射能力，广种薄收型的传播模式还是能够让广告发挥较为理想的效果。当然在媒介高度发达的今天，广告要想覆盖住所有目标消费者，就不得不动用更多的大众媒介，付出更高的营销成本。而作为与广告有着显著差别的营销工具，会展的主要特征是面对面进行商品信息的交流活动，而且这种交流更多的是针对采购商进行的。终端消费者数以亿计，无法用面对面的方式进行商品信息交流，而采购商数量有限，会展这种面对面的高效沟通方式能够很好地弥补广告的不足。参展企业可以通过办展机构搭建的平台，在眼见为实的基础上，与采购商面对面地展示企业形象，发布新产品，了解行业发展趋势，开展贸易洽谈。从传播形式上来说，广告属于大众传播，会展的人际传播特征更为明显。当然，广告、会展不分家，企业往往以营销效果为目标开展整合营销传播，线上线下互动，广告、会展并用。通过广告，企业吸引消费者的购买兴趣，消费者的购买需要会传递给中间商，促使中间商采购企业生产的产品进行消费谋利，消费者由广告激发的购买需求最终会把产品拉入销售渠道之中；通过会展，企业主吸引中间商的采购兴趣，中间商根据自己的销售经验，判断哪些产品是适销对路的，采购这些产品及把这些产品纳入自己的销售渠道，最终让产品与终端消费者见面，中间商由会展激发的采购需求最终会把产品推入销售渠道之中。

我们要清楚地理解会展的亲身参与、面对面交流等特征，运用好会展的这些本质特征，不要因为现代科技的绚烂繁华迷失其中。智慧会展的核心还是脱离不了会展的亲身参与、面对面交流等本质特征。现代科技要发挥应有的影响力，也只有以这些本质特征为源头。没有面对面的交流、实物展示，现代科技将在会展运作中无用武之地。正因为这样，我们大可不必对虚拟展会是否会替代实体展会感到担心。虚拟展会是智慧会展的一个组成部分，是把实体展会搬到互联网上去，实现互联网呈现来拓展展会的时间和参与的人数。但是虚拟展会从根本上无法实现亲身参与、面对面交流等实体展会的基本特征，只能是实体展会的有益补充。

（二）防止智慧会展发展中的技术崇拜

现代科技是把双刃剑，狂飙突进的技术裹挟着会展快速发展，给会展业带来巨大便利和福祉的同时，科技的功利主义也存在使会展偏离它应有的发展轨道和人文文化内涵的风险，需要高度关注。我们必须要防止中小城市会展综合体建设中的技术崇拜，让现代科技更好地服务于会展综合体建设，服务于主体参展者。

不可忽视的是，现在的一些会展运作出现过度迷恋技术的倾向，虚拟展示技术等的运用只是为体验而体验，并没有和展示的主题有很好的对应关系，形式大于内容。在没有震撼的主题和内容的情况下，参与者带着一个巨大的视镜感受到的虚拟展示技术就会变得无比空洞，奢华的技术并不能让客户在参展体验优化方面有丝毫效果。有时候，炫酷的技术与贫乏的创意如影相随，但是要知道，技术的炫酷并不能掩盖会展主题的缺失，会展主题的丰厚才能使现代科技在智慧会展中灵光闪现。我们在会展运作过程中需要重点把握的内核，在现代科技高度发达的今天没有发生变化，甚至在技术之光的映衬下变得更加重要。在浮躁社会消费主义的浪潮之下，智慧会展本身是对现代科技的高效运用，但是如果要称其完美，则必须做到"不畏浮云遮望眼"，以人文情怀去促进会展业的发展，实现中外经济交流和文化交流。

麦氏"媒介即讯息"的观点更多是从宏观层面来看现代科技对人类社会和产业发展的影响，无疑有其准确性。智慧会展借助于先进的现代科技，实际上，会展的运作从来没有离开过技术的应用，技术在推进会展运作中无疑发挥了巨大的作用，并推进了社会经济的发展。但是在现代科技快速发展的今天，我们必须清醒地认识到：是人在运用这些技术服务于会展运作，而会展运作又是服务于参与会展的所有人，参与其中的人才是智慧会展的主人，是智慧会展发展需要围绕的核心。在注重现代科技的同时，我们也需要做到追崇技术而不迷恋技术，杜绝技术崇拜，防止会展运作中的唯技术论，避免对技术的机械使用和盲目使用，做到在会展运作之中对现代技术以人为本的按需采用。防止中小城市会展综合体建设中的技术崇拜，就是要在现代科技运用中去繁就简，恰到好处地简约利用，犹如简洁之文章，纯熟优美，可以说简约技术之用是一种唯美的象征，对技术的铺陈和滥用则是去美就丑，会显得浮华浅陋。

（三）智慧会展发展中的客户体验优化

随着中国的社会发展和消费需求的不断提升，服务经济已经进入了体验经济时代，客户需求从实用层次转向体验层次。客户体验是客户在参与展会接受服务过程中较为主观的感受。会展可以说是体验经济最典型的产业，也是客户体验最具竞争力的行业。基于移动互联的智慧会展发展的着力点在于客户体验。也就是说，智慧会展的焦点不是科技本身，而是客户，所以办展机构在展会运作中，必须对客户进行紧密跟踪，了解客户的特征、偏好和需求，加强人文关怀，采用合适的手段特别是科技手段提供个性化的服务，不断优化客户体验，带给客户独特的感受，获得客户的信任。

只有提升了客户体验的科技使用，展会才可能形成独特卖点，实现异质化，满足客户的需求，并形成办展机构核心竞争力的目标。目前，我国只是一个会展大国，还不是一个会展强国，在从大国向强国转变过程中，我们必须积极采用先进科技，调整会展运作方式，提升会展服务水平，提高会展服务效率，优化会展客户体验，促使我国会展运作水平的大幅度提升。为此，现代科技的运用要服务于会展客户体验的优化。办展机构需借助网络工具进行客户管理，同时整合客户管理的应用程序以及与客户的交流渠道，实现通畅地与客户即时地点对点地交流沟通，在数据库中完整记录客户在交流中提出的问题和需求，并有针对性地设计、开发服务产品，让客户在整个参展过程中都有由产品、软件和服务组成的智慧会展整合性生态系统的支持，创造出尽可能多的客户体验优化的新机会。

强调智慧会展运作中客户体验的优化，符合以人为本的科学发展观的要求。智慧会展的发展和社会各方面的发展都是一样的，需要强调以人的发展统领社会、经济的发展，从人的根本利益出发谋发展、促发展，不断满足人日益增长的物质文化需要，切实保障人的经济、政治和文化权益，实现人的全面发展与社会、经济的发展相统一。突出地强调客户体验，智慧会展的科技运用一定要明确“为了谁”、为什么要运用科技的问题；做好“道技合一”“义利统一”，以人为中心构建会展信息化管理模式，借助科技的力量更好地体现尊重客户、关心客户、理解客户，真正实现会展运作水平大幅度的提升。

三、智慧会展“以人为本”的互联网思维及其瓶颈突破

中小城市会展综合体建设需要采用“以人为本”的互联网思维，以有效突破自身智慧会展发展瓶颈。

（一）“以人为本”的互联网思维

互联网思维已经被各行各业所追崇，也是现代会展积极推进通过各种终端设备融入互联网的思维方式。“万物皆可以互联，互联成全生态”的互联网思维是对实体会展和现代科技的紧密整合式思维，是对会展全生态重新审视的思考方式。

互联网思维将促使智慧会展注重人的价值。互联网是一个没有中心节点的网站结构,这种内在结构决定了其去中心化、平等的内在精神。互联产生价值,越开放越可以产生连接点,连接点的广度和厚度决定展会价值。

互联网思维是在移动互联技术大发展的背景下,遵循"以人为本"哲学理念指导下的对商业价值链的重新审视和对商业模式创新构架的思考方式。智能手机普及代表着移动互联网的开端,Web3.0 的大互联时代是一个人对人、人对物,以及多终端交互的时代,会展所形成的大型经济贸易活动正需要这样一个人人互联、时刻互联、高效互动、各取所需的"以人为本"的新商业文明形态。

智慧会展的发展需本着互联网思维的平等、开放的基本原则,加强人文关怀,追求长尾效应、免费效应、迭代效应和社交效应,创新现代会展的运作形态和商业模式。基于互联网思维,智慧会展应该关注个性化需求,这部分差异化的需求虽然单个生意利润微小,但是市场规模很大,是会展市场中的"长尾"。如果成功开拓这部分市场,则将大大提升会展的盈利能力。基于互联网思维,智慧会展应该提供更多的免费服务,以此聚集用户和触发连接,为会展产业链的延伸带来无限可能。一旦把用户积累到量级,则获得的数据将大大增益会展的运作,并可通过数据挖掘发现无尽的商机。基于互联网思维,智慧会展应该不断创新服务设计,随着对变化着的用户需求的追踪,努力缩小服务产品周期,推陈出新,不断实现迭代升级。基于互联网思维,智慧会展应该积极利用社交效应,借助移动互联网开展会展面对面交流、实物现场查看之前的充分交流,构建交易友谊,了解产品基本特性,促使商品交换、文化交流在更深更远的范围内实现。

(二)突破智慧会展建设的瓶颈

基于"以人为本"的互联网思维,从前述的智慧会展的移动互联网基础技术平台和智慧信息连接、智慧会展环境及智慧技术应用三个核心模块的角度,推进在智慧会展建设的过程中,我们特别关注人在运用技术时的主体性和能动性,发挥好主观能动性和创造性来解决其中的一些关键瓶颈和障碍,包括构建智慧会展大数据中心、移动互联网应用平台创新开发、应用场景创新设计,构建智慧化的中小城市会展综合体。

在构建智慧会展大数据中心方面,智慧会展大数据中心的建设虽然存在着资金投入方面的问题,但这只是一个小问题,是一个能够解决的问题,构建智慧会展大数据中心最大的问题是建设理念。大数据中心建设需要紧紧围绕"以人为本",根据会展运作的专业规则和资源配置的市场规则,严格按照大数据系统开发质量标准体系,结合国际会展运作管理的先进经验以及会展项目培育的品牌化需要,综合运用互联网、大数据、云计算等先进技术,构建切实可行的会展数据采集机制、筛选机制、运用机制，达到好用、易用、亲和的效果。只有这样，智慧会展大数据中心才能开展会展行业整体数据收集、管理和分析，做好会展信息的共享与互联互通，推进会展宣传、推广及成果展示，完成展会运作管理的科学化评估与决策。

在会展移动互联网应用平台开发方面，我国的会展移动互联网应用平台开发存在着行业需求吻合度不足、针对性不强的问题，这与“以人为本”的互联网思维是背道而驰的，是我国会展移动互联网应用平台开发整体还处于探索时期，商业模式没有成熟，应用力度不足的表现。会展移动互联网应用平台是智慧会展必须借助的利器，能够融入多样化的商业、生活应用，实现一定的高端科技融入和高新科技传播，帮助会展活动提供多样化、多端化的展会信息、产品导航、商务社交信息等。开发会展移动互联网应用平台瓶颈的突破，应该围绕参展客户需求，致力于会展移动互联网应用平台的商圈交友、信息收集、资料分发、展前支持、展场导航、媒体营销、远程参展等功能的实现和完善。

应用场景创新设计是智慧会展价值有效发挥的重要保障。应用场景创新设计可以理解为会展移动互联网应用平台的核心工作，它也是基于移动互联网的软件开发，目的是基于客户智能终端的广泛使用，为用户提供极致便捷的互联网链接和快捷高效的参与体验的服务。借助于智慧会展应用场景创新设计，会展的运作方式可以被改变，如会展价格可以被拆分成单个分组会议、专题，并根据不同的拆分制定不同价格，个性化销售，精准化服务；参展者可以根据自己的需要，选择参与的会议内容并支付相应的会费。参展者也可以根据自己的个性化需要，向办展机构定制自己的服务，办展机构则基于不同应用场景选择的服务提供商，为参展商提供个性化服务。参展者也可以集体商定服务内容和服务要求，向办展机构联合发起集体谈判，确定合理的价格和合格的服务提供商，来满足参展过程中的各种需求。应用场景是现场即时的、充分互动的、富有生命力的场景移动应用，在应用场景创新设计中，我们需要关注市场需求，做到以人为本，加强人文关怀，实现技术与艺术的完美结合，能够触发会展参与者的交互性参与，实现用户和商品的无缝极速连接，在优化用户体验的过程中重构参展商与观众的商业关系。

现代科技会极大地影响会展组织的形态，开创展会运作的新形式，促进新的会展知识结构的形成。在中小城市会展综合体建设的发展中，我们要拥抱现代科技对会展运作带来的变革，聚焦会展运作的主要目标和参与主体的核心关注。中小城市会展综合体建设要防止技术崇拜，持续改善服务，不断优化客户体验，坚持人文关怀，真正做好“以人为本”，做到对现代科技的积极关注与合理使用，推进新时期我国经济、文化的大交流、大发展。

第六节 中小城市会展综合体可持续性发展

党的十八大以后，新型城镇化成为国家重要的发展战略。如何建设新型城镇，建设怎样的新型城镇，是我们必须考虑清楚的问题。绿色环保的会展业必然在新型城镇建设中占据一席之地。不仅大城市有会展的业态，中小城市也有自己独具特色的会展形态。中小城市的会展往往结合地方特色资源或产业基础，虽然运作形态上没有非常专业的机构参与，但是充满生命力。同时，由于产业升级转型和环境保护意识的提升，绿色环保的会展业作为朝阳产业，成为各类城市积极发展的产业形态。另一方面，由于市场竞争的加剧，企业营销下沉到三四线城市，中小城市的市场竞争也越来越激烈，在这个过程中，作为企业营销和市场竞争主要手段的会展业成为新兴的业态得到了飞速的发展。因此，中小城市会展综合体建设十分必要。会展综合体既能加快新型城镇建设步伐，也能促进有别于传统城镇模式的建设，更能够很好地拉动城镇产业、经济的发展和就业的增加。

一、投资企业经营目标与政府产业发展规划的结合

政府给会展综合体投资企业的优惠条件和政策必须保持稳定，这种稳定性的确保需要政府产业发展规划和企业的经营目标相结合。首先是需要政府来制定产业发展规划。政府产业发展规划可以包括要带来发展的产业，除了一些地方特色资源依托的产业，还可以是一些新兴产业，也需要包含会展业。这些发展都需要制定五年乃至十年的中长期规划，确保这个规划的稳定性和长久性，来降低和减少企业投资会展综合体的风险。其次，投资会展综合体的企业需要积极对接政府产业发展规划，针对政府将要大力发展的产业来依托会展综合体培育和打造有影响力和竞争力的会展项目。这里特别需要强调的是，中小城市地方政府需要出台《会展业发展规划》，对会展业发展目标、重点发展项目、政府政策支撑等做出明确的规定。因为这些都是会展综合体建设必须解决的问题，企业投资会展综合体，往往投资在几亿乃至几十亿，巨大资金投入，投资回收周期漫长；如果没有确定的规划做指引，其中的风险可想而知。

二、展馆的公益性与街区的商业性的结合

会展综合体一般包括三个部分，一是举办展览的场馆，二是举办会议的宾馆，

三是举办节庆活动的商业街区。会展业是一个经济效应和社会效益并重的产业。会展具有 1∶9 拉动效益,也就是说会展项目的运作除了会展项目经营主体获得经济利益之外,相关产业也可以由于会展项目的举办带来后续效益。同时,一个城市举办会展活动,带来大量的人流,引起众多媒体的关注,为城市的知名度、美誉度等都带来传播效应,在促进经济发展的同时能够促进地方政治和文化的发展。会展综合体在运营过程中,场馆的出租收益相对于巨额的投资成本和维护成本来说,公益的特点是十分明显的。其收益与其对城市发展的贡献和拉动来说,也是不成比例的。因此,可能即便是真正由会展场馆经营的专业机构来经营场馆,其经营往往是亏损或者微利的,这也是政府投资建设场馆每年不得不拿出上百万来补贴场馆管理者的原因。所以,对于企业投资的会展综合体,在场馆方面体现公益性的同时,应该在街区建设上采用完善且灵活的市场机制,进行商业性运作,如店面出租或直接销售等,通过街区的商业性收益来弥补场馆公益性的亏损以及综合体建设巨大资金的投入。

三、白天的经营业态与晚上经营业态的结合

会展综合体时间上的冷热不均现象非常明显,有人说:"会展场馆往往白天热闹非凡,晚上可以见鬼"。这其实反映了会展综合体利用率方面的问题。因此,需要会展综合体充分发挥其综合性的优势,开展多元化经营。白天运作会展项目,举办各类会议、展览或节庆活动,吸引大量人流、物流进入会展综合体。晚上则可以为居民提供体育锻炼方面的服务,比如羽毛球、健身房等项目,或者是介入餐饮业,提供婚宴等服务。会展综合体体量相对庞大,空间开阔,对于提供运动场所或者婚宴场所来说,显得气派,会受到市场欢迎。多元化经营会为会展综合体提供多种途径的收益,集聚人气,提升影响力和偏爱度,拉动综合体商业地产项目的增值和销售。场馆内部空间开阔,外部空间也很开阔,这为晚间前来参加活动的人员提供了很好的停车场地和活动空间,这是其他场所无法比拟的。跨出单纯的会展项目经营,跨界到市民精神文明建设、社交场景建设、文娱活动建设、餐饮婚宴举办等,走多元化经营之路,是中小城市会展综合体运营的有效途径。

四、地上设施和地下设施的结合

会展综合体建设不仅需要向地上发展,还需要向地下发展,要充分利用好地下空间。地下空间首先是一个停车场的建设。让所有参与会展活动的参展商和采购商把车辆停在地下停车场,并且让所有人能够便捷地乘坐电梯从地下达到地

上的场馆里，这是中小城市会展综合体建设中需要规划好的。利用地下空间是节约用地理念的体现，不仅可以节约用地，而且因为紧凑程度增加会有利于聚集人气。此外，地下空间的利用除了停车场建设之外，借鉴发达国家，也可以将地下空间做多种开发，包括地下商场、交通的建设等。

附录

A

中小城市会展业发展研究案例

案例一　中小城市会展业观察——义乌

义乌,一个发展迅速、活力迸发的带有传奇色彩的城市。在这片市域面积1105平方千米,中心城区建成区面积100.1平方千米的土地上,有着143万外来建设者、82万本地户籍人口以及1.5万常住外国人,是我们中小城市当中名副其实的“高富率”——“高产”:13个国家级产业基地,1个国家级经济开发区,1个省级工业园区,2.67万多家工业企业,一大批行业“单打冠军”;“丰富”:不同国家、不同地区、不同民族、不同宗教信仰的群众在义乌和谐相处、共同创业;“率领”:政策先行、标准先行、物流先行、电商先行。

会展人说会展事,每个城市都有自己的特色和底蕴,义乌城市发展的主题色彩在其发达的小商品业。成功可能难以复制,实践之路却多可借鉴,义乌会展业的成就之路用时间和事实打造了一个经典样板,供来者思考与观摩。

一、时代之际——一场起于偶然的开始

言及义乌,这个不临海、不靠边的小城在发展经济的自然禀赋上并不理想,可以说毫不具备会展城市的先天优势,就是这样一个“要啥没啥”的义乌,却用小小的拨浪鼓,摇出了全球最大实体市场的奇迹!

20世纪80年代,我国很多地方依然视市场经济为洪水猛兽,很多像义乌这样工业基础薄弱的地方,似乎被打上了只能发展农业的印记。纵观当年的义乌,可以用三个“字”来表现其城市会展起步之艰:“偏”“薄”“苦”。这个地处浙江中部丘陵山区地带的小城,对比地方省会城市杭州,从距离上来看实属“偏远”;没有产业、没有资源、没有区位优势、没有人才,更别说会展,整个城市经济发展的基础都非常薄弱、毫无竞争力可言;土地贫瘠、产粮少的现实状况下仅剩“鸡毛换糖”的小生意,这背后正是那些年风餐露宿、四处奔走的货担郎挑起的义乌“吃苦耐劳”的精神。

“市场不是建出来的,是跑出来的”,这是义乌第一批小商品从业者的集体写照,这种发端于民间的自贸活动是义乌人民走上艰苦创新创业之路的助推剂,也是义乌会展生命力旺盛的核心所在。事在人为,义乌人这股子拼命的劲儿注定了义乌的成功是偶然更是必然的!

义乌小商品市场

义乌小商品经济起源于“鸡毛换糖”中乍现的商机。义乌小商品市场创建于 1982 年，是我国最早创办的专业市场之一，中间过程经历了二十多年，五次搬迁、十次扩建。

第一代市场——马路市场：湖清门市场

义乌的小商品市场最早出现在廿三里，后逐渐发展到稠城镇县前街上，1984 年，在政府的整顿下，湖清门小百货市场面貌一新。

第二代市场——棚架集贸市场：新马路市场

市场设有摊位 2800 个，除了义乌人还吸引了东阳、慈溪、萧山、温州等地的商户入场经营。

第三代市场——棚架市场：城中路市场

到 1990 年底已成为我国最大的小商品专业批发市场。1991 年，义乌市场的成交额突破 10 亿元。

第四代市场——大型室内柜台式市场：篁园市场、宾王市场

1992 年，国家工商行政管理局正式批准“义乌小商品市场”更名为“义乌小商品城”，1994 年，义乌小商品市场成交额突破 100 亿元。

第五代市场——国际化市场：国际商贸城、新篁园服装市场

自 2002 年起，义乌国际商贸城陆续建成庞大规模的五区现代化市场，如今的义乌有小商品市场经营面积 640 余万平方米，经营商位 7.5 万个，210 多万种商品。

资料整理来源：《义乌传奇：回顾义乌小商品市场的成长史》

二、奋斗足迹——几代人多年已然的实践

义乌今日的成绩，不是一蹴而就的，追溯时间，有历史的机遇推动，有勤奋的人为努力。从 20 世纪 60 年代的商贩走街串巷，到 20 世纪 70 年代在政策的引导下商贩大量回归，义乌开始形成独具特色的马路市场，敏锐的政府看到了小商品背后的机会。在 20 世纪 80 年代初期“四个允许”的政策推动下，政府出面对市场进行整合，整个城市真正实现了城门大开，义乌市场的辐射范围也逐渐扩大，此时的义乌小商品市场初具雏形。

义乌是典型的因“市”而“展”，先有市场，后有展会。得益于商品经济发展的铺垫，义乌人自己创造出了发展现代会展业的温床。在小商品市场逐渐规范的进程下，1993 年小商品集团成立，很快便诞生了今天闻名全球的义博会——1995 年义乌第一届真正意义上的展览会“中国小商品城名优新小商品博览会”（义博会的

前身)就是在市场里举办的,在当年就能够做到展区日均客流量在 20 万人次以上,实际成交额 1.01 亿元。这个阶段,义乌会展业发展从无到有。

三、勇于创新——义乌国际性展览、国际性展馆与国际会展人的互动模式

义乌是我国第一个获得“国际出展权”的县级城市,以小商品为利刃,一举冲出了一条小城进军国际化的“开放”大路径。2002 年,国际商贸城投入使用,义乌国际化写入战略规划,历经数载,在坚持辐射全球的开放战略引导下,到 2011 年义博会通过 UFI 认证。

展览升级、展馆随之升级。从义乌机场的第一趟国际航班上天,第一列中欧班列的列车出发,义乌在城市发展进程中不断跟进设施的升级,小商品城的升级换代对应着博览中心的与时俱进。义乌是典型的因“市”而展,市场是风向标,展馆的建设根据城市的需要而建设。在硬件设施上,从 2001 年的梅湖国际会展中心到 2009 年使用至今的义乌国际博览中心,义乌人反应迅速而注重实干的观念体现得淋漓尽致。

展馆的灵魂是会展人。即便强如义乌,我们也不得不承认义乌国际博览中心作为城市中心展馆并不完美、并非特别好用,从中也可以窥探对中小城市会展场馆建设的指导性意义。展馆面积不是最大的,然而展览面积出众;展馆配置不是最高标的,然而利用率领先;展馆成交量不是最大的,然而影响力非凡!可以说,小商品,让义乌商品闻名遐迩;会展业,让义乌城市蒸蒸日上。

同时,义乌具备全面的会展政策,更重要的是,这种政策体系还在不断升级完善。

义乌城市的会展政策在中小城市中不一定是最早实施的、不一定是奖励最高的,却是系统最完整的。回顾义乌会展政策的发展就是一个从零星到系统到全覆盖的过程,是对“政府主导—政府引导—市场自转”的写照。市场发展委员会、商务局、文旅局、自然资源和规划局等主管单位出台了一系列完整的条例,从企业互助、产业互动、会展扶持、配套规划全局布置,包括《义乌市会展业发展专项资金使用管理办法》《义乌市展览活动管理办法》《义乌市会展业自律规约》等等。一篇篇铿锵有力的条例书写了义乌会展业茁壮成长的必然性,鲜明体现了义乌会展产业发展的三个坚持:产业发展方向的坚定不移、政府政策的稳定扶持、会展管理团队的贯彻如一。

义乌国际博览中心

义乌国际博览中心项目由浙江中国小商品城集团股份有限公司全额投资建设，距国际商贸城 1.5 千米，距义乌机场 10 千米，与新火车站相距 14 千米，交通便捷。义乌国际博览中心总建筑面积 29.6 万平方米，由会展展馆与配套五星级酒店义乌博览皇冠假日酒店两个项目组成。其中，建筑主体会展展馆总建筑面积 24 万平方米，拥有 7600 平方米大型会议活动多功能厅，可提供国际标准展位 5300 个，每年举办 40 余场会展活动。

2017 年，监控系统已升级换代为数字信号；2019 年，引进智能安防系统、门禁人脸识别闸机，加强了展会突发情况的跟踪侦察，实现智能化管理的要求；2020 年，推进信息化建设，招展系统与采购商管理系统全面启用，实现业务无纸化。义乌国际博览中心的建成使用提升了义乌会展基础设施的水平，为义乌发展成为会展城市奠定了坚实基础。

四、业绩斐然——多头并进实现必然的成果

义乌的会展业很早就规范了组织架构并积极实现自身的突破，用近 30 年的时间为中小城市的会展业发展做了个好榜样，利用自办展升华义乌城市自身的会展项目，义乌模式跃然而出。义乌的“小城大展”不仅仅是一串又一串的数字，而是生动的场景、城市的品牌、货真价实的亿万次的交易。“十三五”期间，会展业总体规模不断扩大，全市累计举办各类展览、会议、论坛、节庆等会展活动 839 个，展览面积 477.49 万平方米，展位 211649 个，吸引采购商 1006.3 万人次，展会项目共实现贸易成交额 1566.27 亿元。

大展带小展，展览带会议、会议促文旅。大展的背后是义乌小商品城的产品、客源、影响力在支撑，同时会展也在反哺着这座小城。据统计，义乌每年举办各类会展活动超 160 余个，国家级展会、重大国际性论坛等重量级项目也选择了义乌，组展办会，要么不办，要办就持续办，办大、办强、办优，这无形中拔高了义乌会展业的门槛。早在 2016 年的统计数据中就能够看到，专业机构将义乌会展在世界的综合排名列为第 36 位、国内排名列为第 6 位，如今，义乌更是以县级市的级别入围“中国十大会展名城”。这些成绩无一不在述说着，小城市也可以有大天地，中小城市会展业大有可为，会展业对城市亦大有作为。

义乌会展重点项目介绍

目前义乌共有 3 个展会项目获得 UFI 认证。2019 年，义博会正式更名为

“中国义乌国际小商品(标准)博览会”,展会层次和规格进一步提升,成为小商品标准走向全球的重要平台。

森博会在2013年成为国内首家、全球第二家通过UFI认证的农林类展会,展览规模持续领跑国内林业展会,被誉为“林业广交会”。

文交会被列入文化部(现文化和旅游部)“十三五”重点文化产业展会,成为全国文化行业唯一外贸主导型国家级展会,并于2019年与旅博会首次同期举办之后在2020年正式双展合并为中国义乌文化和旅游产品交易博览会。

中国义乌进口博览会是全国首家成功通过UFI认证的进口消费类展会;义乌五金电器博览会搭建五金电器会展平台,服务全球行业市场贸易;装博会成为省内第一、国内第三大装备机械类展会;电商博览会成为规模最大、规格最高、影响最广的全球电商领域盛会之一;框业展规模连续六年蝉联全球第一;文具礼品展规模居文具业全国第一;美博会连续三年入列省商务厅重点支持目录。

五、突破在即——广阔的未来义乌尽显未然之势

以当下视角看义乌,其会展业发展历久弥新。义乌早就从原本的以综合性展会项目为主转向专业性展会异彩纷呈的格局,未来的义乌,在自身会展业发展质量上和中小城市会展业发展的作为上踌躇满志、突破在即。

(一)关于“大”

对内,参与大竞争,义乌以县域之城跻身大城会展业竞争。在进入“十四五”的重要历史交汇点的时候,也是义乌紧扣建设国际一流营商环境样板城市、以世界“小商品之都”为特色的国际样本城市的两大战略定位,加快实现高水平建成世界“小商品之都”发展目标的关键五年。作为浙江省第一个明确了全行业链展览服务要求和规范的标准化城市,作为浙江省第一个牵头起草省级地方标准《绿色展览运营管理规范》的中小城市,义乌以县域之力引领会展思潮,义乌会展对我国中小城市会展业发展起到了坚定信心、拓宽思路的作用。

对外,放眼全球,探索大发展。当前,我国会展公司兴起上市潮流,会展业也呈现出兼并的趋势,国内头部企业(包括房地产大亨和互联网大厂)来势迅猛,全国在会展业繁荣发展的背景下,不论大中小城市展馆建设遍地开花,在数量和规模上,会展业在全国乃至世界更广泛的范围内同步有了上升趋势。从背后我们不难发现,从新时代发展趋势来看,中小城市现代会展业或将成为城市的刚需配套,或大或小,因地制宜,按需配套。

义乌市会展业联合会

义乌市会展业联合会成立于 2006 年，是由义乌从事会议、展览业及上下游相关服务的单位、团体和个人组成发起，具有法人资格的联合性、非营利性社会团体，是全市会展业的自律组织，现有会员单位一百余家。在市场发展委、原市场贸易发展局、原市会展办、原市旅展委及各相关部门的支持下，充分利用自身的职能和联合会的优势，积极为会员服务，在政府与企业之间架起了一座坚实的桥梁，为会员提供各种业务信息。

（二）关于“新”

新时期的义乌会展业发展在新高度、新举措、新作为方面的思考和实践同样值得期待。一直以来，义乌的会展成绩大家有目共睹。在疫情期间，会展行业重新洗牌的背景下，也达到了一个新的阶段，站在时代新高度上，义乌会展人不断探寻新举措，促进新增长。

(1) 在稳固好“金义”“长三角”区域一体化的发展战略的基础之上，积极承接杭州、上海大城市“溢出”效应下的会展资源。

(2) 在发展驱动力上，重点关注需求侧的引导，加强“走出去”，实现供需双侧驱动。

(3) 在发展战略上要重视“大会展概念”，注重会、展、节、赛、演全产业链的发展，将城市以“全民、全域、全季、全时空”的全方位发展目标实现会展联动。

(4) 紧跟行业发展动态，深化会展“智造”的时代主题，通过智慧设施、线上会展、数据库建设、点对点资源对接等会展慧服务，提升会展业服务水平。

(5) 当前的场馆已经不能够完全满足义乌会展业扩展的需要，因此新展馆的筹备必须提上日程，与之同步规划的是新场馆与城市交通的相互配合，在市场通勤与展览大交通之间寻求更深的契合。

同时，思考并实践会展业对城市的作为。对义乌来说，通过布局城市会展业，以政府和国家级的项目提升产品的信誉和可靠度，在打造品牌的基础上，以战略定位提高城市形象。对中小城市来说，义乌在会展业道路上近 30 年的实践积累和丰富的资源，亟待输出。比如，义乌会展业以行业协会牵头办会培育本地项目，对中小城市本地会展项目难培育、会展中心“空置”等问题来说，是非常有借鉴意义的模式。因此，义乌会展将在实践的基础上提升理论化的质量，以单一的战舰式操盘团队向“操盘＋输出＋多维组合”等综合性航母团队升级，最终实现——从实践中来，到理论中升华，再到实践中优化。

综上所述，在“一带一路”倡议下，在中小城市会展业的发展征途中，“义乌模式”值得思考、值得借鉴、值得续写、更值得弘扬。没有谁的路是一帆风顺的，而会展业更不可能把所有未来都规划清楚、计划详尽。实践出真知，义乌的会展业发展给了我们诸多启示，务实地干、持续地干、坚定地干！义乌，从其偶然的开始、已然的实践、必然的成果一路前行，在未然的未来，更高程度、更具义乌特色的专业化、品牌化、国际化的会展盛况正一幕幕展开！

同样，笔者也相信，在未来，基于特色，每个中小城市都有机会成就一篇属于自身会展业发展的传奇故事。

未来，我们无比期待！

案例二　山东寿光——一个县城品牌博览会的“网红”之路

作为县域城市展览会的优秀范本，寿光菜博会已经举办 21 届。面对新冠肺炎疫情，在疫情防控常态化下如何办好菜博会，解决蔬菜过季等一系列问题，寿光菜博会转变办会思路，借助互联网和新媒体办会的经验，打造了能参展、观展及交易的“网上菜博会”。

一、新科技助力第 21 届寿光菜博会

第 21 届寿光菜博会于 2020 年 4 月 20 日至 5 月 30 日举办，在新冠肺炎疫情防控常态化的新形势下，创新展览模式，通过线下布展，线上办会，打造了能参展、观展及交易的“网上菜博会”。解决了疫情期间组织办会难、游客观展难、商务洽谈难等问题，走出了一条“可逛可学可交易”的网上办会新路子。

围绕“网上菜博会”提前规划，搭建 24 小时线上观展平台。在菜博会官方网站打造数字化展馆、数字化园区，采用 5G＋VR 技术，实现了对 45 万平方米的菜博会展区以及 2000 多个蔬菜品种、80 多种种植模式的“网上全景化”展示，打破了原来“走马观花”式的体验，为全国各地菜农打造了全天不打烊、可深层次体验的“可观可学”的全新展会形式。

在西瓜视频首次推出了“云种菜”项目，可通过 24 小时不间断地慢直播观察蔬菜生长。为全国各地菜农和游客提供了“互联网＋”的崭新体验，实现“一机在手，随时畅游”。会期，全景 VR 的浏览参观人次达到了 80 多万人次。

二、开辟新媒体宣传阵地

组委会策划镇长买菜、市长带货等特色形式。镇长抖音直播推介当地特色农产品，直播总曝光量达到 1200 万人次，最高单场同时在线观看人数达 63.4 万人次；一场市长直播交易额高达 107 万元。会期，菜博会总曝光量为 5.2 亿。组委会

办公室自己的抖音号“寿光菜博会”半年涨粉 50 万，单个账号会期浏览量达到 2 亿，“寿光菜博会”话题浏览量达到 4.5 亿，面向全国进行了精准推送传播，收到了良好的效果。

通过新媒体的传播，多地有关政府部门受到寿光创新思维的激励，纷纷开始尝试抓住线上展会的优势。

三、加强与电商巨头的互联网合作

与拼多多电商平台签署“线上菜博会”合作协议，将线下菜博会最大程度还原到线上平台。拼多多组织全国区域的特色优质蔬菜搬到“线上菜博会”，打造区域化和品类化相结合的线上蔬菜馆。采取“视频连线＋网络直播”的方式，举办了新品种寿光研发基地春大棚生产示范网上展示活动。推动寿光与拼多多“多多大学”签约、与京东物流集团签订寿光蔬菜全国供应链及产地加工集配智能基地项目，同时探索蔬菜新销售模式，共建现代化数字农业基地和体系。

四、设立“全链条线上交易平台”

针对参展客商的交易需求，开发“菜博云商城”，打造数字化展会，将参展客商从展馆现场搬到了线上。引入商家、合作社入驻，国内外参展商上架种子种苗、基质材料、植保营养、品牌蔬菜等全线产品，架设起了全产业链“展示—交流—采购”的线上主平台、新渠道，保证参展商、采购商和全国各地菜农的线上互动交流、洽谈交易实现“全时通、全球通”。

在探索中创新，在创新中发展。从 2000 年起，创新贯穿于每一届菜博会。今年通过一系列新科技举措，菜博会在线上取得了意想不到的成效。但是，线上数据的热度难以替代种植展示的沉浸式观展、身临其境的体验。

五、全国重要的蔬菜集散中心——寿光

作为中国百强县，山东寿光 2019 年完成一般公共预算收入 94.4 亿元，实现税收收入 141 亿元。寿光蔬菜经过 30 年的创新发展，种植面积发展到 60 万亩，蔬菜大棚 17.3 万个，年产量 450 万吨，年交易蔬菜约 900 万吨，蔬菜总产值约 110 亿元，成为全国重要的蔬菜集散中心、价格形成中心、信息交流中心和物流配送中心。

中国(寿光)国际蔬菜科技博览会(以下简称“菜博会”)至今已连续举办 21 届，被农业农村部、贸促会认定为 AAAAA 级农业专业展会。菜博会主展区展览总面积 45 万平方米，室内展览面积 16.5 万平方米，包括 12 个展馆、有机蔬菜种植示范区、蔬菜博物馆及广场展位区。展会采取实地种植与展位展示相结合、蔬菜

园艺与文化艺术相结合、经贸洽谈与观光旅游相结合的模式，全面展示现代农业发展水平。

案例三　浙江乌镇——一个名镇的展馆＋“互联网之光”

“互联网之光”博览会在世界互联网大会期间受到备受关注，博览会举办场地——互联网之光博览中心，位于拥有7000多年文明史、1300多年建镇史、被誉为“中国十大魅力名镇”之一的乌镇。

一、建设会展名馆

互联网之光博览中心是互联网大会·乌镇峰会空间的重要载体，主场馆包含四大展示空间和三个多功能厅，室内总面积达到19713平方米，与原展馆互联网国际会展中心呼应联动。

同步建设了智能化配套中心，辅佐整个会展片区的管控和运营，实现了超前的数据营展。馆外配套的智慧亭为展会期间重要的临时会议提供空间保障，其呈现秉承了数字智能设计、智能建造等最新智能理念。利用独特的空间曲线，既能保持建筑风格的整体性，又成就了整个互联网公园中的点睛之笔。

目前，展馆支撑互联网大会的相关配套布局已初步成形，在建设互联网之光博览中心二期工程的规划中，逐步实现会展配套设施完备，推进对展会接待设施、道路的完善，形成高水平的基础平台建设，提升场馆的会展服务水平。

二、服务品牌会展

2020年11月23日，世界互联网大会·互联网发展论坛以“数字赋能、共创未来——携手构建网络空间命运共同体”为主题在乌镇召开。这是一场聚焦互联网最新发展趋势和前沿技术动态的博览盛宴，现场采用全景拍摄的方式创建VR展厅，着力呈现人工智能、云计算、大数据、区块链、5G等领域的数字新技术、新产品、新应用、新成果，实现“线上＋线下”的同步展示传播，成为数字经济产业合作交流的重要平台。

三、办展新格局——镇级名展馆

品牌展会是城市会展最高水平的象征，以其裂变的影响力为县域城市创造机遇。“互联网之光博览中心”是世界互联网大会、全球工业互联网大会等重要国际会议的会展举办场所，借助世界级大会的红利，并以此为契机进一步深化与全球展览业协会（UFI）、国际大会及会议协会（ICCA）等国际性组织合作，常态化举办国际会议、论坛和赛事，品牌化服务科技新品发布、体验和试验。

如何承接互联网大会的辉煌，更上一层楼？通过探索产业会展在新阶段的发展路径，吸引多元化的经济和业态主体来乌镇办展，为此镇级领导班子和展馆工作人员主动走出去交流，积极引进来学习。彼时的“互联网之光博览中心”将不再仅是互联网产业的集聚地。计划招募并举办更多形式的会展活动，打响乌镇“墙外办展，墙内旅游”的办展新格局，努力将互联网之光博览中心打造为镇级名馆。

案例四　浙江温岭——品牌展转型：专注、极致、口碑[①]

一个在县城举办的国家级行业品牌展会，因为疫情“两起两落”导致 2020 年没能在当地如期举办。但组委会果断突围，易地举办，以“专注、极致、口碑”的战术，取得了“失之东隅，收之桑榆”的成效。

一、管理者要具备挑战困难和自我发展的信心

2020 年新年伊始，国内发生新冠肺炎疫情。各类型的会展、文化、旅游活动及产业链上的酒店、广告商、设备商、搭建商等均受到不同程度的影响。会展机构不能办展是难，但实际存在的难题，其实在于真正复工之后，各类不可控的收入、人力成本、预支成本以及疫情发展尚未真正明确等诸多未知因素所构成的风险增加系数，时至今日，仍然没有明显地减少。所以，我也一直在思考，疫情除了给会展业带来了一系列消极影响外，有没有一些积极的影响？

马克思有这样一句话：哲学家们只是用不同的方式解释世界，而问题其实是在于改变世界。所以，尤其在疫情防控常态化的今天，你的企业不得不与危机共存，你与你的团队不得不与这个危机带来的诸多不确定性因素相处。但前提是，作为管理者，你应当具备自我发展的信心，因为你的平和状态，会影响到整个团队架构的稳定性。我们所有会展人，面对疫情这场尚未结束的没有硝烟的战争，及时调整心态是关键。

二、疫情对会展业是挑战也可能是机遇

疫情的出现是一场危机，但同时也对会展产业活动提出了更高的要求，它促使我们会展业界对这样极端突发状况下的产业生存与发展进行了深刻反思。比如，小范围来说，我们开始思考如何全面提升会展企业的应急能力和管理水平，如何加重线上管理，更加强化展会的大数据和智能化功能；再进一步，疫情之后，必

---

① 本案例由陈祥标(温岭国际会展中心总经理)提供。

将涌现出新的需求，产生新的会展题材，那么我们会展企业如何根据需求变化，筹划新的展会，打造新的会展品牌；再往大方面去思索，我们如何抓住会展复苏机遇，发挥其拉动经济发展功能，凸显会展产业的本质功能与价值；最后延伸思考，在疫情的关卡面前，政府部门、研究机构和各行业企业都高度关注，必将进一步推动政产学研合作，制定更多的产业支持政策，来帮助破解会展企业面临的难题。

三、参加展会并非企业的刚性需求

作为会展的组展方，我们应该有一个警醒的认识：参加展会并非企业的刚性需求。对很多企业来说，参与会展行为只是其市场费用的极小部分，而当疫情过后面临企业的实际经济状况，参展企业可能只会需要市场营销的基础功能。所以，当下会展主办单位的关注点应该从展会还能不能做，转移到做不做的好的问题。疫情是否持续？有多少观众还愿意来参观？参展商是不是因为提前交了费，不得已才来参展？小规模企业的退展比例有多少？如果参展效果不佳，展会的品牌如何保值？尤其是对于县域品牌会展来说，如何在疫情后续时代，继续发光发亮，让其价值得以延续，是我们当下必须直面的一个问题。

四、一个品牌展在今年的“两起两落”

我们承办的中国泵与电机展览会，是国内首个，也是仅有的一个以“泵与电机”为主题的展会，是商务部引导支持展会、浙江专业品牌展会，每年农历正月初七开幕，也被业界誉为“开年第一展”。原计划 2020 年 1 月 31 日至 2 月 2 日举办第十五届，和往年一样，春节前就在温岭会展中心把整个展会的主场和展台搭建完成，只等正月初七开幕。

2020 年 1 月 23 日：浙江省启动重大公共突发卫生事件一级响应，我们泵与电机展会组委会在上级部门指导下，做出慎重决定，通过各类媒体及时发布了展会延期举办的消息，也是行业内同类型展会中第一个宣布延期举办的，但保留了展馆内外所有已建好的展台，以随时应对恢复办展。

同年 3 月中旬(一起)：疫情已在全国范围内得到有效控制，我们计划以清明小长假(4 月 4 日至 6 日)的时间点举办泵与电机展。因为清明节期间，温岭在外地从事泵与电机经营活动的人基本都会不远千里回家祭祖，他们同时也是泵与电机展的采购商。

同年 3 月底(一落)：温岭当地出现 1 例疫情报告，为切实保障参展企业和采购商的人身安全，组委会不得已取消清明节恢复办展的计划，再度延期办展。

同年 5 月 30 日(二起)：根据国务院应对新型冠状病毒感染肺炎疫情联防联控机制《关于做好新冠肺炎疫情常态化防控工作的指导意见》(国发明电〔2020〕14

号)文件精神,可举办各类必要的会议、会展活动。同时,各企业也正平稳有序开展复工复产。因此我们组委会研究,决定恢复办展,时间定档 2020 年 6 月 23 日至 25 日。

同年 6 月 17 日(二落):北京出现疫情,温岭有人相关联,组委会响应上级关于疫情防控工作,三度延期至次年办展。

五、“重”新起航,异地办展

中国泵与电机展览会因受展馆限制,受县域城市的地域限制,规模发展到现今的 1200 多个展位已处于饱和状态。为此,我们 2019 年尝试带领温岭数百家企业前往重庆国际博览中心办展。在 2020 年这样特殊的大环境下,带企业出去是有风险的。主要的风险还是来自不知道观众能来多少,因为我们的泵与电机重庆展在 2020 年也仅仅是第二届,展会尚未成熟,品牌不够响亮,疫情之下没有人流怎么办?今年如果办砸了,明年怎么办?所以,我们组委会反复斟酌,制定了一个“疫后重启,轻装上阵”的“四免一补”政策,即免费提供企业住宿 3 晚;免费提供专业采购商住宿 2 晚;免费提供企业展品往返物流运输;免费提供大巴车接送;对采购商交通补贴 200 元—400 元,勇敢地迈出了第一步。

2020 年重庆展不仅有水泵、小型电机,还集合了农机、风机、通机等各类产业热点,进一步集聚了上下游产业链产品,展示面积达 2 万多平方米;展会现场同步推出的“泵机界”云展直播,展会期间最多在线同时观看人数超 3 万人;最欣喜的是,2020 年展会成功吸引了来自四川、云南、贵州、广西等西部及周边城市的专业采购商 1 万多人次到场参观、采购,远远超出了我们主办方的预期,也让参展企业大为惊讶,人流转化为资金流,展会第一天就有几十家企业预定了次年的展位。我们没有想到的是,泵与电机重庆展在 2020 年这样逆境的情况下喜获丰收。虽然泵与电机温岭展在 2020 年按下暂停键,但是我们并没有给参展企业按下发展的暂停键,通过异地办展的方式助力他们复工复产,助力他们下订单、拓渠道。

六、专业展转型需要专注、极致、口碑

雷军在小米十周年的公开演讲上,提到了互联网的“七字诀”:专注、极致、口碑、快。经历了 2020 年这一役,给县域办展也带来了启示,疫情后续,小众的专业品牌会展如何保值增值?可以引用雷军的前六个字:专注、极致、口碑。

第一专注:更细分、更专业的展会将赢来更大的市场。

很多采购商在看了我们今年重庆展后,都在后台留言,说到最多的,就是你们的展会很专业。因为我们将水泵、电机、农机等一系列产品细分出来,让客户有了更多的选择。会展市场上有些展会内容很多,范围很大,但观众转了一圈后会觉

得懵,他们找不到想要的产品。

第二极致:一事精致,便能动人,亦其专心致志而然。

做好事情有捷径吗?有,就是一次只做一件事。我们泵与电机展从2007年创办到2020年,举办了15届。这十多年来,泵与电机展存在的意义,早已从服务企业客商效益最大化转为服务产业提质增效最大化。不过我们还可以做更多,未来,我们将搭建集中国泵与电机展线上线下展会、供需交流平台、境内外电子商务等为一体的衍生产业链,助力促进温岭水泵产业与其他产业的融合发展,大力提升温岭泵业企业的市场综合竞争力,推动温岭泵业产业集群发展和转型升级,有效地形成泵与电机展的链式效应。

第三口碑:投入心思、时间、精力,坚持培育品牌展会。

国内会展市场一直有同类展会扎堆现象,包括我们的中国泵与电机展也一直被同行业诸多冒名展会所效仿。而我对此只有一个观点,就是必须坚持培育品牌展会,口碑永远是在市场上屹立不倒的根基!打造品牌展会,从主体的选择、展会的立意规划、现场的组织和管理等具体方面都需要朝品牌化发展。这个过程需要主办方不断投入心思、投入时间、投入精力,但这同时就是一个不断增值的过程,最后必将服务会展产业链,成为其最重要的无形资产和价值来源。

案例五　江苏盱眙——二十年龙虾节,如何成为中国地方节庆品牌?①

2021年6月12日,第二十一届中国盱眙国际龙虾节(以下简称"盱眙龙虾节")精彩启幕。盱眙县,是江苏省淮安市下辖县,地处长江三角洲地区。作为中国地方节庆活动和县域发展的成功案例,盱眙龙虾节以其独特的运作方式和强大的节庆效应,成为中国节庆行业的一根标杆,极大地提高了盱眙县的知名度、美誉度与开放度。

本届盱眙龙虾节围绕"建党百年""奋进十四五""产业创新""乡村振兴""高质量发展""全域旅游""招商引资""文体惠民""国际交流与合作"等中国当今发展主题词,采用线上线下相结合的方式,策划运营数十项丰富多彩的活动,在以长三角、珠三角地区为主的大中城市次第展开。

盱眙龙虾节到2020年已成功举办二十届。对于二十届盱眙龙虾节,人们在惊叹其无穷魅力的同时,总想探究其成功的奥秘。梳理中国当代地方节庆实践,我们可以得出一个基本结论:成功的节庆根本在创意,创意的基础是理念;经典创

---

① 本案例由张承东(江苏省节庆协会副会长兼秘书长)提供。

意往往由先进的超前的理念催生。笔者长期从事中国盱眙国际龙虾节核心策划运营,对此感受可谓深刻。盱眙龙虾节二十年二十届成功的秘诀就是理念的超前与不断创新。本文简要阐释盱眙龙虾节“四大办节理念”。

一、三化办节

改革开放春潮催生中国地方节庆活动,中国地方节庆也伴随改革开放而风起云涌地开展。盱眙龙虾节诞生时全国地方节庆活动数量已近万个。节庆“过多过滥”已引起社会的诟病,尤其是几乎千篇一律的“政府主办包办、财政花钱买单、追求轰动效应、不计成本效益”的节庆运营模式,使许多节庆陷入小众化、同质化的泥淖而前路堪忧。盱眙龙虾节怎么办?在照抄照搬他地办节做法和独辟蹊径探索办节新路的抉择中,盱眙县选择了后者。思维转变天地宽,盱眙县“三化办节”理念呼之而出。

一是节庆运营市场化。盱眙县确立并实施“政府主导,社会各界参与,企业冠名或承办”的市场化办节新机制。在活动策划中,除民生公益活动外,其他活动策划一律盯住市场设计创意,努力挖掘节庆活动中的市场“卖点”,为各地各类企业提供广泛参与并有一定收益的节庆参与空间。二十届盱眙龙虾节,参与承办、协办的国内外企业有1000多家,其中不乏像“五粮液”“茅台”这样的大型集团企业。节庆搭台,企业唱戏,企业和政府在盱眙龙虾节中实现了双赢,盱眙龙虾节也有了可持续发展的资金保障。

二是办节区域宽幅化。盱眙龙虾节是中国县域第一个“走出去”办节的节庆。从第二届到上海,南京办节,到第八届形成“四国联动、六地联办”格局,盱眙龙虾节办节区域不断扩展。现在的盱眙龙虾节依据在不同地区不同的办节目标,国内已覆盖十几个省(区、市)的百余个城市;国外也办到美国、澳大利亚等20多个国家和地区。办节区域的拓展使盱眙龙虾节办节资源越来越多,节庆文化内涵不断得到丰富,人气指数一路飙升。据有关专家评估,盱眙龙虾节是中国参与者最多的地方节庆活动。办节区域的宽广,使得盱眙龙虾产业链不断拉长,盱眙龙虾全产业链从业者达千万,盱眙龙虾节的影响力也日益扩大。

三是办节主体全民化。二十届盱眙龙虾节,专家学者从产业、文化等不同角度与领域进行研究,但总结出许多成功经验,有一句通俗的结论却非常精准并具有深刻而隽永的实践意义,就是“每一个人都可以从盱眙龙虾节中找到自己的位置并有自己的收获”。这是因为盱眙龙虾节从办节之初就有了涵盖极广的多元定位:“创业节”“招商节”“经贸节”“文化节”“旅游节”“欢乐节”。这六大节庆坐标为各层次人士开辟了无限的节庆参与空间,盱眙龙虾节也因之成为全民展示本领的舞台,全民创富的平台,全民欢乐的嘉年华。

二、融合共享

二十届盱眙龙虾节，盱眙以开放的胸襟与包容的气度，用“融合共享”的理念把节庆做大做强。盱眙以“授权办节”“联合办节”“委托办节”等形式，使盱眙龙虾节花开百城，从北国冰雪之城哈尔滨到四季常绿的热带海南岛，都有盱眙龙虾节分会场。随着盱眙龙虾节“攻城略地”，江苏省盱眙龙虾协会会员店遍及全国，甚至国外也有盱眙龙虾会员店。盱眙龙虾随着盱眙龙虾节走出县门、省门、国门，香飘大江南北，味享欧美澳亚。盱眙龙虾节为盱眙龙虾全产业链不断注入活力，分布于全国各地区的盱眙龙虾会员店和相关从业者在参与举办盱眙龙虾节中共享节庆成果，共襄盱眙龙虾大业。

二十年来，盱眙县以龙虾美食为经，以龙虾文化为纬，将盱眙龙虾节融入长三角和珠三角地区以及首都北京。融入北京，争取高端行政资源与智力资源，增添盱眙发展新动力；融入南京，盱眙县从江苏省级层面获取更多政策与项目支持，从强势媒体获得形象宣传支持；融入上海，开辟了国际化城市里盱眙优质农产品销售市场，开发出上海到盱眙旅游的巨大客源；融入浙江，实施“以节招商”，二十届龙虾节盱眙县引进了1000多家浙商企业落户盱眙；在深圳办节，融入港澳台地区的企业，加速引进外资；融合共享办节，加速了盱眙新型工业化步伐，尤其是先进制造业已成为盱眙工业强力支撑；盱眙旅游业也在龙虾节庆中插上腾飞翅膀，到盱眙旅游人数从办节前的年均8万人次跃升到2020年的超过600万人次。

三、借力办节

借力办节，是二十届盱眙龙虾节一直坚持并不断提升的理念。盱眙龙虾节“借力办节”特色有四点。

一借企业财力。针对办节资金不足的困扰，盱眙运用招标、活动冠名等形式吸引海内外企业、社团承办或参与举办盱眙龙虾节的重点、重大活动项目。特别是近几年，盱眙龙虾节在转型发展中，注重借助上市民企，重点国企力量，在节庆合作中拓展合作空间，进行多层次的产业合作、文化旅游项目开发与合作。如与江苏省重点国企——苏豪集团公司旗下的“爱涛文旅”合作办节，探索出地方节庆转型发展的一条新路径。

二借政府公信力。如争取江苏省环保厅，上海市农委，上海市旅委联合办节，向社会充分彰显盱眙全国生态示范区品牌优势，盱眙优质无公害农产品优势，盱眙人文生态旅游优势，从而使盱眙龙虾节从“官方色彩”与“民间运作”混搭中找到节庆提升与飞跃的新爆发点。

三借专家学者高端智力。盱眙龙虾节是中国第一个举办文化论坛的地方节庆。20届盱眙龙虾节共举办产业、旅游、文化论坛(峰会)50多个。先后由清华、北大等百余个高校与学术机构,数百名中外专家学者,助力盱眙龙虾产业、盱眙龙虾节文化打造。专家学者通过“论坛”“研讨会”“峰会”“对话”等形式从不同领域不同角度解读盱眙龙虾节,总结提炼了弥足珍贵的盱眙龙虾节庆文化成果,为盱眙高质量发展把脉支招。

四借强势媒体传播力。媒体传播是节庆影响力形成的主要渠道。盱眙龙虾节在中国节庆界开创了地方政府与媒体合作办节的先河。从第一届盱眙龙虾节起,盱眙县就主动争取与当时中国发行量最大的江苏都市报《扬子晚报》合作办节至今,后又有江苏广电总台等媒体以不同形式加盟主办。这些强势媒体的加盟,使盱眙龙虾节在“造势扬名”中扶摇直上。

四、品牌立节

世界已进入品牌竞争时代。节庆的发展与竞争也要依赖品牌。盱眙龙虾节在中国节庆界的标杆位置,是靠品牌立起来的。二十年盱眙龙虾节,是打造品牌的艰辛之旅,也是彰显品牌的光荣之旅。盱眙龙虾节是品牌节庆,又是一个不断孵化产业品牌、催生产业品牌,聚合品牌集群的载体。

盱眙借助二十届龙虾节不懈打造品牌,“盱眙龙虾”先后获得中国第一例动物物类原产地证明商标,中国地理保护产品,中国驰名商标、等国家级品牌荣誉50多项。“盱眙龙虾”品牌价值连年攀升。2010年,“盱眙龙虾”品牌价值为41.3亿元,到2020年“盱眙龙虾”品牌价值已突破200亿,位居中国水产类品牌第一名。盱眙也被国家有关部门授予“中国龙虾之都”称号。盱眙龙虾节也获得“IFEA中国最具发展潜力十大节庆”“中国十大品牌节庆”等30多个国际国内节庆行业顶级荣誉称号。

借助龙虾节实施品牌保护和增值。在举办龙虾节过程中,盱眙每年都组织江苏省盱眙龙虾协会与国内各地市场监管部门联合开展打击假冒侵权“盱眙龙虾”品牌的专项行动,维护“盱眙龙虾”品牌声誉。每届盱眙龙虾节都邀请高校与科研机构的品牌研究专家学者对盱眙龙虾及其相关产业进行品牌打造与创新规划的指导,以不断提升品牌价值,壮大盱眙龙虾节与盱眙龙虾产业的实力与竞争力。品牌发力,节庆引领,产业提升,盱眙进入“一虾先行,诸业并进”的佳境。

二十届盱眙龙虾节见证和凸现了中国当代地方节庆的“盱眙贡献”。盱眙龙虾节二十年探索,二十年奋进,创造了中国节庆史上发展与创新奇迹。盱眙龙虾节的经典创意与成功经验已被全国许多地方节庆借鉴与仿效,推进了中国地方节庆的业态转变和质态提升。进入改革开放新时代,盱眙龙虾节将与时俱进,继续创新,续写龙虾节庆的光荣历史,为中国节庆事业做出新贡献。

案例六 湖北十堰——立足产业优势，以展会促发展

中国(十堰)汽车汽配商品交易会如何带动经济发展?

十堰位于湖北西北部,汉江中上游,与鄂、豫、陕、渝四省市交界,独特的地理位置,使十堰拥有“南船北马、川陕咽喉、四省通衢”之称,总面积2.4万平方公里,总人口350万。“仙山、秀水、汽车城”是十堰著名的三张名片。

十堰是东风汽车的发祥地,是世界三大商用车基地之一,作为中国商用车之都,拥有全国最完整的汽车产业链,是中国商用汽车汽配交易中心和集散地,新能源商用车产能全国第一。立足汽车这一产业优势,汽配交易会顺势而生。汽配交易会是面向全国、联通中外举办汽车汽配商品的专业展会,是以商用车为主导,向中高端乘用车和新能源汽车延伸的汽车全产业链商品贸易平台。

2017年,汽配交易会展出面积约1万平方米,观展人员约5000+人次;2018—2019年,交易会展出面积4万平方米,观展人员约5万以上人次;2020年受疫情影响,规模、邀约均受到限制,展出面积6万平方米,观展人员3万以上人次。汽配交易会的展位数量、参展面积、观展人次及参展企业质量等均在逐年提升,吸引了海内外优秀采购商、业内知名人士前来观摩交流,扩大了十堰市的影响力,提升了十堰市的知名度和美誉度,同时也带动了十堰市旅游、餐饮、酒店住宿、娱乐、金融、交通运输等行业的经济增长,真正发挥了展会“1∶9”的经济效益。

汽配交易会的发展壮大,得益于“三优”。

一是有产业基础的优势。十堰现有汽车及零部件生产企业431家、整车及专用车生产企业35家、新能源车生产资质企业7家,年整车生产能力100万辆,当之无愧是全国商用车领域的龙头,十堰已成为全国为数不多拥有“商乘并重、油电并举”的汽车生产基地之一,正全力构建汽车全产业链生态圈。2021年第十三届汽配交易会围绕“奋进十四五”“高质量发展”“构建新格局”“双循环”“乡村振兴”等当今社会发展主题,分析了当下汽车产业的发展形势,未来将依托强有力的产业优势,各方携手,将十堰及周边地区包括东风在内的“专精特新”零部件进行集中拉练、展示,让五湖四海的采购商更全面、更深入了解商用车轻量化、智能化发展成果和趋势,扩大十堰商用车零部件的影响和优势,提高品质和口碑,提升十堰在全国汽车界的影响力和号召力。

本届汽配交易会参展范围包含整车系统、汽配系统、汽车汽配行业相关配套的机电装备企业、整车企业生产线、零部件生产装备制造企业、汽车电子类企业、智能化类企业、汽车软件服务相关企业等,设置了东风版块展区、中国好技术版块

展区、十堰区县展区、智能装备展区、整车展区、新经济展区六大版块，采用“线上＋线下”相结合的形式。

二是有完善配套资源的优势。第十三届中国(十堰)汽车汽配商品交易会于 2021 年 9 月 24 日至 26 日在十堰国际会展中心隆重举行，已在此连续成功举办五届。十堰国际会展中心雄踞十堰汽配销售的核心商圈，是十堰打造区域性中心城市的标志性建筑，也是鄂西北最具规模的国际会展中心。会展中心于 2020 年 11 月开始筹备建设十堰工业大数据中心，通过展示“可视化的大数据应用场景”“可体验的 5G/人工智能产品”“先进的‘十堰智造’产品和技术”等内容，引导更多十堰企业认识大数据、应用大数据，让大数据更好、更快为十堰各行业服务。举办汽配交易会的真正目的在于聚焦商用车，深耕产业链，创造新模式，推动我市商用车行业转变经济发展方式，普及“互联网＋”的广泛应用，巩固十堰汽配城大市场口碑，打造中西部乃至在全国具有较强影响力的商用车汽车汽配交易会知名品牌，进一步提升十堰汽车市场的竞争力。在此基础上，本届汽配交易会充分利用“5G＋”“智能网联化”“大数据”等新模式、新技术，从内容、形式、宣传、观感度等多方位打造展会亮点，提升展会品质，传播十堰商用车及配套产业的知名度和品牌的美誉度，稳定市内企业的竞争力，为十堰市招商引资添砖加瓦。

三是有政府主导＋专业运营团队的优势。汽配交易会于 2008 年开始举办，历经十二载，自 2018 年引进联高会展运营团队。经过不断探索、沉淀，从无人问津、展位费用低、花大力气邀请企业参展的境遇，到展位费成十倍增长依然供不应求，成为业内口碑极好的专业展会。汽配交易会的成功，是“政府领导推动＋人才市场配合”的成果，是“政府强、企业大、市场活”的体现。

在湖北“十四五”规划和 2035 远景目标纲要中提到，“要推进襄阳建设汉江流域区域性创新中心，以汽车、装备等领域为突破口，搭建开放创新平台，完善创业服务体系，联动十堰、随州先进制造业创新发展。”面对重大机遇，汽配交易会将会成为一个重要的对外显示窗口和对内展示平台，交易会现场将会看到十堰市汽车汽配、智能制造等行业加速向高端化、电动化、智能化转型。

办好一个展，盘活一座城。汽配交易会还有很长的路要走，我们将不断学习探索、总结经验、发挥长处，立足长远，推行“隆重、节俭、智慧、实效”的新时期展会经济模式，进一步改革开放，打造十堰车展品牌，扩大其国内国际影响力，推动十堰市“现代新车城、绿色生态市”的进程。

附录

B

浙江尚海投资发展有限公司研究成果相关案例集

案例一 仙居发展会展业的建议案

仙居发展会展业的建议案

（摘录）

第一部分 仙居社会经济发展需要会展业

一、会展业的界定及前景

（一）会展业概念

会展业是以经营各种会议和举办展览为主营业务的企业所属行业的总称，根据业务侧重，分会议业和展览业。该行业从事围绕会议、展览的举办，会展的组织者、展览场馆的拥有者、展览设计搭建单位开展的一系列经济活动。在国际上通常被称为 MICE industry。它由会议（Meeting）、奖励旅游（Incentive Tour）、大型会议（Convention）和展览会（Exhibition）及节庆活动（Events）组成。从产业角度看，会展业属于第三产业的范畴，属于服务贸易。

（二）会展业的特点及功能

在国际上，会展业同旅游业和房地产业一起被称为二十一世纪“三大无烟产业”。它除了像其他服务产业一样具有服务业的共性外，更有其自身的特性。主要有：会展业带动性强，国际上认可的投入产出比例为 1∶9；会展业导向准确，很多新产品、新技术、新知识、新信息都是通过展会传播的；会展业集聚性好，大型会展活动能依托人流带来巨大的信息流、技术流、商品流和财富流；会展业交融性大，展览、会议、节庆等均不是孤立的，能够实现以展养会、以会促展。

基于会展行业的特点，会展业不仅具有促进商品流通、传递商业信息、调整产业结构、促进商贸合作的商业功能，还具有丰富人们文化生活，提高居民素质，提升城市功能和形象的社会功能。

（三）发展会展业的条件

根据西方会展业发达国家的经验，会展业的发展基本上需要具备以下几个方面的条件。

(1) 稳定的社会环境和开放的文化环境。

(2) 具备为会展业提供配套的金融、货运、保险和房地产产业。

(3) 优越的地理位置，对内对外交通便捷。

(4) 独特的自然及人文景观。

(5) 政府支持，有倾向性的政策。

(6) 有能满足需要的先进展馆和会议中心。

(7) 需要高素质、专业性强的人才。

(四) 浙江省县域会展业现状

改革开放以来,中国会展业以年均近 20%的速度递增。据浙江省国际会议展览业协会统计,2011 年,浙江省举办展会 696 场,展览面积 734 万平方米,同比增长 5%;举办 50 人以上专业会议 2.85 万场,万人以上节庆活动 452 场,列全国第四位。

义乌作为县域会展业发展的代表城市,依托其小商品产业,在 2011 年举办各类会展活动 143 场,同比增长 11.72%。其中,展览 70 场,会议、论坛 43 场,节庆活动 30 场。余姚可以视作县域会展业发展的第二梯队代表,凭借塑料产业基础,打造了代表展会——塑料博览会,并以此为基础在 2011 年举办农业博览会、住博会、小家电博览会等会展活动 15 个,总成交额 90.63 亿元,参会人数近 70 万人次。会展业成为义乌和余姚经济发展增长的新引擎。

目前浙江省内发展县域会展产业的温岭、海宁、慈溪、永康、东阳等城市,其会展业的发展无一例外均与当地产业发展状况有很大的关系:温岭水泵产业占全国市场份额 50%以上;海宁年产皮革 1600 万件,产量占全国四分之一;慈溪是中国小家电之乡;永康的五金业饮誉全国;东阳是中国的木雕城。可见,只要有一定的产业基础和资源优势,县域城市发展会展产业是完全可行的。

据国家统计局数据显示,目前浙江省年产值超亿元的各类特色产业区块有 500 多处,涉及 100 多个大小行业和 20 多万家企业,产值占全省工业总产值的 65%左右。这些特色产业优势,是浙江省可培育品牌展会的特有资源,充分利用它,浙江展览业发展的空间还很大。

二、县域会展业发展的利好因素

(一) 新型城镇化

改革开放以来,我国城镇化率由 1978 年的 17.92%上升到 2011 年的 51.27%,年增长 1 个百分点。随着党的十六大和十七大的召开,城镇化发展模式开始发生重大转变,从 2011 年起至 2013 年,中国已进入新型城镇化阶段。新型城镇化区别于上一阶段优先发展小城镇,单纯多元化转移农村剩余劳动力的城镇化模式,要求城镇化要与新型工业化道路相匹配,多元化协调城镇化发展模式。这一时期的主要特点为:首先,摒弃优先发展小城镇的传统理念,强调大、中、小城市和小城镇的协调发展。其次,强调以人为本,注重城镇化建设的全面性、协调性和可持续性。

新型城镇化更加重视城镇化质量,强调适度和健康的城镇化发展速度,其目标指向应是“适度的城镇化增速”“投资环境的改善”和“人居环境质量的提升”。

那么在城镇化的过程中就必然要求实现拉动力从传统工业化带动到新型工业化的转变;注重做大做强新型产业,尤其是现代服务业;注重生产方式和工艺流程创新升级;促使城镇功能空间的完善及合理布局,造就城镇宜居宜业宜游的环境。

会展不仅是一座城市必不可少的基础性功能,而且会展行业作为21世纪的朝阳产业、无烟产业和现代服务业的龙头,能够承接大量转移而来的劳动力,直接促进现代服务业的发展;能够依托展会带来的最新技术、最新知识,直接服务于生产方式和工艺流程的创新升级。因此发展会展业的规划正越来越多地在新型城镇化的规划中出现,被各级政府所重视推崇。

(二)城市转型升级

"老百姓日益增长的需求,是城市转型升级的原动力",这句话为城市的转型升级指明了根本出路。城市经历了之前一波快速的发展,如需进一步提升,就应该在完善城市功能,调整城市产业结构,大力发展现代服务业等方面下功夫。仅仅简单停留在"造城"阶段,把城市建设成一个庞大的住宅区,是很难进一步提升市民幸福感的。

为此,在城市的转型升级过程中,应当更加注重基础设施建设,合理布局城市各个功能区,构建可持续发展的城建格局。在满足市民基本居住需求的前提下,着力构建公共娱乐休闲空间,满足市民日益增长的精神文化需求。加快产业结构调整的步伐,升级第一产业、第二产业的生产方式和工艺流程,节约资源消耗,提高资源利用率。同时第三产业所占经济结构的比重,是经济是否有活力的直接体现,也关系到经济是否能可持续发展。所以要优先发展现代生产性服务业,提升服务业在产业结构中的整体比例。

综合性的会展广场集公共基础设施、特色产业促进载体、政治文化交流平台、民众文化娱乐场所、地区标志性建筑为一体,是城市功能的有效补充。同时会展产业作为现代生产性服务业的代表行业,能够在直接促进第三产业的发展的同时,借助展会带来的新信息、新技术、新投资,间接带动第一产业、第二产业生产方式和工艺流程的创新升级。

(三)生态旅游休闲意识的增强

依据国际发展惯例来看,当人均GDP达到1000美元,是以观光旅游为主要形式的旅游需求增长期;人均GDP达到2000美元,休闲需求急剧增长,人均GDP达到3000美元,度假旅游需求将会全面扩张;而当人均GDP达到5000美元,将会是成熟的度假经济时期。根据国家统计局2013年2月22日上午,公布的《2012年国民经济和社会发展统计公报》数据显示,浙江省人均GDP已经达到了44895元。居民的旅游休闲意识将会不断增强,旅游休闲市场发展潜力十分巨大。

休闲时代的到来,旅游业的繁荣,必将为会展活动提供更为完善的服务,加速会展业的发展。会展的构成要素及圆满完成所需的服务，正是旅游业在发展过程中积累的优势。旅游业能为展会的举办提供相应服务，协助展会树立品牌，促进会展业集约性发展。

会展业包括了会议业、展览业和奖励旅游业，这势必将吸引政府、民间组织的会展团、参观团、旅行社组织的观光团队。一个大型或知名展会的举行，其参展参会人员不仅数量多而且有较强消费能力，对本地旅游业中的酒店、旅行社、景区、旅游交通、购物均会产生较大的促进带动作用。而且会展旅游还具有时段不受气候和季节影响的特征，能够消除观光旅游或休闲度假游时段性明显的缺点。

三、仙居发展会业的必要性

（一）仙居发展战略的需要

《仙居县国民经济和社会发展第十二个五年规划纲要》明确指出，通过大力提升城市功能，打造富有仙居特色的集“神仙之宅、宜居之地、休闲之都、园林之城”为一体的生态宜居县城。借助重点发展现代服务业，整体提升工业发展素质，构建生态产业体系，促进经济转型升级。会展业作为城市的基础功能之一，发展会展业是完善城市功能的必由之路。同时会展业是公认的21世纪朝阳产业、无烟产业和现代服务业的龙头，展会既是商品价值链的起点(原材料采购)，又是其终点(产品销售)，可以作为第一产业、第二产业的重要配套。因此会展业的发展对仙居现代服务业大发展，第一、二产业的转型升级，未来仙居发展战略目标的实现，有着极为重要的战略意义。

（二）城市提升的需要

近年来，仙居县城市建设水平不断提高，城市功能不断完善，规模逐渐扩大。但是城市规划和建设水平以及市民日益增长的精神文化生活需求的满足能力仍然落后于经济发展，各项配套设施尤其是文化配套设施的建设仍有待完善，中心城市功能不突出，需要进一步推动城市美化、亮化和绿化，进而提升城市的整体形象。对于仙居来说，新建一个造型美观的会展中心本身就构成城市的一道靓丽风景，成为城市的一座标志性建筑，并带动会展中心周边地带地产增值、房产增值、带动各种配套设施的快速进入，形成一个以会展中心为辐射源的城市磁场。同时，借助会展中心会议、展览、节庆、赛事、演艺等活动的开展，丰富市民的精神文化生活，提升市民的幸福感。

（三）产业升级的需要

仙居十三届第一次党代会报告指出要坚持生态立县、工业强县、特色名县、跨越兴县“四大发展战略”。“大神仙居景区”整合后，无论是规模还是观赏性，都将成为浙江乃至华东旅游的佼佼者，但在实现观光旅游为主的传统旅游向休闲度假旅游为主的现代旅游的道路上还有很长的路要走。目前仙居的工艺品加工、医药化工产业已形成一定规模，但也面临着企业小规模优势不明显、抗风险能力差、创新动力不足以及环境承载能力有限的发展瓶颈。而会展业的发展，正是实现旅游业升级，带动第一、第二产业，走"绿色崛起"道路的良好媒介。借助各类展会以及节庆、赛事的开展，会展业能为旅游业制造引人的理由；依托会展产业综合体涵盖的酒店、商业街区、餐饮以及休闲娱乐等业态创，会展业能为旅游业造留人的环境。另外专业性展会能够带来大量的人流、信息流、资金流，还能开辟新的营销渠道，引进相关人才，助力第一、第二产业突破发展瓶颈。

第二部分　仙居可以发会展业

一、仙居具备发展会业的条件

（一）拥有旅游生态资源

仙居生态环境优良，旅游生态资源丰富。神仙居、永安溪漂流、淡竹休闲谷、皤滩古镇、景星望月等，初步形成了"山、水、林、古、月"特色景区框架。随着"全域景区化，一村一景点""大神仙居战略"的实施，长达 40 多千米的永安溪绿道的贯通，有助于仙居旅游资源的整合，扩大规模效益，增加游客的逗留时间，为休闲度假游的开展奠定基础。仙居游资生态源资源优势进一步加强，对外吸引力进一步扩大，为会展业的开展尤其是大型会议和奖励旅游的开展，有较大的支持提升作用。

（二）具备产业基础

仙居生态农业已初具规模，是"中国杨梅之乡""中国有机茶之乡""全国经济林产业示范县""浙江蜜梨之乡""浙江山茶油之乡"。仙居工业特色鲜明，现已形成医药化工、工艺美术、机械橡塑、有色金属冶炼压延加工为主导行业的特色制造业。仙居是全国重要的医药中间体产品出口基地县，主导产品激素类药物出口居全国第一。工艺美术行业远销世界 100 多个国家和地区，其中木制工艺品产量和出口量均居全国首位，是全国最大的工艺品出口基地县，荣获"中国工艺礼品之都"和"中国工艺礼品城"称号。仙居已形成的产业优势为各类专业性展会的举办奠定了坚实的基础。

（三）区位、交通优势凸显

仙居县地处浙江省东南部、台州市西部，在经济发展中起着承东启西、接南进北、吸引四方、辐射八方的作用。台州—金华、诸暨—永嘉两条高速公路"一纵一横"通过县境，使得仙居成为浙东南地区的交通小枢纽。3 小时交通经济生活圈涵盖了上海和南京；2 小时交通经济生活圈涵盖了杭州和宁波；1 小时交通经济生活圈涵盖了温州、台州、金华以及义乌。仙居虽然没有港口和机场，但是依托陆路交通，距离台州港仅 80 千米，温州港 120 千米，波港 170 千米，上海港 350 千米。距台州黄岩机场80千米，温州永强机场130千米，宁波栎社机场170千米，杭州萧山机场距离220千米。仙居区位、交通优势对会展产业的发展提供了强有力的支撑。

（四）配套设施条件进一步完善

仙居县城总体规划完成编制，基础设施建设不断完善，城市建设有效推进。房地产开发投资呈现较快增长的趋势，新开工项目增加较多。金融行业、保险行业运行稳健。物流通道顺畅，效率进一步提升。据了解，仙居拥有各类宾馆、饭店350余家，总床位10000余张，仙居“八大碗”等风味餐饮已形成特色；有国内旅行社12家，年游客接待量居台州首位；一批专营仙居土特产的旅游购物销售公司相继开业，歌厅、茶吧、咖啡吧、网吧、酒吧、足浴等休闲场所日益增多。配套设施的加强以及相关产业不断发展，是发展会展产业的有利条件，与此同时，会展产业的开展又能进一步带动、促进配套设施及相关产业进一步完善和发展，两者相互促进，相得益彰。

（五）政治和谐稳定，经济快速发展

近年来，仙居县委、县政府以科学发展观为统领，锐意改革，开拓进取，克难攻坚、创新发展，实现了经济社会的跨越发展。坚持“生态立县”发展战略，不断强化生态文明理念。2011年成功创建省旅游经济强县，被评为浙江省首批“美丽乡村”创建生态县。社会和谐稳定，连续7年获得“平安县”称号。随着“科学跨越、全面小康”战略目标，建设“富有特色的生态宜居城市、先进制造业基地、现代农业示范基地、旅游休闲度假胜地”的“一城三地”战略任务的树立，“生态立县、工业强县、特色名县、跨越兴县”四大战略举措的深入开展和实施，仙居的经济社会必将保持良好的发展态势。而且，仙居已将“发展会展产业”写入党代会和人代会报告，将发展会展产业上升为政府战略高度。稳定的社会环境，可期的经济发展前景，对会展产业的高度重视，无疑将为会展产业的发展提供良好的外部环境。

二、政企联动，资源互补

会展业作为公益性质比较强的产业，影响大但直接经济效益低，会展产业的发展无法离开政府的主导和支持。政府有着企业难以获得的资源和平台，因此政府的主导和支持主要体现在“公共信誉、公共信息、公共服务和公共财政”四个方面。但企业机制灵活、团队专业、操作面向市场化，注重展会的经济效益，在减轻政府负担的同时有利于展会的健康发展。因此，在会展业发展初期政府在扶植力度上保持较高水平的同时，要积极推进会展业市场化运作，充分发挥会展业企业的积极性，以“政府主导，社会参与，市场运作”作为基本操作思路，力争逐步形成政府指导协调，协会规范监管，企业组织承办，市场化操作运行，公平竞争、规范有序的运营体制，实现会展产业的可持续发展。

三、准确定位，凸显特色

仙居发展会展业应立足于仙居当地经济发展现状和产业基础，实现依托产业，服务产业。培育的展会不应盲目追求大而全，而应坚持适度发展，力求小而专，凸显只属于仙居的特色。过度强调展会的规模，可能会在短期带来较大的影响力，但结果往往是加大了前期培育的难度，而且还很难实现展会的可持续发展。所以，我们努力的方向是探索培育规模不大，但紧密结合仙居特色，影响广泛的展会。在减轻政府前期培育投入的同时，有能够服务于当地产业，调动专业会展企业外的相关企业参与会展的热情和积极性，通过几届的培育和发展，逐步发展壮大，实现可持续发展。

第三部分　仙居会展业发展的办法及措施

一、将发展会展业列入仙居县发展规划

1. 制定会展业发展规划，出台会展业扶持政策

2. 成立领导小组，设立会展办公室，指定各单位会展联系人

二、建设一个规模适中、功能多样的会展广场

1. 以土地置换展馆，解决政府投资问题

2. 以商业贴补运营，解决展馆亏损问题

3. 以综合策划开发，实现城市多重功能

4. 以专业团队管理，实现项目持续发展

依托尚海投资公司从事会展会议行业 16 余年，在全国特别是长三角地区建立的良好会展业人脉关系和网络渠道，以及展会策划组织、展馆经营、展具设计搭建、物业管理、街区招商、街区营运管理的综合经验。借助中国县域会展经济研究工作委员会的平台，凝聚会展业专家及高校教师的理论研究，以专业化的团队管理，确保仙居会展产业综合体的持续发展。如果项目落地，投资公司将立即组织会展专业团队进入仙居。

三、政府牵头，企业运作，挖掘仙居特色会展活动

1. 邀请专家团队研讨，实地走访考察

2. 谋划具有仙居特色，并能持续发展的会展活动

尚海投资根据仙居的自然生态环境和产业基础，结合相关专家的意见，目前为仙居规划了一个论坛、两个展会，进一步拓展了一个节庆活动(见表 B-4)。

表 B-4 "一个论坛、两个展会、一个节庆活动"规划表

会展名称	时间	背景	组织机构	主要活动	预期效果
中国宜居小城高峰论坛	下半年	城镇化大环境;打造神仙居度假休闲目的地,创建仙居新城国家级生态节能居住示范区,建设人间仙居·美丽乡村的战略	支持:国家级建设系统机构、高校、省级机构、市政府 主办:县政府、县域经济类媒体、协会 承办:县建设局、会展投资公司	A. 评选小城优秀方案 B. 优秀案例展示 C. 专题报告会 D. 若干分论坛 E. 发布论文集	以不求论坛规模大但影响深远为特色;打造立足甬台温、影响长三角、辐射全国的知名论坛
海峡两岸创意农产品展示会	6月	依托中国杨梅节,推广绿色产品,体验绿色环境,参观绿色工艺	主办:两岸的相关协会、市台办和农办、县政府 承办:县农业局和绿色农产品博览会有限公司	A. 参加杨梅基地和其他农产品生产基地 B. 各地农产品展示展销 C. 采购商与专业合作社对接洽谈 D. 文艺演出 E. 杨梅及农产品比拼,公益拍卖	实现提高仙居绿色农产品、创意农产品知名度,拓宽其行销渠道的目标
长三角养老养生度假展览会	4—5月	国家倡导生态文明,发展生态产业;养老群体迅速膨胀;仙居为甬、台、温、金、绍的几何中心;度假业态方兴未艾;仙居打造神仙居养生度假目的地	支持:江苏、上海等地的旅游和媒体机构 主办:省旅游局、国家级旅游度假机构、县政府 承办:县旅游局、度假博览会有限公司	A. 长三角市民游仙居 B. 度假产品展销会 C. 媒体集中采访活动 D. 度假小姐评选 E. 度假养生论坛	树立仙居养老养生模式,开发仙居养老养生产业,促进仙居旅游业由观光游向休闲度假游、会展商务游的跨越式发展

续表

会展名称	时间	背景	组织机构	主要活动	预期效果
中国×××工艺品博览会	义博会、广交会、浙洽会关联时间	“中国工艺礼品之都”和“中国工艺礼品城”的称号;产业升级转型,做强做大的需求	支持:国家级、省级机构协会 主办:县政府、省级协会 承办:县经信局、工艺品博览会有限公司	A. 专业客商邀请 B. 展览展示洽谈活动 C. 专业客商进工厂 D. 有条件时成立网上博览会 E. 相关研讨会 F. 设计比赛	依托仙居现有工艺品生产加工产业的基础上,起到引领仙居工艺品产业发展方向的作用,打造支柱产业

3. 专业团队策划组织,确保活动如期举行

尚海投资将会为项目筹建两个公司,为展会的实施做好前期规划、论证、准备工作,确保展会活动如期举行。

四、进一步发展仙居会展产业

1. 邀请县外会展企业到仙居办展

2. 鼓励县内企业经营会展活动

浙江尚海投资发展有限公司

二〇一三年三月十五日

案例二　城市发展会展业相关报告

××县泛会展综合体项目规划和商业运营可行性调研提纲

【市场调研】

1.1　××县县情:产业了解、特色农产品、旅游资源、块状经济;

1.2　县域现有的文体设施的调查、商业机构及市场的调查;

1.3　人口及构成、人均可支配收入和消费习惯及能力的调查;

1.4　会展综合体地块及周边二公里地形地貌、村落居民、建筑业态、基础设施、与县城中心的关联度调查;

1.5　××特色小镇在区域发展中的 SWOT 分析和前景预判。

【区域分析】

浙江省部分县域会展产业情况的调查及可关联性分析:

温岭、慈溪、余姚、海宁、义乌、永康

【产业定位】

××县会展竞技产业的定位建议:

2.1 明确会展在县域经济发展中的作用和地位;

2.2 形成有××特色的泛会展定位;

2.3 构思会、展、节、演、赛及泛会展商业综合体业态;

2.4 开发区核心商务区和××特色小镇功能定位。

【产业政策】

推进会展业发展的措施:

3.1 政府推动:公共信誉、公共财政、公共服务、公共信息;

3.2 会展节庆管理、场馆运营、活动主体和重点项目运作的顶层设计和培育路径;

3.3 政策设计:培育与繁荣的战略策略,实现社会与经济双效统一。

【泛会展综合体方案建议】

4.1 功能和业态的建议;

4.2 平面布局、建筑形式建议;

4.3 一期竞技文化会展中心、二期核心商务区、中远期特色小镇规划建议;

4.4 运营模式设计和建议。

××县发展会展产业建议报告

目录

3.4　××县发展会展业的威胁
3.5　××县会展业发展的 SWOT 矩阵分析
4. ××县发展会展业的必要性及定位
4.1　会展在县域经济发展中的作用和地位
4.2　××县发展会展业的必要性
4.3　××特色的泛会展定位
4.4　构思会、展、节、演、赛及泛会展商业综合业态
5. 推进会展业发展的措施
5.1　提出一项规划
5.2　制定一系列政策
5.3　搭建一个平台
5.4　设立一个机构
5.5　培育一支队伍
5.6　繁荣一个市场
5.7　会展节庆管理及策划、场馆运营和重点项目运作的顶层设计
6. ××会展综合体建设运营建议
6.1　会展综合体建设建议
6.2　会展综合体运营建议

浙江尚海投资发展有限公司
二〇一九年四月

案例三　会展综合体建设项目策划书

浙江省××市会展综合体建设项目策划书

(摘录)

目录

第一章　新会展中心建设的背景

1.1 我国会展业发展的趋势
1.2 我国会展建筑发展的趋势
1.3 会展建筑的主要形态

第二章　××新会展中心建设的必要性

2.1 ××产业分析

2.2 ××会展业发展分析

第三章　新会展中心建设的愿景

3.1 建设一个新平台

3.2 带动一个新区域

3.3 营造一种新体验

第四章　筹划新会展中心的途径

4.1 下决心做功课

4.2 组建筹备小组

4.3 出项目总方案

第五章　谋划新会展中心的顾问

5.1 沉淀的分量

5.2 聚合的力量

5.3 释放能量助力新会展

浙江尚海投资发展有限公司

二〇一三年三月十五日

案例四　××新区发展会展产业的建议案

关于××新区大力发展会展产业的建议案
——打造“著名××会议小城”核心要素细化案
（摘录）

目　录

前言

第一章　“著名××会议小城”的践行者

第一节　强政府

一、强力明确树立会展业的产业地位

二、强烈宣传传达布局会议产业的决心

三、强势主导兑现配置会议产业的资源

四、强大支持落实会议产业的政策资金

第二节　专平台

第三节　大市场

一、大市场中的会议设施成熟化

二、大市场中的办会主体多元化

三、大市场中的服务机构专业化

四、大市场中的平台运行宏观化

第二章　“著名××会议小城”的会议方向

第一节　紧跟国家战略部署方向

一、多边主题会议

二、“一带一路”专题

三、××专题

第二节　促进新兴产业繁荣方向的主办及会议方向

一、十大类会议主题方向列举

二、主席发贺信的会议部分列举

三、××新区举办新兴产业类主题会议的思考和建议

第三节　打造永久性落户会址的思考方向

一、部分永久性会址会议列举

二、永久性会址会议思考及酝酿方向

第三章　“著名××会议小城”的推动措施

第一节　专业会议中心建设

一、专业会议中心的配置是高速发展会议产业的标准配置

二、全国部分会议中心建设投资方列举

三、××新区建设专业会议中心的思考和建议

第二节　酒店会议设施配置

一、上海、苏州、杭州、青岛新区会议酒店的配置

二、××会议酒店的设施配置建议

第三节　全国会议市场中的部分会议服务企业

第四节　配套政策资金扶持

一、配套政策

二、扶持资金

结语

浙江尚海投资发展有限公司

二〇一九年十一月

参考文献

[1] 蔡丽娟.中三角城市群城市经济联系的时空演变分析[D].湖南:湖南大学,2016.

[2] 宋毅成.我国特大城市金融差异化发展研究[D].北京:首都经济贸易大学,2015.

[3] 陈勇.区域经济发展不同阶段的产业序列研究[D].南京:南京农业大学,2012.

[4] 赵富强.基于城市竞争力的城市经营理论研究[D].武汉:武汉理工大学,2004.

[5] 陈泽炎.谈谈会展综合体的那些事儿[J].中外会展,2014(5).

[6] 王桢栋."合"当代城市建筑综合体研究[D].上海:同济大学,2008.

[7] 赵芳源,郭海霞.新形势下会展经济与管理专业校企合作模式研究[J].经济管理文摘,2021(03).

[8] 肖龙,刘美辰,刘慧英,吴锦兰.产教融合下我国会展人才培养现状与完善对策探究[J].商展经济,2021(02).

[9] 张素.浸入式项目实践教学育人机制探索——以会展专业为例[J].商展经济,2021(01).

[10] 王龙.简析高等院校创新创业型会展人才的培养模式[J].商业文化,2021(01).

[11] 李中闯.国内会展教育争议问题刍议——以当前国内院校会展人才培养为例[J].商展经济,2020(14).

[12] 康年,瞿立新,宋波.会展行业人才需求与职业院校专业设置匹配分析[J].中国职业技术教育,2020(29).

[13] 熊玉婷.成都会展业发展中的政府职能分析[J].现代商业,2020(03).

[14] 任宝涵,贾艳红.基于旅游地生命周期理论的乌镇旅游业研究[J].旅游纵览(下半月),2019(12).

[15] 李金伟.市场营销定位理论在城市规划中的应用分析[J].城市建筑,2013(16).

[16] 雷鸣,陈丽.中国大唐集团公司:坚持人才优先统筹各类人才协调发展[J].中国电力教育,2013(06).

[17] 刘峰.如何促进行业人才资源合理开发和有效利用[J].人力资源管理，2012(09).
[18] 李清华.定位理论在城市形象塑造中的运用[J].新闻爱好者,2009(02).
[19] 薛楠,潘燕萍.城市定位理论思考与武汉城市定位战略[J].法商论丛,2007.
[20] 李庆飞,房琳,赵艳.论城市差异化发展[J].济南大学学报(社会科学版)，2006(01).
[21] 杜青龙,袁光才.城市品牌定位理论与实证分析[J].西南交通大学学报(社会科学版),2004(06).
[22] 仇保兴.城市定位理论与城市经营对城市竞争力的影响[J].珠江经济，2004(07).
[23] 赵伟兵.城市旅游形象定位的理论与实践研究[J].广西大学学报(哲学社会科学版),2001(S2).
[24] 田霖,李恒良,张露露,张仕杰.后疫情时代下河南省自贸试验区的能级提升与金融支持体系研究[J].金融理论与实践,2021(04).
[25] 朱学飞.浅谈写字楼的运营管理[J].中国房地产业,2018(04).
[26] 高洪勤.商务写字楼的经营与管理[J].中国物业管理,2010(02).
[27] 黄奇帆.分析与思考:黄奇帆的复旦经济课[M].上海:上海人民出版社,2020.
[28] 黄奇帆.结构性改革:中国经济的问题与对策[M].北京:中信出版集团,2020.
[29] 关旭,陶婷芳,陈丽英.我国大型城市旅游业与演艺业融合路径及选择机制——企业层面的扎根研究[J].经济管理,2018(01).
[30] 饶鉴.城市传播与景区品牌[J].品牌研究,2017(05).
[31] 陈雪琼,吴思丹.会展酒店经营管理模式探析[J].北京第二外国语学院学报,2005(05).
[32] 徐仁璋.中国地方政府的系统结构[J].中国行政管理,2002(08).
[33] 谢红霞,耿松涛.会展旅游[M].北京:高等教育出版社,2019.
[34] 李明.会展品牌策划与管理[M].北京:知识产权出版社,2020.
[35] 李勇辉,刘卫江.“文化创意＋”金融业融合发展[M].北京:知识产权出版社,2019.
[36] 周杰,王菁娜,成红波.会展营销[M].重庆:重庆大学出版社,2018.
[37] 高萍.“文化创意＋”广告业的融合发展[M].北京:知识产权出版社,2019.
[38] 赵富森.“文化创意＋”会展业融合发展[M].北京:知识产权出版社,2019.

后　记

《中小城市会展业发展的探索与实践》由中国会展经济研究会中小城市会展业发展研究中心与义乌市会展业联合会共同筹划，浙江尚海投资发展有限公司负责编写工作。本书编写前后花了三年多的时间，其间可分为两个阶段：第一阶段，在2018年底正式立项后，与相关专家进行内容和构架的探讨，以此为基础组织完成初稿的写作，形成了《中小城市会展业发展的探索与实践（讨论稿）》（简称《讨论稿》），并以《讨论稿》为载体向专家、政府会展主管人员、会展行业协会工作者和会展企业人士征询意见；第二阶段，2020年以后团队对《讨论稿》进行系统性的重构，在语言精练度、逻辑清晰度、案例丰富性等方面有了较大的修改，扩充了山东寿光、江苏盱眙、湖北十堰、浙江义乌、温岭、乌镇等六个案例。

本书的出版希望能为国内中小城市会展业在理论与实践的研究方面尽一份力，为我国会展行业带去新视角，为中小城市政府或会展市场主体提供新思路，为高校会展专业学生扩展多角度的研究方向。

中国会展经济研究会袁再青会长、储祥银常务副会长、陈泽炎常务副主任及浙江万里学院任国岩教授、浙江外国语学院张健康教授为本书提供支持并撰写了部分章节；宁波市政府原副秘书长陈国强先生、宁波市政协文史委原主任朱忠祥先生曾多次参与本书的内容讨论，并提出了许多创新性的观点。在此，对会展业界给予关注与鼓励的同仁们，对为本书给予采写帮助、提出建议、提供案例的单位及个人，表示由衷的谢意！

除特约专家撰写的内容外，本书的大部分作者是浙江尚海投资发展有限公司和其下属公司的中高层管理者，他们作为各块会展产业链业务的负责人，结合了企业二十多年来在会展产业链方面的经验教训及思路以形成各自的文章。

较为遗憾的是，由于中小城市会展产业的研究资料较少，单凭企业的一已之力很难找到丰富的案例，加之企业人员的理论局限性和写作业余性，使得本书在逻辑、表达形式和案例素材都存在较大的不足。同时，鉴于书稿的编辑时间跨度较长，很多数据和案例信息在时间上没有进行有效的更新。不当之处，敬请交流指导！